全国高职高专道桥与市政工程专业规划教材

道路桥梁工程概论

（第3版）

主　编　彭彦彬
副主编　孔德芒　闫超群　韩　雪
　　　　祝海娟　蒋婷婷
主　审　杜立峰

黄河水利出版社
·郑州·

内 容 提 要

本书是全国高职高专道桥与市政工程专业规划教材，是根据教育部对高职高专教育的教学基本要求及中国水利教育协会职业技术教育分会高等职业教育教学研究会组织制定的道路桥梁工程概论课程教学标准编写的。本书系统地介绍了国内外道路与桥梁发展简史，概要介绍了道路与桥梁工程中的各个层面，充分考虑了道路桥梁工程技术专业的特点，并较为详尽地阐述了路线、路基、路面、桥梁、涵洞、隧道的构造布置和施工技术。书中收集了大量的工程信息，列有多幅工程照片。

本书可作为高职高专道路桥梁工程技术专业的专业基础课教材，也可作为土木工程、交通运输、交通工程、测绘工程等专业道路与桥梁方向的概论类教材，还可供在土木建筑领域担任管理工作的相关人员及技术人员参阅。

图书在版编目(CIP)数据

道路桥梁工程概论/彭彦彬主编. —3版. —郑州：黄河水利出版社，2024. 1

全国高职高专道桥与市政工程专业规划教材

ISBN 978-7-5509-3836-6

Ⅰ. ①道… Ⅱ. ①彭… Ⅲ. ①道路工程-概论-高等职业教育-教材②桥梁工程-概论-高等职业教育-教材 Ⅳ. ①U415 ②U445

中国国家版本馆CIP数据核字(2024)第041298号

组稿编辑：王路平　电话：0371-66022212　E-mail：hhslwlp@163. com
韩莹莹　66025553　1025524002@qq. com

出 版 社：黄河水利出版社　网址：www. yrcp. com
地址：河南省郑州市顺河路黄委会综合楼14层　邮政编码：450003

发行单位：黄河水利出版社
发行部电话：0371-66020550、66028024　E-mail：hhslcbs@126. com

承印单位：河南承创印务有限公司

开本：787 mm×1 092 mm　1/16

印张：14. 75

字数：340千字　印数：1—2 100

版次：2012年6月第1版　印次：2024年1月第1次印刷
2019年6月第2版
2024年1月第3版

定价：49. 00元

第3版前言

本书是根据《国家职业教育改革实施方案》《职业教育提质培优行动计划(2020—2023年)》和《中共中央关于认真学习宣传贯彻党的二十大精神的决定》(2022年10月29日)等文件精神组织编写的高职教育规划教材。教材及时更新教学标准,将新技术、新工艺、新规范纳入教学内容,力争实现项目化、模块化教学模式,突出现代职业教育理念,以学生能力培养为主线,体现出实用性、实践性、创新性的教材特色,是理论联系实际、教学面向生产的高职教育创新型规划教材。本书以习近平新时代中国特色社会主义思想为指导,贯彻落实党的二十大精神,全面落实立德树人根本任务。

本书第2版自2019年6月出版以来,因其通俗易懂,全面系统,应用性知识突出,可操作性强等特点,受到全国高职高专院校道路与桥梁工程等专业的师生及广大交通、路桥等行业从业人员的喜爱。本书是在第2版的基础上对部分内容进行了修改和调整,首先教材内容按现行最新颁布的道路和桥梁工程的有关设计、施工规范和标准进行了相应调整;其次增加了工程实例,突出教材内容的实用性。另外,全书增加了课程思政内容,融入了党的二十大精神。

本书具有以下特点:

(1)以工程概论为主要线索来介绍道路与桥梁工程中的各个层面,较为详尽地阐述了道路与桥梁工程技术所涉及的各个领域的内容,具体包括公路概述、路线、路基工程、路面工程、桥梁工程概述、桥梁施工、涵洞及隧道等。

(2)在编写时,充分考虑了道路桥梁工程技术专业的特点,力求以较小的篇幅来反映道路与桥梁工程技术所涉及的各个领域的专业知识。

(3)介绍了国际道路与桥梁工程技术新发展,特别是我国改革开放以来的辉煌成就以及近期展望;系统阐述了我国处于国际先进和领先的道路桥梁工程技术,进一步加强爱国主义教育。

(4)介绍了道路桥梁工程技术专业的相关课程,指出各课程间的相互关系,引导学生打好基础,扩大知识面。

(5)编写过程中充分考虑了课程思政的要求,并提炼了相应各章课程思政关注要点。

本书编写单位及编写人员如下:石家庄铁路职业技术学院彭彦彬,中铁十四局集团第二工程有限公司孔德芒,杨凌职业技术学院闫超群,重庆工业职业技术学院韩雪,日照职业技术学院祝海娟,河南水利与环境职业学院蒋婷婷。全书由彭彦彬担任主编,并负责全书统稿;由孔德芒、闫超群、韩雪、祝海娟、蒋婷婷担任副主编;由石家庄铁路职业技术学院杜立峰教授担任主审。

本书在编写过程中,参考引用了有关文献、资料,未在书中一一注明出处。在此,谨向所有文献的作者表示感谢!

由于作者的水平有限,书中难免有缺点和不妥之处,恳切希望广大读者批评指正。

编　者

2023年12月

目 录

项目一　公路概述

【知识目标】

1. 了解我国公路发展概况。

2. 掌握交通量统计方法、公路等级与技术标准、公路的基本组成、公路项目基本建设程序。

【能力目标】

1. 能运用公路编号规则对公路进行正确的编号。

2. 能进行交通量统计计算。

【思政目标】

党的二十大报告提出："推进文化自信自强，铸就社会主义文化新辉煌""坚持全面依法治国，推进法治中国建设"。

1. 树立道路交通建设的民族自豪感和自信心。

2. 树立规则、标准、规范、程序意识，培养职业情感和职业精神。

任务一　我国公路发展概况

一、公路发展简史

"公路"一词最早出现于20世纪初，它伴随汽车的出现而产生。在古代，"道路"名称始于周代，原意为导路，秦代时称"驿道"，元代时称"大道"，清代时由北京至各省省会的道路称为"官道"。汽车出现后，则称为"公路"或"汽车路"。

1902年在我国的上海出现了第一辆汽车；1904年，清政府建立邮传部，全国主要城市均开设了电话、电报，使一些驿道不再担负传递文书政令的任务，而变为一般性交通的"官商路"或"官马大路"；1906年，江苏省南通县修筑唐闸至天生港道路，长6 km；1909年，兰州黄河大桥竣工，这是一座钢桁架桥，全长243 m，被称作"黄河第一桥"；1938年，我国完成了滇湎公路沥青表面处治路面100 km，这是我国历史上最早修建的沥青路面。据统计，在1949年新中国成立时全国公路通车总里程为8.07万km，且缺桥少涵，路况极差。全国有1/3的县不通公路，整个西藏地区的公路交通还是一片空白。

在1949—1978年的30年间，尽管我国国民经济发展道路曲折，但公路建设仍基本保持持续增长之势。到1978年底，全国公路里程达到89万km，平均每年增加近3万km，公路密度达到9.3 km/(100 km^2)，比新中国成立之初增长了10倍。但高等级公路数量极少，仅有二级公路约1万km。

1978—1987年的10年间，我国公路基础设施建设步伐进一步加快。到1987年底，全国公路通车里程达到约98万km，比1978年增加约9万km；二级以上公路2.9万km，比1978年增加近2倍,公路网的整体水平得到明显提高。

在改革开放后的10年间,我国国民经济出现强劲增长的趋势,公路运输需求急剧增加。尽管同期我国公路交通保持快速发展,但其发展速度与需求的增长相比仍然偏低,加之历史欠账巨大,导致公路交通的瓶颈制约状况进一步加剧,特别是交通干线和城市出入口公路严重阻塞,混合交通严重,交通事故频发,干线运输效率低下,“行路难”问题成为当时国民经济发展的突出矛盾。

20世纪80年代末90年代初,中央明确把加快交通运输发展作为事关国民经济全局的战略性和紧迫性任务,公路交通迎来了大发展的历史机遇。从“八五”开始,我国公路建设进入了发展速度快、建设规模大、科技含量不断提高的新时期。

高速公路从无到有,发展迅速。1988年,沪嘉高速公路的建成通车实现了我国内地高速公路零的突破。在高速公路快速发展的同时,我国还修建了一批跨越海湾和长江、黄河的特大跨径桥梁以及特长隧道,使我国桥梁建设水平和山地隧道修筑技术进入了世界先进行列。我国的高速公路建设实现了历史性跨越,成为20世纪我国25项重大工程成就之一。

高速公路及其他高等级公路的建设,大大改善了我国公路的技术等级结构,明显缓解了对国民经济发展的瓶颈制约,同时也大大缩短了我国同发达国家之间的差距。

根据中华人民共和国交通运输部2023年6月16日发布的统计数据,2022年末,全国公路总里程535.48万km,公路密度5 578 km/km^2。全国四级及以上等级公路里程516.25万km,占公路里程比重为96.4%。其中,二级及以上等级公路里程74.36万km,占公路里程比重为13.9%;高速公路里程17.73万km,国家高速公路里程11.99万km。各行政等级公路里程分别为:国道37.95万km、省道39.36万km,县道69.96万km、乡道124.32万km、村道258.86万km。全国公路桥梁103.32万座、8 576.49万延m,其中特大桥8 816座、1 621.44万延m,大桥15.96万座、4 431.93万延m。全国公路隧道24 850处、2 678.43万延m,其中特长隧道1 752处、795.11万延m,长隧道6 715处、1 172.82万延m。2015年末全国通公路的乡(镇)占全国乡(镇)总数的99.99%,通公路的行政村占全国行政村总数的99.87%,基本实现了村村通。

二、我国公路行政等级及编号规则

(一)公路的行政等级

当前我国按照行政管理体制,并根据公路的位置、在国民经济中的地位及运输特点,将公路分为国道、省道、县道、乡道、村道和专用公路,并实行分级管理。

(1)国道:在国家公路网中具有全国性的政治、经济、国防意义,并经确定为国家级干线公路。国道由中央统一规划,以北京为中心,连接各省、自治区、直辖市首府,以及重要的大中城市、工农业生产基地、港站枢纽的国家干线公路,由所在省、自治区、直辖市负责修建、管理和养护。

(2)省道:在省公路网中具有全省性的政治、经济、国防意义,并经确定为省级干线公路。省道由省、自治区、直辖市在国道网的基础上规划,并负责修建、管理和养护。

(3)县道:具有全县性的政治、经济意义,并经确定为县级公路。部分县道由省、自治区、直辖市规划、建设和养护,大多数的县道由所在的县规划、建设和养护。

(4)乡道:为乡村生产、生活服务,并经确定为乡级的公路,由县规划、建设和养护。

(5)村道:主要指纳入国家里程统计范围的村道。

(6)专用公路:为城市、工矿、农场、林区等地区和部门服务的专用公路,由各地区或部门负责规划、建设和养护。

(二)公路的命名方法

普通公路路线的命名,应按照首都或省会放射线、北南纵线和东西横线的起讫点方向顺序命名,采用起讫点所在地的主要行政区划命名。路线的全称,由路线起讫点的地名中间加连接符"—"组成,称为"××—××公路"。普通公路路线的简称,用起讫点地名的首位汉字组合表示,或采用起讫点城市或所在省、自治区、直辖市的法定地名简称表示,称为"××线"。县道及以下的公路也可简称为"××路"。例如:"北京—香港公路"简称"京港线"。国家和省级行政区域内的普通国道、普通省道和高速公路的全称和简称不应重复。

高速公路路线的全称,由路线起讫点的地名中间加连接符"—"组成,称为"××—××高速公路"。起讫点地名宜采用县级及以上的地名。高速公路路线的简称,用起讫点地名的首位汉字组合表示,或采用起讫点城市或所在省、自治区、直辖市的法定地名简称表示,称为"××高速"。高速公路为城市绕城环线时,以路线所在城市名称命名,全称为"××市绕城高速公路",简称为"××绕城高速"。

(三)公路的编号规则

为便于对不同的公路进行识别和管理,国家统一编制了公路的编号规则,并对每一条公路都赋予了一个特定的编号。公路编号由一位字母标识符和1~4位数字组成。

1.标识符

公路路线编号的首位代表公路的行政等级,采用一位字母标识符。国道、省道、县道、乡道、村道、专用公路的标识符分别为"G""S""X""Y""C""Z"。

2.普通公路路线编号规则

1)普通国道路线编号规则

普通国道的路线编号,由国道标识符"G"和三位数字编号组配标示,其数字编号的第一位用"1、2、3、5"分别标识首都放射线、北南纵线、东西横线和联络线,以全国为范围编制系列顺序号。

普通国道的首都放射线编号,从正北方向起,总体上按顺时针方向排列序号;北南纵线编号,按路线的纵向排列,总体上由东向西顺序编号;东西横线编号,按路线的横向排列,总体上由北向南顺序编号。纳入普通国道的地区环线或城市绕城环线编号,可纳入首都放射线的编号区间。普通国道联络线的编号,在全国范围内总体上按照路线起点位置由北向南的顺序编号,起点位于同一纬度附近的路线按照由东向西的顺序编号。

2)普通省道路线编号规则

普通省道的路线编号,由省道标识符"S"和三位数字编号组配表示,其数字编号的第一位用"1、2、3、5"分别标识省会放射线、北南纵线、东西横线和联络线,以省级行政区域为范围编制系列顺序号。

普通省道的省会放射线、北南纵线、东西横线和联络线的编号规则参照国道的编号规则。未纳入普通国道的城市绕城环线编号,宜纳入普通省道省会放射线的编号区间。

3)县道路线编号规则

县道的路线编号,由县道标识符"X"和三位数字编号组配表示,编号宜在本省级行政区域内,以县(县级市)或地区(地级市)级行政区域为范围编制系列顺序号,也可按省级行政区域。

4)乡道路线编号规则

乡道的路线编号,由乡道标识符"Y"和三位数字编号组配表示,宜在本省级行政区域内,以县(县级市)级行政区域为范围编制顺序号,也可按地区(地级市)级或省级行政区域为范围编制系列顺序号。

5)村道路线编号规则

宜对纳入国家里程统计范围的村道进行编号。村道的路线编号,由村道标识符"C"和三位数字编号组配表示,宜以县(县级市)级行政区域为范围编制顺序号。

6)专用公路路线编号规则

专用公路的路线编号,由专用公路标识符"Z"和三位数字编号组配表示,宜以各省级行政区域为范围编制系列顺序号。

普通公路主线的编号区间:普通国道首都放射线、南北纵线、东西横线、联络线分别为G101~G199、G201~G299、G301~G399、G501~G599;普通省道省会放射线、南北纵线、东西横线、联络线分别为S101~S199、S201~S299、S301~S399、S501~S599;县道为X001~X999;乡道为Y001~Y999;村道C001~999;专用公路为Z001~Z999。

3. 高速公路路线编号规则

1)国家高速公路路线编号规则

国家高速公路的主线编号,由国道标识符"G"和一至两位数字编号组配表示;城市绕城环线、联络线和并行线编号,由国道标识符"G"和四位数字编号组配表示。

国家高速公路的首都放射线数字编号为一位数,总体上由正北开始按顺时针方向升序编排;北南纵线数字编号为两位奇数,总体上由东向西按升序排列;东西横线数字编号为两位偶数,总体上由北向南按升序排列。国家高速公路的地区环线数字编号为两位数,其中第一位为9,在全国范围总体上按照由北向南的顺序编排。

纳入国家高速公路的城市绕城环线的数字编号为四位数,由两位主线编号加一位识别号"0"再加一位顺序号组成,在全国范围内统一编排。国家高速公路的联络线数字编号为四位数,由两位主线编号加一位识别号"1"再加一位顺序号组成,在全国范围内统一编排。联络线数量突破容量时可将识别号扩容至"3"。国家高速公路的并行线数字编号为四位数,由两位主线编号加一位识别号"2"再加一位顺序号组成,在全国范围内统一编排。并行线数量突破容量时可将识别号扩容至"4"。国家高速公路城市绕城环线、联络线、并行线的主线编号应优先选取其所连接的北南纵线和东西横线中编号最小者,如该主线所连接的这些线编号空间已全部使用,则选用主线编号次小者,依此类推。当高速公路城市绕城环线、联络线、并行线仅连接首都放射线时,主线编号前以"0"补位。

2)省级高速公路路线编号规则

省级高速公路的主线编号规则宜与国家高速公路主线的编号规则保持一致,由省道标识符"S"加一到两位数字编号组配表示;省级高速公路城市绕城环线和联络线的编号,宜由省道标识符“S”加两位数字编号组配表示；省际高速公路与相邻省级行政区域的省级高速公路连接贯通时，宜统一编号。

3）高速公路的编号区间

国家高速公路首都放射线、南北纵线、东西横线、地区环线的编号区间分别为 G1～G9、G11～G89 奇数号、G10～G90 偶数号、G91～G99。省级高速公路省会放射线、北南纵线、东西横线的编号区间分别为 S1～S9、S10～S99 奇数、S10～S99 偶数。

国家高速公路城市绕城环线、联络线、并行线的编号区间分别为 GXX01～GXX09 和 G0X01～G0X09、GXX11～GXX19 和 G0X11～G0X19、GXX21～GXX29 和 G0X21～G0X29。

省级高速公路城市绕城环线和联络线编号区间：SXX（根据需要确定编号区间）。

有关详尽解释，参见国家标准《公路路线标识规则和国道编号》（GB/T 917—2017）。

（四）国家高速公路发展规划

2013 年 5 月，国家发展和改革委员会印发的《国家公路网规划（2013 年—2030 年）》中，国家高速公路共有 12 条放射线、13 条北南纵线、27 条东西横线、6 条地区环线、16 条并行线和 104 条联络线（见表 1-1、表 1-2）。

表 1-1　国道一览表

编号	路线全称	路线简称	编号	路线全称	路线简称
	放射线			东西横线	
G101	北京—沈阳公路	京沈线	G301	绥芬河—满洲里公路	绥满线
G102	北京—抚远公路	京抚线	G302	珲春—阿尔山公路	珲阿线
G103	北京—滨海新区公路	京滨线	G303	集安—阿巴嘎旗公路	集阿线
G104	北京—平潭公路	京岚线	G304	丹东—霍林河公路	丹霍线
G105	北京—澳门公路	京澳线	G305	庄河—西乌珠穆沁旗公路	庄西线
G106	北京—广州公路	京广线	G306	绥中—珠恩噶达布其公路	绥珠线
G107	北京—香港公路	京港线	G307	黄骅—山丹公路	黄山线
G108	北京—昆明公路	京昆线	G308	文登—石家庄公路	文石线
G109	北京—拉萨公路	京拉线	G309	青岛—兰州公路	青兰线
G110	北京—青铜峡公路	京青线	G310	连云港—共和公路	连共线
G111	北京—漠河公路	京漠线	G311	连云港—栾川公路	连栾县
G112	北京环线公路	京环线	G312	上海—霍尔果斯公路	上霍线
	北南纵线		G314	乌鲁木齐—红旗拉甫公路	乌红线
G201	鹤岗—大连公路	鹤大线	G315	西宁—吐尔尕特公路	西吐线
G202	黑河—大连公路	黑大线	G316	长乐—同仁公路	长同线
G203	绥化—沈阳公路	绥沈线	G317	成都—噶尔公路	蓉噶线
G204	烟台—上海公路	烟沪线	G318	上海—聂拉木公路	沪聂线
G205	山海关—深圳公路	山深线	G319	高雄—成都公路	高成线

续表 1-1

编号	路线全称	路线简称	编号	路线全称	路线简称
放射线			东西横线		
G206	威海—汕头公路	威汕线	G320	上海—瑞丽公路	沪瑞线
G207	乌兰浩特—海安公路	乌海线	G321	广州—成都公路	广蓉线
G208	二连浩特—浙川公路	二浙线	G322	瑞安—友谊关公路	瑞友线
G209	苏尼特左旗—北海公路	苏北线	G323	瑞金—清水河公路	瑞清线
G210	满都拉—防城港公路	满防线	G324	福州—昆明公路	福昆线
G211	银川—榕江公路	银榕线	G325	广州—南宁公路	广南线
G212	兰州—龙邦公路	兰龙线	G326	秀山—河口公路	秀河线
G213	策克—磨憨公路	策磨线	G327	连云港—固原公路	连固线

表 1-2　部分国家高速公路的名称和编码

编号	国家高速公路路线全称	国家高速公路路线简称	编号	国家高速公路路线全称	国家高速公路路线简称
放射线及其联络线、并行线			东西横线及其联络线、并行线		
G1	北京—哈尔滨高速公路	京哈高速	G10	绥芬河—满洲里高速公路	绥满高速
G0111	秦皇岛—滨州高速公路	秦滨高速	G1011	哈尔滨—同江高速公路	哈同高速
G0121	北京—秦皇岛高速公路	京秦高速	G1012	建三江—黑瞎子岛高速公路	建黑高速
G2	北京—上海高速公路	京沪高速	G1013	海拉尔—张家口高速公路	海张高速
G0211	天津—石家庄高速公路	津石高速	G1015	铁力—科尔沁右翼中旗高速公路	铁科高速
G3	北京—台北高速公路	京台高速	G12	珲春—乌兰浩特高速公路	珲乌高速
G0321	德州—上饶高速公路	德上高速	G1211	吉林—黑河高速公路	吉黑高速
G4	北京—港澳高速公路	京港澳高速	G1212	沈阳—吉林高速公路	沈吉高速
G0421	许昌—广州高速公路	许广高速	G1213	北安—漠河高速公路	北漠高速
G0422	武汉—深圳高速公路	武深高速	G1215	松江—长白山高速公路	松长高速
G0423	乐昌—广州高速公路	乐广高速	G1221	延长—长春高速公路	延长高速
G5	北京—昆明高速公路	京昆高速	G16	丹东—锡林浩特高速公路	丹锡高速
G6	北京—拉萨高速公路	京拉高速	G18	荣城—乌海高速公路	荣乌高速
G7	北京—乌鲁木齐高速公路	京新高速	G20	青岛—银川高速公路	青银高速

续表 1-2

编号	国家高速公路路线全称	国家高速公路路线简称	编号	国家高速公路路线全称	国家高速公路路线简称
北南纵线及其联络线、并行线			地区环线及其联络线、并行线		
G11	鹤岗—大连高速公路	鹤大高速	G91	辽中地区环线高速公路	辽中环线高速
G1111	鹤岗—哈尔滨高速公路	鹤哈高速	G9111	本溪—集安高速公路	本集高速
G1112	集安—双辽高速公路	集双高速	G92	杭州湾地区环线高速公路	杭州湾环线高速
G1113	丹东—阜新高速公路	丹阜高速	G9211	宁波—舟山高速公路	甬舟高速
G15	沈阳—海口高速公路	沈海高速	G9221	杭州—宁波高速公路	杭甬高速
G1511	日照—兰考高速公路	日兰高速	G93	成渝地区环线高速公路	成渝环线高速
G1512	宁波—金华高速公路	甬金高速	城市绕城环线		
G1513	温州—丽水高速公路	温丽高速	G0401	长沙市绕城高速公路	长沙市绕城高速
G1514	宁德—上饶高速公路	宁上高速	G1501	沈阳市绕城高速公路	沈阳绕城高速
G1515	盐城—靖江高速公路	盐靖高速	G1503	上海市绕城高速公路	上海绕城高速
G1521	常熟—嘉善高速公路	常嘉高速	G1504	宁波市绕城高速公路	宁波绕城高速
G1522	常熟—台州高速公路	常台高速	G2502	天津市绕城高速公路	天津绕城高速
G25	长春—深圳高速公路	常深高速	G1001	哈尔滨市绕城高速公路	哈尔滨绕城高速

任务二　交通量

一、车辆折算

在公路上行驶的车辆主要是汽车，但是汽车的型号、规格各有不同，例如小汽车、载重汽车、铰接式汽车等。作为设计控制的应该是具有代表性的标准型号汽车，称为“设计车辆”。根据公路的使用任务与性质，我国公路设计把小客车作为“设计车辆”。在交通量计算中对各代表车型进行折算，车辆折算系数与公路等级、设计速度、汽车代表车型（见表 1-3）有关，详见《公路路线设计规范》（JTG D20—2017）。

表 1-3　汽车代表车型分类

代表车型	车型说明
小型车	≤19 座的客车和载重量≤2 t 的货车
中型车	>19 座的客车和 2 t<载重量≤7 t 的货车
大型车	7 t<载重量≤20 t 的货车
汽车列车	载重量>20 t 的货车

二、交通量的定义及分类

(一)交通量的定义

交通量(又称交通流量或流量)是在指定时间内通过道路某地点或某断面的车辆、行人数量。不加说明时,交通量一般是指机动车交通量,且指来往两个方向的车辆数。交通量是道路与交通工程中的一个基本交通参数,是确定公路等级的主要依据。

交通量是一个随机数,不同时间、不同地点的交通量都是变化的。交通量随时间和空间而变化的现象,称之为交通量的时空分布特性。研究或观察交通量的变化规律,对于进行交通规划、交通管理、交通设施的规划、设计方案比较和经济分析以及交通控制与安全,均具有重要意义。

高速公路和一级公路的设计交通量应按20年预测;二、三级公路的设计交通量按15年预测;四级公路可根据实际情况确定。

(二)交通量的表示方法

1. 平均交通量

交通量时刻在变化,在表达方式上通常取某一时间段内的平均值作为该时间段的代表交通量。

平均交通量表达式为:

$$\text{平均交通量} = \frac{1}{n}\sum_{i=1}^{n} Q_i \tag{1-1}$$

式中 Q_i——规定时间段内各单位时间的交通量,辆/单位时间;

n——规定时间段内的单位时间总数,d。

按平均值所取的时间段的长度计,常用的平均交通量有以下几种。

(1)年平均日交通量(AADT):

$$AADT = \frac{1}{nn}\sum_{i=1}^{nn} Q_i \tag{1-2}$$

式中 nn——365(平年)或366(闰年),d;

Q_i——一年中各日的交通量总和,辆。

在规划道路等级时,采用推算远景设计年限的年平均昼夜交通量。按照《公路工程技术标准》(JTG B01—2014)(以下简称《标准》)规定,公路远景设计年限:高速公路和一级公路为20年,二、三级公路为15年,四级公路可根据实际情况确定。设计交通量预测年限的起算年为该项目可行性研究报告中的计划通车年。

推算远景年限平均昼夜交通量按下式计算:

$$\text{AADT}_T = \text{AADT}_D \cdot (1+\gamma)^{T-1} \tag{1-3}$$

式中 AADT_T——远景年限平均昼夜交通量,辆/d;

AADT_D——各种车辆换算成标准车的目前昼夜交通量,辆/d;

T——设计年限,a;

γ——年平均交通量增长率(%)。

(2)月平均日交通量(MADT):

$$MADT=\frac{1}{ny}\sum_{i=1}^{ny}Q_i \tag{1-4}$$

式中　ny——本月的总天数，可能是 28、29、30、31 之一，d；

Q_i——本月各日的交通量，辆。

(3)周平均日交通量(WADT)：

$$WADT=\frac{1}{7}\sum_{i=1}^{7}Q_i \tag{1-5}$$

式中　Q_i——本周各日的交通量，辆。

其中年平均日交通量在城市道路与交通工程中是一项极其重要的控制性指标，用作道路交通设施规划、设计、管理的依据，其他平均交通量仅供交通量统计分析，求各时段交通量变化系数，以便将各时段平均交通量进行相互换算之用。

2. 小时交通量

(1)小时交通量，是指 1 h 内通过观测站的车辆数。

(2)高峰小时交通量(PHT)，是指一天内的车流高峰期间连续 60 min 的最大交通量(辆/h)。

(3)第 30 位小时交通量，是将一年内的 8 760 个小时(以平年为代表，闰年为 8 784 个小时)的交通量按照从大到小的次序排列，其中从大到小序号第 30 位的那个小时的交通量。交通量具有随时间变化和出现高峰小时的特点，在进行道路设施规划设计时，必须考虑这个特点。工程上为了保证道路在规划期内满足绝大多数小时车流顺利通过，不造成严重阻塞，同时避免建成后车流量很低，投资效益不高，规定要选择适当的小时交通量作为设计小时交通量。目前，国内外多采用第 30 位小时交通量作为设计小时交通量，从图 1-1 中发现，在第 30 位小时交通量附近，左边曲线急剧变化，向右曲线变化明显变缓。如果以第 30 位小时交通量作为设计依据，在一年中只有 29 个小时超过设计值，将发生交通阻塞，只占全年小时数的 0. 33%，而顺利通过的保证率达 99. 67%。因此，取第 30 位小时交通量作为设计小时交通量。也可根据公路功能采用当年第 20~40 h 最为经济合理时位的交通量。

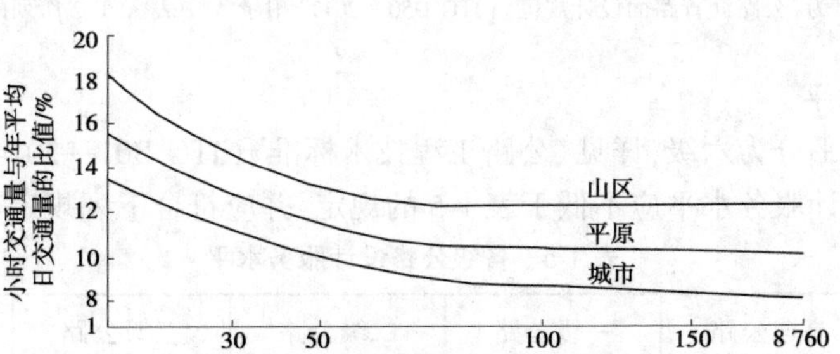

图 1-1　全年高峰小时交通量曲线

第 30 位小时交通量与年平均日交通量的比值称为交通量系数 k。通过定点观测，交通量系数 k=0. 12~0. 155，故可用下式计算第 30 位小时交通量：

$$设计小时交通量=(0.12\sim0.155)\times年平均日交通量 \tag{1-6}$$

三、道路通行能力

(一)基本通行能力

基本通行能力是指道路组成部分在理想的道路、交通、控制和环境条件下,该组成部分的一条车道、一车行道的均匀段上或一横断面上,不论服务水平如何,1 小时所能通过标准车辆的最大值。

(二)可能通行能力

可能通行能力是指一条已知道路的一组成部分在实际或预计的道路、交通、控制和环境条件下,该组成部分的一条车道、一车行道对上述各条件有代表性的均匀段上或一横断面上,不论服务水平如何,1 h 所能通过的车辆数最大值(在混合交通道路上为标准汽车)。

(三)设计通行能力

设计通行能力是指一设计中道路的一组成部分在预计的道路、交通、控制和环境条件下,该组成部分的一条车道或一车行道对上述各条件有代表性的均匀段上或一横断面上,在所选用的设计服务水平下,1 h 所能通过的车辆数最大值(在混合交通道路上为标准汽车)。

(四)设计交通荷载等级

路面结构所承受的设计交通荷载,按照设计使用年限内设计车道累计大型客车和货车交通量分为极重、特重、重、中等和轻 5 个等级,具体分级方法详见表 1-4。

表 1-4　设计交通荷载等级

设计交通荷载等级	极重	特重	重	中等	轻
设计使用年限内设计车道累计大型客车和货车交通量($\times10^6$ 辆)	≥50.0	50.0~19.0	19.0~8.0	8.0~4.0	< 4.0

注:大型客车和货车为《公路沥青路面设计规范》(JTG D50—2017)附录 A 中表 A.1.2 所列的 2 类至 11 类车。

(五)服务水平

公路服务水平分为六级,详见《公路工程技术标准》(JTG B01—2014)附录 A。

各级公路设计服务水平应不低于表 1-5 的规定,并应符合下列规定:

表 1-5　各级公路设计服务水平

公路等级	高速公路	一级公路	二级公路	三级公路	四级公路
服务水平	三级	三级	四级	四级	—

(1)一级公路用作集散公路时,设计服务水平可降低一级。

(2)长隧道及特长隧道路段、非机动车及行人密集路段、互通式立体交叉的分合流区段以及交织区段,设计服务水平可降低一级。

任务三 公路等级与技术标准

一、公路等级

公路等级是表示公路通行能力和技术水平的指标。一般来说,公路等级越高,公路的各项技术指标越高,汽车在公路上允许行车速度越高,其交通量和车辆荷载越大,服务水平就越高,反之则低。因此,如果知道了某一条公路的等级,就可知道其一般情况。

我国公路按照交通功能分为干线公路、集散公路和支线公路。干线公路分为主要干线公路和次要干线公路,集散公路分为主要集散公路和次要集散公路。

公路根据交通特性及控制干扰的能力分为高速公路、一级公路、二级公路、三级公路及四级公路等五个技术等级。

(1)高速公路为专供汽车分向、分车道行驶,并应全部控制出入的多车道公路。

四车道高速公路应能适应将各种汽车折合成小客车的年平均日交通量 25 000~55 000 辆。

六车道高速公路应能适应将各种汽车折合成小客车的年平均日交通量 45 000~80 000 辆。

八车道高速公路应能适应将各种汽车折合成小客车的年平均日交通量 60 000~100 000 辆。

(2)一级公路为供汽车分向、分车道行驶,并可根据需要控制出入的多车道公路。

四车道一级公路应能适应将各种汽车折合成小客车的年平均日交通量 15 000~30 000 辆。

六车道一级公路应能适应将各种汽车折合成小客车的年平均日交通量 25 000~55 000 辆。

(3)二级公路为供汽车行驶的双车道公路。二级公路应能适应将各种汽车折合成小客车的年平均日交通量 5 000~15 000 辆。

(4)三级公路为供汽车、非汽车交通混合行驶的双车道公路。三级公路应能适应将各种车辆折合成小客车的年平均日交通量 2 000~6 000 辆。

(5)四级公路为供汽车、非汽车交通混合行驶的双车道或单车道公路。

双车道四级公路应能适应将各种车辆折合成小客车的年平均日交通量 2 000 辆以下。

单车道四级公路应能适应将各种车辆折合成小客车的年平均日交通量400 辆以下。

二、技术标准

技术标准是根据公路设计交通量及设计速度对路线和各项工程结构设计的要求,把这些要求列成指标,用标准规定下来。它是根据理论计算和公路设计、修建的经验,并结合我国的国情而确定的。它反映了目前我国公路建设的技术方针,因此在公路设计施工时都应遵守。归纳起来技术标准大体上可分为三类,即载重标准、净空标准、线形标准。

载重标准主要用于结构设计。目前,我国的载重标准有公路-Ⅰ级和公路-Ⅱ级两个等级。汽车荷载等级应符合表1-6规定。

表1-6　汽车荷载等级

公路等级	高速公路	一级公路	二级公路	三级公路	四级公路
汽车荷载等级	公路-Ⅰ级	公路-Ⅰ级	公路-Ⅰ级	公路-Ⅱ级	公路-Ⅱ级

净空标准主要根据不同标准汽车的外廓尺寸和轴距来确定,如表1-7所示。

表1-7　设计车辆外轮廓尺寸

单位:m

车辆类型	总长	总宽	总高	前悬	轴距	后悬
小客车	6	1.8	2	0.8	3.8	1.4
大型客车	13.7	2.55	4	2.6	6.5+1.5	3.1
铰接客车	18	2.5	4	1.7	5.8+6.7	3.8
载重汽车	12	2.5	4	1.5	6.5	4
铰接列车	18.1	2.55	4	1.5	3.3+11	2.3

注:铰接列车的轴距"3.3+11"中的"3.3 m"为第一轴至铰接点的距离,"11 m"为铰接点至最后轴的距离。

各级公路设计车速如表1-8所示。

表1-8　各级公路设计车速

公路等级	高速公路			一级公路			二级公路		三级公路		四级公路	
设计速度/(km/h)	120	100	80	100	80	60	80	60	40	30	30	20

线形标准主要用于确定路线线形几何尺寸的技术指标,在以后的讲述中将逐步涉及相关标准。

通常一条公路一般应采用相同的等级和技术标准,但路线较长且跨越不同的地形或连接不同运量的集散点时,允许采用不同的车道数和公路等级。

任务四　公路的基本组成

公路是设置在大地上供各种车辆行驶的一种线形带状结构物,主要承受车轮荷载的反复作用并经受各种自然因素的长期影响和破坏。因此,公路不仅要有平顺的线形、合适的纵坡,而且还要有坚实稳定的路基,平整、防滑、耐磨的路面,牢固耐用的桥涵和其他人工构造物以及不可缺少的附属工程设施,以满足交通的要求。

一、路基

路基是公路线形结构的主体,是由土石按照一定尺寸、结构要求建筑成的带状土工结构物。它与路面共同承受行车荷载的作用,同时抵御各种自然因素造成的危害。因此,必须具有足够的力学强度和稳定性,而且又要经济合理。为了保证路基的强度与稳定性,避免外界因素对路基的危害,在修筑路基的同时,根据需要还要修建路基排水及防护设施,如边沟、挡土墙等,如图 1-2 所示。

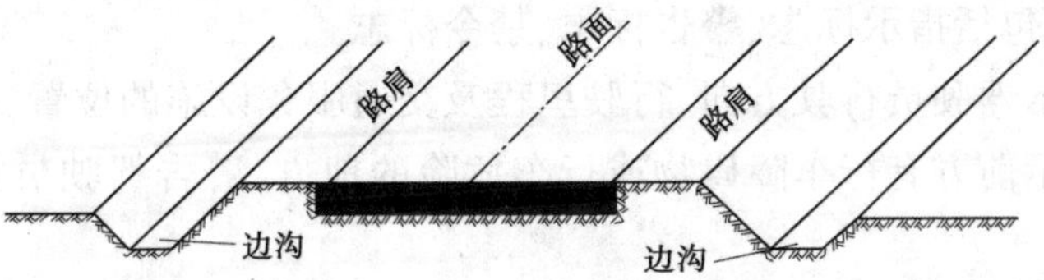

图 1-2　公路路基示意图

二、路面

路面是用各种路面材料按照一定的比例经混合拌制,分层铺筑于路基顶面后形成的结构物,主要供车辆安全、迅速和舒适地行驶。因此,路面必须具有足够的强度、稳定性、平整度、抗滑性等,如图 1-3 所示。

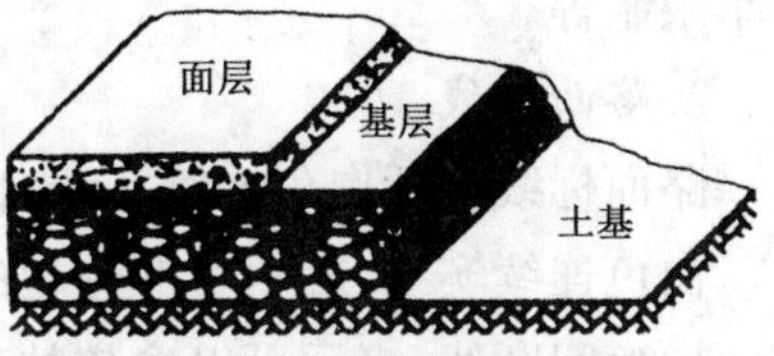

图 1-3　路面结构示意图

三、桥梁、涵洞

公路跨越河流、沟谷以及其他线路时,为了保证公路的连续性,则需要修建桥梁或涵洞等结构物。当结构物的单孔跨径小于 5 m 或多孔跨径之和小于 8 m 时,称为涵洞;当大于上述值时则称为桥梁,如图 1-4 所示。

四、隧道

在山区修筑公路,经常有较高的山岭阻拦,如果选择绕行的方式越过山岭,有可能造成里程大大增加,纵坡陡峻,线形迂回较多,技术标准偏低。在这种情况下,可以考虑在一个适当的高程和地形处,打通一条山洞连接山岭两侧的公路,这样就可以避免上述路线的缺点而取得一条捷径。这类山洞就是公路隧道。还有一种情况,当公路需要穿越深水层或所跨越的江海湖泊不适宜修建桥梁时,也可以考虑隧道方案,如图 1-5 所示。

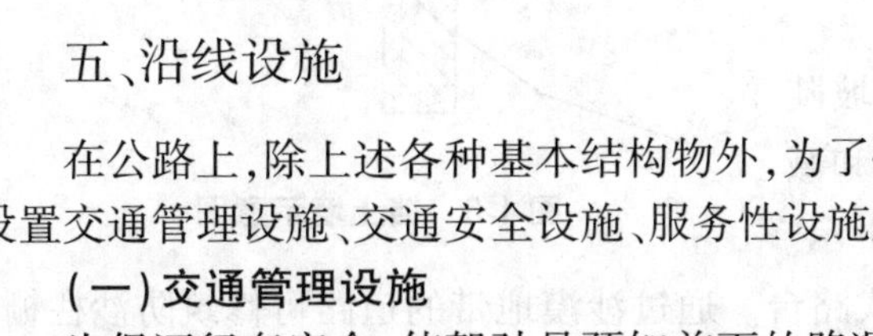

图 1-4　桥梁示意图

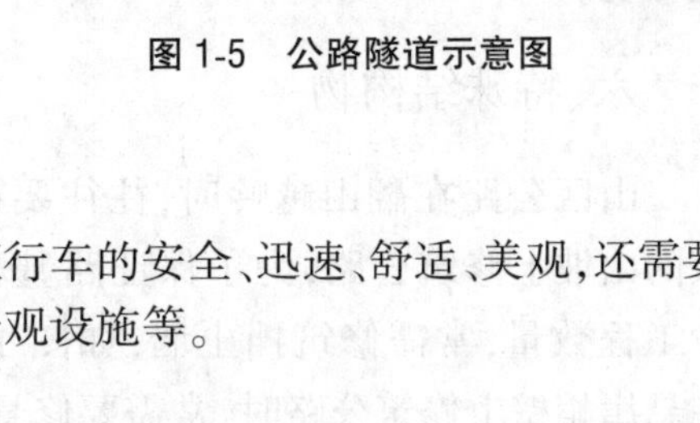

图 1-5　公路隧道示意图

五、沿线设施

在公路上,除上述各种基本结构物外,为了保证行车的安全、迅速、舒适、美观,还需要设置交通管理设施、交通安全设施、服务性设施及景观设施等。

(一)交通管理设施

为保证行车安全,使驾驶员预知前面的路况和特点,道路上应设置公路交通标志和路面标线。

1. 公路交通标志

公路交通标志包括指示标志、警告标志、禁令标志。

指示标志:指示驾驶员行驶方向、行驶里程及交通服务设施的位置、距离等。

警告标志:指示前方有行车障碍物或行车危险的地方,警告驾驶员集中注意力,确保行车安全。

禁令标志:指示各种必须遵守的交通限制的标志,如速度限制、载重限制、高度限制、停车限制等。

2. 路面标线

路面标线包括白色连续实线、白色间断线、白色箭头指示线、黄色连续实线等。

白色连续实线:表示不准逾越的车道分界。

白色间断线:表示可以逾越的车道分界。

白色箭头指示线:指引车辆左右转弯或直行。

黄色连续实线:表示严禁逾越的车道分界。

为适应夜间行车安全,高等级公路的标线边缘还设有不同颜色的反光标志。

(二)交通安全设施

为保证行车安全,在高速公路沿线以及其他各级公路必要的地方如急弯、陡坡、高路堤、地形险峻的路段,要设置护栏、护柱、护墙等。另外,因为高速公路是全封闭全立交的,在高速公路公路界的边缘,要设置隔离栅,以隔断外界对高速公路行车的影响,增强高速公路行车的安全保障。

(三)服务性设施

服务性设施包括高速公路的服务区及其他各级公路为公路交通服务的汽车站、加油站、旅馆、停车场、修理站等。

(四)景观设施

绿化是环境保护、美化公路不可缺少的部分。人们常在路基边坡、中央分隔带、道路用地范围内的边角空地处绿化,但不应妨碍视距。在环形交叉口、互通立体交叉或大桥的桥头还可以做一些景观造型和种植花草树木来美化环境。

六、特殊结构物

山区公路在翻山越岭时,往往要在横坡陡峻的山坡上修筑公路,为了保证路基稳定和减少工程数量,常需修筑挡土墙,如图1-6所示。

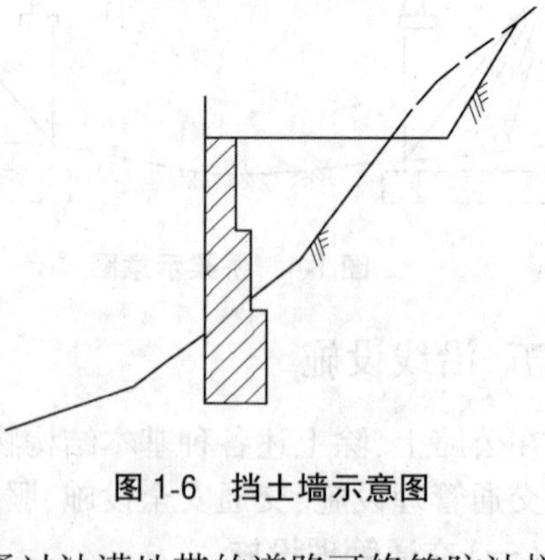

图1-6 挡土墙示意图

在悬崖峭壁上修筑公路时,常需要修悬臂式路台。通过沙漠地带的道路可修筑防沙栏栅。

任务五　高速公路

一个国家的经济发展状况,很大程度上依赖于人与商品快捷、方便、安全地移动,而且国家或地区生产力的布局、经济繁荣和科技进步、各经济区域的横向经济联系、经济中心的形成也都需要相应的交通条件。高速公路由于通行能力大,运行舒适、安全,燃油消耗低,运输成本低,经济效益好,已成为世界广泛采用的一种新型的、符合时代发展要求的公路交通手段。

一、高速公路的优点

(一)行车速度高

高速公路运用高标准的线形,至少有四个行车道,当中设隔离带,全部立交,控制出入,安全设施齐全,汽车可按规定快速行驶,不受干扰。

速度是交通运输的一个重要因素。高速公路由于速度高,使得行驶时间缩短,从而带来巨大的社会效益与经济效益,对经济、军事、政治都有十分重要的意义。

我国高速公路的设计车速分为 3 个档次,根据自然条件的不同,分为 120 km/h、100 km/h 和 80 km/h。同时,高速公路也限制了最低行驶车速,进入高速公路的车辆,最低时速不能低于 60 km。凡由于车速有限,可能形成危险和妨碍交通的车辆均不得驶入高速公路,如行人、非机动车、轻便摩托车、拖拉机及设计最大时速小于 70 km/h 的机动车辆等。由于限制了低速车辆的驶入,缩小了行驶车辆的速度差异,减少了超车次数及不必要的减速、加速、停车等候等,即降低了行驶中的纵向干扰,道路通行能力得以提高。普通公路是混合交通,纵向干扰大,混合交通是影响公路功能发挥的主要障碍。由于各类车辆混合行驶,车速往往只有 20~30 km/h,甚至更低。有时还会出现汽车尾随自行车、畜力车缓缓而行的情况,产生交通拥挤、堵塞。

(二)通行能力大

通行能力反映公路允许通过汽车数量的多少。由于限制低速车辆驶入高速公路,控制车辆出入口及车辆分道行驶,使得车辆速度差减小及速度转换减少,纵向和横向干扰减少,因此高速公路的通行能力得以提高。据统计,一般双车道公路的通行能力为 5 000~6 000 辆/d,而一条四车道的高速公路通行能力可达 34 000~50 000 辆/d,六车道和八车道可达 70 000~100 000 辆/d。可见,高速公路的通行能力比一般公路呈 5~10 倍的增加。由于通行能力大,运输能力大大提高,能够保证车辆在高峰时间流畅通行,根本上解决了交通的阻塞,使得汽车的快速性得以充分发挥,单位里程的运行时间大幅缩短。

(三)行车安全舒适

(1)高速公路采用了一系列现代科技成果作为安全运行的保护措施。例如,平坦宽敞的路面,全封闭立体交叉的出入控制,中央分隔和分道行驶的限制,路缘带、标线和反光装置、发光装置的诱导,防护栏、防护柱的保护以及电子信息系统和报警系统等先进手段都为安全行车提供了可靠、有效的物质基础。高速公路标准高,各种交通工程设施完善,又没有横向干扰,因此交通事故次数大幅度减少。

(2)高速公路实施一系列严密的规章制度和符合国情的交通法规,为安全行车提供了法律依据和行为准则。

(3)高速公路实施先进、科学、有效的管理模式,为安全行车奠定了运行保障体系。

(四)降低运输成本

完善的道路设施使主要行车消耗——燃油与轮胎消耗、车辆磨损、货损货差及事故赔偿损失降低,从而使运输成本大幅度地降低。据世界各国的统计资料,高速公路的运输费用一般可比普通公路下降30%左右,修建高速公路的费用10年左右即可收回。同时,高速公路的高效率功能,进一步推动公路运输组织方式的变革,汽车制造则不断向大型化、高速化、专用化的车型发展。

(五)带动沿线经济发展

高速公路的高通行能力和高效、快速、通达的多功能作用,使生产与流通、生产与交换周期缩短,速度加快,促进了商品经济的繁荣发展。实践表明,凡在高速公路沿线,由于交通运输环境改善创造出的有利投资条件,使得地区之间、城乡之间的政治、经济、文化交流日益扩大,信息传输及时频繁,将很快兴起一大批新兴工业、商贸城市,并使产业结构更趋合理,商品流通费用降低,人民收入增加,其经济发展速度超过其他地区。

二、高速公路的效益

高速公路作为一种新型的公路交通手段,与一般公路相比,具有显著的经济效益、社会效益、国防与军事效益和环境生态效益。

(一)经济效益

高速公路是社会发展的产物,同时它也促进了社会经济发展,推动了生产力进步,主要表现在以下几个方面。

1. 直接经济效益

(1)缩短运输时间,提高了汽车的使用效率所带来的经济效益。

(2)节约行驶费用,包括油耗、车耗、轮耗方面的节约带来的经济效益。

(3)减少货物运输损坏,节省包装、装卸等费用带来的经济效益。

(4)由于降低事故率所减少的经济损失。

除上述直接经济效益外,高速公路能够减轻驾驶员、乘客、乘务人员疲劳,提高行车舒适度也能产生直接经济效益。

2. 间接经济效益

由于高速公路的修建,促进了沿线的经济发展,对于地区经济的开发起着很大的作用,带来了很大的经济效益。据国外资料,意大利的那不勒斯—罗马—佛罗伦萨高速公路建成后,17个省的经济收入平均增加了3%,一些山区工业产值增长了81%,10年内土地价值提高了3倍以上。日本的名神高速公路建成后沿线建成了多个工厂,过去从名古屋至神户需要8 h,现在仅用2 h即可,大大促进了地方工、农业的蓬勃发展。

(二)社会效益

(1)促进公路沿线经济发展和资源开发。高速公路开通运营后,极大地改善了沿线城市交通运输环境,使地区之间、城市之间经济、技术、市场信息传递及时、交流加快,很快形成一批新兴产业,并使产业结构、工厂布局趋于合理,经济发展速度超过其他地区。

根据国外高速公路发展的经验,一条高速公路建成3~5年后,其两端的大城市沿高速公路走向延伸发展,在各出入口附近形成一系列的卫星城镇或经济开发区,并以高速公路为轴线,形成“经济走廊”或“通道经济”,引发沿线产业带的形成和发展。同时,高速公路使沿线地区成为高新技术产业的理想发展地。另外,引发沿线土地的增值。高速公路对地价的影响,往往在项目实施之前即已产生;在通车前后,出入口附近土地会大幅度增值,当产业带发展进入梯度扩散阶段,还会有很大影响。

(2)加速物资生产和产品流通。现代化生产对原材料的需要和产品的流通要求直达、快速,以缩短货物运转,加快资金周转,从而达到扩大再生产的目的。而高速公路在加速物资生产、促进产品流通方面有着重要的作用。高速公路快速、安全、舒适、经济、方便的多功能作用,使生产与流通、生产与消费周期缩短,速度加快,城市消费圈与供应圈扩大,产地靠近市场,运输费用减少,市场价格降低。城乡商品经济繁荣,有利于提高城乡消费总水平,缩小城乡差别。

(3)有利于城市人口的分散和卫星城镇的开发。高速公路连接大城市与沿线小城镇,极利于发挥中心城市经济辐射作用,促进卫星城市与小城镇资源开发利用。修建高速公路后沿线小城镇、小型工业的兴建使城市人口向郊外分散,不少城市主要居住区也转向周围卫星城。这既促进了地区发展,又缓和了城市人口的增长,并使大城市人口密集、工厂集中、居住拥挤、交通阻塞、供应困难、环境污染等弊病逐步消除。

(4)促进运输结构合理化及汽车工业的发展。高速公路是公路运输网络中的主骨架,它与普通公路联网,能使整个路网结构更加完善,形成干支相连、城乡相通、四通八达的公路网;它与铁路、水路开展联运,发挥站场、港口、码头、仓库大批量客货集中疏转作用,形成较完整的国家综合运输体系;高速公路通行能力大,有利于公路运输实行大吨位、大牵引、列车化、集装箱化运输,进一步带动“集装箱”直达联合运输的方式,使“集装箱”吨位提高到30 t以上。这样快速灵活的汽车与运量大的火车以及价廉长距的水运,有机结合形成联运网,使产品运输更为直接、便利、快速、准时,从而最大限度地提高运输效率,降低运输成本,实现“户到户”的运输,使公路运输组织方式发生变革,使车辆使用效益更加提高,有力地促进公路运输业自身发展和自我完善。

(5)随着交通运输业的兴旺,一批与交通运输业密切相关的第三产业(如旅游业、饮食业、文化娱乐业等)都将迅速兴起,扩大了就业范围,增加了国家、个人收入。

(三)国防与军事效益

利用高速公路使运输设备快速机动,是实施战时运输、城市紧急疏散的有力手段。部分高等级公路还能为战斗机、运输机提供起降场所,对巩固国防有重大作用。

(四)环境生态效益

修建高速公路创造了空间,形成空间流动,可减轻城市污染。它具有良好的空间线形、视野及净空。规划、设计、建设高速公路都有严格的环境保护、补偿措施,它使得车辆排放废气量降低,但是污染、噪声集中。施工期间开挖、填筑给环境带来负面影响。

任务六　公路项目基本建设程序

公路项目基本建设程序是根据国民经济长远规划及布局所确定的公路路网规划,通过调查,进行可行性研究,编制项目建议书和可行性研究报告;批准后进行初测和初步设计;经批准后,在列入国家年度计划之后进行定测,编制施工图;组织施工;完工后,进行竣工验收;最后交付使用。一般来讲,这些程序必须循序渐进,不完成上一阶段的工作不能进入下一阶段。公路项目基本建设程序如图1-7所示。

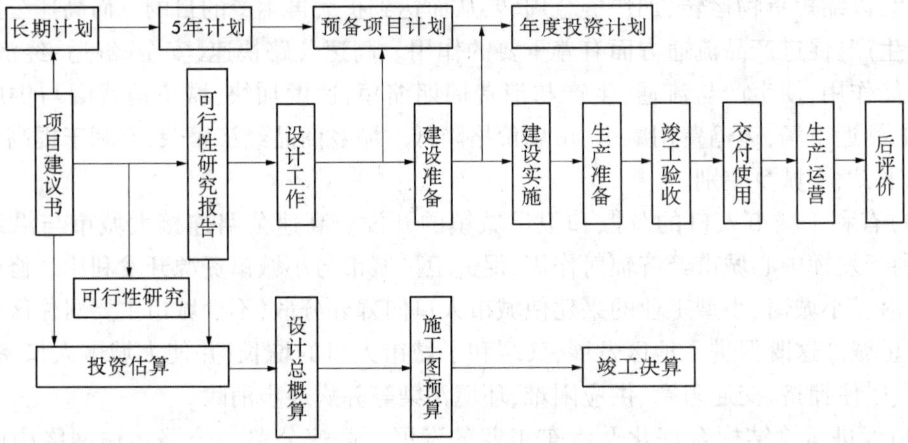

图1-7　公路项目基本建设程序

一、项目建议书

项目建议书是要求建设某一具体建设项目的建议文件,是基本建设中的第一个阶段,是投资决策前对拟建项目的轮廓设想。项目建议书的主要作用是为推荐一个拟进行建设的项目做初步说明,论述拟建项目的必要性、条件的可行性和获利的可能性,供有关部门选择并确定是否进行下一步工作。项目建议书不是项目的最终决策。

项目建议书的内容一般包括:项目建设的必要性和依据;拟建设规模、建设地点和建设方案的初步设想;资源情况、建设条件和协作关系等的初步分析;投资估算和资金筹措的设想;建设进度设想;经济效果和社会效益的初步估计。

二、可行性研究报告

项目建议书批准后,即可进行可行性研究,对项目在技术上是否可行和经济上是否合理进行科学的分析和论证,以减少建设项目决策的盲目性。可行性研究应作为公路工程基本建设程序的首要环节,所有新建、扩建的大中型项目都必须有可行性研究报告。

公路建设项目可行性研究报告的主要内容包括:

(1)建设项目的依据、历史背景。

(2)建设地区综合运输现状及建设项目在交通运输网中的地位和作用,原有公路的技术状况和适应程度。

(3)论述建设项目所在地区的经济特征,研究建设项目与经济发展的内在联系,预测交通量、运输量的发展水平。

(4)建设项目的地理位置、地形、地质、地震、气候、水文等自然特征。

(5)筑路材料来源及运输条件。

(6)论证不同建设方案的路线起讫点和主要控制点、建设规模、标准,提出推荐性意见。

(7)评价建设项目对环境的影响及可采取的环保措施和意见。

(8)测算主要工程数量、征地拆迁数量,估算投资,提出资金筹措方案,提出勘察、设计、施工计划安排。

(9)确定运输成本及相关经济参数,进行国民经济评价、敏感性分析、财务分析。

(10)对收费公路、桥梁、隧道还需进行财务分析,评价推荐方案,提出存在的问题及建议。

可行性研究报告是确定建设项目、编制设计文件的重要依据,要求必须有相当的深度和准确性。可行性研究报告批准后,一般不得随意修改和变更。

三、设计阶段

设计是对拟建工程的实施在技术上和经济上所进行的全面而详尽的安排,是基本建设计划的具体化,是组织施工的依据。

公路建设项目一般进行两阶段设计,即初步设计和施工图设计;对于技术上复杂而又缺乏设计经验的项目或建设项目中的个别路段、特殊构造物等,必要时进行三阶段设计,即初步设计、技术设计和施工图设计。

初步设计应根据批准的可行性研究报告的要求和初测的资料,拟订修建原则,制订设计方案,计算主要工程数量,提出施工方案的意见,编制设计概算,提供文字说明和图表资料。经批准的初步设计和概算文件是招标投标的必备条件之一,是国家控制建设项目投资及编制施工图设计文件或技术设计文件的依据。

技术设计应根据批准的初步设计和补充初测(或定测)资料,对重大、复杂的技术问题通过科学试验、专题研究、加深勘探调查及分析比较,解决初步设计中的遗留问题,落实技术方案,计算工程数量,提出修正的施工方案,编制修正概算。

施工图设计应根据批准的初步设计(或技术设计)和定测资料,进一步对审定的修建原则、设计方案、技术措施加以具体和深化,最终确定工程数量,提出文字说明和适应施工需要的图表资料及施工组织计划,编制施工图预算。

设计工作必须由具有相应资质等级的勘察设计单位来完成。

四、编制年度基本建设投资计划阶段

建设项目的初步设计和概算文件完成并上报批准后,则能列入国家基本建设年度计划。建设项目要根据批准的总概算和工期,合理地安排分年度投资。年度计划投资的安排要与长远规划的要求相适应,保证按期建成。年度计划安排的建设内容,要和当年分配的投资、材料、设备相适应。配套项目要同时安排,相互衔接。

五、建设前准备工作阶段(施工前准备)

为保证施工顺利进行,项目在开工之前应切实做好各项建设准备工作。主要内容有:

(1)征地、拆迁和场地平整。

(2)完成施工用水、电、路等工程。

(3)组织设备、材料订货。

(4)准备必要的施工图纸。

(5)组织施工招标,择优选择施工单位。

(6)报批开工报告。

六、建设实施阶段(施工阶段)

在具备开工条件并经批准后,项目即可开工建设,组织实施。施工是将设计图纸具体为实际工程的决定性环节,施工参与各方均应按合同的规定,严格履行各自承担的义务。在保证工程质量的前提下,缩短工期,节约投资。

七、竣工验收

竣工验收是工程建设过程的最后一环,是全面考核建设成果、检验设计和工程质量的重要步骤,也是基本建设转入生产或使用的标志,是工程交付使用的一个法定手续。竣工验收包括对工程质量、数量、期限、生产能力、建设规模、使用条件等的审查,对建设单位和施工企业编报的固定资产移交清单、隐蔽工程说明和竣工决算等进行细致检查。

八、项目后评价

建设项目后评价是工程项目竣工运营一段时间后,再对项目的立项决策、设计施工、竣工投产、生产运营等全过程进行系统评价的一种技术经济活动;是固定资产投资管理的重要内容,通过建设项目后评价,以达到肯定成绩、总结经验、研究问题、吸取教训、提出建议、改进工作、不断提高决策水平和投资效果的目的。

项目二 路 线

【知识目标】

1. 掌握公路横断面、平面、纵断面设计基本知识。

2. 掌握道路交叉设计的基本知识。

【能力目标】

1. 能正确识读道路平面图、纵断面图和横断面图。

2. 能进行简单的公路路线设计。

【思政目标】

党的二十大报告提出,必须坚持人民至上;必须坚持自信自立;必须坚持守正创新;必须坚持问题导向;必须坚持系统观念;必须坚持胸怀天下。

1. 强化标准、规范意识。

2. 树立系统观念,注重总体协调。

3. 树立安全、经济、舒适、美观、环保、与周围环境相协调的建设理念。

任务一 横断面

公路是具有一定宽度的带状构造物。沿路中线作法向切面,所得截面就称为横断面。横断面图由横断面设计线和地面线所构成,横断面设计线反映了路基的形状和尺寸。

一、横断面的组成与标准横断面图

公路横断面的组成和各部分的尺寸要根据公路的功能、等级、交通量、服务水平、设计速度、地形条件等因素确定。一般公路横断面设计线由若干部分组成,如行车道、路肩、分隔带、边沟、边坡、截水沟、护坡道以及取土坑、弃土坑、环境保护设施等。标准横断面如图 2-1 所示。我国高速公路、一级公路通行能力大,一般为四条车道或更多;二级、三级、四级公路一般为双车道,在特殊情况下,由于地形复杂或交通量小等,四级公路有时做成单车道。一般情况下,高速公路、一级公路的横断面形式为整体式,在地形条件受限制时,高速公路、一级公路的横断面也可以做成分离式。

二、公路路幅

公路路幅是指公路路肩两侧外边缘之间的部分,路幅宽度即指路肩两侧外边缘之间的水平距离,即路基宽度。各级公路的路基宽度应符合表 2-1 的规定。

一般路幅布置包括行车道和路肩,除四级公路可设置为单车道外,公路按路幅布置形式主要分为单幅双车道和双幅多车道两种类型。单幅双车道公路指的是整体式的供双向行车的双车道公路,这类公路在我国公路总里程中所占比重最大,二级、三级公路和部分四级公路均属这一类。四车道、六车道和更多车道的公路,中间一般都设分隔带或做成分离式路基而构成双幅路。

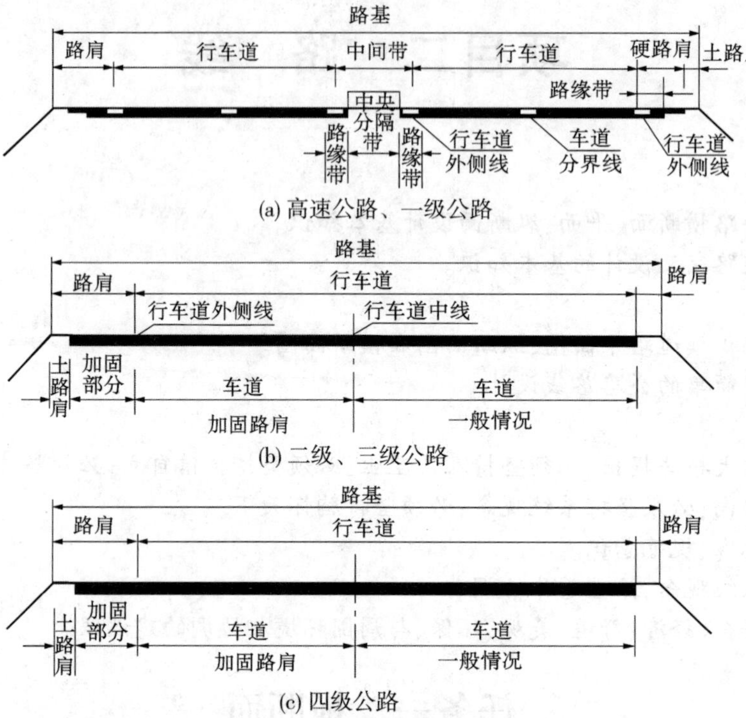

图 2-1 标准横断面

表 2-1 各级公路的路基宽度

公路等级		高速公路、一级公路								
设计速度/(km/h)		120			100			80		60
车道数		8	6	4	8	6	4	6	4	4
路基宽/m	一般值	45.50	34.50	28.00	44.50	33.50	26.00	32.00	24.50	23.00
	最小值	—	—	26.00	—	—	24.50	—	21.50	20.00

公路等级		二级、三级、四级公路					
设计速度/(km/h)		80	60	40	30	20	
车道数		2	2	2	2	2 或 1	
路基宽/m	一般值	12.00	10.00	8.50	7.50	6.50(双车道)	4.50(单车道)
	最小值	10.00	8.50	—	—	—	

注:1."一般值"为正常情况下采用值;"最小值"为条件受限制时,经技术经济论证后可采用的值。

2. 八车道高速公路路基宽度"一般值"为设置左侧硬路肩、内侧车道如采用3.5 m时的宽度;八车道高速公路路基宽度"最小值"为不设置左侧硬路肩、内侧车道如采用3.75 m时的宽度。

(一)行车道

行车道是专供汽车行驶的公路主要部分。为保证汽车高速、安全行驶,行车道必须保证足够的宽度。行车道宽度要根据车辆最大宽度,加上错车、超车所必需的余宽来确定。

《标准》中规定的各级公路的行车道宽度见表 2-2。

表 2-2 公路行车道宽度

设计速度/(km/h)	120	100	80	60	40	30	20
车道宽度/m	3.75	3.75	3.75	3.50	3.50	3.25	3.00(单车道时为 3.50)

注:高速公路为八车道,当设置左侧硬路肩时,内侧车道宽度可采用 3.50 m。

(二)路肩

路肩是位于行车道外缘至路基边缘之间具有一定宽度的带状结构。路肩通常包括硬路肩和土路肩。它的主要作用是保护路面,供汽车发生故障时临时停车及行人和非机动车使用;同时,使驾驶员在行车时视野开阔、有安全感,有助于增进行车的舒适和避免驾驶的紧张。在公路路面维修时,较宽的路肩还可以作为临时行车道,在挖方地段的平曲线段,较宽的路肩能够改善视距。路肩的宽度根据公路的等级,汽车、非机动车的交通量大小和行人稠密程度而定。各级公路右侧路肩宽度如表 2-3 所示。

表 2-3 各级公路右侧路肩宽度

设计速度/(km/h)		高速公路			一级公路(干线功能)	
		120	100	80	100	80
右侧硬路肩宽度/m	一般值	3.00(2.50)	3.00(2.50)	3.00(2.50)	3.00(2.50)	3.00(2.50)
	最小值	1.50	1.50	1.50	1.50	1.50
土路肩宽度/m	一般值	0.75	0.75	0.75	0.75	0.75
	最小值	0.75	0.75	0.75	0.75	0.75
设计速度/(km/h)		一级公路(集散功能)和二级公路		三级公路、四级公路		
		80	60	40	30	20
右侧硬路肩宽度/m	一般值	1.50	0.75	—	—	—
	最小值	0.75	0.25			
土路肩宽度/m	一般值	0.75	0.75	0.75	0.50	0.25(双车道) 0.50(单车道)
	最小值	0.50	0.50			

注:1. 正常情况下,应采用"一般值";在设爬坡车道、变速车道及超车道路段,受地形、地物等条件限制路段及多车道公路特大桥,可论证采用"最小值"。

2. 高速公路和作为干线的一级公路以通行小客车为主时,右侧硬路肩宽度可采用括号内数值。

3. 高速公路局部设计速度采用 60 km/h 的路段,右侧硬路肩宽度不应小于 1.5 m。

高速公路、一级公路应在右侧硬路肩内设置右侧路缘带,其宽度为 0.50 m。二级公路的硬路肩可供非汽车交通使用。非汽车交通量较大的路段,可采用全铺的方式,以充分利用。二级、三级、四级公路在路肩上设置的标志、防护设施等不得侵入公路建筑限界,必要时应加宽路肩。高速公路、一级公路采用分离式断面时,应设置左侧硬路肩,其宽度应符合表 2-4 的规定,左侧硬路肩宽度包含左侧路缘带宽度。另外,八车道高速公路宜设置左侧硬路肩,其宽度不宜小于 2.5 m,左侧硬路肩宽度包含左侧路缘带宽度。

表 2-4 分离式断面高速公路、一级公路左侧硬路肩宽度

设计速度/(km/h)	120	100	80	60
左侧硬路肩宽度/m	1.25	1.00	0.75	0.75
左侧土路肩宽度/m	0.75	0.75	0.75	0.50

高速公路和作为干线的一级公路的右侧硬路肩宽度小于 2.5 m 时,应设置紧急停车带。紧急停车带宽度应为 3.5 m,有效长度不应小于 40 m,间距不宜大于 500 m,并应在其前后设置不短于 70 m 的过渡段,如图 2-2 所示。

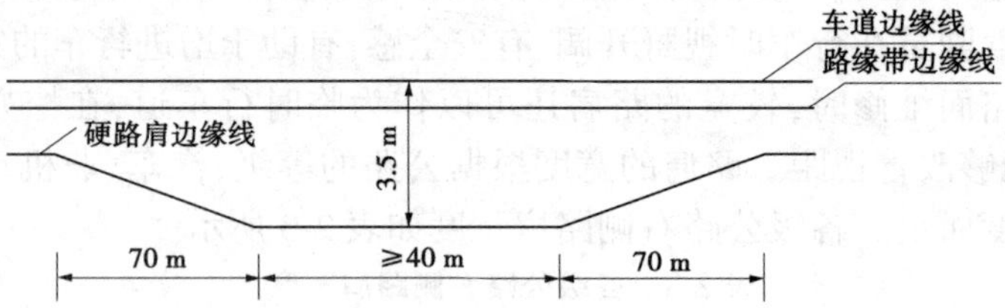

图 2-2 紧急停车带

(三)中间带

中间带位于路幅中间,由两条左侧路缘带及中央分隔带组成。主要是为了分割往返车流,保证对向车辆能够高速、安全行驶,减少事故,提高道路通行能力。另外,设置一定宽度的中间带并种植花草灌木或设置防眩网,可防止对向车辆灯光眩目,还可以起到绿化和保护环境的作用。设于分隔带两侧的路缘带,由于有一定的宽度且颜色醒目,既引导驾驶员视线,又增加了行车所必需的侧向余宽,从而提高行车的安全度和舒适性。

中间带的作用明显,但投资和占地多,我国原则上采用窄分隔带,构造上高出车道表面,分隔带一般用路缘石围砌,高出路面 10~20 cm。中间带的宽度是根据行车带以外的侧向余宽,防止车辆驶入对向行车带的护栏、植被、防眩网、交叉公路的桥墩等所需的设置宽度而定的。中间带的宽度如表 2-5 所示。

表 2-5 中间带宽度

设计速度/(km/h)		120	100	80	60
中央分隔带宽度/m	一般值	3.00	2.00	2.00	2.00
	最小值	2.00	2.00	1.00	1.00
左侧路缘带宽度/m	一般值	0.75	0.75	0.50	0.50
	最小值	0.75	0.50	0.50	0.50
中间带宽度/m	一般值	4.50	3.50	3.00	3.00
	最小值	3.50	3.00	2.00	2.00

注:"一般值"为正常情况下的采用值,"最小值"为条件受限制时可采用的值。

中间带的宽度一般情况下应保持等宽,若需要变宽,应设置过渡段,过渡段以设在回旋线范围内为宜,其长度应与回旋线长度相等。图 2-3 为变宽过渡设计的几个例子。

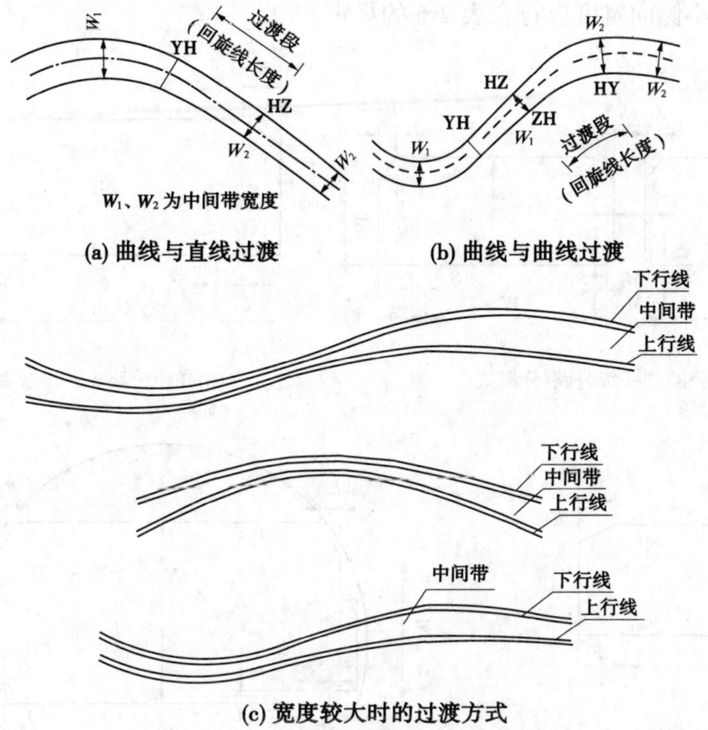

图 2-3 变宽过渡设计的几个例子

三、路拱

为了利于路面横向排水，将路面做成由中间向两侧倾斜的拱形，称为路拱，其倾斜坡度以百分率表示，称为路拱横坡度，用 i_1 表示。

路拱的形式有抛物线形、直线接抛物线形、折线形等。图 2-4、图 2-5 为抛物线形路拱和直线接抛物线形路拱。

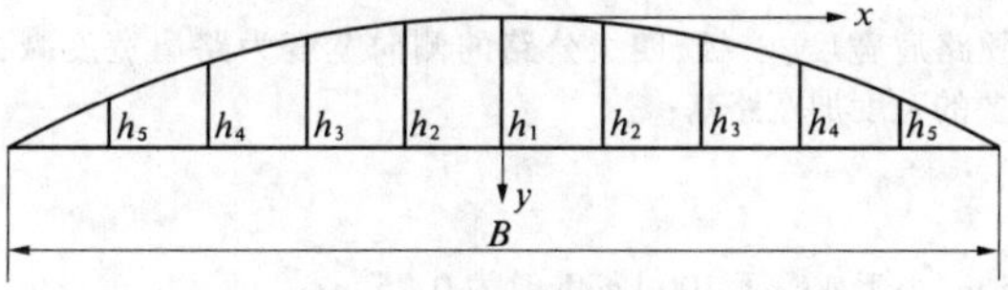

图 2-4 抛物线形路拱

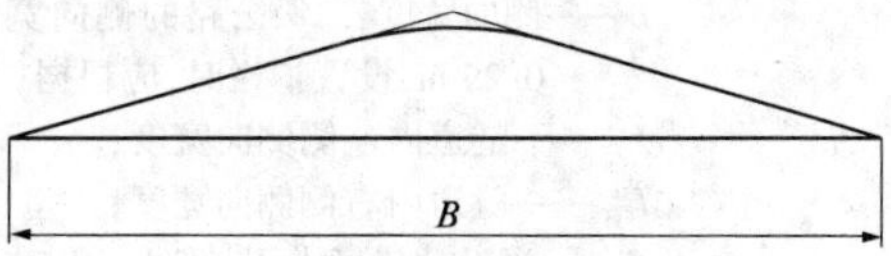

图 2-5 直线接抛物线形路拱

四、公路建筑限界

公路建筑限界范围内不得有任何障碍物侵入。公路标志、护栏、照明灯柱、电杆、管线、绿化、行道树以及跨线桥的梁底、桥台、桥墩等的任何部分也不得侵入公路建筑限界。

各级公路的建筑限界应符合图 2-6 的规定，同时应符合下列规定：

（1）设置加（减）速车道、紧急停车带、爬坡车道、错车道、慢车道、车道隔离设施等路段，行车道应包括该部分的宽度。

（2）八车道及以上的高速公路（整体式），设置左侧硬路肩时，建筑限界应包括相应部分的宽度。

(3)隧道最小侧向宽度应符合表2-6的规定。

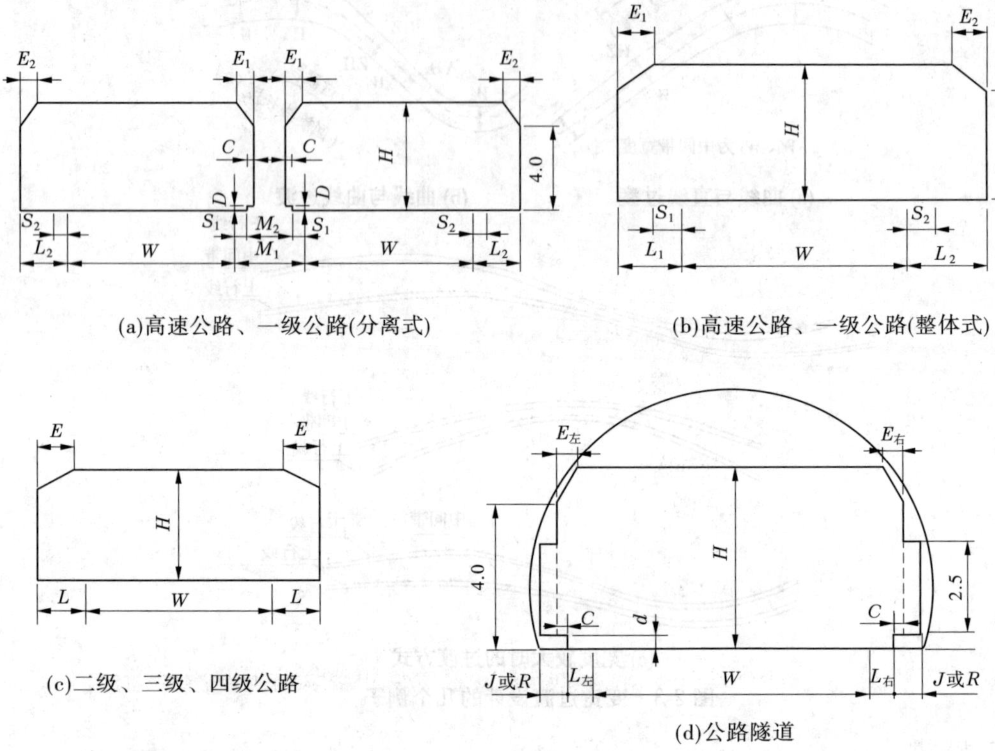

(a)高速公路、一级公路(分离式)

(b)高速公路、一级公路(整体式)

(c)二级、三级、四级公路

(d)公路隧道

图 2-6　建筑限界　(单位:m)

图中: W——行车道宽度;

L_1——左侧硬路肩宽度;

L_2——右侧硬路肩宽度;

S_1——左侧路缘带宽度;

S_2——右侧路缘带宽度;

L——侧向宽度,二级公路的侧向宽度为硬路肩宽度,三级、四级公路的侧向宽度为路肩宽度减去0.25 m,设置护栏时,应根据护栏需要的宽度加宽路基;

$L_左$——隧道内左侧侧向宽度;

$L_右$——隧道内右侧侧向宽度;

C——当设计速度大于100 km/h时为0.5 m,小于或等于100 km/h时为0.25 m;

D——路缘石宽度,小于或等于0.25 m,一般情况下,高速公路可不设路缘石;

M_1——中间带宽度;

M_2——中央分隔带宽度;

J——检修道宽度;

R——人行道宽度;

d——检修道或人行道高度;

E——建筑限界顶角宽度,当$L \leq 1$ m时,$E=L$,当$L>1$ m时,$E=1$ m;

E_1——建筑限界左顶角宽度,当$L_1<1$ m时,$E_1=L_1$,或$S_1+C<1$ m时,$E_1=S_1+C$,当$L_1 \geq 1$ m或$S_1+C \geq 1$ m时,$E_1=1$ m;

E_2——建筑限界右顶角宽度,$E_2=1$ m;

$E_左$——建筑限界左顶角宽度,当$L_左 \leq 1$ m时,$E_左=L_左$,当$L_左>1$ m时,$E_左=1$ m;

$E_右$——建筑限界右顶角宽度,当$L_右 \leq 1$ m时,$E_右=L_右$,当$L_右>1$ m时,$E_右=1$ m;

H——净空高度。

表 2-6　隧道最小侧向宽度

设计速度/(km/h)	高速公路、一级公路				二级、三级、四级公路				
	120	100	80	60	80	60	40	30	20
左侧侧向宽度 $L_{左}$/m	0.75	0.75	0.50	0.50	0.75	0.50	0.25	0.25	0.50
右侧侧向宽度 $L_{右}$/m	1.25	1.00	0.75	0.75	0.75	0.50	0.25	0.25	0.50

(4)桥梁、隧道设置检修道、人行道时，建筑限界应包括相应部分的宽度。

(5)高速、一级、二级公路的净高应为 5.00 m，三级、四级公路的净高应为 4.50 m。人行道、自行车道、检修道与行车道分开设置时，其净高应为 2.50 m。

(6)路基、桥梁、隧道相互衔接处，其建筑限界应按过渡段处理。

任务二　公路的平面线形

所谓公路中线是公路中心线的简称，路中线是一条空间曲线，它在水平面上的投影称作公路路线的平面线形。

一、平面线形的组成及要素

当一条公路的起、终点确定后，选择路线的方向应尽可能地使两点之间距离最短，以缩短里程。两点之间距离最短的应该是直线，但实际设置时，往往受地形、地质、水文条件以及现状地物的影响而需转折绕道通过；或因在起、终点间必须通过大桥桥位、城镇等而必须转折。所以，公路从起点至终点在平面上不可能是一条直线，而是由许多条直线段和曲线段组合而成的，如图 2-7 所示。

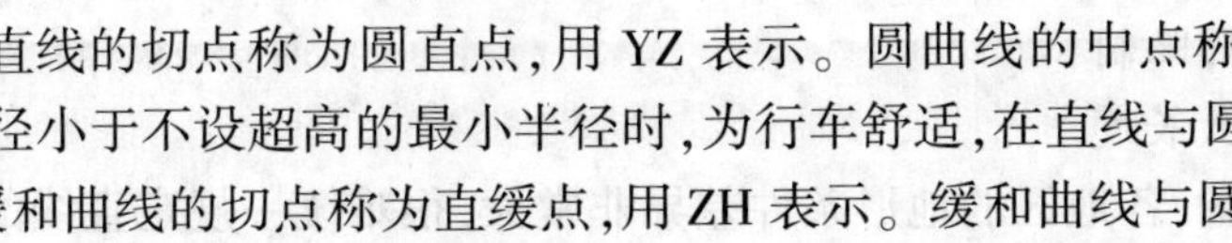

图 2-7　公路平面线形

路线由一个方向偏转至另一个方向时，偏转后的方向与原方向的夹角称为偏角，用 α 表示。相邻直线的转折点称为交点，用 JD 表示。直线与圆曲线的切点称为直圆点，用 ZY 表示。圆曲线与直线的切点称为圆直点，用 YZ 表示。圆曲线的中点称为曲中点，用 QZ 表示。当曲线半径小于不设超高的最小半径时，为行车舒适，在直线与圆曲线之间插入缓和曲线，直线与缓和曲线的切点称为直缓点，用 ZH 表示。缓和曲线与圆曲线相切点称为缓圆点，用 HY 表示。圆曲线与缓和曲线相切点称为圆缓点，用 YH 表示。缓和曲线与直线的切点称为缓直点，用 HZ 表示。因此，直线、缓和曲线、圆曲线是构成平面线形的主要线形，如图 2-8 所示。

(一)直线

作为平面线形要素之一的直线，在公路中使用很广泛，这是因为两点之间的连接长度以直线最短；同时，能使路线测设与施工简单、方便，营运费用低。但直线线形灵活性差，

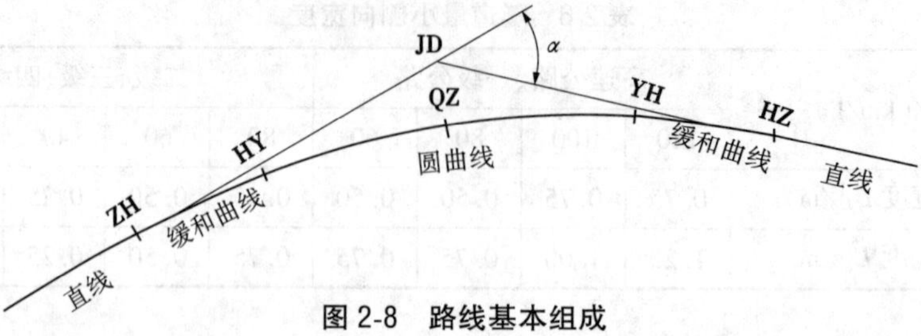

图2-8 路线基本组成

难以与地形、地物等周围的环境相协调;过长的直线易使驾驶人员感到单调、疲倦,注意力难以集中;直线路段上难以准确目测车辆之间的距离;长直线上容易导致高速行车,引发交通事故等。因此,在运用直线线形确定其长度时,需要持谨慎的态度,尽量不采用过多和过长的直线线形,运用直线时应注意以下几点。

1. 适宜采用直线的路段

通常情况下平面线形适宜采用直线的地段有:

(1)不受地形、地物限制的平坦地区或山间的开阔谷地。

(2)市镇及其近郊,或规划方正的农耕区等以直线条为主的地区。

(3)大型的桥梁、隧道等构造物路段前后。

(4)路线交叉点及其前后。

(5)为双车道公路提供超车的路段。

2. 长直线路段的注意事项

在平面线形设计中,当采用了长直线时,应结合沿线的具体情况采取相应的技术措施,以弥补景观单调的缺陷,并需要注意以下事项:

(1)长直线上纵坡不宜过大,因为长直线与下陡坡相重合的路段更容易导致高速行驶。

(2)长直线尽头的平曲线半径应尽量大一些,以保证线形的平顺性,除保证曲线超高、视距等符合相应的规定外,还必须采取设置标志、增加路面抗滑能力等必要的安全措施。

(3)为了缓和长直线带来的呆板,长直线宜与大半径凹形竖曲线组合。

(4)道路两侧地形过于空旷时,宜采取不同的植被条件或设置建筑物、雕塑、广告牌等措施,以改善单调的景观。

3. 直线长度的限制

1)直线的最大长度

我国地域辽阔,各地区的地形条件差异非常大,很难统一规定直线的最大长度。我国在道路设计中参照使用国外的经验值,根据德国和日本的规定:直线的最大长度(m)为 $20v$ (v 为设计速度,km/h)。虽然地域、环境不同,但一般情况下应尽量避免追求过长的直线指标。

2)直线的最小长度

为了保证行车安全,相邻两曲线之间应具有一定的直线长度。这个直线长度是指前一曲线的终点(缓直 HZ 或圆直 YZ)到后一曲线起点(直缓 ZH 或直圆 ZY)之间的长度。

(1)对于同向曲线间的最小直线长度:《公路路线设计规范》(JTG D20—2017)(以下简称《规范》)规定,设计速度大于或等于 60 km/h 时,同向曲线间的最短直线长(m)应以不小于 $6v$(km/h)为宜,如图 2-9(a)所示。另外,对于计算行车速度 $v\leqslant 40$ km/h 的山岭重丘区的特殊困难地段,可适当放宽。

(2)对于反向曲线间的最小直线长度:《规范》规定反向曲线间的最小直线长度(m)应以不小于 $2v$(km/h)为宜,如图 2-9(b)所示。

图 2-9 同向曲线与反向曲线

(3)回头曲线间的最小直线长度:《规范》规定两回头曲线之间,即由一个回头曲线的终点至下一个回头曲线的起点的距离,最好能满足表 2-7 的要求。

表 2-7 回头曲线间最小直线长度

单位:m

公路等级	直线长度	
	一般值	极限值
二级公路	200	120
三级公路	150	100
四级公路	100	80

(二)圆曲线

1. 圆曲线要素

圆曲线也是道路平面设计中最常用的线形之一,各级公路和城市道路不论转角大小,在转折处均应设置平曲线,而圆曲线是平曲线的主要组成部分。圆曲线具有易与地形相适应、可循性好、线形美观、易于测设等优点,故使用十分广泛。圆曲线的几何要素如图 2-10 所示。

切线长
$$T=R\tan\frac{\alpha}{2} \tag{2-1}$$

曲线长
$$L=\frac{\pi}{180}\alpha R \tag{2-2}$$

外距
$$E=R\left(\sec\frac{\alpha}{2}-1\right) \tag{2-3}$$

切曲差
$$J=2T-L \tag{2-4}$$

式中 T——切线长,m;

L——曲线长,m;

E——外距,m;

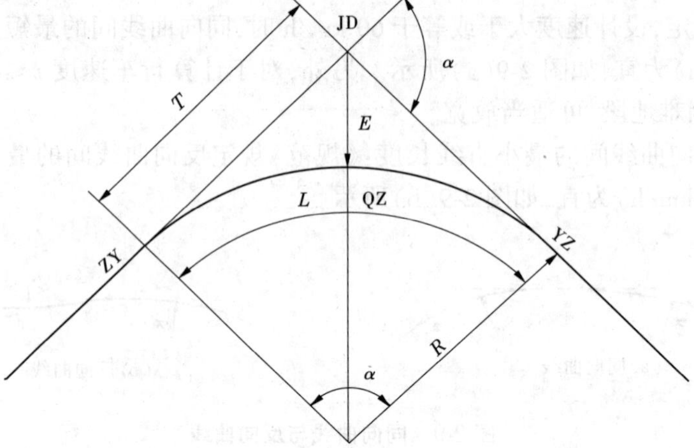

图 2-10　圆曲线几何要素

J——切曲差(或校正值),m;

R——圆曲线半径,m;

α——转角,(°)。

2. 圆曲线半径

根据汽车在弯道上行驶时的受力状况及各种力的几何关系推导出下面公式:

$$R \geqslant \frac{v^2}{127(f + i_b)} \tag{2-5}$$

式中　R——圆曲线半径,m;

v——计算行车速度,km/h;

f——路面与轮胎之间的横向摩擦系数;

i_b——超高横坡度(%)。

1)圆曲线最小半径

半径是圆曲线最重要的技术指标,选定了半径,则圆的大小和曲率就确定了。行驶在曲线上的汽车由于受到离心力作用,其稳定性和安全性受到影响,而离心力的大小又与曲线半径是密切相关的,半径愈小,所受的离心力越大。所以,在选择圆曲线半径时应尽可能采用较大值,只有在地形或其他条件受到限制时,才使用较小的曲线半径。为了保证行车的安全与舒适,《标准》规定了三种类型的圆曲线最小半径,即极限最小半径、一般最小半径、不设超高最小半径。极限最小半径主要满足安全要求,适当考虑基本的舒适度,在条件非常受限制时才可以使用。一般最小半径主要考虑具有较好的安全性和舒适度,是推荐的最小半径。不设超高最小半径考虑即使不设超高也能保证安全性和舒适度。不同公路等级的最小半径值见表2-8。在适应地形情况下应选用较大的曲线半径,一般情况下以采用极限最小平曲线半径的4~8倍为宜。

2)圆曲线最大半径

选用圆曲线半径时,在地形、地物等条件允许时,应尽量采用较大曲线半径。但是,当半径大到一定程度时,其几何性质与直线区别不大,而且容易给驾驶人员造成判断上的错误,带来不良后果。因此,《规范》规定圆曲线的最大半径不宜超过 10 000 m。

表 2-8 圆曲线最小半径值

设计速度/(km/h)		120	100	80	60	40	30	20
一般值/m		1 000	700	400	200	100	65	30
极限值/m	$i_{max}=4\%$	810	500	300	150	65	40	20
	$i_{max}=6\%$	710	440	270	135	60	35	15
	$i_{max}=8\%$	650	400	250	125	60	30	15
	$i_{max}=10\%$	570	360	220	115		—	—
不设超高最小半径/m	路拱≤2.0%	5 500	4 000	2 500	1 500	600	350	150
	路拱>2.0%	7 500	5 250	3 350	1 900	800	450	200

注:"一般值"为正常情况下的采用值;"极限值"为条件受限制时可采用的值;"i_{max}"为采用的最大超高值;"—"为不考虑采用对应最大超高值的情况。

3)圆曲线半径的确定

圆曲线能较好地适应地形的变化,并可以获得圆滑的线形。在与地形、地物等条件相适应的前提下,宜尽量采用较大曲线半径,以优化线形和改善行车条件。确定圆曲线半径时,应注意以下几点:

(1)在条件许可时,尽量选用不设超高的圆曲线半径;

(2)在一般情况下,宜采用极限最小半径的 4~8 倍或超高横坡度为 2%~4%的圆曲线半径;

(3)当地形条件受到限制时,曲线半径应尽量大于或接近于一般最小半径;

(4)在自然条件特别困难或受其他条件严格限制而不得已时,方可采用圆曲线的极限最小半径;

(5)圆曲线的最大半径不宜超过 10 000 m。

(三)缓和曲线

1.缓和曲线线形

缓和曲线是道路平面线形要素之一,它是设置在直线与圆曲线之间或两个圆曲线之间的半径连续变化的曲线。缓和曲线在与直线相切处的半径为无穷大,与圆曲线相切处和圆曲线的半径相等。其作用是使离心力从 0 逐渐变化到定值,或者是从定值逐渐变化到 0,不会使乘客因离心力突变而感觉不适,对于汽车运动状态的突变可起到缓和作用,所以称为缓和曲线。缓和曲线的插入有利于行车稳定和易于驾驶转向操作,并使线形顺畅、美观和视觉协调。

缓和曲线多采用回旋线。回旋线是一种半径随曲线长度的增大而减小的曲线。即在回旋线上任一点的半径 r 与曲线的长度 l 成反比,如图 2-11 所示。

公式表示为:

$$rl = A^2 \tag{2-6}$$

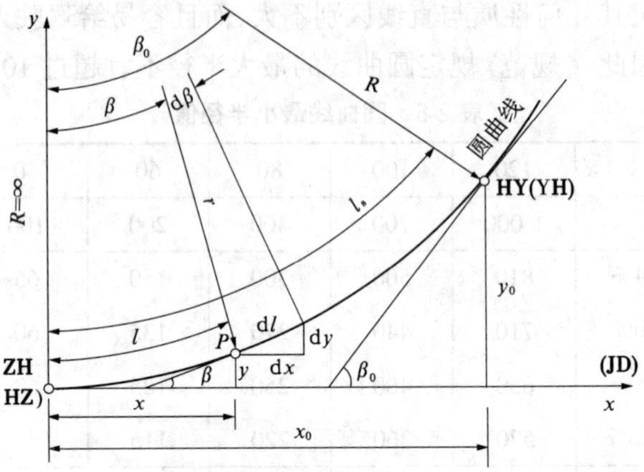

图 2-11 缓和曲线基本图式

式中 r——回旋线上某一点的曲线半径,m;

l——回旋线上某一点到原点的曲线长,m;

A——回旋线参数。

缓和曲线全长所对应的中心角称为缓和曲线角,用 β_0 表示:

$$\beta_0 = \frac{l_s}{2R} \times \frac{180°}{\pi} \tag{2-7}$$

《标准》中规定:当公路的平曲线半径小于表 2-8 所列不设超高最小半径时,应设缓和曲线,四级公路可不设缓和曲线。缓和曲线的长度应根据相应公路等级的计算行车速度求算,并应大于表 2-9 所列数值。

表 2-9 各级公路缓和曲线最小长度

公路等级	高速公路			一级公路			二级公路		三级公路		四级公路
设计速度/(km/h)	120	100	80	100	80	60	80	60	40	30	20
缓和曲线最小长度/m	100	85	70	85	70	50	70	50	35	25	20

2. 设缓和曲线的平曲线要素

道路平面线形三要素的基本组成是:直线—回旋线—圆曲线—回旋线—直线。图 2-12 所示的组合形式是最常见的在直线与圆曲线之间插入缓和曲线后的形式。在直线与圆曲线之间插入缓和曲线时,必须将原有的圆曲线向内移动距离 p 才能使缓和曲线的起点位于直线方向上,这时切线增长 q。公路上一般采用圆心不动的平行移动方法,即未设缓和曲线时的曲线半径为($R+p$);插入缓和曲线后,圆曲线向内移 p,此时半径为 R,所对圆心角为($\alpha-2\beta_0$)。

圆曲线内移值 p 与切线加长值 q 的计算如下:

$$p = \frac{l_s^2}{24R} - \frac{l_s^4}{2\ 384R^3} \tag{2-8}$$

$$q = \frac{l_s}{2} - \frac{l_s^3}{240R^2} \tag{2-9}$$

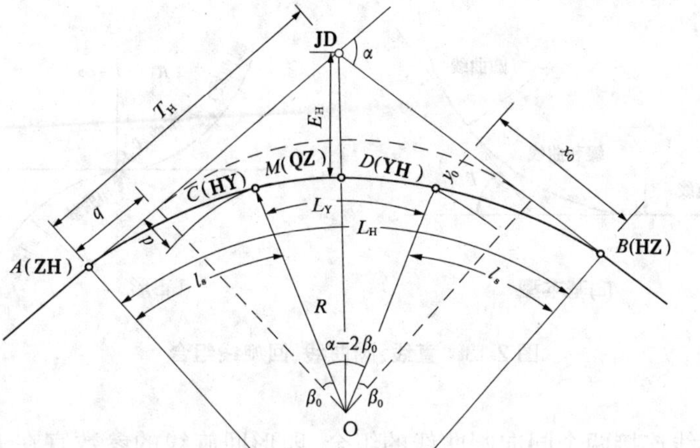

图 2-12 设缓和曲线的平曲线几何要素

则有缓和曲线的平曲线要素计算如下：

切线长 $$T_H=(R+p)\tan\frac{\alpha}{2}+q \tag{2-10}$$

曲线长 $$L_H=R(\alpha-2\beta_0)\frac{\pi}{180}+2l_s \tag{2-11}$$

圆曲线长 $$L_Y=R(\alpha-2\beta_0)\frac{\pi}{180} \tag{2-12}$$

外距 $$E_H=(R+p)\sec\frac{\alpha}{2}-R \tag{2-13}$$

式中 R——内移以后曲线半径，m；

p——内移值，m；

q——切线加长值，m；

α——偏角，(°)；

β_0——缓和曲线角，(°)。

(四)平面线形的常见组合方式

1. 基本型

按直线—缓和曲线—圆曲线—缓和曲线—直线的顺序组合，其中缓和曲线—圆曲线—回旋线的长度比宜为 1∶1∶1；当圆曲线较大、平曲线较长时，也可以将缓和曲线—圆曲线—缓和曲线的长度比设计成 1∶2∶1的组合形式，如图 2-13(a)所示。

2. S 形

两个反向圆曲线用缓和曲线连接的组合，如图 2-13(b)所示；S 形相邻两个缓和曲线参数 A_1 与 A_2 宜相等。当采用不同参数时，A_1 与 A_2 之比应小于 2.0，有条件时以小于 1.5 为宜；两圆曲线半径之比不宜过大，以 $R_2/R_1=1\sim1/3$ 为宜。其中，R_1 为大圆曲线半径，R_2 为小圆曲线半径。

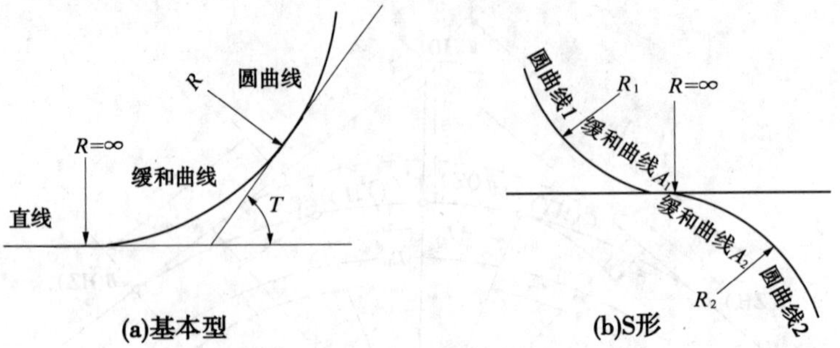

图2-13 直线、圆曲线、回旋线组合

3. 卵形

用一个回旋线连接两个同向圆曲线的组合，卵形回旋线的参数宜在 $R_2/2 \leqslant A \leqslant R_2$ 范围内，其中 R_2 为小圆曲线半径。两圆曲线半径之比以 $R_2/R_1=0.2\sim0.8$ 为宜。

4. 凸形

在两个同向回旋线间不插入圆曲线而径向衔接的形式。凸形的回旋线的参数及其连接点的半径，应分别符合容许最小回旋参数和圆曲线一般最小半径的规定。只有在路线严格受地形、地物限制的地方方可采用。

5. 复合形

两个以上同向回旋线在曲率相等处相互连接的形式。复合型的两个回旋参数之比以小于1∶1.5为宜。仅在受地形或其他特殊原因限制时(互通立体交叉除外)使用。

6. C形

同向曲线的两个回旋线在曲率为0处径相衔接的形式。C形只有在特殊地形条件下方可采用。

二、平曲线超高

(一)设置超高的原因

当圆曲线半径小于不设超高最小半径时，为了使汽车能安全、舒适地通过圆曲线，必须将圆曲线部分的路面做成由外侧向内侧倾斜的单坡，这个单坡称为超高横坡，超高横坡度用 $i_{超}$ 表示。目的是让汽车在圆曲线上行驶时能获得一个向圆曲线内侧的横向分力，以克服离心力，减小横向力，如图2-14所示。

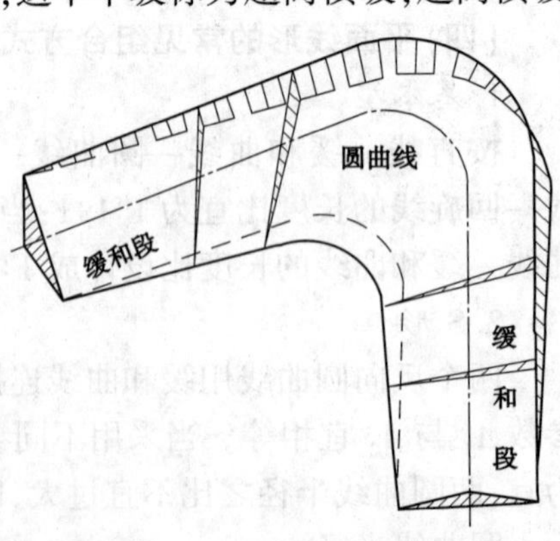

图2-14 平曲线上的超高

(二)超高横坡度的确定

超高横坡度 $i_{超}$ 和圆曲线半径 R 有密切的关系：

$$i_{超}=\frac{v^2}{127R}-f \tag{2-14}$$

式(2-14)是理论计算公式，在确定超高横坡度时，还要考虑在圆曲线上行驶的车辆可能以低速行驶，甚至完全停在圆曲线上的可能性。这时，如果超高横坡度太大,汽车有可能向内滑移,特别是在冬季结冰时,但超高横坡度太小,又不利于行车稳定和道路的排水。综合各种因素,在一般情况下,高速公路和一级公路超高横坡度不大于10%;其他各级公路超高横坡度不大于8%;在积雪、寒冷地区,超高横坡度不宜大于6%。各级公路最小超高横坡度应为该公路直线部分的路拱坡度值。

根据以上内容,当圆曲线半径小于不设超高最小半径时,圆曲线部分必须做成向内侧倾斜的单向坡,而在直线段上,路面的形式是中间高、两边低的双向路拱。如果汽车直接由双向坡驶入单向坡,将是一个突变,不可能顺利行车,所以在直线与圆曲线之间必须设置缓和段,才能使汽车顺利地由直线驶入圆曲线,这种为了汽车平稳地从直线上的双向横坡逐渐过渡到圆曲线上的单向横坡的缓和段称为超高缓和段。四级公路不设回旋线,但曲线上若设置有超高,从构造的角度讲也应有超高缓和段,如图2-14所示。

(三)超高的过渡

1.无中间带道路的超高过渡

1)以路面内边缘为轴旋转(简称"绕内边轴旋转")

设置超高时,首先在超高缓和段之前,将两侧路肩横坡分别绕内外侧未加宽时的路面边缘线旋转至路拱横坡,然后将路面中心至路肩外侧边缘部分,以路面中心线为轴旋转,同时向前推进,旋转至与内侧路面同一坡度为止。接下来,将路面未加宽前的内侧边缘线作为旋转轴保持在原有位置上不动,整个路面连同两侧路肩绕其旋转,同时向前推进,直至达到设计的横坡度,如图2-15(a)所示。此种方式一般在新建工程中采用。

2)以路面中心线为轴旋转(简称"绕中轴旋转")

设置超高时,首先在超高缓和段之前,将两侧路肩横坡分别绕内外侧未加宽时的路面边缘线旋转至路拱横坡,然后将外侧路面连同路肩绕路面未加宽时的中心线旋转,同时向前推进,旋转至与内侧路面同一坡度后,整个路面及两侧路肩继续绕原来的轴旋转,同时向前推进,直至达到设计超高横坡度,如图2-15(b)所示。此种方式一般在改建工程中采用。

3)以路面外边缘为轴旋转(简称"绕外边轴旋转")

设置超高时,首先在超高缓和段之前,将两侧路肩横坡分别绕内外侧未加宽时的路面边缘线旋转至路拱横坡,然后将外侧路面与路肩绕未加宽时的路面外侧边缘旋转并向前推进,与此同时,内侧路面和路肩随中心线的降低而相应降坡,使外侧路面及其路肩与内侧路面及其路肩逐渐变成同一单向坡度,此时将内外侧路面和路肩整体绕原来的轴旋转,同时向前推进,直至达到设计超高横坡度,如图2-15(c)所示。此种方式可在特殊设计(如强调路容美观)时采用。

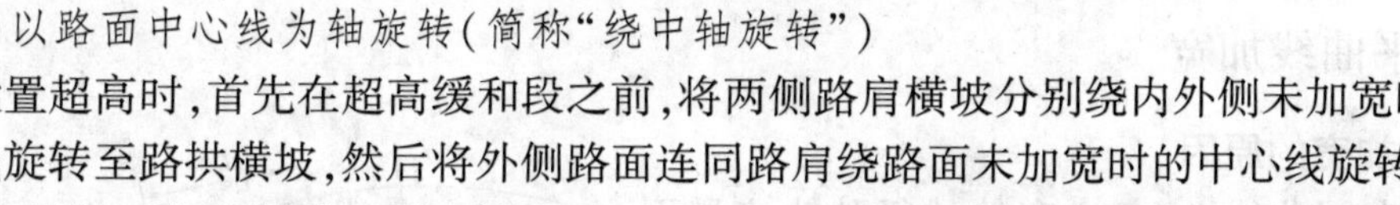

(a) 绕内边轴旋转　(b) 绕中轴旋转　(c) 绕外边轴旋转

图2-15 无中间带道路的超高过渡

2. 有中间带道路的超高过渡

1) 绕分隔带的中心线旋转

中间带中心线保持在原有位置上,内侧行车道先不动,先将外侧路面绕中间带中心线向上旋转,旋转至与内侧路面同一坡度后,整个行车道以中心线为轴继续旋转,直至达到超高横坡度,此时中央分隔带呈倾斜状,如图 2-16(a)所示。中间带宽度小于 4.5 m 的公路可采用此种方式。

2) 绕中央分隔带边缘旋转

将两侧路面分别绕中央分隔带边缘旋转,使之各自成为独立的单向超高平面,此时中央分隔带维持原水平状态,如图 2-16(b)所示。各种宽度中间带的公路均可采用此种方式。

3) 绕分隔带两侧路面中心线旋转

将两侧路面分别绕各自中心线旋转,使之各自成为独立的单向超高平面,此时中央分隔带两边缘分别升高与降低而成为倾斜断面,如图 2-16(c)所示。车道数大于 4 条的公路可采用此种方式。

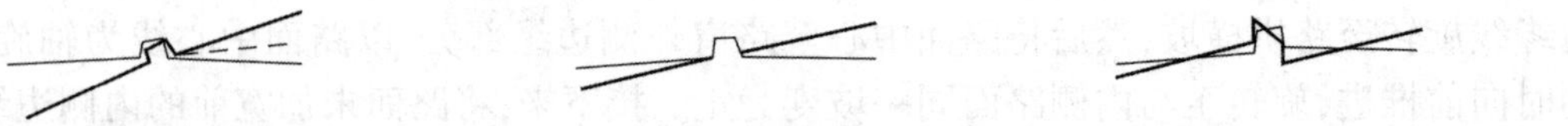

(a) 绕分隔带的中心旋转　(b) 绕中央分隔带边缘旋转　(c) 绕分隔带两侧路面中心线旋转

图 2-16　有中间带道路的超高过渡

三、平曲线加宽

(一) 加宽的原因

汽车在圆曲线上,各个车轮的行驶轨迹是不同的。其中,前轴外侧车轮的行驶轨迹半径最大,后轴内侧车轮的行驶轨迹最小,如图 2-17 所示。因此,在弯道行驶的汽车所占的行车道宽度比在直线上所占的宽度要大一些,才能满足行车要求。另外,汽车在曲线行驶时,前轴中心的轨迹并不完全符合理论轨迹,而是有较大的摆动偏移,故也需要进行加宽。

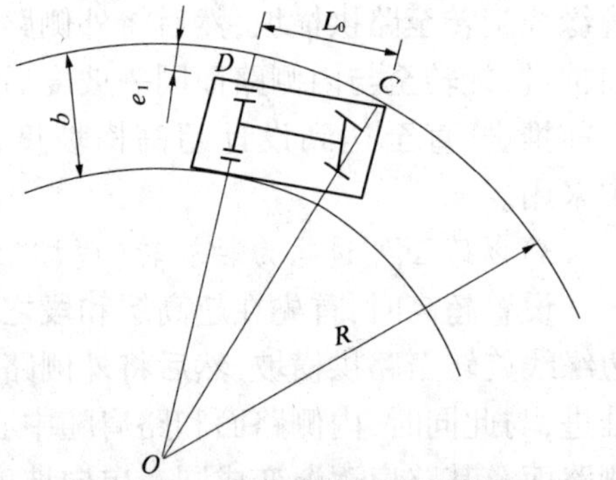

图 2-17　圆曲线上加宽示意图

(二) 圆曲线加宽值的确定

汽车进入圆曲线后,圆曲线的半径为定值,汽车从圆曲线起点至圆曲线终点的车轮转向角是保持不变的,则从圆曲线起点至终点的加宽值也是一个不变的定值,这个定值称为圆曲线上的全加宽值。

圆曲线上的全加宽值是根据会车时两辆汽车之间及汽车与路面边缘之间所需的间距决定的,它与圆曲线半径、车型、行驶速度等有关。由两部分组成,一部分是前后轮迹半径不同引起的,另一部分是汽车在曲线上行驶的摆动引起的。参照图 2-17 计算得出全加宽值:

$$e_1 = \frac{L_0^2}{R} + \frac{0.1v}{\sqrt{R}} \tag{2-15}$$

式中 e_1——双车道圆曲线上的全加宽值,m;

L_0——汽车后轴至前悬之间的距离,m;

R——圆曲线半径,m;

v——计算行车速度,km/h。

半挂车、挂车或牵引平板车所需要的加宽值计算如下:

$$e=\frac{L_0^2}{R}+\frac{L_1^2}{R}+\frac{0.1v}{\sqrt{R}} \tag{2-16}$$

式中 e——圆曲线的全加宽值,m;

L_0——牵引车后轴至前悬之间的距离,m;

L_1——牵引车后轴至被拖的半挂车后轴之间的距离,m;

R——圆曲线半径,m;

v——计算行车速度,km/h。

(三)平曲线的加宽

我国规范规定,二级、三级、四级公路的圆曲线半径小于或等于 250 m 时,应在平曲线内侧加宽。双车道公路路面加宽值应符合表 2-10 的规定,圆曲线加宽值应根据公路功能、技术等级和实际交通组成确定,并符合下列规定:

(1)作为干线的二级公路,应采用第 3 类加宽值。

(2)作为集散的二级公路和三级公路,在考虑铰接列车通行时,应采用第 3 类加宽值;不考虑铰接列车通行时,可采用第 2 类加宽值。

(3)作为支线的三级、四级公路可采用第 1 类加宽值。

(4)有特殊车辆通行的专用公路应根据特殊车辆验算确定其加宽值。

表 2-10 双车道公路路面加宽值 单位:m

加宽类别	设计车辆	圆曲线半径								
		200~250	150~200	100~150	70~100	50~70	30~50	25~30	20~25	15~20
第 1 类	小客车	0.4	0.5	0.6	0.7	0.9	1.3	1.5	1.8	2.2
第 2 类	载重汽车	0.6	0.7	0.9	1.2	1.5	2.0	—	—	—
第 3 类	铰接列车	0.8	1.0	1.5	2.0	2.7	—	—	—	—

单车道公路路面加宽值应为表列规定值的一半。各级公路的路面加宽后,路基也应相应加宽。双车道公路在采取强制性措施实行分向行驶的路段,其圆曲线半径较小时,内侧车道的加宽值应大于外侧车道的加宽值,设计时应通过计算分别确定。

(四)加宽的过渡

由于弯道上路面加宽后与弯道两端的直线段的路面宽窄不一,为了使路面和路基均匀变化,不影响公路的美观,需设置一段从加宽值为 0 逐渐加宽到全加宽的过渡段,称之为加宽缓和段,如图 2-18 所示。设置回旋线和超高缓和段时,加宽缓和段的长度应采用与回旋线或超高缓和段长度相同的数值；不设回旋线或超高缓和段时，加宽缓和段长度应按渐变率为1:15且不小于10 m的要求设置。

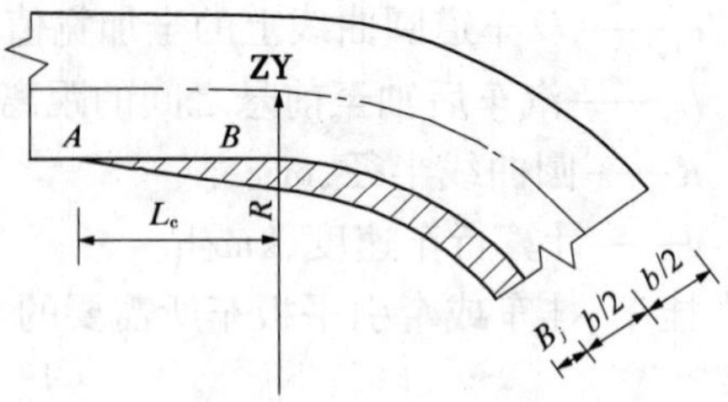

图2-18　加宽过渡示意图

加宽缓和的设置方式，在一般情况下，可按比例逐渐加宽，即

$$b_x = \frac{x}{L_c}B_j \tag{2-17}$$

式中　b_x——加宽缓和段上任意断面处的加宽值，m；

x——距加宽缓和段起点的距离，m；

L_c——加宽缓和段全长，m；

B_j——圆曲线部分全加宽值，m。

四、回头曲线

在山岭重丘区地形中，地面的自然坡度很陡，为了克服高差，降低纵坡，不得不延长路线长度，在同一个坡面上路线反复经过，称之为回头曲线，如图2-19所示。回头曲线可能使上下路线重叠并产生急弯、陡坡，降低公路的使用质量，因此只能在地形条件限制非常严格的情况下采用。一般较肥厚的山包、山脊平台、缓坡、山沟、山坳及岔谷间的缓坡台地是设置回头曲线的有利地形。如图2-19所示的地形均适合于设置回头曲线。

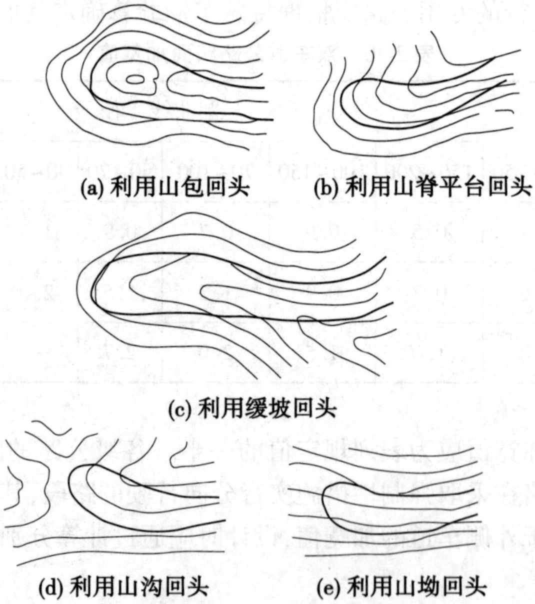

(a) 利用山包回头　(b) 利用山脊平台回头

(c) 利用缓坡回头

(d) 利用山沟回头　(e) 利用山坳回头

图2-19　回头曲线

五、路线平面图

公路路线在水平面上的投影图称为路线平面图,简称平面图。它是公路设计文件的重要组成部分。路线平面图一般应表示出沿线一定范围内的地形、地物、路线位置、水准点、大中桥、路线的交叉、隧道、主要沿线设施的位置,标注路线里程及平曲线要素等。地形图的宽度一般为中线两侧各 200~250 m。平面图是在公路勘查测量时,按一定比例绘制而成的。常用的比例尺有 1∶1 000、1∶2 000、1∶5 000 和 1∶10 000 等。

平面图主要有以下内容。

(一)线形情况

线形充分反映路线的平面特点,包括路线所在的位置及其走向,直线段、曲线段及其连接情况,各桩里程、平曲线要素、水准点及桥涵构造物等。

里程表示路线上某一点距离路线的起点沿路线的水平距离。在公路勘测时,先在该点的实地位置钉入木桩或铁桩,再用测量手段量出或算出该点距路线起点沿路线的水平距离,称里程桩号,简称桩号,用 KXXX + XXX. XX 表示,其中,K 为英语“千米(Kilometer)”的缩写符号,“X”为数值,“+”前面的“XXX”为距公路起点的千米数,“+”后面的“XXX. XX”为米数,有时米数不带小数点。例如,某一点距离路线起点的距离是 11 223. 47 m,那么这一点的里程桩号是 K11+223. 47。

一般情况下,路线按一定的距离每隔 20 m 或 50 m 设桩,用来表示路线的形状。表示路线特征的桩分为整桩和加桩两种,桩号为整数而设置的桩称为整桩,整百米桩称为百米桩,如 K2+300。整千米桩称为千米桩,如 K4+000。加桩设在公路的起终点、桥梁涵洞的中心点、平曲线的主点(ZH、HY、QZ、YH、HZ、ZY、QZ、YZ)或与其他路线的交叉点、地形变化点、地质变化点、地物点等。

(二)地形情况

平面图显示公路所经过地区的地形特征,尤其对那些对公路线形制约严重处,以便检查路线设计有无问题,是否有改善的余地。表示地面起伏的方法是采用等高线法,用标高投影方法测绘而得,如图 2-20 所示。地面上同一标高的点在水平面上投影的连线称为等高线。等高线的间距“疏”,则表示该处地形平缓;若“密”,则表示地形陡峭。因此,可以根据等高线的分布与形状来判断地面实际的起伏变化情况,这种具有等高线的平面图称为地形图。

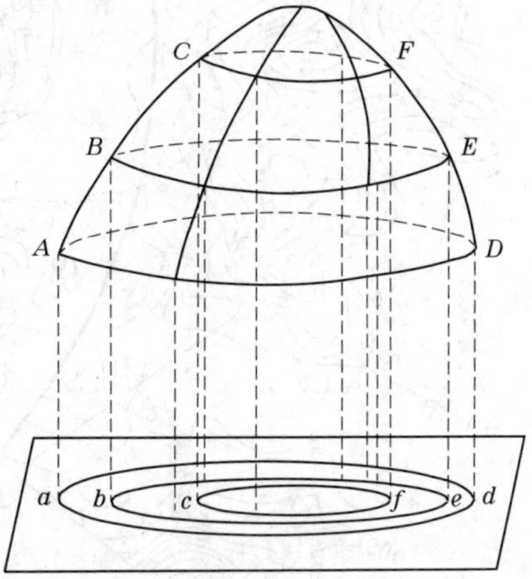

图 2-20 等高线图

(三)地物位置

平面图反映路线两侧地物的情况,以及各种地物与路线的相互关系。路线两侧地物按比例描绘,其形状、位置应准确,并按有关技术规范规定的符号来表示。

公路路线平面图示例如图 2-21 所示。

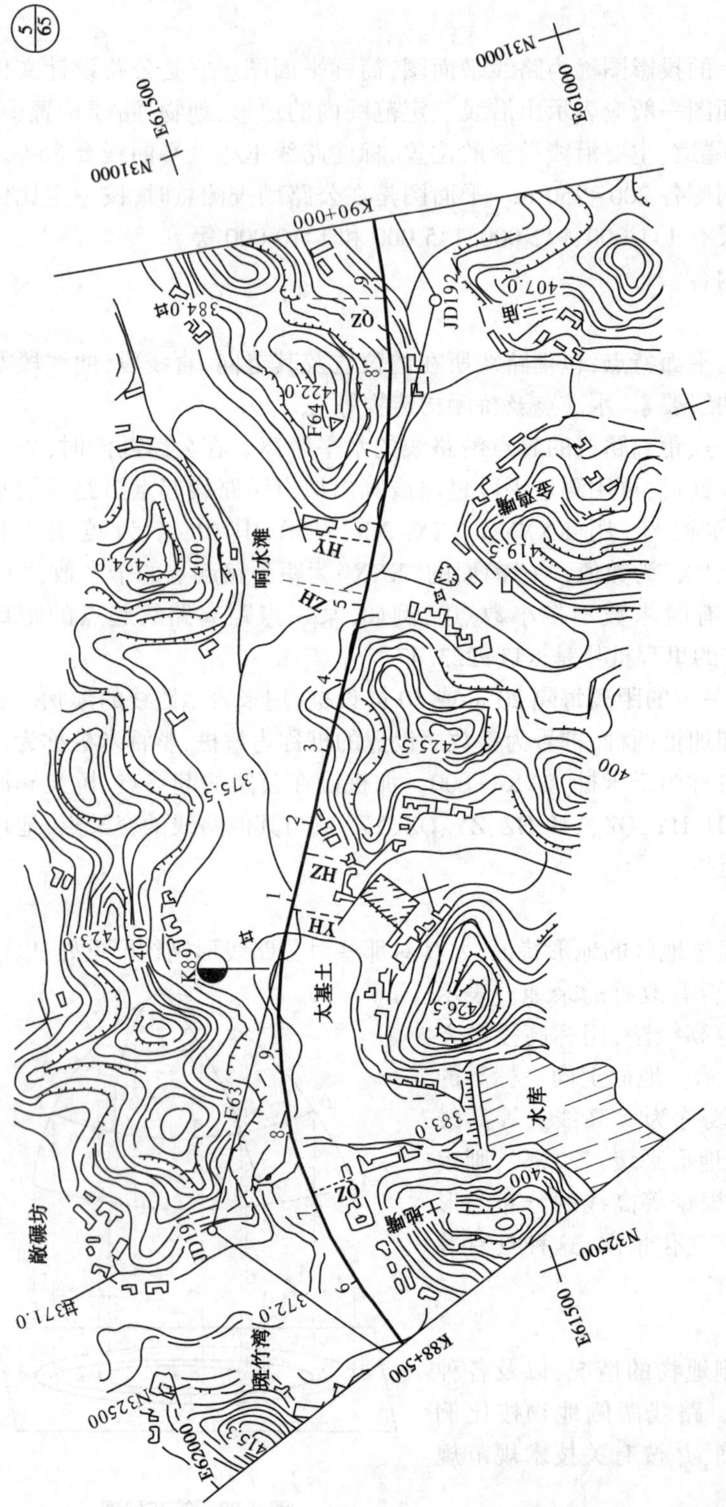

转角桩坐标表

JD	X	Y
191	32 325.000	61 890.000
192	31 280.000	61 250.000

导线点成果表

编号	X	Y	高程
F63	32 187.159	61 779.231	386.602
F64	31 391.237	61 421.357	420.158

图2-21 公路路线平面图示例 (单位:m)

任务三　行车视距

为了保证行车安全,驾驶员应能够随时看到路面前方的一定距离,以便发现路面上的障碍物或迎面来车时,能够在一定车速下及时制动或避让。汽车在这段时间内沿公路路面行驶的必要安全距离,称为行车视距。各级公路在平面和纵断面上,都应保证必要的行车视距。行车视距根据通视要求的不同,分为停车视距、会车视距和超车视距三种。

一、停车视距

汽车在车道上行驶,当驾驶员发现路面前方有障碍物或路面破坏处,而又不能驶入邻近车道绕过该处时,只有采取制动汽车的方式,使汽车在障碍物前停止,以保证安全。驾驶员从发现前方障碍物后,立即采取制动措施,直至汽车在障碍物前安全停下来所需要的最短距离,称为停车视距。

停车视距 S_T 由三部分距离组成,如图 2-22 所示。

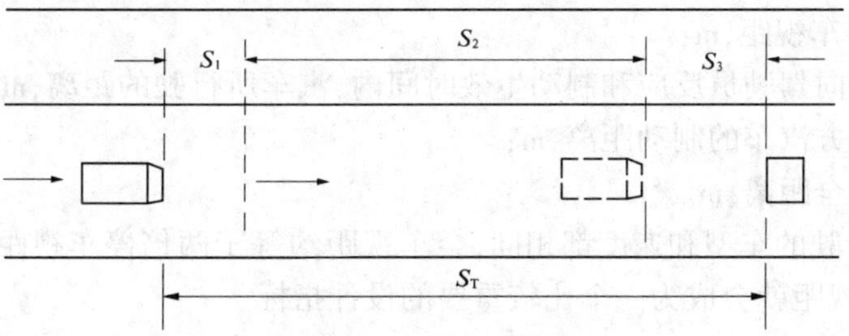

图 2-22　停车视距

$$S_T = S_1 + S_2 + S_3 \tag{2-18}$$

式中　S_T——停车视距,m;

S_1——驾驶员反应与判断时间内行驶的距离,m;

S_2——从开始制动到完全停止时汽车行驶的距离,m;

S_3——安全距离,一般为 5~10 m。

汽车驾驶员反应时间包括发现障碍物后反应判断的时间和制动生效的时间。前一时间与驾驶员的机敏程度和障碍物的颜色、大小等有关,一般为 1~2 s;后一时间是指驾驶员从实施制动一瞬间起,制动系统发生制动作用到强迫车辆停止的一瞬间所经历的时间。这一段时间的长短,除制动前的速度因素外,还与制动系统的机械效率、车轮与路面的摩擦系数有关。

综合各种因素,《标准》规定了各级公路的停车视距。

高速公路、一级公路的停车视距应符合表 2-11 的规定。

表 2-11　高速公路、一级公路的停车视距

设计速度/(km/h)	120	100	80	60
停车视距/m	210	160	110	75

二级、三级、四级公路的停车视距、会车视距和超车视距应符合表2-12规定。

表2-12　二级、三级、四级公路的停车视距、会车视距和超车视距

设计速度/(km/h)	80	60	40	30	20
停车视距/m	110	75	40	30	20
会车视距/m	220	150	80	60	40
超车视距/m	550	350	200	150	100
最小必要超车视距/m	350	250	150	100	70

二、会车视距

会车视距是指在不设中间带或不分车道行驶的公路上,两对向行驶的汽车从彼此发现到采取制动措施,在双方还没有碰撞之前停下来所需要的最短距离。

会车视距 S_H 由三部分组成:

$$S_H = S_1 + S_2 + S_3 \tag{2-19}$$

式中　S_H——会车视距,m;

S_1——双向驾驶员反应和制动生效时间内,汽车所行驶的距离,m;

S_2——双方汽车的制动距离,m;

S_3——安全距离,m。

如果双方行驶的车型和速度都相同,会车视距约等于两倍停车视距。对于单车道的四级公路,会车视距就会成为一个比较重要的设计指标。

三、超车视距

在双车道公路上,车速较高的车辆常常追上车速较低的车辆,并利用路中心线左侧的车道进行超车。在这种情况下,为保证超车时不致发生与对向车辆碰撞,超车之前,驾驶员必须观察左侧车道是否有来车。当驾驶员看到对向驶来的车辆相距很远时,自己超过同向行驶的低速车并回到原来车道的正常位置后不会与对向驶来的车辆相撞。在这一段时间之内,双向车辆行驶的距离之和,称为超车视距,如图2-23所示。

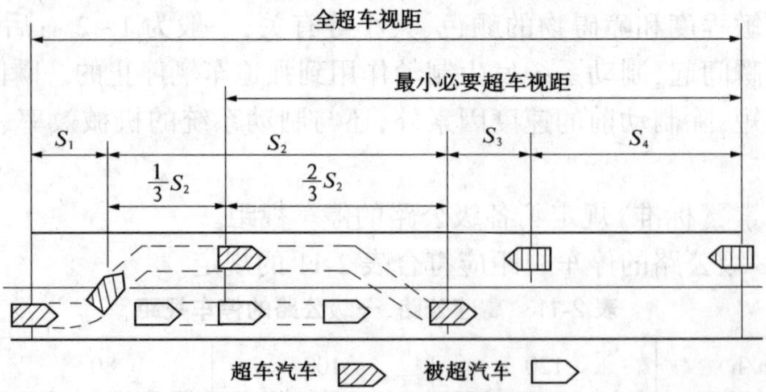

图2-23　超车视距

超车视距 S_C 可分为四部分：

$$S_C = S_1 + S_2 + S_3 + S_4 \tag{2-20}$$

式中　S_C——超车视距，m；

S_1——加速行驶距离，m；

S_2——超车汽车在对向车道上行驶的距离，m；

S_3——超车后的安全距离，m；

S_4——超车从开始加速到超车完成时段内，对向汽车行驶的距离，m。

实际上，超车汽车在对向车道追上被超汽车后，一旦发现与对向来车的距离不足，超车汽车还可以回到原来车道上。这段距离约占超车汽车在对向车道上行驶距离的1/3，于是最小必要超车视距为：

$$S_C = \frac{2}{3}S_2 + S_3 + S_4 \tag{2-21}$$

四、平曲线视距的保证

汽车在直线上行驶，一般行车视距容易保证。但当汽车在弯道上行驶时，弯道内侧行车视线可能被树木、建筑物、路堑边坡或其他障碍物遮挡而使行车视距受到影响。因此，在路线设计时必须检查平曲线上的视距是否能得到保证，如遇遮挡，则必须清除视野区段内的障碍物，如图 2-24 所示。

假设 A 点为行驶的汽车，弧长 AB 是停车视距。因为视线是直的，所以 AB 之间的直线（即弦长）与弧构成的区域内有障碍物的话，视线将会被遮挡，不能保证视距，所以必须清除。同样的道理，汽车在曲线段行驶到任何一点，均应保证视线与停车视距构成的区域内不能有障碍物。做出一条曲线与所有的视线相切，那么这条曲线就是汽车在弯道上行驶时障碍物不能进入的界限。如果有障碍物，必须予以清除。

按照上述方法知道了需要清除障碍物的范围，如果曲线段为挖方路段，内侧边坡阻挡了视线，那么按照所定出的界限，将在边界线内的边坡挖掉，即开挖视距台。开挖视距台时，设定驾驶员视线的高度为 1.2 m，如图 2-25 所示。

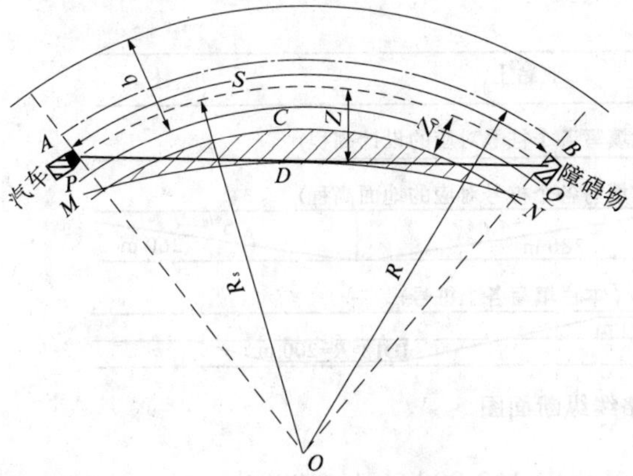

图 2-24　平曲线视距图

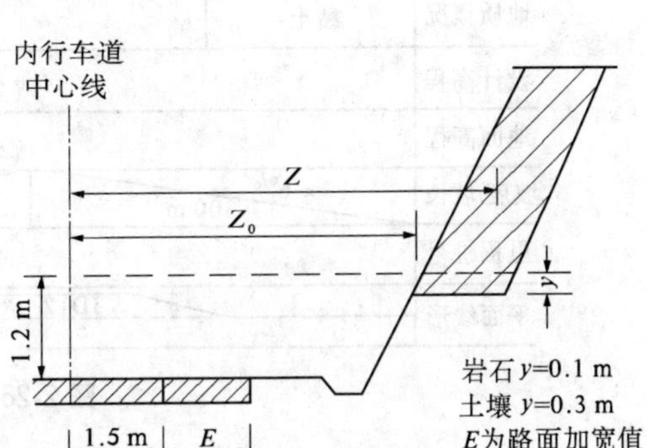

图 2-25　视距台

任务四　纵断面线形

一、路线纵断面图

沿着公路的中线垂直剖切然后展开,得到的断面即为路线纵断面图。由于公路所经过的地面是起伏不平的,铺筑在地面上的公路也往往随着地面而起伏,因此路线在纵断面上就由不同的上坡段和下坡段组成。为了使汽车安全平顺地由一个坡段驶进另一个坡段(坡度线),在相邻的两个坡段间应用曲线连接起来,这种在纵断面上的曲线称为竖曲线,如图 2-26 所示。从图 2-26 上可以看出,在纵断面图上,有两条主要的线:一条是地面线,它是根据路中线上各个桩的地面高程而绘出的,是一条不规则的折线;另一条是设计线,对于高速公路和一级公路,它是中央分隔带外侧边缘各点的连线,对于二级、三级、四级公路,它是公路未超高加宽前路基边缘各点的连线。同时它是经过技术、经济以及美学等多方面比选而定出来的。在任一桩号上设计高程与地面高程的差称为该桩的施工高度,施工高度的大小决定了公路施工时的填方高度或挖方深度。图 2-26 的下半部分是与纵断面设计相关的内容,以供纵断面设计时综合考虑。

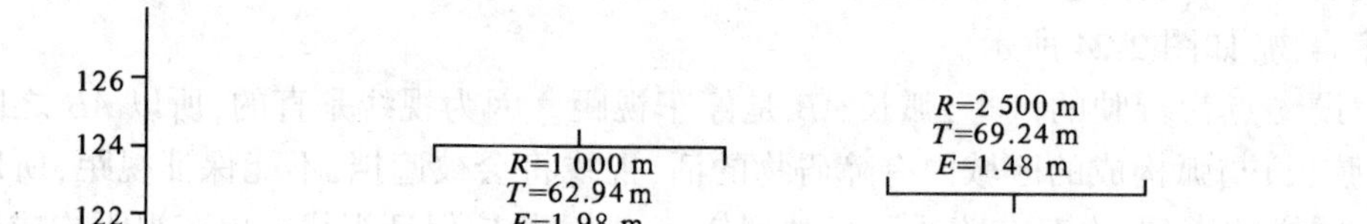

图 2-26　路线纵断面图

纵断面图的比例为:竖向 1∶200 或 1∶100,横向 1∶2 000 或 1∶1 000。

从纵断面图的设计线看到,它是由直线(坡度线)和曲线(竖曲线)组成的,因此纵断面图设计要解决坡度线和竖曲线问题。

二、纵坡设计

纵断面图坡度有上坡和下坡，坡度的大小用坡度线两端的高差 h 与其水平距离 l 的比值的百分数表示，称为纵坡度 i_0。沿路线前进的方向，上坡为正，下坡为负。

$$i_0 = \frac{h}{l} \times 100\% \tag{2-22}$$

如图 2-27 所示，A 点的高程为 21.00 m，B 点的高程为 24.00 m，C 点的高程为 20.00 m，AB 之间的水平距离为 100 m，BC 之间的水平距离为 200 m。则：

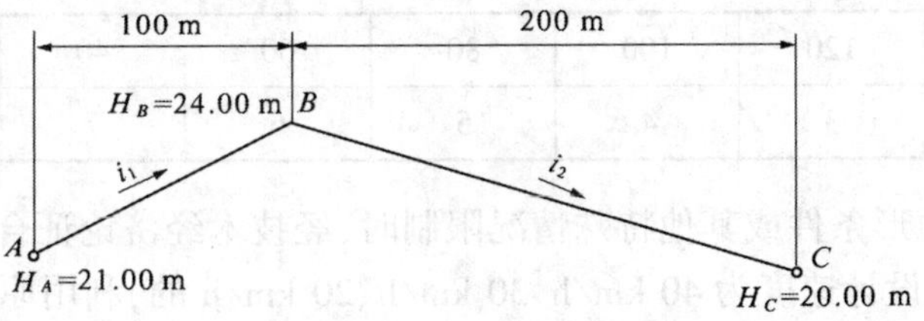

图 2-27 坡度计算示意图

第一段纵坡度：

$$i_1 = \frac{H_B - H_A}{l_{AB}} \times 100\% = \frac{24.00 - 21.00}{100} \times 100\% = 3\%(\text{上坡})$$

第二段纵坡度：

$$i_2 = \frac{H_C - H_B}{l_{BC}} \times 100\% = \frac{20.00 - 24.00}{200} \times 100\% = -2\%(\text{下坡})$$

坡度的大小及其长度会影响汽车的行驶速度、工程造价与运营经济及行车安全，因此必须对坡度的大小加以限制。

（一）纵坡设计的一般要求

纵坡设计的一般要求如下：

(1)纵坡设计必须满足《标准》的各项规定。

(2)为保证汽车能以一定速度安全顺利地行驶，纵坡应具有一定的平顺性，起伏不宜过大和过于频繁；尽量避免采用规范中的极限纵坡值，留有一定的余地。

(3)设计应对沿线地形、地物、水文、地下管线、气候和排水等综合考虑，并根据需要采取适当的措施，以保证道路的稳定与畅通。

(4)一般情况下纵坡设计应尽量减少土石方和其他工程量，以降低造价和节约用地。

(5)山岭重丘区地形纵坡设计应考虑纵向填挖平衡，尽量使挖方用作就近路段填方，以减少借方和废方(称为填挖平衡设计)，平原微丘区应满足最小填土高度，以保证路基稳定。

(6)高速公路、一级公路应考虑通道、农田水利等方面的要求，低等级公路应考虑民间运输、农业机械等方面的要求。

(二)最大纵坡与最小纵坡

1. 最大纵坡

最大纵坡是指在纵坡设计时,各级公路允许采用的最大纵向坡度值。它是公路设计中的一项重要指标。纵坡的大小直接影响着路线的长短、使用品质的好坏、工程量的大小与运输成本的高低。

各级公路允许的最大纵坡是根据汽车的动力性能、道路等级、自然条件、车辆行驶安全以及工程造价、营运经济等因素,综合分析考虑,合理确定的。各级公路最大纵坡值的规定如表2-13所示。

表2-13　公路最大纵坡值

设计速度/(km/h)	120	100	80	60	40	30	20
最大纵坡/%	3	4	5	6	7	8	9

高速公路受地形条件或其他特殊情况限制时,经技术经济论证合理,最大纵坡可增加1%。公路改建中,设计速度为40 km/h、30 km/h、20 km/h的,利用原有公路的路段,经技术经济论证合理,最大纵坡可增加1%;位于海拔2 000 m以上或严寒冰冻地区、山岭重丘区的四级公路,最大纵坡不应大于8%。

2. 最小纵坡

最小纵坡是指在纵坡设计时,各级公路允许采用的最小纵向坡度值。从汽车运营的角度出发,希望纵坡越小越好。但是,在长路堑以及其他横向排水不通畅地段,为防止积水渗入路基而影响其稳定性,各级公路均应设置不小于0.3%的最小纵坡。干旱少雨地区最小纵坡可不受此限制。

(三)高原纵坡折减

在海拔较高的高原地区,汽车发动机的功率因空气的稀薄而减小,相应地降低了爬坡能力;汽车水箱中的水易于沸腾而影响甚至破坏冷却系统。因此,在实际工作中,对于海拔3 000 m以上的高原地区,应将《标准》中规定的最大纵坡予以折减。各级公路的最大纵坡折减值见表2-14。最大纵坡折减后,如小于4%,则用4%。

表2-14　高原最大纵坡折减值

海拔/m	3 000~4 000	4 000~5 000	5 000以上
折减值/%	1	2	3

(四)坡长限制

坡长限制包括两方面内容:一是陡坡坡长限制,二是最短坡长限制。

1. 陡坡坡长限制

坡长限制是由汽车的动力性能决定的。长距离的陡坡对汽车行驶非常不利,上坡因长时间以低挡爬升,燃料消耗增加,行车速度降低,机体较易发生故障;下坡时,则因制动次数增加,机件磨损严重,又易使制动器发热、失效而出事故。因此,当公路纵坡大于3%时,为了行车安全和营运经济,其坡长要加以限制。《标准》对各级公路的坡长限制见表2-15所列。

高速公路和一级公路纵坡及坡长的选用,应充分考虑车辆运行质量的要求。二级、三级、四级公路在连续纵坡大于5%时,为了恢复因爬坡降低的速度,以利继续爬坡,除应不大于表2-15所规定的长度外,还要设置不大于3%的缓和坡段,其长度应满足表2-15的要求。

表2-15　不同纵坡最大坡长　　单位:m

设计速度/(km/h)		120	100	80	60	40	30	20
纵坡坡度/%	3	900	1 000	1 100	1 200			
	4	700	800	900	1 000	1 100	1 100	1 200
	5		600	700	800	900	900	1 000
	6			500	600	700	700	800
	7					500	500	600
	8					300	300	400
	9						200	300
	10							200

2. 最短坡长限制

短坡长度要限制,是因为坡长过短,则纵坡上转坡点过多,路线呈波浪状,车辆行驶时会频繁颠簸,车速愈高则愈明显,乘客将感到不适,机件磨损加剧,货物亦受到震荡。因此,为了提高行车的平顺性,各级公路纵坡的最短坡长应满足表2-16的要求。

表2-16　公路最短坡长

设计速度/(km/h)	120	100	80	60	40	30	20
最短坡长/m	300	250	200	150	120	100	60

三、竖曲线

纵断面上相邻两条纵坡线的交点称为变坡点。为保证行车安全、舒适及视距的需求,在坡度的转折处设置一段曲线来缓和,称为竖曲线。相邻两条坡度线的坡度差称为变坡角,通常用坡度值之差代替,用ω表示,即

$$\omega = i_1 - i_2 \tag{2-23}$$

式中　i_1、i_2——相邻坡度线的坡度值(%)。

变坡角上坡为正,下坡为负,如图2-28所示。当ω为正时,为凸形竖曲线,反之为凹形竖曲线。

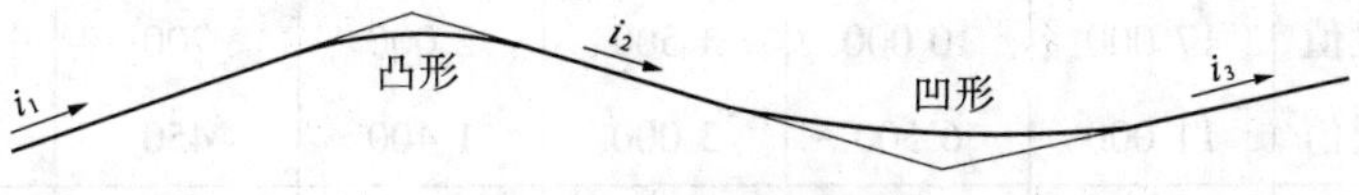

图2-28　竖曲线示意图

《标准》规定各级公路在纵坡变更处,均应设置竖曲线。

(一)竖曲线要素计算

竖曲线线形有抛物线和圆曲线两种。这两种线形计算的结果在应用范围内几乎是完

全相同的。

纵断面上只计水平距离和垂直高度,斜线不计角度而计坡度,故竖曲线的切线长和弧长均以其水平投影的长度计算。切线支距是竖向的高程差,如图 2-29 所示。

竖曲线要素的计算公式如下:

竖曲线长 $L=R\omega$ (2-24)

切线长 $T=\dfrac{R\omega}{2}$

外距 $E=\dfrac{T^2}{2R}$

$$y=\frac{x^2}{2R}$$

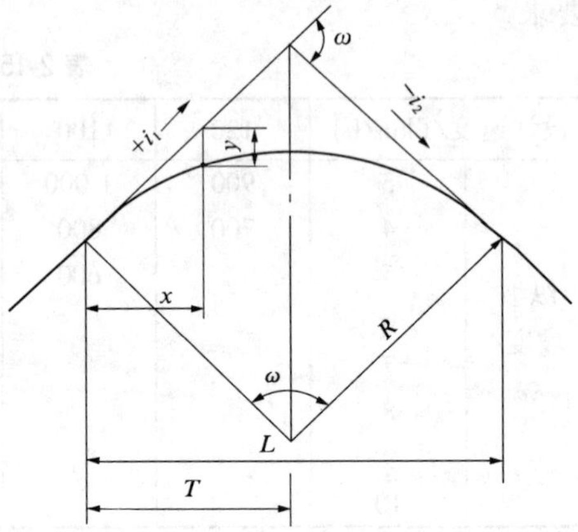

图 2-29 竖曲线要素计算

式中 R——竖曲线半径,m;

T——切线长,m;

L——竖曲线的长度,m;

E——外距,m;

ω——竖曲线的变坡角,在竖曲线要素计算时取其绝对值计,(°);

x——竖曲线上任意一点距竖曲线起点或终点的水平距离,m;

y——竖曲线上任意一点到切线的纵距,即竖曲线上任意点与坡线的高差,m。

(二)竖曲线半径的选择

竖曲线设计,首先要确定其半径。竖曲线半径的选定与平曲线半径选定一样,从满足行车要求出发,应力求选用较大半径,只有在地形困难地段才采用小半径。

汽车在凹形竖曲线上行驶时,视距一般能得到保证,但车辆在其重力方向上又受到离心力作用而使车辆增重,会使乘客感到不适,对汽车的悬挂系统也不利。为保证车辆行驶安全和舒适,减少车辆颠簸和振动,应对离心加速度有所限制,故竖曲线半径不能太小。

汽车在凸形竖曲线上行驶时,离心力方向与重力方向相反,汽车会减重,对汽车的悬挂系统也不利。另外,在凸曲线上行车,如半径过小,则视线受阻,影响行车安全,所以竖曲线半径不能太小。

《标准》规定竖曲线半径不小于表 2-17 所列数值。

表 2-17 竖曲线最小半径和最小长度

设计速度/(km/h)		120	100	80	60	40	30	20
凸形竖曲线半径/m	一般值	17 000	10 000	4 500	2 000	700	400	200
	极限值	11 000	6 500	3 000	1 400	450	250	100
凹形竖曲线半径/m	一般值	6 000	4 500	3 000	1 500	700	400	200
	极限值	4 000	3 000	2 000	1 000	450	250	100
竖曲线长度/m	一般值	250	210	170	120	90	60	50
	极限值	100	85	70	50	35	25	20

四、平、纵面线形的组合

公路线形设计不仅要注意各个元素的尺寸大小,而且要考虑各元素间的组合;不能仅孤立地考虑某一个投影面,而要综合考虑平、纵、横三个投影面的协调;不仅要满足汽车行驶的力学要求,还要顾及交通条件、驾驶员的视觉和心理因素以及美学上的要求等。如图 2-30 为各种直线和曲线组合的立体线形要素。

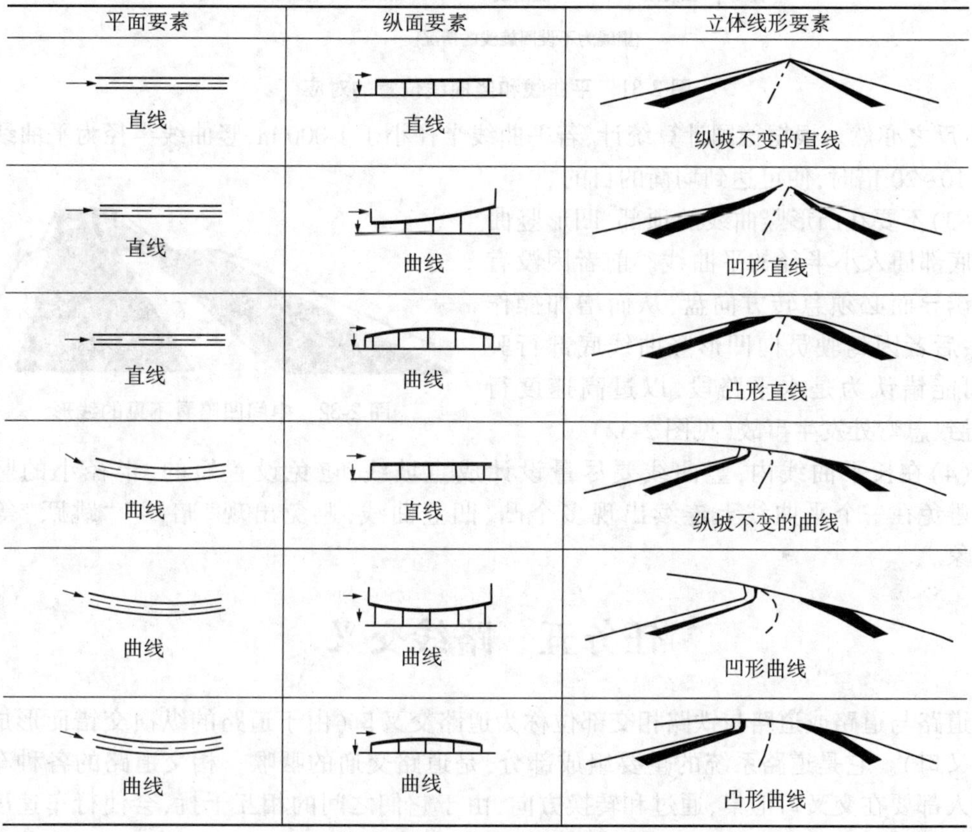

图 2-30　各种直线和曲线组合的立体线形要素

根据经验做好如下几点,便会得到较好的线形:

(1)平曲线与竖曲线的配合要相互重合,且平曲线稍长于竖曲线。这种组合是使平曲线和竖曲线对应,最好使竖曲线的起终点分别放在平曲线的两个缓和曲线内,即所谓的“平包竖”(见图 2-31),这种立体线形不仅能起到诱导视线的作用,而且可取得平顺而流畅的效果。

若平、竖曲线的半径都很大,则平、竖曲线的位置可不受上述限制;若做不到平、竖曲线相互重合,而两者的半径又都小于某一限值,亦可把平、竖曲线拉开相当距离,使平曲线位于直坡段上或竖曲线位于直线上。

(2)平曲线与竖曲线半径大小应保持均衡。平曲线半径大时,竖曲线半径相应地也

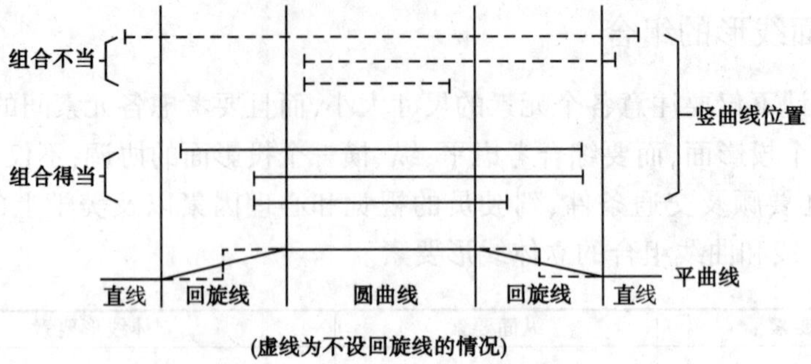

图 2-31 平曲线和竖曲线位置的对应

要大,反之亦然。根据德国计算统计,若平曲线半径小于 1 000 m,竖曲线半径为平曲线半径的 10~20 倍时,便可达到均衡的目的。

(3)不要在凸形竖曲线的顶部、凹形竖曲线的底部插入小半径的平曲线。前者因没有视线诱导而必须急转方向盘,从而增加操作困难;后者因驾驶员向凹形竖曲线底部行驶时,可能错认为是水平路段,以过高速度行驶,导致急弯处发生事故(见图 2-32)。

图 2-32 中间凹陷看不见的线形

(4)在长平曲线内,竖曲线要尽量设计成直坡线,避免设置短的、半径小的竖曲线。避免在一个平曲线上连续出现多个凸、凹竖曲线,避免出现“暗凹”“跳跃”等不良现象。

任务五 路线交叉

道路与道路或道路与铁路相交部位称为道路交叉口(由于道路的纵横交错而形成很多交叉口)。它是道路系统的重要组成部分,是道路交通的咽喉。相交道路的各种车辆和行人都要在交叉口汇集、通过和转换方向,由于它们之间的相互干扰,会使行车速度降低,阻滞交通,也容易发生交通事故。因此,如何正确设计交叉口,合理组织交通,对于提高交叉口的通行能力,避免交通阻塞,减少以至消灭事故,是道路设计的一项重要任务。

根据相交道路交会点的竖向标高不同,可分为平面交叉口和立体交叉口两种类型,前者是道路在同一平面上相交,后者是道路在不同平面上相交。

一、平面交叉口的交通分析

(一)交叉口的交通分析

进出交叉口的车辆由于行驶方向不同,车辆与车辆之间的交错方向也有所不同,产生交错点的性质也不一样。同一行驶方向的车辆向不同方向分开的地点,称为分流点;来自不同行驶方向的车辆以较小角度向同一方向汇合的地点,称为合流点;来自不同行驶方向的车辆以较大角度(≥90°)相互交叉的地点,称为冲突点(危险点),如图 2-33 所示。上述不同类型的交错点是影响交叉口行车速度和发生交通事故的主要原因,其中车辆左转和直行形成的冲突点对交通的影响最大,车辆容易产生碰撞;其次是合流点,它是车辆产生挤撞的危险地点,对交通安全不利。所以,在交叉口的设计中,要尽量设法减少冲突点和合流点,尤其是要减少或消灭冲突点。

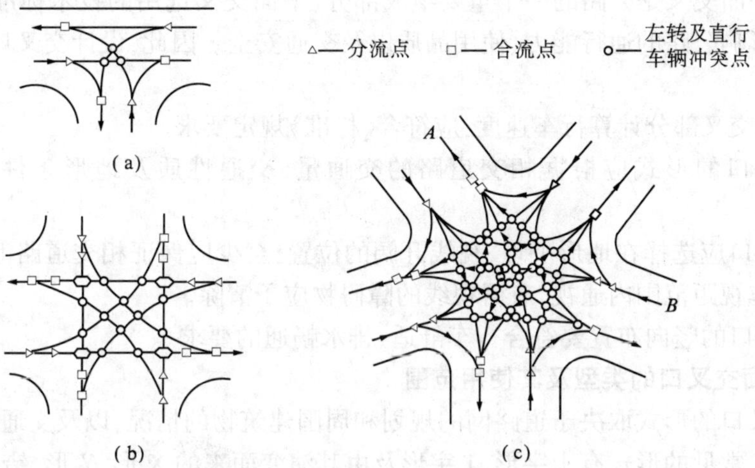

图 2-33 交叉口的冲突点

在没有交通管制的情况下,三条、四条、五条道路平面相交时的冲突点分别如图 2-33(a)、(b)、(c)所示。通过对图 2-33 的交通分析,可得出如下结论:

(1)在平面交叉口上,都存在冲突点(危险点),并随着相交道路条数的增加而急剧增加。如三条道路相交的冲突点只有 3 个、合流点 3 个;四条道路相交的冲突点则增加到 16 个、合流点 8 个;而五条道路相交时,冲突点竟达到 50 个,合流点为 15 个。

(2)产生冲突点最多的是左转弯车辆。当在四条道路相交时,若没有左转弯车辆,则冲突点可从 16 个减少到 4 个。因此,在交叉口设计中,如何正确处理左转弯车辆所引起的冲突点,是交叉口设计中的关键之一。

通常消灭冲突点的方法有 3 种:

(1)实行交通管制。用交通信号灯或交警手势指挥,使直行和左转弯车辆通过交叉口的时间错开。

(2)渠化交通。在交叉口合理布置交通岛,组织车辆分道行驶,将冲突点变为交织点,减少车辆行驶时的相互干扰。

(3)设置立体交叉。将相交道路互相冲突的车流分别设在不同平面的车道上,各行其道,互不干扰,是保证行车安全和效率、提高道路通行能力的最有效措施。

(二)平面交叉口设计的基本要求

平面交叉口设计的基本要求有:一是在保证相交道路上所有车辆和行人安全的前提下,使车流和人流交通受到最小的阻碍,亦即保证车辆和行人在交叉口处能以最少的时间顺利、安全通过,这样就能使交叉口的通行能力适应各条道路的行车要求;二是正确设计交叉口立面,保证转弯车辆行驶稳定;三是要符合排水要求,使交叉口地面水能迅速排除,保持交叉口的干燥状态,有利于车辆和行人通过,并可使路面使用寿命延长。

二、公路平面交叉

(一)平面交叉的一般要求

公路的平面交叉是公路的一个重要组成部分,平面交叉选用的技术标准和形式是否合理会直接影响公路的通行能力、使用品质以及交通安全。因此,设计交叉口时应符合如下要求:

(1)路线交叉部分计算行车速度,应符合《标准》规定要求。

(2)交叉口的形式应根据相交道路的交通量、交通性质及地形条件综合考虑后再确定。

(3)交叉口应选择在地形平坦、视线开阔的位置,至少应保证相交道路上汽车距冲突点前后的停车视距范围内通视,有碍视线的障碍物应予清除。

(4)交叉口的竖向布置要符合行车舒适、排水畅通的要求。

(二)平面交叉口的类型及其使用范围

平面交叉口的形式取决于道路网的规划和周围建筑物的情况,以及交通量、交通性质和交通组织。常见的形式有十字形、T字形及由其演变而来的X形、Y形、错位、多路交叉等。但在具体设计中,常因交通量、交通性质以及不同的交通组织方式,把交叉口设计成各具交通特点的类型,可归纳为加铺转角式、分道转弯式、拓宽路口式和环形交叉式四类。

1. 加铺转角式

交叉口用适当半径的圆曲线平顺连接相交道路的路基和路面,如图2-34所示。此类交叉口形式简单,占地少,造价低,设计方便,但行车速度慢,通行能力小。适用于交通量小,车速低,转弯车辆少的三级、四级道路。

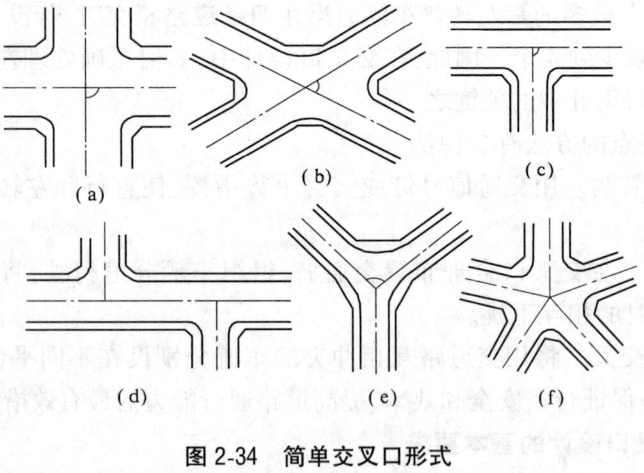

图2-34　简单交叉口形式

2. 分道转弯式

通过设置导流岛、划分车道等措施,使单向右转或双向左右转车流以较大半径分道行驶的平面交叉,此类交叉口转弯车辆,尤其是右转车辆行驶速度和通行能力都很高,适用于车速较高、转弯车辆较多的一般道路。

3. 拓宽路口式

当交通量较大，转弯车辆较多，而交叉口的通行能力不能满足交通量的需要时，可在简单交叉口基础上，增设候驶车道和变速车道，以适应车辆临时停候和变速行驶之用，如图 2-35 所示。加宽路口的增辟车道，一般在车道右侧加宽 3~3.5 m，其长度主要根据候车的车辆数确定，减速车道长为 50~80 m，加速车道长为 20~50 m。

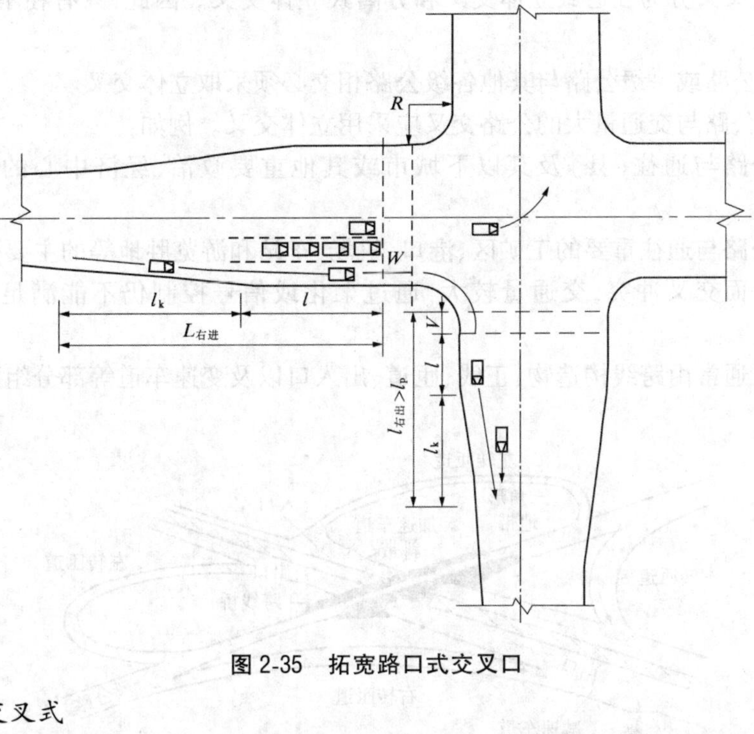

图 2-35　拓宽路口式交叉口

4. 环形交叉式

为了减少车辆阻滞，在交叉口中心设一圆形交通岛，使各类车辆按逆时针方向绕岛作单向行驶，这种平面交叉称为环形交叉，如图 2-36 所示。它的优点是把冲突点变为交织点，从而消除车辆碰撞危险，对安全行车有利。车辆到达交叉口可以连续行驶，不需要专人指挥交通。利用交通岛绿化或布设景观可以美化环境。但占地面积大，左转和直行车须绕岛通过，增加行驶距离，当非机动车较多时，对环形交通的行驶速度、通行能力影响较大，甚至容易引起阻塞。因此，选用环形交叉口时要慎重。

环形交叉口的基本要素由中心岛、交织角、交织长度、环道宽度、进出口转弯半径等组成，如图 2-36 所示。其几何要素可根据道路等级、条数，计算车速，乘客的舒适程度以及交叉口地形，工程造价等论证选定，亦可参考《规范》数据选用。进口半径应与中心岛半径相同，出口半径则应稍大于进口半径。

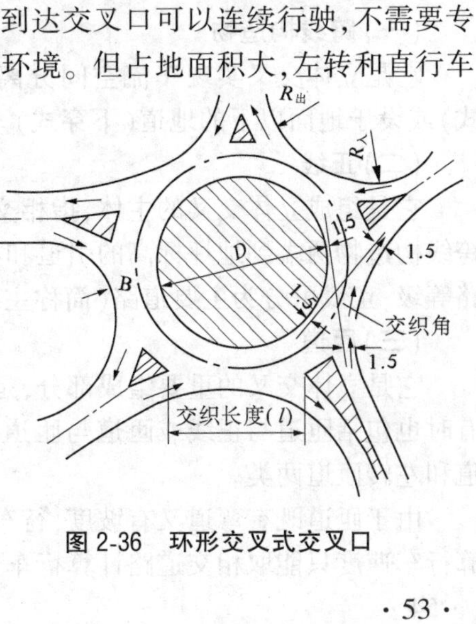

图 2-36　环形交叉式交叉口

三、立体交叉

立体交叉是两条道路在不同高程上的交叉,两条道路上的车流能够互不干扰,各自保持原有车速通过交叉口。因此,道路的立体交叉是一种保证行车安全和提高交叉口通行能力的最有效办法。但立体交叉与平面交叉相比较,立体交叉技术复杂,占地面积大,造价高。立体交叉又分为互通式立体交叉和分离式立体交叉。因此,只有在下列情况下才采用立体交叉:

(1)高速公路或一级公路与其他各级公路相交必须采取立体交叉。

(2)一级公路与交通量大的公路交叉应采用立体交叉。例如:

①一级公路与通往(县)及其以下城市或其他重要政治、经济中心的主要公路相交时。

②一级公路与通往重要的工矿区、港口、机场、车站和游览胜地等的主要公路相交时。

③采用平面交叉冲突,交通量较大,通过渠化或信号控制仍不能满足通行能力要求的。

立体交叉通常由跨线构造物、正线、匝道、出入口以及变速车道等部分组成,如图2-37所示。

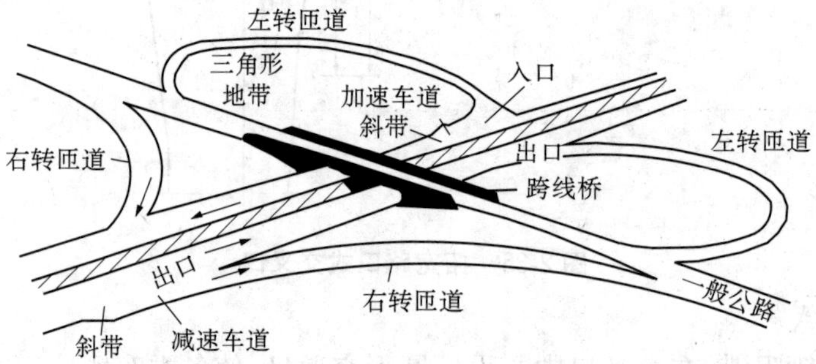

图2-37　互通式立体交叉形式

(一)跨线构造物

它是立体交叉实现车流空间分离的主体构造物。指设于地面以上的跨线桥(上跨式)或设于地面以下的地道(下穿式)。

(二)正线

它是组成立体交叉的主体,指相交道路(含被交道路)的直行车行道,主要包括连接跨线构造物两端到地坪标高的引道和立体交叉范围内引道以外的直行路段。根据相交道路等级,正线可分为主要道路(简称主线)、一般道路或次要道路(简称次线)。

(三)匝道

它是立体交叉的重要组成部分,是指供上、下相交道路的转弯车辆行驶的连接车道,有时也包括匝道与正线或匝道与匝道之间的跨线桥(或地道)。按其作用可分为右转匝道和左转匝道两类。

由于匝道既有弯道又有坡度,行车条件较差,且受地形限制,平曲线半径较小,故其计算行车速度只能取相交道路计算行车速度的50%~70%。其最大纵坡亦不大于5%,匝道圆曲线最小半径可参考表 2-18 所列数值，匝道竖曲线的最小半径及最小长度可参考表 2-19 所列数值。

表 2-18 匝道圆曲线最小半径和不设超高的圆曲线最小半径

匝道设计速度/(km/h)		80	70	60	50	40	35	30
匝道圆曲线最小半径/m	一般值	280	210	150	100	60	40	30
	极限值	230	175	120	80	50	35	25
不设超高的圆曲线最小半径/m	路拱≤2.0%	2 500	2 000	1 500	1 000	600	500	350

表 2-19 匝道竖曲线的最小半径及最小长度

匝道设计速度/(km/h)			80	70	60	50	40	35	30
竖曲线最小半径/m	凸形	一般值	4 500	3 500	2 000	1 600	900	700	500
		极限值	3 000	2 000	1 400	800	450	350	250
	凹形	一般值	3 000	2 000	1 500	1 300	900	700	400
		极限值	2 000	1 500	1 000	700	450	350	300
竖曲线最小长度/m		一般值	100	90	70	60	40	35	30
		最小值	75	60	50	40	35	30	25

(四)出入口

由正线驶出进入匝道的道口为出口，由匝道驶入正线的道口为入口。

(五)变速车道

为适应车辆行驶的需要，而在正线的出入口附近增设的附加车道称为变速车道。它可分为减速车道和加速车道两种，出口端为减速车道，入口端为加速车道。

项目三 路基工程

【知识目标】

1. 认识路基及其构造。

2. 掌握路基排水及加固的基本知识。

【能力目标】

1. 能正确选择路基填料。

2. 能选择适当的路基施工程序和施工方法并组织施工和质量检验。

【思政目标】

党的二十大报告提出:“加快建设国家战略人才力量,努力培养造就更多大师、战略科学家、一流科技领军人才和创新团队、青年科技人才、卓越工程师、大国工匠、高技能人才。”

1. 树立质量意识和精益求精、创业敬业、追求卓越的工匠精神。

2. 树立集体观念和大局观念,注重总体效率和组织协调。

任务一 路基工程的特点及路基填土分类

一、路基的特点和要求

路基作为路面的基础,是在地表按道路的线形和路面的要求开挖或填筑而成的岩土结构物。它承受着路面静荷载和车辆的动荷载,并将荷载向地基深处传递或扩散。因此,路基应具有足够的强度和稳定性,应能抵抗自然因素的侵蚀而不致破坏变形。在路线纵断面上,路基必须保证路线需要的高程;在平面上,路基与桥梁、隧道连接组成完整贯通的线路。

由于路基工程施工工艺简单,工程数量大,耗费劳力多,涉及面较广,故工程耗资亦很多。根据部分资料分析,一般公路的路基修建投资占公路总投资的25%~45%,个别山区公路可达65%。因此,精心设计、精心施工,使路基能长时间具备良好的使用性能,对节约投资、提高运输效益等具有十分重要的意义。路基稳定与否对路面工程质量影响甚大,关系到公路的正常使用。实践证明,没有稳定的路基,就没有稳固的路面。

为了保证公路最大限度地满足车辆运行的要求,提高车速,增强安全性和舒适性,降低运输成本和延长道路使用年限,要求路基具有下述一系列的基本性能:

(1)具有足够的强度(承载能力)。行驶在路面上的车辆,通过车轮把荷载传给路面,由路面传给路基,在路基、路面结构内部产生应力、应变及位移。如果路基结构整体或某一组成部分的强度或抗变形能力不足以抵抗这些应力、应变及位移,路面会出现断裂,路基结构会出现波浪或车辙等情况,使路况恶化、服务水平下降。因此,要求路基结构整体及其各组成部分都具备与行车荷载相适应的承载能力。

结构承载能力包括强度与刚度两方面。强度是指路基抵抗应力作用和避免破坏的能力;刚度是指路基抵抗变形的能力。路基是直接在天然地面上填筑或挖除部分地面而建成的。为了防止路基在行车荷载及各种自然因素作用下遭到破坏,应采取一定的措施来保证路基具有足够的强度。同时,为保证路基在荷载作用下不致产生超过容许范围的变形,要求路基具有足够的刚度。

(2)具有足够的水温稳定性。路基的水温稳定性是指路基在水和温度的作用下保持其强度的能力。路基在地面水和地下水的作用下,其强度将会显著降低。特别是在季节性冰冻地区,由于水温状况的变化,路基将发生周期性冰冻,形成冰冻和翻浆,使其强度急剧下降。因此,对于路基不仅要求有足够的强度,而且要保证在最不利的水温状况下,强度不致显著降低。这要求路基具有一定的水温稳定性。

(3)具有足够的整体稳定性。路基是直接在地面上填筑或挖去一部分地面建成的。路基施工改变了地面的天然平衡状态。在某些地形、地质条件下,挖方路堑边坡可能坍塌,陡坡路堤可能沿地表整体下滑,软土路基可能整体滑塌等。为使路基具有抵抗自然因素侵蚀的能力,路基设计时必须采取技术措施,设置防护或加固,以确保路基的整体稳定性。

(4)具有足够的耐久性。路基工程投资大,从规划、设计、施工到建成通车需要较长的时间,因为这样的大型工程都具有较长的使用年限,一般道路的使用年限至少数十年,承受并经受车辆直接碾压的路面部分要求使用年限在20年以上,因此路基工程应具有足够的耐久性。

二、路基用土的分类及性质

(一)路基土分类

我国公路路基用土采用的分类方法是:首先,按其有机质含量多少划分为有机土和无机土两大类;其次,将无机土按粒组含量由粗到细划分为巨粒土、粗粒土、细粒土三类;最后,若为巨粒土和粗粒土,则按其细粒土含量和级配情况进一步细分,若为细粒土,则按其塑性指数和液限在塑性图上的位置进一步细分。路基土按粒径大小可归纳为如下4类。

(1)巨粒土:包括漂石、块石、卵石、碎石、卵石夹土。

(2)砾石土:包括级配良好砾与级配不良砾、含细粒土砾、粉土质砾与黏土质砾。

(3)沙类土:包括级配良好沙与级配不良沙、细粒土质沙、粉土质沙与黏土质沙。

(4)细粒土:包括低液限粉土和高液限黏土。

(二)路基土的性质

路基是由土石构成的,常用的土石性质如下。

(1)巨粒土:包括漂石和卵石。巨粒土具有很高的强度和稳定性,用以填筑路基是很好的材料。用于砌筑边坡时,应正确选用坡度,以保证路基的稳定性。

(2)沙土:无塑性,透水性强,毛细上升高度很小,具有较大的内摩擦系数,强度和水稳定性均较好。但沙土由于黏结性小,易松散,压实困难,需要振动法才能压实。经充分压实的沙土路基,其压缩变形很小。在有条件时,可掺加一些黏性土,以提高其稳定性,改善路基的使用质量。

(3)沙性土:含一定数量的细颗粒,使其具有一定的黏结性,不致过分松散。例如,亚沙土,其粒径组成最佳级配,遇水干燥快,不膨胀,潮湿时不黏着,晴天不扬尘,在行车作用下,容易被压实,形成平整坚实的表面,是修筑路基的良好材料。

(4)黏性土:细颗粒含量多,透水性小而吸水能力强,毛细现象显著,有较大可塑性。黏性土干燥时较坚硬,施工时不易破碎,浸湿后能长时间保持水分,难以干燥,浸湿后强度大大降低。在季节性冰冻地区,当水文条件不良时,黏土路基也容易产生冻胀和翻浆。黏性土如能在含水量适当时充分压实和采取良好的排水措施,修筑路基也能保持稳定。

(5)粉性土:含有较多的粉土颗粒,干时稍有黏性,但破碎后飞尘大,浸水后很快被湿透,易呈流动状态。粉性土的毛细作用强烈,毛细上升高度大(可达1.5 m)。在季节性冰冻地区,结冻期水分积聚现象严重,造成冬期冻胀,春融期极易翻浆。粉性土是修筑路基最差的材料。

综上所述,沙性土是修筑路基的最好材料,黏性土次之,粉性土是不良材料,最容易引起路基病害。

任务二 路基的基本构造及有关规定

一、路基的横断面形式

为满足行车要求,适应天然地面的起伏,有些路段的路基设计标高高于地面标高,则需要在地面上进行填筑;有些路段的路基设计标高低于地面标高,则要进行挖掘。根据填挖情况的不同,路基横断面的形式可分为路堤、路堑、半填半挖和不填不挖等4种形式。

(一)路堤

高于原地面的填方路基称为路堤。路堤按填方高度的不同可分为低路堤、一般路堤和高路堤三种。低路堤是指填土高度小于路基工作区深度的路堤;高路堤是指路堤填土边坡高度大于20 m的路堤;介于两者之间的称为一般路堤。路基工作区是指汽车荷载通过路面传递到路基的应力与路基土自重应力之比大于0.1的应力分布深度范围。路面结构层以下0.8 m或1.2 m范围内的路基部分称为路床,并分为上路床和下路床两层。上路床厚度0.3 m;下路床厚度在轻、中等及重交通公路为0.5 m,特重、极重交通公路为0.9 m。路堤在结构上分为上路堤和下路堤,上路堤是指路床以下0.7 m厚度范围的填方部分,下路堤是指上路堤以下的填方部分。根据地基条件和加固类型不同,有软土路堤、沿河路堤、护脚路堤等。当地面横坡较陡时,须将原地面开挖成台阶形状,以防止路基下滑,如图3-1所示。

(二)路堑

低于原地面的挖方路基称为路堑。路堑是开挖地面而形成的路基,两旁设排水沟。土质挖方边坡高度大于20 m或岩石挖方边坡高度大于30 m的路堑称为深路堑。路堑的基本形式有全挖式、台口式、半山洞式等,如图3-2所示。

(三)半填半挖路基(填挖结合路基)

在一个断面内,部分为路堤,部分为路堑的路基称为半填半挖路基。如图3-3所示为半填半挖路基横断面的基本形式。该形式路基若处理得当,路基稳定可靠,是比较经济

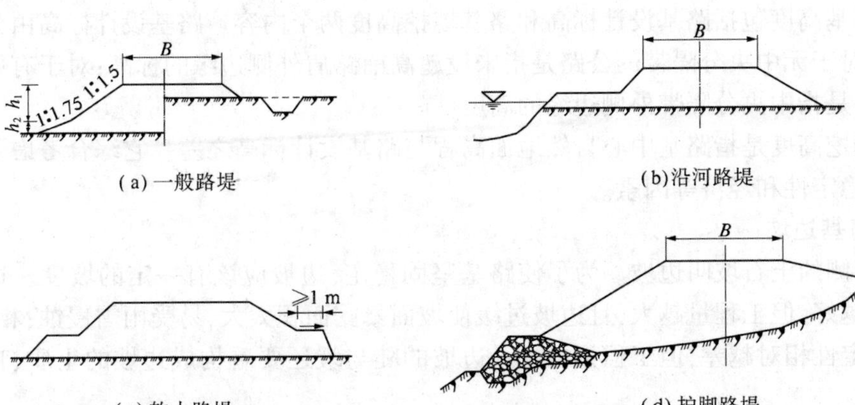

(a) 一般路堤　(b)沿河路堤

(c) 软土路堤　(d) 护脚路堤

图 3-1　路堤

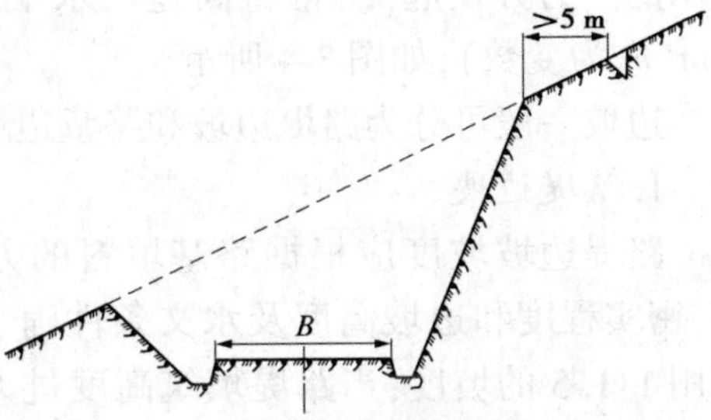

图 3-2　路堑

的。但由于开挖部分路基为原状土，而填方部分为扰动土，往往这两部分密实程度不同。另外，填方部分与山坡结合不够稳定，若处理不当会在填挖结合部分出现纵向裂缝、填方沿基底向下滑动等病害。因此，应加强填挖交界面结合处的压实，原地面的横坡陡于 1:5的填方部分，应采取开挖台阶等措施，必要时，在路堤部分设置挡土墙或石砌护脚。

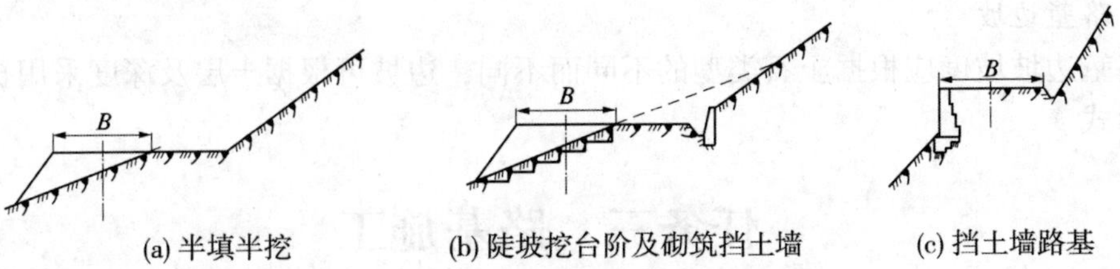

(a) 半填半挖　(b) 陡坡挖台阶及砌筑挡土墙　(c) 挡土墙路基

图 3-3　半填半挖路基横断面的基本形式

(四) 不填不挖路基(零填零挖路基)

在干旱的平原区、丘陵区或山岭区的山脊线路段，原地面与路基标高基本相同，构成不填不挖的路基横断面形式。

二、路基的技术规定

(一) 路基宽度

为满足车辆及行人在公路上正常通行，路基需具有一定宽度。路基宽度即等于两侧路肩外侧边缘之间的水平距离。

(二) 路基高度

路基高度是保证路基稳定性的有效措施，也是保证路面强度、稳定性和降低造价的重要途径。路基高度包括路基设计标高和路基填挖高度两个内容。路基设计标高由公路纵断面确定,对于无中央分隔带的公路是指未设超高前路肩外侧边缘的标高;对于有中央分隔带的公路是指中央分隔带外侧边缘的高度。

路基填挖高度是指路基中心自然地面高程与路基设计标高之差。它综合考虑了路线纵坡、路基稳定性和经济等因素。

(三)路基边坡

路基两侧的土石坡叫边坡。为了使路基坚固稳定,边坡应该有一定的坡度。边坡越缓,稳定性越好,但工程量越大,且边坡过缓使坡面暴露面积太大,易受雨雪侵蚀;相反,边坡越陡,稳定性相对越差,但工程量也少。边坡的陡与缓还要看构成边坡的土质、自然条件等因素。

边坡坡度是以两点之间的高差与其水平距离之比来表示的。为方便起见,常将高差与水平距离之比换算为1∶m(m 为变数),如图3-4所示。

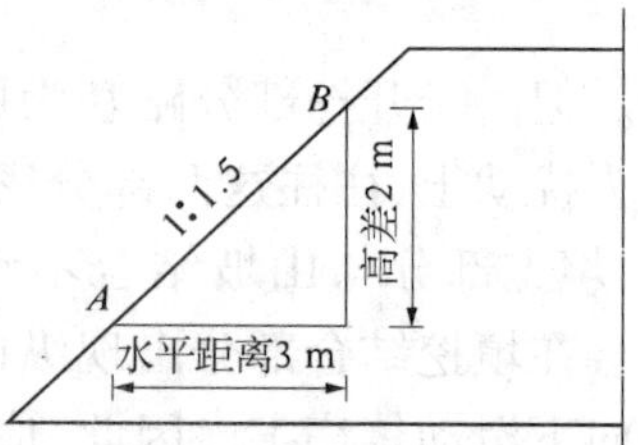

图3-4 边坡计算示意图

边坡一般可分为路堤边坡和路堑边坡。

1. 路堤边坡

路堤边坡坡度应根据路基填料的力学性质、气候条件、密实程度和边坡高度及水文条件确定。一般情况下,采用1∶1.5的坡度;当路堤填筑高度过大时,应取两个坡度,一般上部采用1∶1.5的坡度,下部采用1∶1.75的坡度。浸水路堤在设计水位以下的边坡坡度不宜陡于1∶1.75。

2. 路堑边坡

路堑边坡坡度应根据土石类型的不同而不同,边坡可根据土层及深度采用折线和台阶等形式。

任务三 路基施工

一、路堤施工

(一)基底处理

填方路段应将路基范围内的树根全部挖除并将坑穴填平夯实。填平范围内原地面表层的种植土、草皮等应予清除,清除深度一般不小于15 cm。清除出来的含有许多种植根系的表土可以铺在路堤的边坡上,以利植物生长,起到边坡防护作用。

路堤基底清理后应予以压实。在深耕(30 cm)地段,必要时应将土翻松、打碎,再整平、压实。低路堤应对地基表层土进行超挖,分层回填压实,其处理深度不应小于路床深度。经过水田、池塘、洼地时,应根据具体情况采用排水疏干、换填水稳性好的土、抛石挤淤等处理措施,确保路堤的基底具有足够的稳定性。

地面横坡为1∶5~1∶2.5时,原地面应挖成台阶,台阶宽度不应小于2 m;地面横坡陡于1∶2.5时,应作特殊处理,防止路堤沿基底滑动。常用的处理措施有以下几种:

(1)当下滑力不大时,先消除基底表面的薄层松散土,再挖宽 1~2 m 的台阶,但坡脚附近的台阶宜宽一些,通常为 2~3 m,如图 3-5 所示。

(2)当下滑力较大或边坡下部填筑土层太薄时,先将基底分段挖成不陡于 1:2.5 的缓坡,再在缓坡上挖 1~2 m 的台阶,最下一级台阶亦宜宽些,如图 3-6 所示。

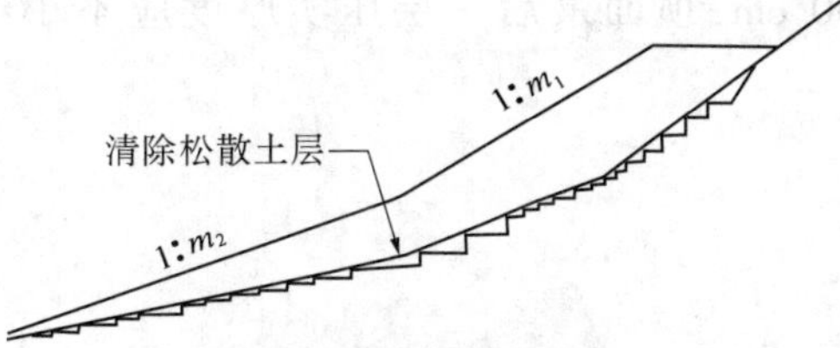

图 3-5 改善基底处理之一

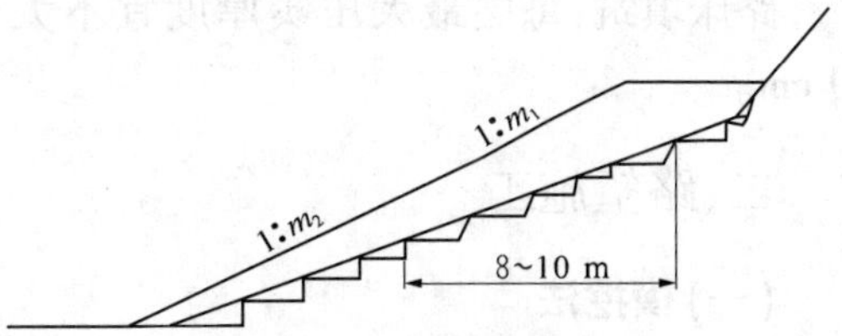

图 3-6 改善基底处理之二

(3)若坡脚附近地面横坡比较平缓,可在坡脚处做土质护坡或石垛护堤,用相同的土填筑亦可,如图 3-7 所示。

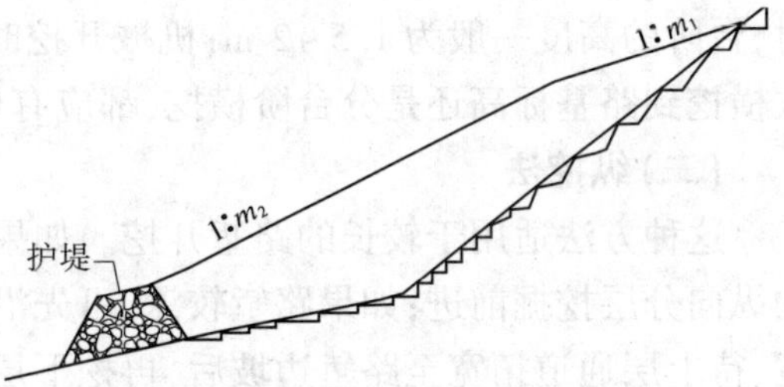

图 3-7 路基坡脚处理

(二)填料的选择

一般的土和石都可以用做路堤的填料。用卵石、碎石、砾石、粗沙等透水性良好的填料,只要分层填筑与压实,可以不控制含水量;用黏性土等透水性不良的填料,应在接近最佳含水量的情况下分层填筑与压实。

淤泥、沼泽土、含残余树根和易于腐烂物质的土,不能用作填筑路堤。液限大于 50% 及塑性指数大于 26 的土,透水性很差,且干燥时坚硬难挖,具有较大的可塑性、黏结性和膨胀性,毛细现象很严重,因而承载力低,故一般不作为路基填料。若非用不可,要妥善处理后方可使用。

当有多种料源可选用时,应优先选用那些挖取方便、压实容易、强度高、水稳定性好的土料。路堤受水浸淹部分应尽量选用水稳性好的填料。

(三)路堤填筑方式

路堤宜采用水平层填筑,即按照横断面全宽分成水平层次,逐层向上填筑,并分层压实,不允许任意混填,且每层填筑厚度一般不超过 30 cm。如原地面不平,可由最低处开始分层填筑。在同一路段上要用到不同性质填料时,应注意:

(1)不同性质的填料要分层填筑,不得混填,以免内部形成水囊或薄弱面,影响路堤的稳定性。

(2)路堤上部受车辆荷载的作用影响较大,故一般宜将水稳性、冻稳性较好的土填在路堤的上部;路堤的下部可能受水浸淹时,也宜用水稳性好的土填筑。

(3)透水性较大的土填在透水性较小的土之下,如果两者透水性相差较大,应在层间加铺过渡层;如果透水性较小的土填在透水性较大的土之下,其顶面应做成双向向外的横坡,以免积水。

(4)沿纵向同层次要改变填料种类时,应做成斜面衔接,且以将透水性较好的填料置于斜面的上面为宜。

(5)填方相邻作业段交接处若非同时填筑,则先填地段应按1:1~1:2坡度分层留好台阶;若同时填筑,则应分层相互交叠衔接,搭接长度不得小于2 m。

路床填筑,每层最大压实厚度宜不大于30 cm,顶面最后一层压实厚度应不小于10 cm。

二、路堑施工

(一)横挖法

这种方法适用于短而深的路堑,是以路堑整个横断面的宽度和深度,从一端或两端逐渐向前开挖的方式。为加快进度,可以在不同的高度分为几个台阶进行开挖,人工开挖时,台阶的高度一般为1.5~2 m;机械开挖时,台阶高度一般为3~4 m。无论是自两端一次横挖到路基标高还是分台阶横挖,都应有单独的运土通道及临时排水沟。

(二)纵挖法

这种方法适用于较长的路堑开挖。如果所挖路堑较浅,可以沿路堑全宽以深度不大的纵向分层挖掘前进;如果路堑较深,可先沿路堑纵向挖掘一通道,然后将通道向两侧拓宽,待上层通道拓宽至路堑边坡后,再挖下层通道,继而向两侧拓宽,如前所述,直至挖至路基标高。在路堑开挖过程中,也可选择一处或几处适宜的地方,将较薄的一侧横向挖穿,使路堑分为两段或几段,各段再纵向开挖,这样可以充分发挥人工及机械效率。

(三)混合法

当路堑纵向长度和挖深都很大时,可采用混合式开挖法,即将横挖法和纵挖法混合使用。先沿路堑纵向挖通道,然后沿横向坡面挖掘,以增加开挖坡面,每个坡面要容纳一个施工作业组。

对于石方的开挖,可根据岩石的类别、风化程度和节理发育程度等确定开挖方式。对于软石或强风化石,均可直接开挖;不能直接开挖的石方,则要采用爆破开挖,在爆破开挖前,应先对爆破点周围进行调查,然后根据实际情况制订爆破方案,任何爆破方案的制订,均要保证地上、地下管线及施工边界处建筑物的安全。

任务四　路基压实

填土经过挖掘、运输,原状结构已被破坏,土团之间留下了许多孔隙,在荷载作用下,可能会出现不均匀或过大的变形或滑落,所以对路基填土必须进行压实;对松土层构成的路堑表面,为改善工作条件也要进行压实。

土是三相体,土粒为骨架,颗粒之间的孔隙被水和气体所占据。实践证明,采用机械对土施以碾压,可以使土粒重新排列,彼此挤紧,孔隙减小,形成新的密实体,从而提高土的强度和稳定性。因此,压实是改善土工程性质的一种经济合理的措施。

一、影响压实效果的主要因素

(一)含水量

某种土在一定的压实功能作用下,只有在最佳含水量时,才能压实到最大干密度。土中的含水量对压实效果的影响比较显著。当含水量较小时,由于粒间引力使土保持着比较疏松的状态或凝聚结构,水少而气多,在一定的外部压实功能作用下,虽然土孔隙中气体易被排出,密度可以增大,但由于水膜作用不明显以及外部功能也不足以克服粒间引力,土粒相对移动困难,因此压实效果比较差;当含水量逐渐增大,水膜变厚,引力缩小,水膜起到润滑作用时,外部压实功能容易使土粒移动,压实效果渐佳;土中含水量过大时,孔隙中出现了自由水,压实功能不能使气体排出,压实功能的一部分被自由水所抵消,减小了有效压力,压实效果反而降低。由击实试验所得的击实曲线(见图3-8)可以看出,只有在最佳含水量的情况下压实效果才最佳。

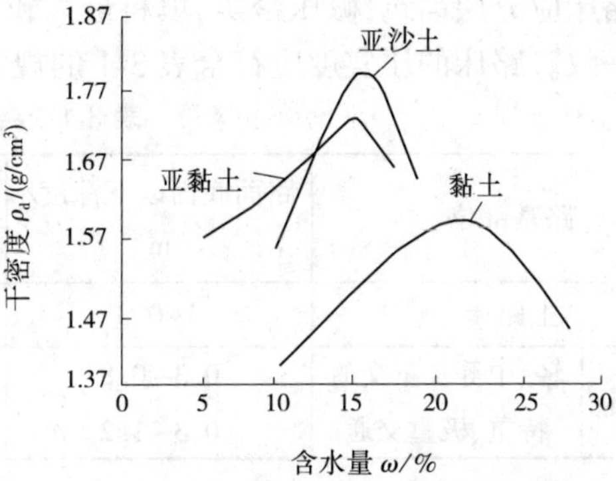

图3-8　不同土类的 $\rho_d \sim \omega$ 关系曲线

(二)土质

在同一压实功能作用下,含颗粒越多的土,其最大干密度越大,而含水量越小。即随着粗粒土增多,其击实曲线的峰点向左上方移动。施工时,应根据不同土类,分别确定其最大干密度和最佳含水量。

(三)压实功能

同一类土,其最大干密度随最佳含水量的加大而减小,而最大干密度则随压实功能的加大而增大。当土偏干时,增加压实功能对提高土的密度影响较大,偏湿时则效果甚微。对偏湿的土通过增加压实功能的办法来提高土的密度是不经济的,若土的含水量过大,增加压实功能就会出现"弹簧"现象。

二、路基压实标准

路基压实效果评定指标因土的种类不同而不同。填土路基一般用压实度或地基系数(如 K_{30})来控制压实质量;粗粒土路基一般用相对密度(或孔隙率)或地基系数来控制压实质量;碎石类、块石类土用地基系数来控制压实质量。

压实度 K,是指路基土压实后的干密度与该土的最大干密度之比,用百分数表示。其表达式为:

$$K=\rho_d/\rho_m \tag{3-1}$$

式中　K——土基压实度(%);

ρ_d——压实后的干密度,g/cm³;

ρ_m——最大干密度,g/cm³。

K_{30}(MPa/cm)是用 30 cm 直径荷载板,下沉量 0.125 cm 时荷载推算的地基系数。

相对密度 D_r,其表达式为:

$$D_r = \frac{e_{max} - e}{e_{max} - e_{min}} \tag{3-2}$$

式中 e——孔隙比,是土中孔隙与土颗粒体积之比;

e_{max}——按试验标准测得的土的最大孔隙比;

e_{min}——按试验标准测得的土的最小孔隙比;

路床应分层铺筑,碾压密实,填料最大粒径应小于 100 mm。路床顶面横坡应与路拱横坡一致。路床的压实度应符合表 3-1 的规定。

表 3-1 路床压实度

路基部位		路面底面以下深度/m	路床压实度/%		
			高速公路、一级公路	二级公路	三、四级公路
上路床		0~0.3	≥96%	≥95%	≥94%
下路床	轻、中等及重交通	0.3~0.8	≥96%	≥95%	≥94%
	特重、极重交通	0.3~1.2	≥96%	≥95%	—

注:1. 表中所列压实度是按现行《公路土工试验规程》(JTG 3430—2020)重型击实试验所得最大干密度求得的压实度;

2. 当三、四级公路铺设沥青混凝土和水泥混凝土路面时,其压实度应采用二级公路压实度标准。

路堤应分层铺筑,均匀压实,压实度应符合表 3-2 的规定。

表 3-2 路堤压实度

路基部位		路面底面以下深度/m	路堤压实度/%		
			高速公路、一级公路	二级公路	三、四级公路
上路堤	轻、中等及重交通	0.8~1.5	≥94	≥94	≥93
	特重、极重交通	1.2~1.9	≥94	≥94	—
下路堤	轻、中等及重交通	1.5 以下	≥93	≥92	≥90
	特重、极重交通	1.9 以下			

注:1. 表中所列压实度系按现行《公路土工试验规程》(JTG 3430—2020)重型击实试验所得最大干密度求得的压实度;

2. 当三、四级公路铺设沥青混凝土和水泥混凝土路面时,其压实度应采用二级公路压实度标准;

3. 路堤采用粉煤灰、工业废渣等特殊材料,或处于特殊干旱或特殊潮湿地区时,在保证路基强度和回弹模量要求的前提下,通过实验论证,压实度标准可降低 1~2 个百分点。

三、路基压实的方法

对于路基压实,碾压前对松铺厚度、平整度和含水量进行检查,符合要求后用压路机进行碾压。压实土层的密实度随深度增加而递减。具体的压实厚度和压实遍数与压实机械类型、土的种类和压实度要求有关,应通过试验来确定。

碾压时,横向接头的轮迹应有一部分重叠,对振动压路机一般重叠 40~50 cm,对三轮压路机一般重叠 1/2 后轮宽;前后相邻两区段亦宜纵向重叠 1~1.5 m。应做到无漏压、无死角和确保碾压均匀。

压路机的速度过慢则影响生产率,过快则与土的接触时间过短,压实效果较差。一般光轮静碾压路机的最佳速度为 2~5 km/h,振动压路机为 3~6 km/h,各种压路机械的最大速度不宜超过 4 km/h。对压实度要求高,以及铺土层较厚时,行驶速度更要慢些。碾压开始宜用慢速,随着土层的逐步密实,速度逐步提高。压实时的压力不应超过土的强度极限,否则土体将会遭到破坏,故宜先轻压,随着土体密度的增加,再逐步提高压力。正式碾压时,若为振动压路机,第一遍应静压,然后由弱振至强振。

碾压时,在直线路段和大半径曲线路段,应先压边缘,后压中间;小半径曲线地段因有较大的超高,碾压顺序宜先低(内侧)后高(外侧)。

路堤边缘往往压实不到,仍处于松散状态,雨后容易滑坍,故两侧可多填 10~50 cm 宽度,压实工作完成后再按设计宽度和坡度予以刷齐整平。

压实质量要求高的路基,宜选用压实效果较高的碾压机械,如重型轮胎压路机和振动压路机。

四、压实质量控制与检查

土的压实应在接近最佳含水量的情况下进行。天然土通常接近最佳含水量,因此填铺后应随即碾压。含水量过大时,应将土摊开晾晒至要求的含水量后再整平压实。

在压实过程中,施工的自检人员应经常检查压实度是否符合要求。压实度试验方法可采用环刀法、蜡封法、水袋法、灌沙法或核子密度湿度仪法。环刀法适用于细粒土,灌沙法适用于各类土,核子密度湿度仪法应与环刀法、灌沙法等进行对比标定后才可应用。

每一层压实后应检验压实度,合格后方可填筑其上一层。压实度的检验取样频率为:当填土较窄时,沿路线纵向每 200 m 查 4 处,每处左右各 1 个点;当填土较宽时,每 2 000 m^2 检查 8 个点。必要时可增加检查点数,以防止压实不足处漏检。

任务五 路基的排水与防护

一、路基土的干湿类型

路基土的干湿类型可分为干燥、中湿、潮湿和过湿。这 4 种类型表示路基在工作时,路基土所处的含水量状态。路基的干湿类型影响路基的强度与稳定性。含水量取决于湿度的来源及作用的延续时间。导致路基土湿度变化的水源来自以下几个方面:

(1)大气降水:主要通过路面、路肩和边坡渗入路基。

(2)地面水:边沟及排水沟排水不良时导致地面积水,以毛细水的形式渗入。

(3)地下水:靠近地面的地下水,借助毛细作用上升到路基内部。

(4)凝结水:在土粒空隙中流动的水蒸气,遇冷凝结为水。

二、路基排水设施

(一)地面排水设施

路基地面排水设施的作用是将可能停滞在路基范围内的地面水迅速排除,并防止路基范围外的地面水流入路基内。

1. 边沟

挖方地段和填土高度小于边沟深度的填方地段均应设置边沟,用于汇集和排除路基范围内或流向路基的少量地面水。边沟的横断面形式,一般土质边沟宜用梯形;矮路堤或机械化施工时可用三角形;在场地宽度受到限制时,可用石砌矩形;石质路堑边沟可做成矩形;积雪、积沙路段宜做成流线形。梯形边沟的内侧边坡一般为1∶1~1∶1.5,外侧边坡与路堑边坡相同;三角形边沟内侧边坡可用1∶2~1∶3,外侧边坡通常与挖方边坡一致。边沟的底宽和深度一般不小于0.4 m,干旱地区及分水点可采用0.3 m。高速公路和一级公路的边沟断面应大一些,其深度和宽度可用0.8~1 m。

边沟沟底纵坡通常与路线纵坡一致,但路线纵坡小于0.3%时,应采用变化边沟深度的办法,以保证纵坡不小于0.3%;当纵坡超过3%时,应考虑加固,以免发生冲刷;边沟长度一般不宜超过300 m,三角形边沟不宜超过200 m,如图3-9所示。

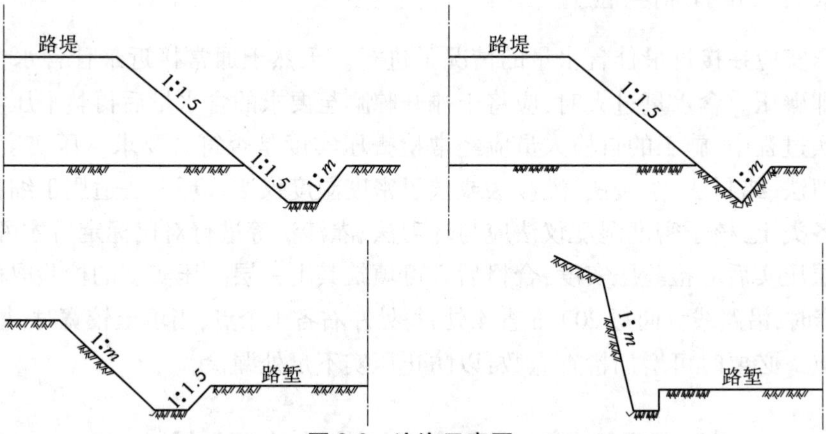

图3-9 边沟示意图

2. 截水沟

截水沟设在路堑坡顶外或山坡路堤上方,用以拦截上方流来的地面水。其断面形式一般采用梯形,当地面横坡较陡时,可做成石砌矩形。截水沟底宽不小于0.5 m,深度按流量确定,但也不小于0.5 m。土质截水沟的边坡一般为1∶1~1∶1.5。沟底纵坡通常不得小于0.5%,特殊困难时不得小于0.2%。截水沟长度不宜超过500 m。

堑顶外截水沟,有弃土堆时,设在弃土堆外,无弃土堆时,离路堑顶边缘至少5 m,如图3-10所示。

3. 排水沟

排水沟的作用是将边沟、截水沟、取土坑或路基附近的积水引入就近桥涵或沟谷中去。排水沟的断面和纵坡要求与截水沟基本相同。

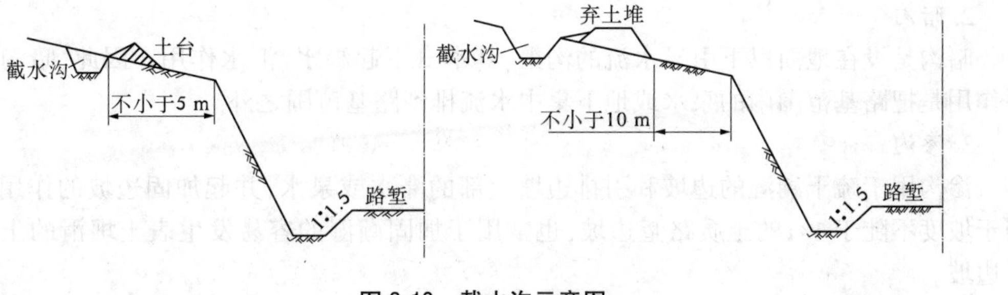

图 3-10　截水沟示意图

4. 跌水和急流槽

在纵坡陡峻地段的截水沟、排水沟,可用单级或多级跌水或急流槽连接。跌水和急流槽的断面一般采用矩形,用浆砌片石或混凝土修筑。纵坡不宜陡于 1∶1.5,如图 3-11、图 3-12 所示。

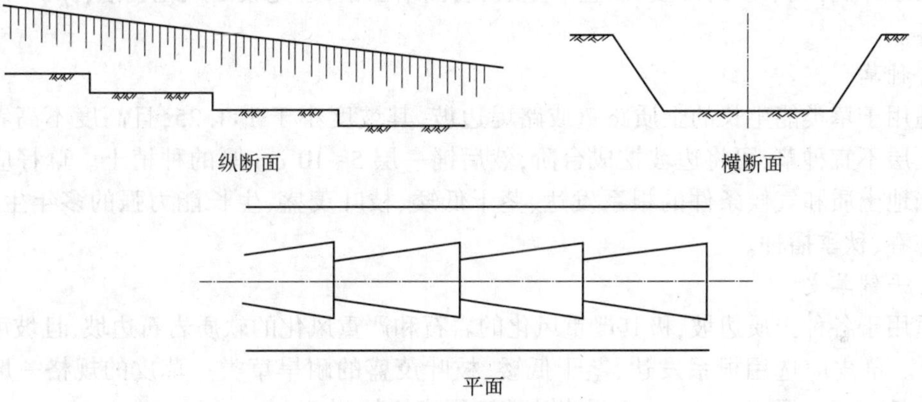

图 3-11　跌水示意图

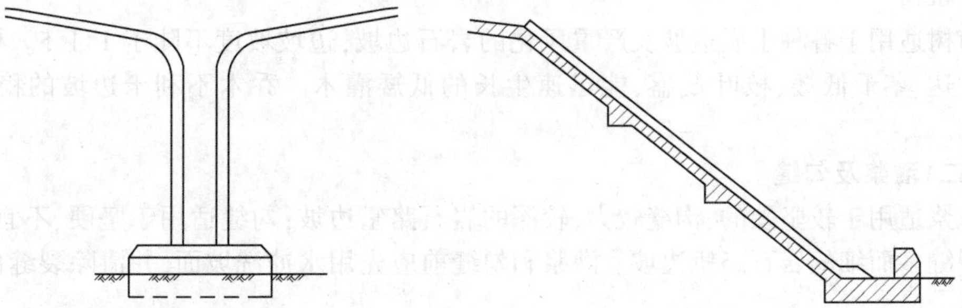

图 3-12　急流槽示意图

(二)路基地下排水设施

1. 明沟和槽沟

明沟和槽沟都是用于兼排地面水和浅层地下水的设施。当设置在路基旁侧时宜顺路线方向布置;当设置在山坡上的低洼地带或天然沟谷处时宜顺山坡沟谷走向布置。

为避免开挖断面过大和节省圬工,明沟深度一般不宜超过 1.2 m,再深时可改用槽沟,槽沟深度不宜超过 2 m,再深时可改用渗沟。

2. 暗沟

暗沟是设在地面以下引导水流的沟渠,其本身不起渗水、汇水作用。因此,暗沟的主要作用是把路基范围内的泉水或地下集中水流排到路基范围之外。

3. 渗沟

渗沟用于疏干潮湿的边坡和引排边坡上部的滞水或泉水,并起加固边坡的作用。适用于坡度不陡于1:1的土质路堑边坡,也常用于加固潮湿的容易发生表土坍滑的土质路堤边坡。

三、路基的坡面防护

(一)植物防护

植物防护是一种施工简单、费用低廉、效果较好的坡面防护措施。植物能覆盖表土,防止雨水冲刷;调节土的湿度,防止产生裂缝;固结土壤,避免坡面风化剥落;保护环境、美化路容。

1. 种草

适用于草类能生长的土质路堑或路堤边坡,其坡度小于1:1.25,且高度不高者。若边坡土层不宜种草,可将边坡挖成台阶,然后铺一层5~10 cm厚的种植土。草籽应选用适合当地土质和气候条件的根系发达、茎干低矮、枝叶茂盛、生长能力强的多年生草种。一般在春、秋季播种。

2. 平铺草皮

适用于各种土质边坡,极其严重风化的岩石和严重风化的软质岩石边坡,且坡度不陡于1:1。草皮应选用根系发达、茎干低矮、枝叶茂盛的耐旱草类。草皮的规格一般为宽20 cm、长30 cm、厚5~10 cm,干燥炎热地区厚度增加到15 cm。

3. 植树

植树适用于各种土质边坡及严重风化的岩石边坡,边坡坡度不陡于1:1.5。树应选根系发达、茎干低矮、枝叶茂盛、能迅速生长的低矮灌木。乔木不利于边坡的稳定,不宜采用。

(二)灌浆及勾缝

灌浆适用于较坚硬的,沟缝较大、较深的岩石路堑边坡;勾缝适用于坚硬、不宜风化、节理裂缝多而细的岩石路堑边坡。灌浆和勾缝前应先用水冲洗坡面,并清除裂缝内的泥土杂草。

(三)抹面

抹面适用于尚未严重风化的各种宜风化岩石边坡,边坡坡度不受限制,但坡面应较干燥。

四、挡土墙

挡土墙是路基加固的主要设施,为防止路基填土或山坡土体坍塌而修筑的承受土体侧压力的墙式结构物。挡土墙在公路工程中广泛使用,种类很多,但常见的是普通重力式挡土墙、衡重式挡土墙和加筋挡土墙等,挡土墙按照设置的位置可分为路堑墙、路堤墙、路肩墙和山坡墙等类型,如图 3-13 所示。

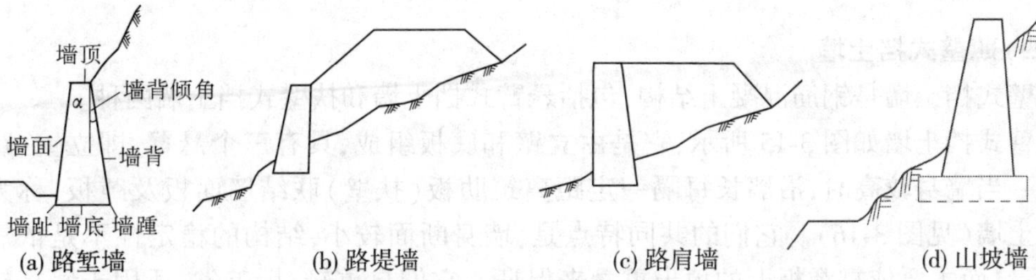

图 3-13 挡土墙位置示意图

(一)普通重力式挡土墙

普通重力式挡土墙依靠墙身自重支撑土压力。一般多用片石砌筑,在缺乏石料的地区有时也用混凝土修建。这种挡土墙的圬工量较大,但横断面形式简单,墙背为一直线,施工方便,可就地取材,适应性强,故在我国公路上使用最为广泛。

普通重力式挡土墙一般采用明挖基础,当基底松软时,可采用换填基础。该挡土墙应有排水设施,以疏干墙后土体,避免墙背积水形成静水压力,消除黏性土填料浸水后的膨胀压力。排水措施主要包括:设置地面排水沟,引排地面水;墙背回填土的上部应以相对不透水的土夯实封闭,防止地表水下渗;对路堑挡土墙墙趾前的边沟应予铺砌加固,以防边沟水渗入,软化地基;墙身设置泄水孔,排除墙后积水。

(二)衡重式挡土墙

衡重式挡土墙利用衡重台上填土和全墙重心后移增加墙身稳定,减小断面尺寸;下墙墙背仰斜,可以降低墙高,减少开挖工作量。

衡重式挡土墙的构造及其他要求与普通重力式挡土墙相同。

(三)加筋挡土墙

加筋挡土墙是由面板、筋带和加筋体填料 3 部分组成的复合结构,依靠填料与筋带的摩擦力来平衡面板所受的水平压力,并以这一复合结构去抵抗筋带尾部所产生的土压力。

面板一般采用混凝土预制,混凝土的面板外形可选用十字形、L 形、矩形等,墙顶和角隅处可采用异形面板和角隅面板。

加筋体填料最好采用有一定级配的砾类土和沙类土,也可采用碎石土、黄土、中低液限黏性土、稳定土及符合质量要求的工业废渣等,如图 3-14 所示。

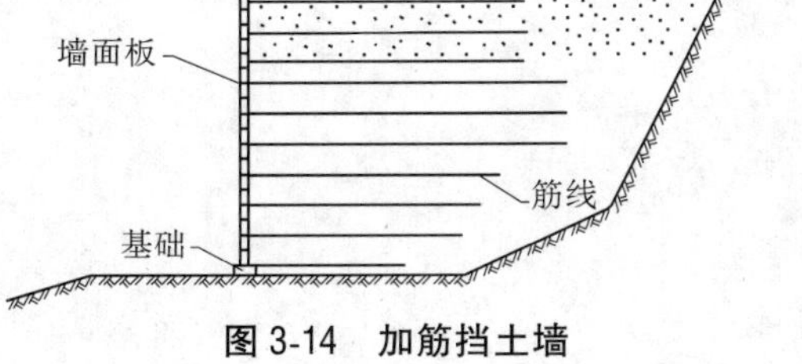

图 3-14 加筋挡土墙

加筋挡土墙具体的施工,在《公路路基施工技术规范》(JTG/T 3610—2019)中有详细规定。

(四)薄壁式挡土墙

薄壁式挡土墙是钢筋混凝土结构,包括悬臂式挡土墙和扶壁式挡土墙两种。

悬臂式挡土墙如图 3-15 所示,它是由立壁和底板组成,具有三个悬臂,即立壁、趾板和踵板。当墙身较高时,沿墙长每隔一定距离筑肋板(扶壁)联结墙面板及踵板,称为扶壁式挡土墙(见图 3-16)。它们的共同特点是:墙身断面较小,结构的稳定性不是依靠本身的重量,而主要依靠踵板上的填土重量来保证。它们自重轻,圬工省,适用于墙高较大的情况,需使用一定数量的钢材,经济效果较好。

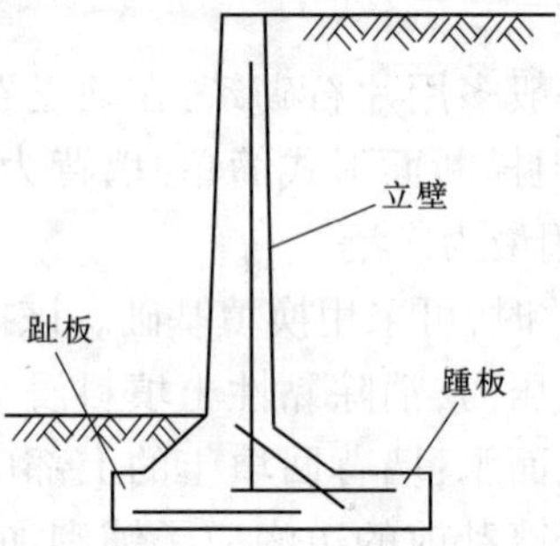

图 3-15　薄壁式挡土墙

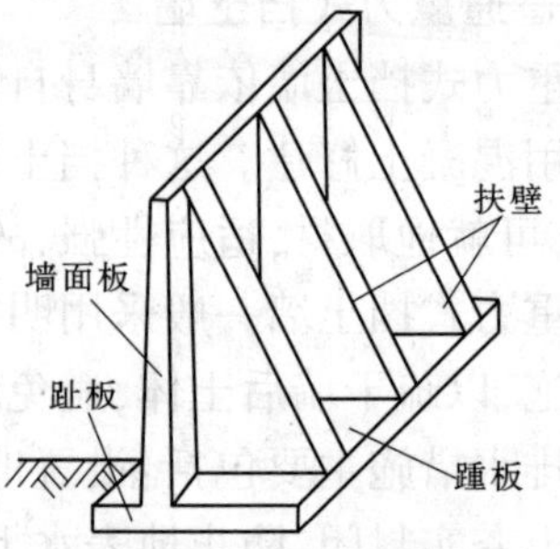

图 3-16　扶壁式挡土墙

项目四　路面工程

【知识目标】

1. 认识路面及其构造。

2. 掌握路面施工的基本方法和施工程序。

【能力目标】

1. 能正确选择工程材料和施工设备。

2. 能选择适当的路面施工程序和施工方法并组织施工和质量检验。

【思政目标】

党的二十大报告提出:“加快实施创新驱动发展战略。”

1. 强化质量意识、团队合作和精益求精、创业敬业、追求卓越的工匠精神。

2. 充分认识机械设备和流程在提高效益和保证质量方面的重要性。

路面是用各种材料铺筑在路基上供车辆行驶的层状构造物。

路面是公路的主要组成部分,它的好坏会直接影响行车速度、安全和运输成本。路面的作用主要包括两个方面:直接承受行车荷载和自然因素的影响,它反映了道路的使用品质。

现代化公路运输,要求路面能满足行车的使用要求,提高行车速度,增强安全性和舒适性,降低运输费用和延长路面使用年限。但是,路面暴露在自然界中,在大气、温度和水的影响下,长期经受各种车辆荷载的重复作用,所以要求路面应具有下列基本性能:

(1)承载能力。汽车在路面上行驶时,车辆通过车轮把荷载传给路面。此外,路面还受到车辆的振动力和冲击力作用,在车身后还有真空吸力的作用。在上述外力的综合作用下,路面结构内部就产生不同的压应力、拉应力和剪应力。因而,要求路面具有能够与行车荷载相适应的承载能力,以抵抗行车作用下所产生的各种应力,避免路面破损给汽车运输造成严重影响。

结构承载能力包括强度与刚度两方面。路面结构应具有足够的强度,以抵抗车轮荷载引起的各种应力,保证不发生压碎、拉断、剪切等破坏;具有足够的刚度,使得在车轮荷载作用下不发生过量的变形,保证不发生车辙、沉陷或波浪等病害。强度和刚度是两个不同的力学特性,二者既有联系,又有区别。刚度大,强度不一定大;强度相同的路面,其刚度也可能不同。

(2)稳定性。路面结构暴露在大气之中,不仅承受行车荷载作用,还经常受到水分和温度的影响,有的路面材料又比较敏感,其性能也会随之发生不同的变化,因此路面的强度和刚度就不稳定,路况也就时好时坏。能够保持工程设计所要求的几何形态及物理力学性质,称为路基路面结构的稳定性。

(3)表面平整度。路面平整度对行车影响很大。路面平整度差时行车阻力增大,行车因振动颠簸,影响行车速度及行车的安全性和舒适性。同时,车辆振动对路面施加的冲击破坏加快,汽车的机件和轮胎的损坏也相应加快,还要增加油料的消耗。而且,不平整的路面还会积滞雨水,加速路面的破坏。因而,路面要有一定的平整度。

(4)表面抗滑性。路面表面应具有足够的抗滑性能,以保证行车安全和运输的经济效益。光滑的路面使车轮与路面之间缺乏足够的附着力和摩擦阻力,特别是在雨雪天高速行车或紧急制动时容易打滑,爬坡和突然启动时容易空转,致使行车速度降低,油料消耗增加,也容易发生交通事故。

(5)耐久性。路面结构要长期承受行车荷载和冷热、干湿等气候因素的多次重复作用,因而会逐渐出现疲劳破坏和塑性变形累积,路面材料也可能会由于老化衰变而导致破坏。因而,到一定使用年限后,路面就会出现各种病害,从而影响路面的使用性能。如果路面的耐久性不足,就会缩短使用时间,增加养护工作量和费用,而且会干扰正常的交通运输。设计规范规定沥青路面结构设计使用年限,高速公路、一级公路为15年,二级公路为12年,三级公路为10年,四级公路为8年。

任务一　概　述

一、路面横断面

在路基顶面铺筑面层结构,沿横断面方向由行车道、硬路肩和土路肩所组成。路面横断面的形式按道路等级的不同,通常可分为槽式横断面和全铺式横断面(见图4-1)。

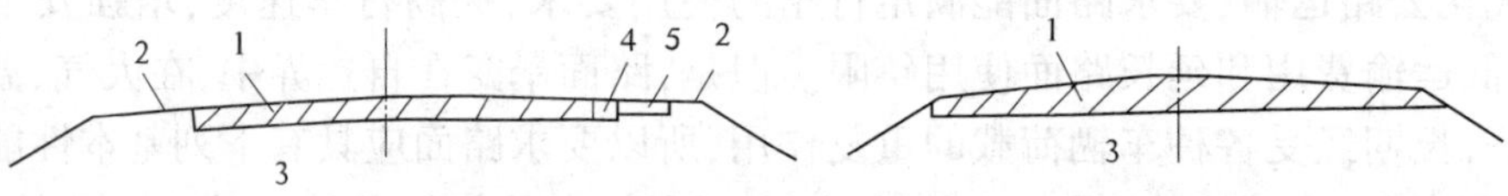

(a)槽式　　(b)全铺式

1—路面;2—土路肩;3—路基;4—路缘石;5—加固路肩。

图4-1　路面横断面形式

(一)槽式横断面

在路基上按路面行车道及硬路肩设计宽度开挖路槽,保留土路肩,形成浅槽,在槽内铺筑路面。也可以采用培槽方式,在路基两侧培槽。

(二)全铺式横断面

在路基全部宽度内都铺筑的路面。在高等级公路建设中,为保证将路面结构内部的水分迅速排出或考虑到扩建需要,将硬路肩及土路肩的位置全部按行车道标准铺筑面层。

二、路拱横坡度

为了保证路面上雨水能够及时排出,减少雨水对路面的浸润和渗透而减弱路面结构强度,路面表面应做成直线形或抛物线形的路拱。选择路拱横坡度要满足行车平稳和横向排水两方面的要求:在干旱和有积雪、浮冰的地区,应采用低值,多雨地区采用高值;当道路纵坡较大、路面较宽、行车速度较高或交通量和车辆载重较大时,应采用平均横坡度的低值，反之，则采用高值。

路肩横坡度一般比路面横坡度大1%～2%，但高速公路和一级公路的硬路肩采用与路面行车道相同的结构时，应采用与路面行车道相同的路面横坡度。各类路面的路拱平均横坡度如表4-1所示。

表4-1　各类路面的路拱平均横坡度

路面类型	路拱平均横坡度/%
沥青混凝土、水泥混凝土	1.5～2
沥青碎石、沥青贯入式、沥青表面处治、整齐块石等	1.5～2.5
半整齐块石、不整齐块石	2～3
碎石、砾石等粒料	2.5～3.5
砾石土、砂砾土、炉渣土等	3～4

三、路面结构及层次划分

行车荷载和自然因素对路面的影响，随深度的增加而逐渐减弱。因此，对路面材料的强度、抗变形能力和稳定性的要求也随深度的增加而逐渐降低。所以，通常路面结构根据使用要求、受力状况、土基支承条件等，采用不同规格和要求的材料分层进行铺筑。这样可以充分发挥各种路面材料的功能，并且可以节约工程造价。一般至少应具有基层和面层，有时还需要铺设垫层（见图4-2）。

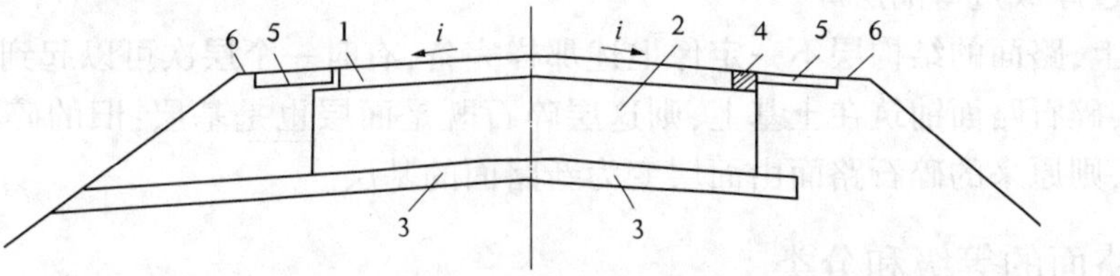

i—路拱横坡度；1—面层；2—基层（可能包括底基层）；
3—垫层；4—路缘石；5—加固路肩；6—土路肩。

图4-2　路面结构层次划分示意图

（一）面层

面层是路面结构层最上面的一个层次，直接承受车辆荷载及自然因素的影响，并将荷载传递到下面。因此，要求面层强度和刚度很大，而且表面还必须平整、抗滑、耐磨。自然因素的影响要求面层还要有较好的水稳定性、温度稳定性和不透水性。

面层有时分成两层或三层进行铺筑。修筑面层所用的材料主要有沥青混凝土、水泥混凝土、沥青碎（砾）石混合料、沙砾或碎石掺土或不掺土的混合料以及块料等。

（二）基层

基层位于面层以下，主要承受由面层传递来的车辆荷载垂直力，并将其分布到垫层或土基中去。因此，它也应具有足够的强度、刚度和耐久性，并应具有良好的应力扩散性能。由于基层和车轮不直接接触，故对基层的耐磨性不予严格要求，但是基层应有相对平整的表面,以保证面层厚度均匀。另外,基层还可能受到地面水或地下水的侵入,因此还应有足够的水稳性。基层也可以分为两层或三层,称为基层(或上基层、基层)、底基层。

基层的主要材料是水泥稳定碎石、石灰粉煤灰碎石、级配碎(砾)石、水泥稳定土、石灰稳定土、石灰工业废渣等。

(三)垫层

垫层位于底基层与土基之间,主要作用是加强土基,改善土基的湿度和温度状况,以保证面层和基层不受土基水温状况变化的不良影响,为隔水、排水、防冻而设置,所以通常在路基处于潮湿或过湿以及有冰冻翻浆的路段设置。在地下水位较高的地区铺设,能起到隔水作用,故也称隔离层;在冰冻较深地区铺设能起到防冻的作用,也称防冻层。此外,垫层还能扩散由基层传下来的应力,以减小土基的变形,而且也能阻止路基土挤入基层中,保证了基层的结构性能。

修筑垫层所用的材料,强度要求不一定高,但水稳定性或隔热性应该较好。一般采用沙砾、碎石等水稳定性好的材料及石灰土或炉渣石灰土等保温性材料。

面层、基层、垫层是路面的基本层次,为了保证车轮荷载的向下扩散和传递,基层宽度每侧比面层宽出 0.25 m,底基层每侧比基层宽出 0.15 m。高速公路、一级公路、二级公路的排水垫层应铺至与路基同宽,三、四级公路的垫层可比底基层每侧至少宽出 0.25 m。

从经济角度考虑,若选用面层厚度较小,就得选择较强或较厚的基层或增加层次。若面层厚度增加,相应的基层厚度可减小或减少层次。在实际中,一是从经济角度考虑,二是从技术角度考虑,不论结构层的数量还是结构层的厚度,都不宜采用过多或过少的结构层数以及过厚或过薄的层厚。

实际上,路面的结构层不一定像上述那样完备,有时一个层次可以起到两个层次的作用。例如,碎石路面铺筑在土基上,则这层碎石既是面层也是基层;旧的碎石路面上铺筑沥青路面,则原来的碎石路面由面层变为新路面的基层。

四、路面的等级和分类

按路面面层的使用品质、材料组成类型及强度和稳定性等技术条件划分,路面通常可分为高级路面、次高级路面、中级路面和低级路面四个等级。

(一)高级路面

高级路面包括沥青混凝土路面、水泥混凝土路面、整齐块石或条石等面层所组成的路面,用于交通量大、行车速度高的公路。这类路面的特点是:结构强度高,稳定性好,使用寿命长,平整、少尘,能保证高速行车,而且养护费用少,运输成本低,但初期建设投资较大,施工工艺和材料质量要求高。

(二)次高级路面

次高级路面包括沥青贯入式、沥青碎(砾)石等面层所组成的路面。一般适用于交通量较大、行车速度较高的公路。与高级路面相比,使用品质稍差,使用年限稍短,造价也较低,但养护费用较高。

(三)中级路面

中级路面包括由水结碎石、泥结碎石、级配碎(砾)石、半整齐块石或条石等作面层所组成的路面结构。它的强度低、使用期限短、平整度差，只能适应于较小交通量，行车速度低，并且养护工作量大，运输成本较高。

(四)低级路面

低级路面是由包括各种粒料或当地材料改善土所筑成的路面，如炉渣土、砂砾土等。水稳性和平整度均较差，在雨天不能行车，能适应的交通量很小，养护工作量大，运输成本高，但造价较低。

路面等级与公路技术等级和交通量的关系见表 4-2。

表 4-2 路面等级与公路技术等级和交通量的关系

公路等级	路面等级	面层类型	设计年限内累计标准轴次/(万次/车道)
高速公路、一级公路	高级路面	沥青混凝土、水泥混凝土	>400
二级公路	高级路面	沥青混凝土、水泥混凝土	>200
	次高级路面	热拌沥青碎石混合料、沥青贯入式	100~200
三级公路	次高级路面	乳化沥青碎石混合料、沥青表面处治	10~100
四级公路	中级路面	水结碎石、泥结碎石、级配碎(砾)石、半整齐块石	<10
	低级路面	粒料改善土	

从力学性能出发，一般把路面分为刚性路面和柔性路面两大类。

刚性路面是指水泥混凝土作面层或基层的路面结构。它的强度高，特别是抗弯拉强度比其他路面高得多，抗变形能力强，板整体性好，荷载通过水泥混凝土路面板整体的扩散分布作用，传递到基层上的应力较小。

柔性路面主要是指刚度较小，抗弯拉强度较低，主要靠抗压、抗剪强度来承受车辆荷载作用的路面。各类沥青路面、碎(砾)石路面和块石面层所组成的路面结构，因为其刚度较小，抗弯拉强度低，荷载作用下变形较大，所以对基层和路基的强度要求较高。但此类路面弹性好，路面无接缝，行车舒适。

还有一类半刚性路面，主要为水泥、石灰等无机结合料处置的土或含有水硬性结合料的工业废渣修筑的基层，前期具有柔性路面的力学性质，后期的强度和刚度均有较大幅度增长，但仍远小于刚性路面。由于这种材料的刚性处于柔性路面与刚性路面之间，因此把这种基层和铺筑在其上面的沥青面层统称为半刚性路面。

五、影响路面稳定性的因素

路面工作在自然环境中，除直接承受车轮荷载作用外，还直接受水、温度、阳光、空气等自然因素的影响，它们既有促进路面成型、稳定等的有利方面，也有促使路面软化、破坏和影响施工的不利方面。因此，必须十分重视这些影响因素。

(一)湿度变化对路面的影响

湿度状况的变化是影响路面结构强度、刚度和稳定性的重要因素之一。路面中湿度影响与道路所在地区的自然条件、季节、降水量、蒸发条件和道路本身的排水能力等因素有关。路面结构中的水主要有三个来源:一是土基中的毛细水,二是边沟渗水,三是路面渗水。土基中的毛细水源于地下水,边沟渗水和路面渗水来自于降水和地面径流。

路面结构中,基层、垫层材料在最佳含水量下压实可得到最大密实度,并具有较高的力学强度。含水量过大时,材料过分潮湿,其强度大大降低,变形也增大。但如果含水量过小,材料颗粒之间由于缺乏水膜黏结作用,会发生松散;由于缺乏润滑作用,压实度不高,同样也不会有较高的力学强度。由于沥青路面在水的作用下,沥青与石料的黏附力降低,导致石料与沥青剥离,从而使路面发生松散、坑槽等病害。

根据路面材料对水的敏感性不同,可区分为水稳定性材料和非水稳定性材料。水稳定性材料在水的影响下,力学强度不显著降低;非水稳定性材料在水的影响下,力学强度则显著降低。

(二)温度变化对路面的影响

温度同样是影响路面结构强度的重要因素。同一路面,在炎热的夏季和寒冷的冬季可能有不同的使用品质,即使在同一天内,路面的工作状态也会有所差异。因此,必须考虑气温对路面强度或内部应力变化的影响。温度稳定性差的材料在温度变化时,强度显著降低。由于沥青本身对温度非常敏感,因此沥青类路面对温度也非常敏感。温度升高后,沥青的稠度降低,在颗粒间起到润滑作用,从而使黏结力降低;温度过低时,沥青的变形能力降低,容易发生脆裂。

水泥混凝土路面受温差的影响,体积将发生变化。在一年四季中,温差引起的体积变化如果受到约束,将会产生很大的温度应力,有时甚至超过荷载应力,使混凝土发生断裂。所以,必须把混凝土板划分成一定尺寸的板块来克服。

气温对无机结合料加固的路面结构的初期成型也有很大的影响。石灰土、工业废渣基层成型期间,如果在温度高、正常含水量和压实度情况下,可以获得较高的强度;反之,如果成型期间温度过低,即使含水量和压实度正常,也不会有较高的强度,致使成型期较长。

(三)其他因素的影响

阳光、温度、大气中的氧共同作用,可以改变沥青的组成成分,使之老化,相应缩短了沥青路面的寿命。而温度与水共同作用,会导致路面的冻胀与翻浆。在干燥地区或季节,因空气干燥而促使路面结构层中的水分蒸发,对一些用黏土作结合料的中、低级路面有很大影响,使之失水而丧失稳定性,导致结构层发生松散。

任务二　沥青路面

沥青路面是用沥青作黏结料修筑面层并与其他各类基层所组成的路面,因其呈黑色,故又称黑色路面。

沥青路面使用了黏结力较强的沥青材料,使矿料之间的黏结力大大加强,从而提高了混合料的强度和稳定性,路面的使用质量和耐久性都得到提高。与水泥混凝土路面相比,沥青路面具有表面平整无接缝、行车舒适平稳、振动小、噪声低、施工期短、开放交通早、养护维修方便、适宜于分期修建、在烈日照射下不易反光等优点,因而获得了越来越广泛的应用。由于它可以使用不同的材料组成和施工方法,因而适用于不同等级的公路路面。沥青路面的缺点是温度稳定性差,而且表面易受硬物损坏,并容易磨光而降低抗滑性。同时,沥青路面对基层和路基的强度有很高的要求。

一、沥青路面材料

(一)沥青材料

沥青路面所用的沥青材料有石油沥青、煤沥青、液体石油沥青和沥青乳液等。各类沥青路面所用沥青材料的标号,应根据路面的类型、施工条件、施工季节和矿料性质等因素而定。表征沥青材料的三大指标分别为针入度、软化点和延度。

(1)针入度表示沥青的黏性。即质量为 100 g 的测针在 25 ℃的温度下插入沥青 5 min 时,测针插入的深度。沥青的针入度越小,说明沥青的黏性越大。

(2)软化点表示沥青的温度稳定性。将玻璃杯中的水从 5 ℃开始加温,以 5 ℃/min 的速度将杯中水温升高,测定当浸入水中的两颗钢球从装满沥青试样的两个小铜环中下落至杯底时的温度,即为软化点。软化点越高,则沥青的稳定性就越好。

(3)延度表示沥青的变形能力。沥青试件在 15 ℃的水槽中以 5 mm/min 的速度被拉长直至拉断,拉断前沥青试件的长度即为延度,以 cm 计。延度越大,表示沥青的变形能力越强。

(二)集料

集料即沥青路面所用的石料,分为粗集料和细集料两类。

沥青路面所用的粗集料是指粒径在 5 mm 以上的碎石、筛选砾石、破碎砾石、矿渣等。要求碎石应是匀质、洁净、无风化的,并具有足够的强度和耐磨性能,根据路面的类型和使用条件选定石料等级,通常选用与沥青黏附性较好的碱性集料。粗集料在沥青路面中一般起骨架作用。

细集料是指粒径在 5 mm 以下的集料,可采用天然沙、机制沙。在缺沙地区也可采用石屑。要求细集料应洁净、干燥、无风化、无杂质,有适当的颗粒组成,尺寸大小的配比符合技术要求,并应与沥青有良好的黏结能力。

(三)填料

沥青混合料的填料宜采用矿粉。矿粉应干燥、洁净,符合沥青面层用矿粉质量技术要求。当采用水泥、石灰、粉煤灰作填料时,其用量不宜超过矿料的 2%。

二、沥青路面形式

沥青路面主要有沥青混凝土、热拌沥青碎石、乳化沥青碎石、沥青贯入式、沥青表面处治等形式。此外,沥青玛琋脂碎石近年来也得到了广泛应用。

沥青混凝土路面是由不同尺寸的矿料(碎石、石屑、沙和矿粉)按最佳级配原则选配,以一定比例的沥青作结合料经拌和、压实而成的沥青路面形式。沥青混凝土密度大、强度高、平整度好、整体性好并富有弹性,是一种适合现代快速汽车交通的高级路面。根据矿料的尺寸不同,可将沥青混凝土分为粗粒式、中粒式、细粒式。沥青混凝土适用于高速公路和一、二级公路面层的表面层及中面层。

沥青碎石路面是用沥青碎石作面层的路面形式,由几种不同尺寸的矿料,掺入少量矿粉或不掺矿粉,用沥青作结合料,按一定比例配合,经拌和而成。因为沥青碎石较沥青混凝土而言,温度稳定性好,施工相对容易,但空隙率大、易透水,因此其不能作表面层,适用于作底面层或联结层。

沥青贯入式路面是指用热沥青贯入初步压实的碎砾石后,撒铺较细的石料嵌缝,再进行碾压形成面层的路面。一般施工方法是在清理后的下承层上先铺洒透层沥青后,均匀地撒铺主层矿料、碾压、洒布第一次沥青;之后,立即均匀撒铺较小集料嵌缝、碾压、洒布第二次沥青;然后撒铺更小的集料嵌缝、碾压、洒布第三次沥青,撒铺封面料,最后碾压成型。这种路面强度较高,温度稳定性较好,但孔隙较大、容易透水,一般适用于作二级或二级以下公路的沥青面层。

沥青表面处治路面是指用沥青和集料按层铺法或拌和法铺筑而成的厚度不超过3 cm的沥青路面。一般施工方法是在清理好的下承层上撒布加热的沥青后,趁热迅速均匀铺撒集料碾压,即可完成一层,根据需要可做两层或三层。这种路面的作用并非承重,而是作为表面层磨耗,用来防止路表水下渗、提高平整度、改善行车条件、延长路面使用寿命等。

乳化沥青碎石混合料适用于作三、四级公路的沥青面层,二级公路养护罩面以及各级公路的调平层,国外也用作柔性基层。

沥青玛琋脂碎石路面是指用沥青玛琋脂碎石混合料(简称SMA)作面层或抗滑层的路面。它具有抗滑耐磨、孔隙率小、抗疲劳、高温抗车辙、低温抗开裂的优点,适用于高速公路、一级公路和其他重要公路的表面层。

三、沥青混凝土面层的厚度

对于设置在半刚性基层上的沥青面层整体来说,在不同的公路等级、交通量及组成和气候条件的影响下,其路面各结构层总厚度的要求也不一致,如表4-3所示。

表4-3 半刚性基层上的沥青层的推荐厚度

公路等级	沥青层推荐厚度/cm
高速公路	12~18
一级公路	10~15
二级公路	5~10
三级公路	2~4
四级公路	1~2.5

任务三 沥青混凝土路面施工

一、施工准备

(1)对进场原材料进行质量检验。原材料包括沥青、集料、矿粉及其他外加剂、纤维等,选定的材料在施工过程中应保持稳定,不能随意变更。

(2)拌和厂的选址与布置。场地内各项设施和布置应协调,区域划分明确,料场位置既要便于运输,还要便于向搅拌设备供料。

(3)施工机械的检查。包括拌和运输设备、摊铺设备、碾压设备、洒油设备等,对各种施工机具作全面检查,经调试证明处于良好状态,要确保机械数量足够,施工能力配套,重要的机械应配有备用机械。

(4)修筑试验段。沥青路面大面积施工前,应采用计划使用的机械设备和混合料的配合比铺筑试验段。通过试验段的铺筑,确定合适的拌和时间与温度、摊铺温度与速度、压实机械的合理组合、压实温度和压实方法、松铺系数、合适的作业段长度,验证混合料配合比等,明确人员的岗位职责,最后提出标准的施工方法。

二、施工阶段

(一)沥青混合料的拌制

沥青混合料必须在沥青拌和厂(场、站)采用拌和机械拌制。拌和厂应设置在空旷、干燥、运输条件良好的地方。沥青混合料可采用间歇式拌和机(见图 4-3)或连续式拌和机拌制。各类拌和机都设有防止矿粉飞扬散失的密封装置及除尘设备,并有检测拌和温度的装置。

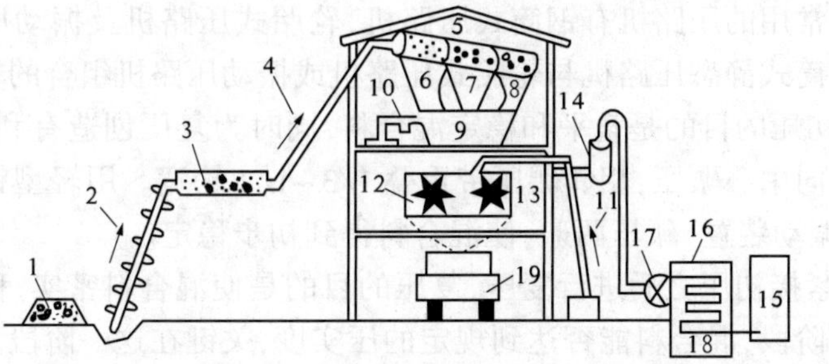

1—砂石;2—材料升运;3—加热滚筒;4—热料升运;5—筛筒;6—小料仓;7—中料仓;8—大料仓;9—总仓;10—磅秤;11—石粉升运;12—拌和缸;13—叶子板;14—沥青容器;15—蒸汽锅炉;16—沥青熔池;17—泵;18—蒸汽管;19—自卸汽车。

图 4-3 间歇式拌和机

根据配料单进料,严格控制各种材料的用量及加热温度。沥青混合料的拌和时间以混合料拌和均匀、所有矿料颗粒全部裹覆沥青结合料为度。拌和好的混合料应均匀一致、无花白料、无结团成块或严重的粗细料分离现象。出厂的沥青混合料逐车用地磅称重并检测温度合格后方可出厂。

(二)沥青混合料的运输

沥青混合料应采用大吨位的自卸汽车运输,车厢内清扫干净,运输时用篷布覆盖,以保温、防雨、防污染。连续摊铺过程中,运料车应在摊铺机前10~30 cm处停下,挂空挡,靠摊铺机推动前进。

(三)沥青混合料的摊铺

混合料运至工地以前,清理好下承层(即前一层),进行施工放样,撒布透层沥青或粘层油。将拌和好的混合料装入自卸车运到工地。将运至工地的沥青混合料卸在摊铺机的料斗上,立即进行摊铺(见图4-4)。摊铺时,根据试验段确定的松铺系数及相关摊铺的各项参数进行摊铺,最好是一台摊铺机全宽摊铺,这样可以消灭施工接茬、避免质量缺陷。当不能一次全宽摊铺、两台摊铺机同时作业时,呈梯队作业方式,梯队间距不宜过大,一般为10~30 m,两摊铺带相接处,必须有一部分接茬(重叠),宽度为5~10 cm。

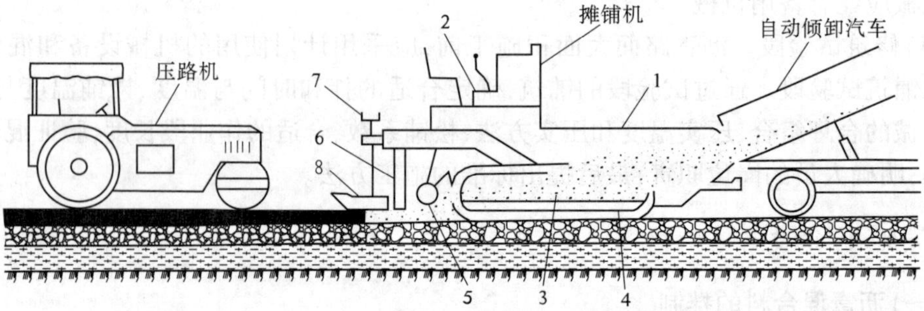

1—料斗;2—驾驶台;3—送料器;4—履带;5—螺旋摊铺器;6—振捣器;7—厚度调节杆;8—摊平板。

图4-4 沥青混合料摊铺机作业示意图

(四)混合料的压实成型

沥青混合料摊铺整平后,应及时进行碾压。沥青混合料碾压过程可分为初压、复压和终压3个阶段。常用的压路机有钢筒式压路机、轮胎式压路机及振动压路机。沥青混合料压实宜采用钢筒式静态压路机与轮胎式压路机或振动压路机组合的方式。

(1)初压。初压的目的是整平和稳定混合料,同时为复压创造有利条件,压实时注意平整性。从两侧向中心碾压,相邻碾压带重叠1/3~1/2轮宽。用轻型钢筒式压路机或振动压路机(关闭振动装置)碾压两遍,使混合料得到初步稳定。

(2)复压。紧接初压之后进行复压,复压的目的是使混合料密实、稳定、成型,是碾压过程中最重要的阶段,混合料能否达到规定的压实度,关键在这一阶段。复压宜采用重型的轮胎式压路机,也可以采用振动压路机或三轮钢筒式压路机。采用轮胎式压路机时,总质量不宜小于15 t,轮胎充气压力不小于0.5 MPa,相邻碾压带重叠1/3~1/2轮宽;采用钢筒式压路机时,总质量不宜小于12 t,相邻碾压带重叠1/2后轮宽;采用振动压路机时,振动频率宜为35~50 Hz,振幅宜为0.3~0.8 mm,相邻碾压带重叠10~20 cm。碾压次数由试验段确定,不宜少于4~6遍,碾压至无显著轮迹为止。

(3)终压。终压紧接在复压之后,可选用双轮钢筒式压路机或关闭振动的振动压路机碾压2~4遍,以消除碾压过程中产生的轮迹,并确保路面的平整度。

在当天碾压尚未冷却的沥青混合料层面上不得开放交通,也不得停放任何机械设备或车辆。

任务四　水泥混凝土路面

水泥混凝土路面是一种高级路面。它是以水泥混凝土面板和基层、垫层所组成的路面形式,也称刚性路面。这种路面应用广泛,主要用于公路、城市道路、港口码头、机场、停车场等。

随着科技的进步,水泥混凝土路面的种类也越来越多。除常用的普通水泥混凝土路面外,钢筋混凝土路面、预应力混凝土路面、钢纤维混凝土路面、装配式混凝土路面、多孔吸音混凝土路面等形式也逐渐得到广泛的应用。与其他路面相比,水泥混凝土路面具有以下优点:

(1)强度高。水泥混凝土路面具有较高的抗压强度、抗弯拉强度和抗磨耗能力。

(2)稳定性好。水泥混凝土路面的温度稳定性、水稳定性均较好,特别是它的强度随时间的延长而逐渐提高,不存在像沥青路面那样的老化现象。

(3)耐久性好。由于水泥混凝土路面强度和稳定性好,所以经久耐用,而且能通行履带式车辆等各种运输工具。

(4)养护费用小。水泥混凝土路面的一般使用年限可达 20~30 年,与沥青混凝土路面相比,养护工作量和费用均较少。虽然它的一次投入大,但使用年限长,分摊到每年的工程费用则较少,从长远角度考虑,其经济效益比较明显。

(5)有利于夜间行车。水泥混凝土路面色泽鲜明,能见度好,对夜间行车有利。

水泥混凝土路面存在以下缺点:

(1)水泥和水的用量多。

(2)一次性投入大。

(3)有接缝。一般情况下在水泥混凝土路面上设置许多横向接缝和纵向接缝,致使行车产生跳动,影响舒适性。接缝是水泥混凝土路面的薄弱点,如处理不当,将会渗水,导致路面板边和板角的破坏。

(4)开放交通较迟。一般混凝土路面完工后,要经过 28 d 的潮湿养生才能开放交通。

(5)修复困难。混凝土路面损毁后,开挖很困难,修补工作量大,且影响交通。

一、水泥混凝土路面材料

水泥混凝土面板由碎石、沙、水泥和水混合经拌和铺筑而成,为保证路面优良的使用品质,各种材料必须满足技术要求。

(一)水泥

水泥是形成路面强度的主要材料,特重、重交通路面宜采用旋窑硅酸盐水泥或普通硅酸盐水泥。中、轻交通的路面可采用矿渣硅酸盐水泥。

(二)集料

集料包括碎(砾)石和沙,必须质地坚硬、耐磨、洁净、尺寸大小符合要求,对于碎(砾)

石其最大粒径不应超过 40 mm,沙若用天然沙最好为中沙,也可使用细度模数为 2.0~3.5 的沙。

(三)拌和用水

拌制和养护混凝土使用的水以饮用水为宜;对于非饮用水,应检验其硫酸盐含量和 pH 值,符合要求时,也可使用。

(四)其他材料

其他材料如外加剂、钢筋、接缝材料等均应符合相关规定。

二、水泥混凝土路面构造

(一)土基

土基是混凝土路面的基础,虽然水泥混凝土路面的刚度比较大,但如果土基稳定性不好,产生不均匀沉陷,会使面板在荷载作用下断裂。因此,对土基的要求是必须密实、稳定、均匀,地面水和地下水必须拦截或排出路基,使路基长期处于干燥或中湿状态,以保证足够的强度和稳定性。

(二)基层

基层修筑在土基与混凝土面板之间,它的作用是给混凝土面板提供均匀稳定的支撑,防止出现唧泥、冻胀以及板底脱空,以保证混凝土路面的整体强度,延长路面的使用寿命。基层应具有足够的刚度和稳定性,且表面平整。基层材料应根据交通等级、当地条件和经济性等因素选用贫混凝土、沥青混合料、水泥稳定碎(砾)石、水泥稳定土、石灰稳定工业废渣、级配碎(砾)石等。

(三)水泥混凝土面板

水泥混凝土面板直接承受自然因素和行车荷载作用,并直接体现使用功能好坏,应具有较高的强度和稳定性,表面平整耐磨,并有一定的粗糙度,达到规定的抗滑标准。

三、接缝的构造与布置

由于一年四季气温的变化,混凝土面板会产生不同程度的膨胀和收缩。在一昼夜中,白天气温升高,混凝土面板顶面温度较底面温度高,这种温度差会造成面板中部突起;夜间气温降低,混凝土面板顶面温度较底面温度低,使面板的周围和角隅翘起。这些变形会受到面板和基层之间的摩阻力和黏结力,以及面板自重和车轮荷载等的约束,致使面板内产生过大应力,造成面板的断裂或拱胀破坏。为防止温度变化引起胀缩力和温差使面板产生翘曲应力,以及土基不均匀沉陷引起板的开裂,水泥混凝土路面不得不在纵横方向建造许多接缝,把整个路面分割成许多板块。接缝的构造按平面的位置可分为横缝和纵缝,与路线平行的接缝称为纵缝,与路线垂直的接缝称为横缝。

(一)纵缝及其构造

纵缝必须与路中线平行,分为纵向缩缝和纵向施工缝。纵缝的间距应根据摊铺宽度、路面总宽、车道分隔线和硬路肩位置宽度总和确定,一般不能超过 4.5 m。

1. 纵向缩缝

纵向缩缝的位置宜按车道宽度设置,可采用假缝加拉杆型,其构造如图 4-5 所示。一般在混凝土达到一定强度后,用切缝机进行切割,或在混凝土浇筑时嵌入木条形成。缝深一般为板厚的 1/4~1/5,宽度为 3~8 mm。拉杆的设置可防止板块横向位移使缝隙扩大,设置在板厚 1/2 处。

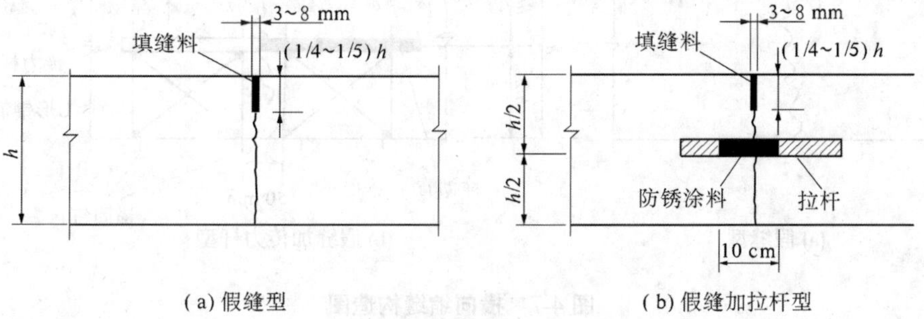

图 4-5 纵向缩缝构造图

2. 纵向施工缝

由于施工条件等限制,当一次铺筑宽度小于路面宽度和硬路肩(如果有)总宽度,需要分两次以上浇筑时,则应设置纵向施工缝,位置宜与车道线一致,如图 4-6 所示。纵向施工缝一般情况下采用平缝,在板厚中央设置拉杆,拉杆可为直线形或 L 形。

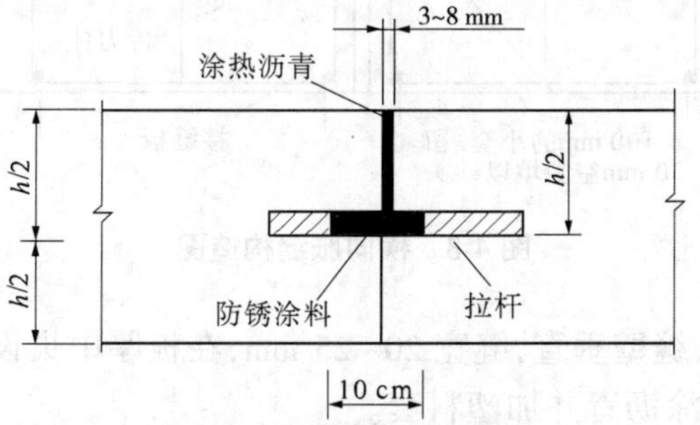

图 4-6 纵向施工缝构造图

(二)横缝及其构造

横缝分为横向缩缝、横向胀缝和横向施工缝。

1. 横向缩缝

横向缩缝是为了减小混凝土的收缩应力和温度翘曲应力而设置的,一般采用假缝的形式。在重或特重交通的公路上,由于荷载的重复作用和轴载大,板间容易出现错台,故需设置传力杆,如图 4-7 所示。

缩缝的上部设置槽口,在浇筑混凝土后,用切割机进行切割,宽度为 3~8 mm,缝深一般为板厚的 1/4~1/5。槽口内为防止水分渗入和杂质嵌入,须填塞填缝料。当设传力杆时,传力杆长度 1/2 以上要涂沥青。

2. 横向胀缝

在胀缝处混凝土将完全断开,故也称其为真缝。胀缝设置的目的是给混凝土板的膨胀提供伸长余地,从而避免产生过大的压力。其设置视集料的膨胀性大小、当地年温差和施工季节而定,如图 4-8 所示。

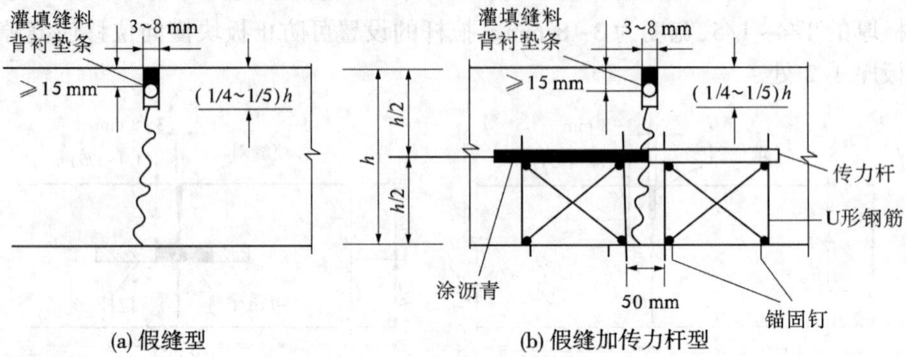

图 4-7　横向缩缝构造图

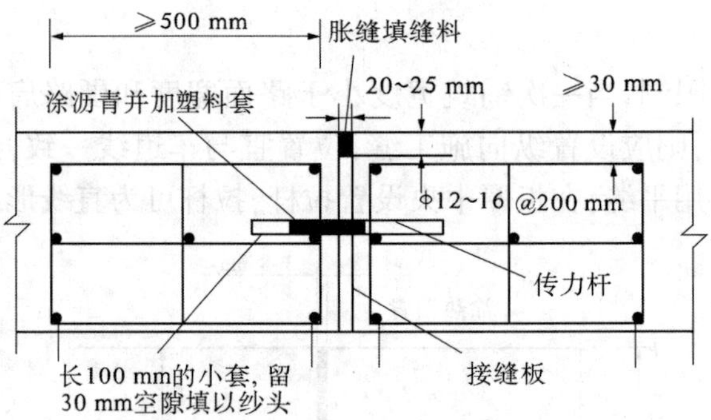

图 4-8　横向胀缝构造图

胀缝必须贯穿到底,缝壁垂直,缝宽 20~25 mm,在板厚中央设置传力杆,杆长 40~60 cm。传力杆一半以上应涂沥青并加塑料套。

3. 横向施工缝

每日施工结束或摊铺中断时间超过 30 min 时,则应设置横向施工缝。横向施工缝尽可能少设,最好设置在胀缝或缩缝处。横向施工缝应与路中线垂直,如图 4-9 所示。

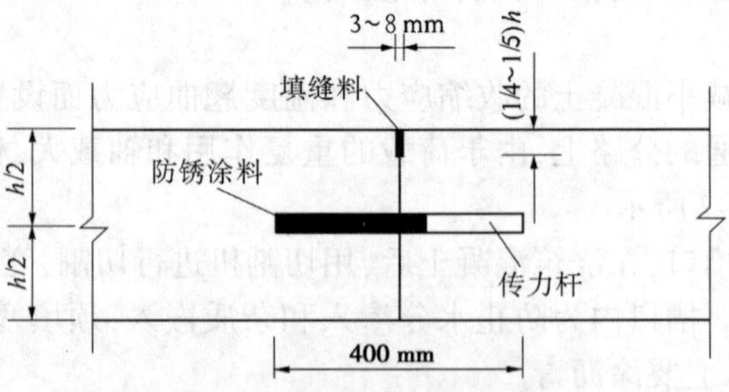

图 4-9　横向施工缝构造图

四、水泥混凝土路面的厚度和平面尺寸

水泥混凝土路面面板采用矩形形式,纵缝间距可按路面宽度和每条车道宽度而定,最

大间距不得大于4.5 m;横缝间距视当地气候条件和板厚而定,一般采用4~5 m,最大不超过6 m。厚度与交通等级有关,一般情况下,特重交通为25 cm(有的项目现已达到28 cm),中等交通为21~23 cm,轻交通为21 cm以下。表4-4为水泥混凝土路面交通分级与设计寿命。

表4-4　水泥混凝土路面交通分级与设计寿命

交通等级	使用初期设计车道标准轴载作用次数/(次/d)	设计使用年限/年
特重	>1 500	30
重	200~1 500	30
中等	5~200	20
轻	<5	20

注:标准轴载是指根据等效损坏原则,将路面上行驶车辆的前、后轴载作用次数换算为重为100 kN的轴作用的次数。

任务五　水泥混凝土路面施工

一、施工准备

(1)根据公路等级的不同,水泥混凝土路面施工可采用不同的机械装备进行。如滑模摊铺机、轨道摊铺机、三辊轴机组、小型机具、碾压混凝土机械、强制拌和楼(站)等。

(2)开工前,建设单位组织设计、施工、监理单位进行技术交底,施工单位根据实际情况进行施工组织设计,对各岗位技术人员和各种技术工人进行培训等工作。

(3)搅拌场应设置在摊铺路段的中间,场地内部布置协调,各种材料要储备充足并不受污染。

(4)摊铺前对相关设备和材料进行检查,按《公路水泥混凝土路面施工技术细则》(JTG/T F30—2014)相应规定进行。

(5)对基层进行全面检查,当基层产生纵、横向断裂,隆起或碾坏时,应采取有效措施彻底修复。

(6)进行配合比设计和试验及进行试验段施工。

二、水泥混凝土的拌制与运输

符合要求的材料按照设计配合比,经过准确的称量后送入搅拌机。搅拌机的生产能力要满足施工需要,根据不同的搅拌机械确定不同的拌和时间,拌和物出料温度控制在10~35 ℃。拌和料均匀一致,一台拌和楼每盘之间或各拌和楼之间,拌和物的坍落度最大允许偏差不能过大。

水泥混凝土的运输要选配车况良好、载重量5~10 t的自卸车和混凝土运输专用汽车,总运输能力比拌和能力略有富余。运输过程中,要防止漏浆、漏料和污染路面,减小颠簸,防止混合物离析,一般情况下运输距离不大于20 km。

三、水泥混凝土路面的铺筑

根据施工机械的不同,水泥混凝土路面的铺筑有不同的方法,除滑模机械铺筑外,其余铺筑方式均需在铺筑前在下承层上按要求安装模板。

(一)滑模机械铺筑

滑模机械铺筑一般适用于二级及以上等级公路。摊铺时,不需要在基层上安装模板,而是把模板固定在摊铺机上,随着摊铺机前进,模板逐渐向前滑动,同时完成摊铺、振捣、成型等工序。摊铺时应注意:摊铺机应缓慢、匀速、连续不间断作业,摊铺速度控制在0.5~3 m/min。摊铺过程中随时调整松放高度板,以控制进料位置,振捣频率在6 000~11 000 r/min调整。摊铺过程中采用自动抹平装置进行抹面。摊铺结束后,在施工缝部位设置传力杆。

(二)三辊轴机组铺筑

三辊轴机组铺筑适用于二级及以下等级公路。铺筑作业时,布料与摊铺的速度相适应,坍落度为10~40 mm,松铺系数为1.12~1.25。当混合物布料长度大于10 m时,开始振捣作业,振捣至表面不露粗集料、液化表面不再冒气泡并泛出水泥浆为止。面板振实后,随即安装纵缝拉杆。三辊轴整平机在一个作业单元长度(20~30 m)内,采用前进振动、后退静滚方式,滚压2~3遍。

(三)轨道摊铺机摊铺

轨道摊铺机摊铺方式适用的范围较广。摊铺时,首先在基层上安装轨道和钢模板,然后将运送卸下的混凝土用轨道摊铺机配备的螺旋布料器进行布料,并在机械自重的作用下对路面进行初压,同时插入振捣棒组进行振捣,抹平板随轨道摊铺机作业行进可在振捣后滑动并完成表面修整。摊铺时坍落度控制在20~40 mm。钢筋混凝土施工时,采用两台摊铺机两次布料,第一次布料完成,将钢筋网安装好后进行第二次布料。轨道摊铺机配备振捣棒组,布料之后,采用适用的振捣方式进行振捣。

(四)小型机具铺筑

小型机具铺筑只能用于三级及以下混凝土拌和物摊铺,摊铺前对模板的位置和支撑稳固情况以及对传力杆、拉杆的安设进行检查。人工布料时,混凝土坍落度控制在5~20 mm,松铺系数在1.10~1.25。振捣时,振捣棒在每一处的持续时间,以拌和物全面振动液化,表面不再冒气泡和泛水泥浆为限,并且不得少于30 s。在振捣棒已完成振实的部位,振动板开始纵横交错两遍全面振实,面板振实后,每车道配备1根滚杠,拖动滚杠往返进行整平。

四、面层抗滑构造施工与养生

(一)抗滑构造施工

摊铺完毕或精整平表面后,用钢支架拖挂1~3层叠合麻布、帆布或棉布,洒水湿润后作拉毛处理。抗滑沟槽制作宜选用拉毛机械或人工施工,在混凝土表面泌水完毕20~30 min内及时进行。特重和重交通混凝土路面采用硬刻槽,当抗压强度达到40%时开始,硬刻槽后随即将路面冲洗干净,并恢复路面养生。

(二)养生

混凝土路面铺筑完成或面层抗滑构造完毕后立即开始养生。

(1)养生剂养生。机械摊铺的水泥混凝土路面采用喷洒养生剂同时保湿覆盖的方式养生,喷洒养生剂时,应喷洒均匀,成膜厚度应足以形成完全密闭水分的薄膜。

(2)覆盖养生。用保湿膜、土工毡、土工布、麻袋、草袋、草帘等覆盖物保湿养生并及时洒水,保持混凝土表面始终处于潮湿状态,昼夜温差大于 10 ℃的地区或日平均温度不大于 5 ℃施工的混凝土路面采取保温、保湿措施养生。

混凝土养生初期,严禁人、畜、车辆通行,在达到设计强度的 40%后,行人方可通行。在路面养生期间,平交道口搭建临时便桥。面板达到设计弯拉强度后,方可开放交通。

任务六 其他路面及基层

一、块石路面及基层

用不同形状和尺寸的石块砌筑的路面结构层称为块石路面或基层。

块石根据形状、尺寸和加工的粗琢程度不同,可分为整齐块石、半整齐块石和不整齐块石。形状近似立方体或长方体,底面与顶面大致平行。

块石路面坚固且耐用,清洁少尘,养护维修方便。由于块石路面施工主要靠手工操作,有些石块还要进行加工和琢制,难以实现机械化,故耗费劳力多,效率低。由于上述特点,块石路面不能大面积使用,一般用于山区急弯陡坡路段、铁路与公路平面交叉口、少部分旅游景区内的道路以及有地下管道的城市道路。

块石路面基层采用锥形块石、片石或圆石铺砌,并用碎石填缝压实。块石的强度不低于三级,表面平整。坚实稳定的基层是保证块石路面质量的关键。基层应铺筑在沙或砂砾垫层上。

二、级配碎(砾)石路面及基层

级配碎(砾)石结构层采用未筛分的轧制碎石和石屑按照一定的比例配合,逐级填充空隙,并借黏土来黏结,经过压实后,形成密实结构。这种结构的路面平整度好,施工时容易压实,维修方便,可就地取材,造价低廉。但耐磨性差,易扬尘,水稳定性差。

级配碎(砾)石结构所用石料应有足够的强度,用于面层的碎(砾)石强度不低于Ⅲ级,用于基层的不低于Ⅳ级,其中针片状含量不得超过 20%;沙尽量选用粗沙或中沙;土的塑性指数对于面层应选用 15~25,用于基层时,可适当降低,但土中不得含有腐殖质、草根、杂质等。

三、半刚性基层

半刚性基层是用无机结合料(如水泥、石灰)与土、矿料(如碎石、沙、石屑等)或工业废渣(如粉煤灰、矿渣等)按一定比例混合,经压实而形成的稳定的结构层。这类结构强度高,板整体性好,但会干缩开裂,耐磨性差,故不宜作面层,只能作为基层使用。半刚性基层有石灰稳定土、水泥稳定土、水泥稳定碎石、石灰粉煤灰碎石(简称二灰碎石)等组合形式。

(一)石灰(水泥)稳定土(含碎石)基层

石灰(水泥)稳定土按施工方法不同分为路拌法施工和中心站集中厂拌法施工。

1.路拌法施工

石灰(水泥)稳定土路拌法施工工艺流程如图4-10所示。

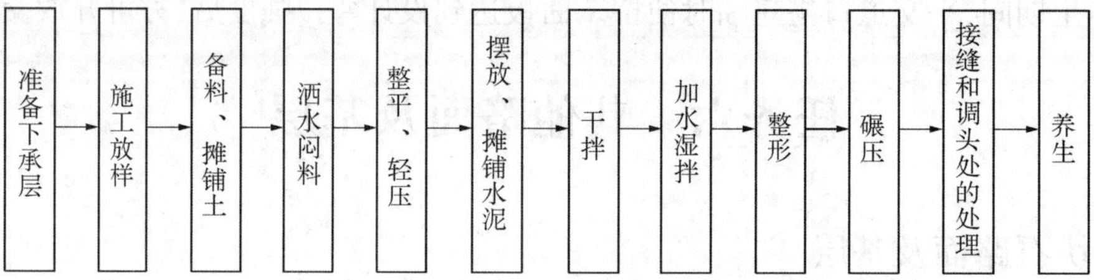

图4-10　石灰(水泥)稳定土路拌法施工工艺流程

2.中心站集中厂拌法施工

高速公路和一级公路,应采用专用稳定土集中厂拌机械拌制混合料。在正式拌制混合料之前,必须先调试所用设备。拌制时,按事先做好的各种材料的比例供料。将拌成的混合料尽快运送到摊铺现场,用沥青混凝土摊铺机或稳定土摊铺机摊铺混合料。拌和机与摊铺机的生产能力应相互匹配。摊铺之后先用轻型两轮压路机在摊铺机后及时碾压,后用重型振动压路机、三轮压路机或轮胎压路机继续碾压密实。碾压完成并经压实度检查合格后,应立即开始养生。

水泥稳定土可采用湿沙进行养生,沙层厚7~10 cm,沙铺匀后立即洒水,并在整个养生期保持沙的潮湿状态;也可采用洒水车经常洒水进行养生,养生期一般不少于7 d。石灰稳定土每次洒水后用两轮压路机将表层压实,养生期一般不少于7 d。养生期间除洒水车外,应关闭交通。如采用了覆盖措施,应限制车速不得超过30 km/h,并禁止重型车通过。

(二)石灰粉煤灰碎石基层

1.路拌法施工

石灰粉煤灰碎石基层路拌法施工工艺流程如图4-11所示。

2.中心站集中厂拌法施工

中心站集中厂拌法施工工艺流程如图4-12所示。

石灰粉煤灰碎石基层碾压完成后第二天或第三天开始养生,应始终保持表面潮湿,养生期一般为7 d;也可采用泡水养生法,养生期为14 d。在养生期间,除洒水车外,应封闭交通。

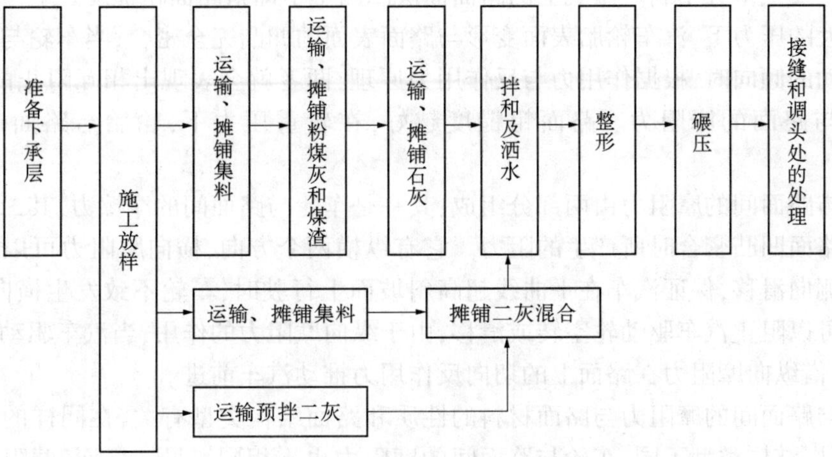

图 4-11　石灰粉煤灰碎石基层路拌法施工工艺流程

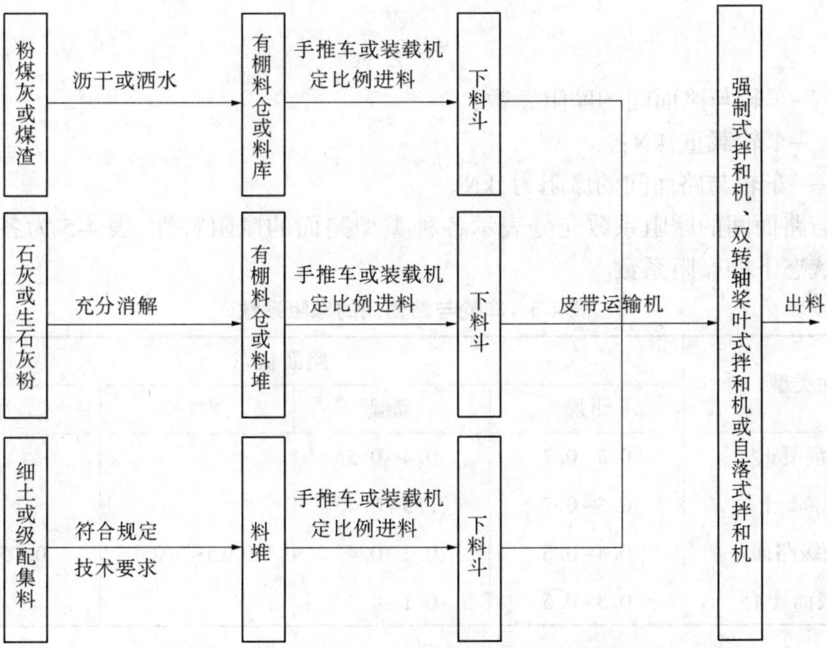

图 4-12　中心站集中厂拌法施工工艺流程

任务七　摩阻系数及其影响因素

一、路面粗糙度与摩阻系数

从宏观上讲，要求路面整体平整，不能有高低不平或坑洼以及波浪一样的起伏；但从微观上讲，并不是要求路面表面像镜面一样光滑，而必须是凹凸不平的，因为光滑的路面面层对行车安全十分不利。微观上的路面面层凹凸不平即指路面粗糙度。

在强大的压力下,汽车轮胎表面变形与路面表面的凹凸完全密合,当车轮与路面之间有相对运动的倾向时,根据作用力与反作用力原理,两者就会表现出相互阻止的作用,这就是轮胎与路面的摩阻力。路面粗糙度越好,在轮重压力下,轮胎与路面的摩阻力就越大。

车轮与路面间的摩阻力由两部分组成,其一是车轮与路面间的摩擦力,其二是橡胶轮胎变形与路面凹凸密合时所产生的阻力。它有纵横两个方向,横向摩阻力可以阻止车轮在路面上侧向滑移,保证汽车在平曲线超高斜坡面上行驶时,车轮不致发生横向滑动;纵向摩阻力可以阻止汽车驱动轮空转或滑移,由于纵向摩阻力的作用,当汽车驱动轮在路面上转动时,借纵向摩阻力在路面上的切向反作用力推动汽车前进。

车轮与路面间的摩阻力与路面材料的性质和路面结构类型有关,在同样的车轮荷载下,路面面层结构类型不同,车轮与路面间的摩阻力也不相同。另一方面,摩阻力与车轮载重有关,同一类型路面,车轮载重越大,车轮与路面之间摩阻力越大,车轮载重力的方向垂直于路面,摩阻力方向平行于路面,可以用下面的关系式表达两者的物理关系:

$$\varphi=\frac{N}{Z} \tag{4-1}$$

式中 φ——车轮与路面间的摩阻系数;

Z——车轮载重,kN;

N——车轮与路面间的摩阻力,kN。

车轮与路面间的摩阻系数充分表示各种类型路面的摩阻特性,表 4-5 为各种类型路面在不同状态下的摩阻系数。

表 4-5　车轮与路面间的摩阻系数

路面类型	路面状态			
	干燥	潮湿	泥泞	冰滑
水泥混凝土	0.5~0.7	0.4~0.5		
沥青混凝土	0.5~0.7	0.35~0.45		
中、低级路面	0.4~0.6	0.2~0.4	0.15~0.25	0.05~0.15
沥青表面处治	0.3~0.5	0.1~0.3		

二、影响摩阻系数的因素

(一)路面因素

路面结合料和集料的性质、用量及外表特征,对路面粗糙度及其摩阻系数都有重要影响。在设计和施工中,应严格控制结合料的用量。尤其是沥青路面,结合料用量过大,面层表面凹凸程度减小,粗糙度减小。在集料方面,表面粗糙且多棱角的碎石比表面光滑的砾石好;耐磨的集料(如玄武岩和花岗岩)比石灰岩等不耐磨的碎石好;坚硬不易风化的砂岩也有比较好的粗糙度和耐磨性。对于水泥混凝土路面,施工时切不可将面层用水泥砂浆抹光，要进行拉毛，做成粗糙的表面。

（二）行车因素

车轮与路面间的摩阻系数与行车速度也有明显的关系。橡胶轮胎变形与路面凹凸密合时所产生的阻力是摩阻力的重要组成部分，当汽车在路面上静止时，两者之间的结合最完全和彻底，表现出的摩阻力最大。当车轮滚动时，这种结合就不那么充分了，两者之间的摩阻力也就随之降低。所以，同一类型路面在车速低时，摩阻系数大；车速越高，则摩阻系数下降得越多。因此，高等级公路的路面应该有较大的摩阻系数。

（三）水的因素

路面潮湿时，在表面上有一层很薄的水膜，相当于使车轮与路面间隔着一层润滑剂，水膜将路面上的凹凸填平，使两者结合的密合程度受到严重影响，这种现象称为“水垫”。当路面仅潮湿或无明显的水滞留时，车轮可以将一部分水膜挤开，但当路面有水滞留时，车轮无法将水膜挤出，则轮胎与路面被水膜完全隔离。“水垫”使车轮与路面间的摩阻力锐减，可能致使汽车驱动、制动、转向失灵。

（四）气候因素

沥青路面在夏季酷热期间，沥青材料经阳光照射使路面结构层软化。如果沥青的热稳定性不好，而且沥青用量又偏多，车轮与路面的摩阻系数就要降低。

（五）车轮因素

摩阻系数还与轮胎的花纹和轮胎的材料有关。例如，细而浅的轮胎花纹在坚硬路面上有比较好的摩阻性能，宽而深的轮胎花纹在土路面上有比较好的摩阻性能。从轮胎材料上比较，合成橡胶比天然橡胶摩阻系数高。

三、路面防滑措施

（一）加铺磨耗层

已建成的路面，如果因结合料的物理性质发生变化，或者因行车磨损而致使集料表面圆滑，都可使路面的摩阻系数达不到安全行车的要求，这时可以采取加铺磨耗层的措施来提高路面的摩阻系数。例如，在沥青混凝土旧路面上加铺沥青粗沙，或者在中级路面上加铺耐磨碎石的沥青表面处治等措施，都可以得到满意的摩阻系数。

（二）改善原有路面的粗糙度

1. 撒铺碎石嵌缝料

对于沥青用量偏多或热稳定性较差的沥青混合料面层，在夏季高温期间，铺撒 0.5~1.5 cm 的碎石一层或两层，必要时再撒一层石屑。

2. 压入热拌沥青碎石

对于已建成的细粒式沥青混凝土面层，可用经过预制的沥青碎石在旧面层上摊铺成薄层趁热碾压入面层，形成粗糙的表面，提高路面的粗糙度。

3. 水泥混凝土路面表面凿毛

对于已建成的水泥混凝土路面，如因施工不当或使用年限过长而使原有纹理光滑，可采用人工或机械凿毛的方法，增加表面的粗糙度，提高摩阻系数。

项目五　桥梁工程概述

【知识目标】

1. 了解我国桥梁工程发展概况。

2. 掌握桥梁分类与构造、桥梁设计、桥梁维修与加固的基本知识。

【能力目标】

1. 能识读桥梁工程图。

2. 能开展基本的桥梁监理工作。

【思政目标】

党的二十大报告提出:“我们必须坚定历史自信、文化自信,坚持古为今用、推陈出新。”“推动绿色发展,促进人与自然和谐共生”。

1. 了解我国辉煌的桥梁发展史和桥梁建设成就,树立民族自豪感和自信心。

2. 建立起设计、施工、监理、维护与加固的一体化系统思维。

任务一　概　述

桥梁是为公路、铁路、城市道路跨越江河、山谷、海峡等或人工障碍物而建造的结构物。桥梁不仅是一个国家文化的象征,更是生产发展和科学进步的写照。改革开放以来,我国公路建设进入了以高速公路为标志的快速发展阶段,公路投资力度不断增大,而在公路建设中,桥梁是重要的组成部分,不管是从数量还是造价上,桥梁都占有重要的比例。

我国1954年发掘出的西安半坡村公元前4000年左右的新石器时代氏族村落遗址,是我国已发现的最早出现桥梁的地方。根据史料记载,在距今约3 000年的周文王时,我国就已在宽阔的渭河上架设过大型浮桥。公元35年东汉光武帝时,在长江上架设了第一座浮桥。

古代桥梁所用材料,多为木、石、藤、竹之类的天然材料。锻铁出现以后,开始建造简单的铁链吊桥。由于当时的材料强度较低,人们力学知识不足,故古代桥梁的跨度都很小。木、藤、竹类材料易腐烂,致使能保留至今的古代桥梁,多为石桥。

在秦汉时期,我国已经广泛修建石梁桥。世界上现存最长、工程最艰巨的石梁桥是位于福建泉州的万安桥,建于1053—1059年,桥长800多m。1240年建造的福建漳州虎渡桥,是一座梁式石桥,长约335 m,有的石梁长达23.7 m,由3根石梁组成,重达200多t,是人们利用潮水涨落浮运架设而成的。

出土的文物证明,在东汉中期我国已经开始建造拱桥,富有民族风格的古代石拱桥技术,无论是结构的巧妙构思还是艺术造型的丰富多彩,都驰名中外。位于河北省的赵州桥(又称安济桥)是我国古代石拱桥的杰出代表。除赵州桥外,其他著名的石拱桥还有北京的卢沟桥、苏州的枫桥等。我国古代桥梁的建筑,无论在造型艺术、施工技巧、历史积淀、文化蕴涵还是人文景观等方面，都曾为世界桥梁建筑史谱写了光辉的篇章。

新中国成立后，在新中国成立初期修复并加固了大量旧桥，随后在第一、第二个五年计划期间，修建了不少重要桥梁，取得了迅速发展。1957 年，第一座长江大桥——武汉长江大桥建成，结束了万里长江无桥的历史。1969 年，我国又成功地建成了南京长江大桥，这是我国自行设计、制造、施工并使用国产高强钢材的现代大型桥梁，是我国桥梁史上的一个重要标志。

在 20 世纪 80 年代之前，我国还没有一座真正意义上的现代化大跨径悬索桥和斜拉桥。进入 20 世纪 90 年代以后，伴随着世界大规模公路建设的展开，我国积极吸纳当今世界结构力学、材料学、建筑学的最新成果，公路桥梁建设得到极大发展，在长江、黄河等大江大河和沿海海域，建成了一大批有代表性的世界级桥梁。到 2022 年底，我国公路桥梁数量共有 103.32 万座，长 8 576.49 万延 m。其中：特大桥 8 816 座，长 1 621.44 万延 m；大桥 15.96 万座，长 4 431.93 万延 m。在跨径前 10 位的世界各类桥型中，斜拉桥我国占了 6 座，悬索桥我国内地占了 2 座，完成了由桥梁大国向桥梁强国的历史性跨越，成为展示我国综合国力的窗口之一。

全部由中国人自己设计、施工、监理、管理，所用建筑材料和设备也绝大部分由我国自行制造或生产的润扬大桥是我国第一座由悬索桥和斜拉桥构成的特大型组合桥梁。全长 35.66 km、双向六车道的润扬长江公路大桥于 2005 年 4 月 30 日通车，其中主桥为单孔双铰钢箱梁悬索桥，主跨径 1 490 m，目前位居世界第三，可通行 5 万 t 级巴拿马型货轮。润扬大桥建设条件复杂，技术含量非常高，施工难度特别大，被国际桥梁专家称为“中国奇迹”。

另外，主跨径达 1 088 m 的苏通长江公路大桥创造了斜拉桥型的多项世界之最。在世界同类型桥梁中，苏通大桥的主塔最高、群桩基础规模最大、斜拉索最长、跨径最大。浙江舟山西堠门跨海大桥主跨跨径在悬索桥中居世界第二位。我国公路桥梁建设技术水平跻身世界先进行列。杭州湾跨海大桥全长 36 km，是目前世界上最长的公路跨海大桥。

港珠澳大桥，是连接香港、珠海、澳门的超大型跨海通道，全长 55 km，其中主体工程“海中桥隧”长 35.578 km、海底隧道长约 6.75 km，建成后将成为世界最长的跨海大桥（如图 5-1 所示）。港珠澳大桥沉管隧道是全球最长的公路沉管隧道和全球唯一的深埋沉管隧道。2009 年 12 月 15 日，港珠澳大桥主体建造工程开工建设；2017 年 7 月 7 日，港珠澳大桥实现了主体工程全线贯通；2018 年 10 月 24 日正式开通。

桥梁等构造物在塑造公路的风格中扮演着重要角色。因为公路对所经地区的环境、景观、历史及文化等产生影响，事实上，桥梁已经成为许多大城市的主要标志性建筑之一，是重要的旅游景点。当人们想起旧金山时，金门桥就会首先浮现于人的脑海中。上海的南浦大桥、香港的青马大桥、南京的长江二桥等也丰富了城市风景。

桥梁建设基本由项目业主（建设单位）、设计单位、施工单位、监理单位承担。

桥梁建设过程基本分为项目立项（项目建议书或预可行性研究报告、工程可行性研究报告）、设计（初步设计、技术设计、施工图设计）、施工、监理等。

桥梁运营期由检查、检测、维修、加固、改建等组成。

图5-1 港珠澳大桥

任务二 桥梁分类

桥梁可根据其用途、使用年限、受力特点、承重结构所用材料、跨越障碍的性质、上部结构行车道的位置及桥长、桥跨等进行划分。

一、按桥梁全长和跨径不同分类

桥梁按全长和跨径不同分为特大桥、大桥、中桥和小桥(见表5-1)。

桥涵的跨径小于或等于50 m时,宜采用标准化跨径。

桥涵标准化跨径规定如下:0.75 m、1.0 m、1.25 m、1.5 m、2.0 m、2.5 m、3.0 m、4.0 m、5 m、6 m、8 m、10 m、13 m、16 m、20 m、25 m、30 m、35 m、40 m、45 m、50 m。

表5-1 桥涵按跨径分类

桥涵分类	多孔跨径总长 L/m	单孔跨径 L_k/m
特大桥	$L>1\,000$	$L_k>150$
大桥	$100\leqslant L\leqslant 1\,000$	$40\leqslant L_k\leqslant 150$
中桥	$30<L<100$	$20\leqslant L_k<40$
小桥	$8\leqslant L\leqslant 30$	$5\leqslant L_k<20$
涵洞	—	$L_k<5$

注:1. 单孔跨径是指标准跨径。

2. 梁式桥、板式桥的多孔跨径总长为多孔标准跨径的总长,拱式桥为两岸桥台内起拱线间的距离,其他形式桥梁为桥面系车道长度。

3. 标准跨径:梁式桥、板式桥以两桥墩中线间的距离或桥墩中线与台背前缘间距为准。拱式桥和涵洞以净跨径为准。

4. 管涵及箱涵无论管径或跨径大小、孔数多少,均称为涵洞。

二、按桥梁主要承重构件的受力情况分类

(一)梁式桥

梁式桥主要承重构件是梁(板),在受竖向荷载作用下无水平反力,桥跨结构主要承受弯矩作用,桥墩和基础受竖向力。根据其受力特点,一般可分为简支梁桥、连续梁桥、悬臂梁桥(见图 5-2)。

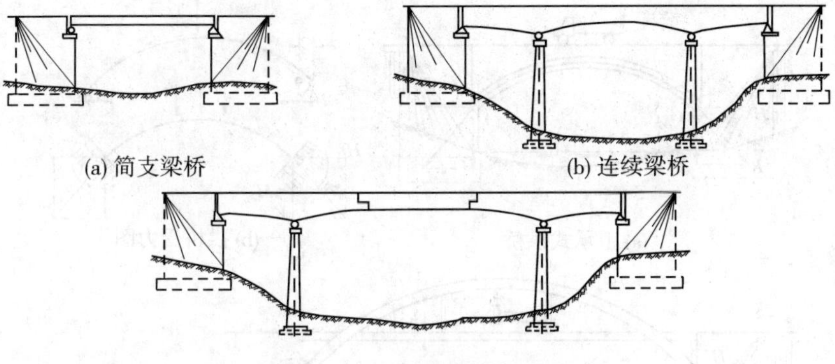

(a) 简支梁桥　(b) 连续梁桥

(c) 悬臂梁桥

图 5-2　梁式桥示意图

1. 简支梁桥

简支梁桥是公路桥梁中最常见的一种梁式桥形式,属静定结构,且相邻桥孔单独受力,故最宜设计成各种标准跨径的装配式构件。一般采用一个固定支座和一个活动支座将梁支撑在墩台上,梁身承受正弯矩(使梁身下部受拉、上部受压的弯矩,余同)。每一道梁与桥墩或桥台组成一个桥跨,相邻桥跨之间没有关系。鉴于多孔简支梁桥各跨的构造和尺寸统一,从而能简化施工管理工作,并降低施工费用,如图 5-2(a)所示。

2. 连续梁桥

连续梁桥是由几跨梁连接成一个整体,即几跨连成一联,每一联由一个固定支座和几个活动支座将梁支撑在墩台上。梁身中部受正弯矩,每个支座处受负弯矩(使梁身下部受压,上部受拉的弯矩,余同),由于荷载作用下支点截面产生负弯矩,从而显著减小了跨中的正弯矩,这样不但可减小跨中的建筑高度,而且能节省钢筋混凝土数量,跨径增大时,这种节省就愈益显著。但由于连续梁属超静定结构,故对地基要求较高,在墩台基础发生不均匀沉陷时,在结构内会产生附加内力,如图 5-2(b)所示。

3. 悬臂梁桥

悬臂梁桥的特点是梁带有悬臂,两个悬臂之间的部分称为挂梁。一端悬出的称为单悬臂梁桥,两端悬出的称为双悬臂梁桥。在受力上,悬臂处产生负弯矩,与连续梁相仿,可节省材料用量。悬臂梁桥属于静定结构,墩台基础发生不均匀沉陷时,桥跨结构内不会产生附加内力,如图 5-2(c)所示。

(二)拱桥

拱桥的桥跨结构是拱,即两端支撑在墩台上的曲梁,如图 5-3(b)所示。这种结构在竖向荷载作用下,桥墩或桥台还要承受水平推力,所以下部结构和地基必须能经受住很大的水平推力。拱桥截面形式有圆弧形、抛物线形、悬链线形等几种。拱桥的跨越能力很大,外形也比较美观,但施工相对较困难。根据承重结构的不同位置,车辆在主要承重结构之上行驶的拱桥,称为上承式拱桥,如图 5-3(a)所示。车辆在主要承重结构之下行驶的拱桥,则称为下承式拱桥,如图 5-3(d)所示。图 5-3(c)、(e)为中承式拱桥。

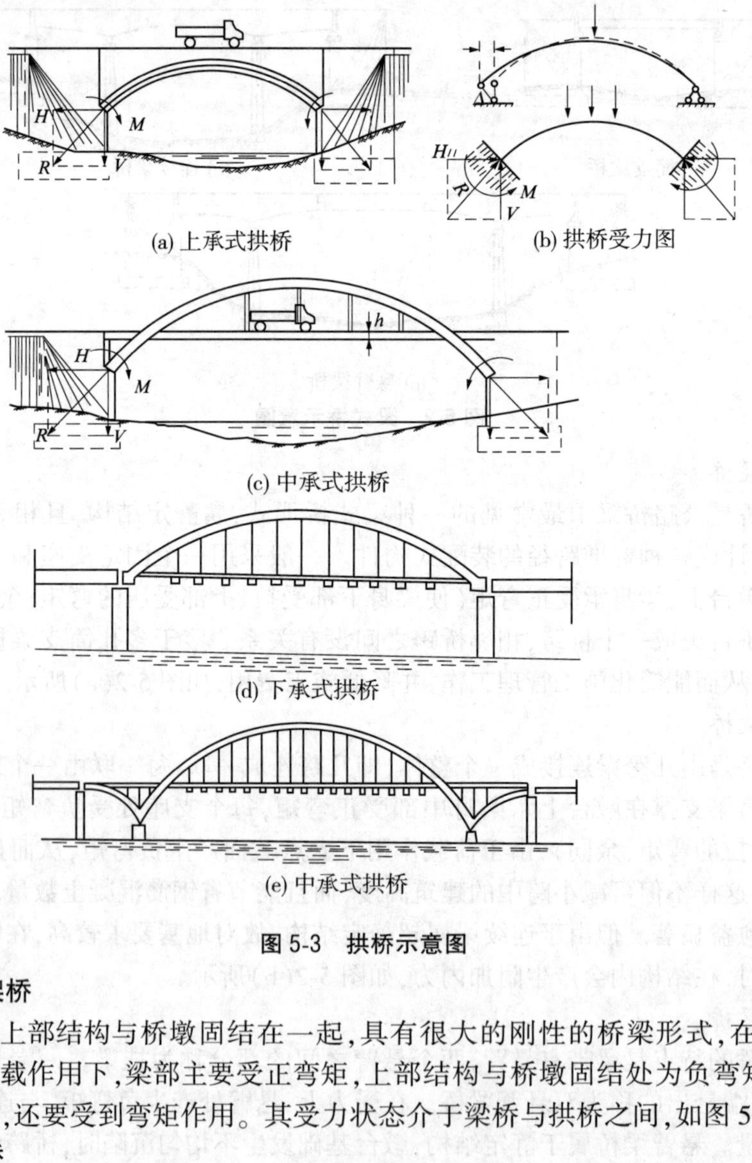

图 5-3　拱桥示意图

(三)刚架桥

刚架桥是上部结构与桥墩固结在一起,具有很大的刚性的桥梁形式,在立面上成 T 形。在竖向荷载作用下,梁部主要受正弯矩,上部结构与桥墩固结处为负弯矩,桥墩不但受竖向力作用,还要受到弯矩作用。其受力状态介于梁桥与拱桥之间,如图 5-4 所示。

(四)吊桥

吊桥(也称悬索桥)主要由桥塔、锚碇、主缆、吊索、主桥道及鞍座等部分组成(见图 5-5)。主桥道在吊索的悬吊下,相当于多个弹性支撑上的连续梁,弯矩显著减小;吊索将主梁的重力传递给主缆,承受拉力;桥塔将主缆支起,主缆承受拉力,并被两侧的锚碇锚固;桥塔承受主缆的传力,主要受轴向压力,并将力传递给基础。吊桥结构受力性能好,其轻盈悦目的抛物线形具有强大的跨越能力,深受人们的欢迎。

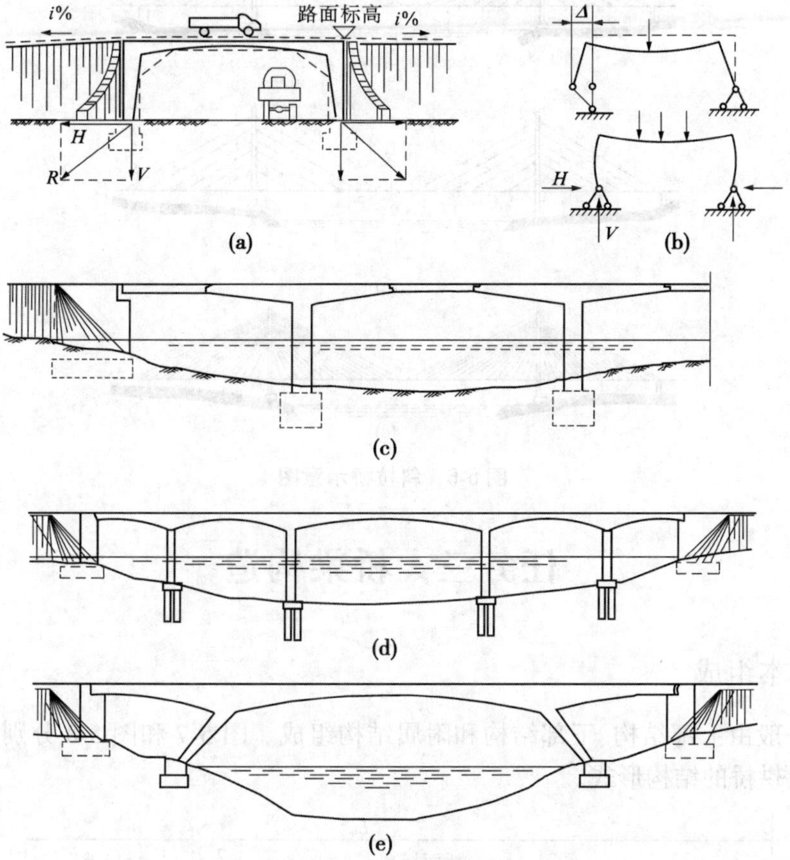

图 5-4 刚架桥示意图

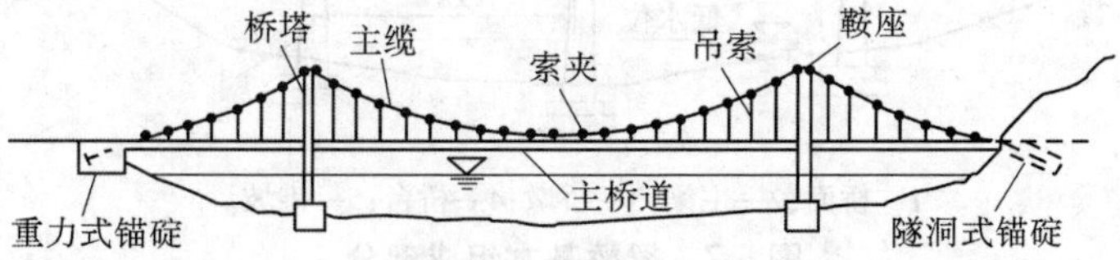

图 5-5 吊桥示意图

(五)组合体系桥梁

1. 斜拉桥

斜拉桥由斜索、塔柱和主梁组成,用高强钢材制成的斜索将主梁多点吊起,并将主梁的荷载传至塔柱,再通过塔柱传至基础及地基。常用的斜拉桥是三跨双塔式、独塔式等结构形式,如图 5-6 所示。

2. 梁、拱组合体系

这种组合体系有系杆拱、桁架拱、多跨拱梁结构等,它们是利用梁的受弯与拱的承压特点组成联合结构。其中梁和拱都是主要承重物,两者相互配合共同受力。

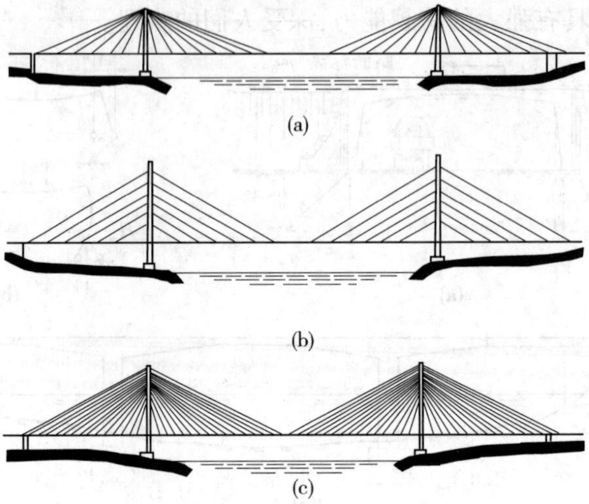

图 5-6　斜拉桥示意图

任务三　桥梁构造

一、基本组成

桥梁一般由上部结构、下部结构和附属结构组成。图 5-7 和图 5-8 分别为公路上所用的梁桥及拱桥的结构形式。

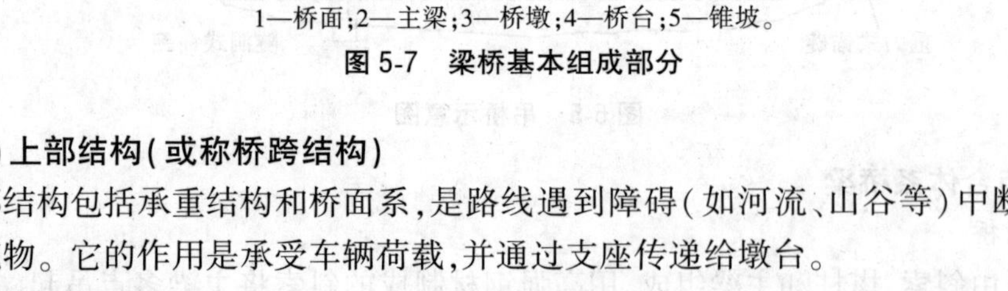

1—桥面;2—主梁;3—桥墩;4—桥台;5—锥坡。

图 5-7　梁桥基本组成部分

(一)上部结构(或称桥跨结构)

上部结构包括承重结构和桥面系,是路线遇到障碍(如河流、山谷等)中断时跨越障碍的建筑物。它的作用是承受车辆荷载,并通过支座传递给墩台。

(二)下部结构

下部结构包括桥墩和桥台,是支承上部结构的建筑物。它的作用是支承上部结构并将结构重力和车辆荷载传给地基。桥台还与路堤相衔接,以抵御路堤土压力,防止路堤填土的滑坡和坍落。桥墩和桥台中使全部荷载传至地基的底部奠基部分,通常称为基础。它是确保桥梁能安全使用的关键。由于基础往往深埋于土层之中,或需在水下施工,故也

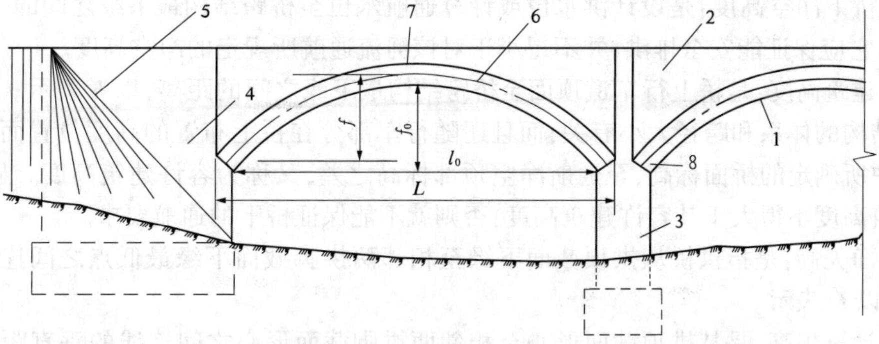

1—拱圈;2—拱上结构;3—桥墩;4—桥台;5—锥形护坡;6—拱轴线;7—拱顶;8—拱脚。

图 5-8　拱桥基本组成部分

是桥梁建筑中比较困难的一个部分。

一座桥梁在桥跨结构与桥墩或桥台的支承处所设置的传力装置,称为支座,它不仅要传递很大的荷载,并且要保证桥跨结构能产生一定的变位。

(三)附属结构

附属结构包括桥头路堤锥形护坡、护岸、导流结构等。锥形护坡的作用是防止路堤填土向中间坍塌,并抵御水流的冲刷。它一般用石头砌筑。

河流中的水位是变动的。在枯水季节的最低水位称为低水位,洪峰季节河流中的最高水位称为高水位。桥梁设计中按规定的设计洪水频率计算所得的高水位,称为设计洪水位。

二、基本尺寸

桥梁的基本尺寸主要是指长度和高度两个方向的尺寸,如图 5-7 和图 5-8 所示。

(一)长度尺寸

(1)净跨径:对于梁式桥,是设计洪水位上相邻两个桥墩(或桥台)之间的净距,用 l_0 表示;对于拱式桥,是每孔拱跨两个拱脚截面最低点之间的水平距离。

(2)总跨径:是多孔桥梁中各孔净跨径的总和,也称桥梁孔径(L),它反映了桥下宣泄洪水的能力,用以反映建筑规模。

(3)计算跨径:对于有支座的桥梁,是指桥跨结构相邻两个支座中心之间的距离,用 l 表示。对于拱式桥,是拱跨两拱脚截面重心点之间的水平距离。不设支座的为上、下部结构相交面中心间的水平距离。桥跨结构的力学计算是以 l 为基准的。

(4)标准跨径:梁式桥、板式桥以两桥墩中线间距离或桥墩中线与台背前缘间距为准,拱式桥和涵洞以净跨径为准,用 L_h 表示。

(5)桥梁全长:有桥台的桥梁是两岸桥台侧墙或八字墙尾端间的距离,无桥台的桥梁应为桥面系长度,以 L_q 表示。

(二)高度尺寸

(1)桥梁高度:简称桥高,是指桥面与低水位之间的高差或桥面与桥下线路路面之间的距离,以 H 表示。桥高在某种程度上反映了桥梁施工的难易性。

(2)桥下净空高度:是设计洪水位或计算通航水位至桥跨结构最下缘之间的距离,以 H_0 表示,它应保证能安全排洪,并不得小于对该河流通航所规定的净空高度。

(3)建筑高度:是桥上行车道顶面至桥跨结构最下缘之间的距离,以 h 表示。它不仅与桥跨结构的体系和跨径大小有关,而且还随行车部分在桥上布置的高度位置而异。公路定线中所确定的桥面标高,至通航净空顶部标高之差,又称为容许建筑高度。显然,桥梁的建筑高度不得大于其容许建筑高度,否则就不能保证桥下的通航要求。

(4)净矢高:是指拱桥从拱顶截面下缘至相邻两拱脚截面下缘最低点之间连线的垂直距离,以 f_0 表示。

(5)计算矢高:是从拱顶截面形心至相邻两拱脚截面形心之间连线的垂直距离,以 f 表示。

任务四　桥梁设计

一、一般规定

桥梁设计的一般规定如下:

(1)桥梁应根据公路功能、等级、通行能力及抗洪防灾要求,结合水文、地质、通航、环境等条件进行综合设计。

(2)特大桥、大桥桥位应选择在河道顺直稳定、河床地质良好、河槽能通过大部分设计流量的河段,不宜选择在断层、岩溶、滑坡、泥石流等不良地质地带。

(3)桥梁设计应遵循安全、耐久、适用、环保、经济和美观的原则,并考虑因地制宜、便于施工、就地取材和养护等因素。

(4)桥涵的设置应结合农田基本建设,并考虑排灌的需要。

(5)特殊大桥宜进行景观设计;上跨高速公路、一级公路的桥梁,应与自然环境和景观相协调。

(6)桥梁结构应考虑桥面铺装进行综合设计。桥面铺装应有完善的桥面防水、排水系统。

(7)采用标准化跨径的桥涵宜采用装配式结构,机械化和工厂化施工。

"坚持以人为本,树立全面、协调、可持续的科学发展观"在公路设计和建设中应具体体现。其核心是紧紧围绕科学发展观的要求,通过采用灵活设计(合理选用技术标准)和创作设计,实现安全、环境优美、节约资源、质量优良、系统最优的目标。

二、桥梁设计程序

根据国家基本建设程序的要求,我国桥梁的设计已形成了科学的包括技术、经济及组织工作在内的设计程序。它分为前期工作及设计阶段。前期工作包括编制预可行性研究报告和可行性研究报告。一般采用两阶段设计,即初步设计、施工图设计;对于技术简单、方案明确的小型建设项目可采用一阶段设计,即施工图设计;对于技术复杂、基础资料缺乏和不足的建设项目或建设项目中的特大桥、重要桥梁,必须采用三阶段设计,即初步设计、技术设计和施工图设计。

(一)前期工作

前期工作主要是预可行性研究报告(或项目建议书)与可行性研究报告的编制,两者应包括的内容及目的基本是一致的,只是研究的深度不一样。预可行性研究报告(或项目建议书)着重研究建设上的必要性和经济上的合理性;可行性研究报告则是在预可行性研究报告审批后,在必要性和合理性得到确认的基础上,着重研究工程上和投资上的可行性。前期工作的重点在于论证建桥的必要性、可行性,并确定建桥的地点、规模、投资估算等宏观问题和重大问题。

(二)初步设计

由计划部门下达的设计任务书是进行初步设计的依据,任务书中规定了桥位、建桥标准、建桥规模。初步设计的主要工作内容包括下面几个方面。

1. 桥位初勘

通过进一步的水文工作提供基础设计所需要的水文资料,建立以桥位中心线为轴线的控制三角网,提供桥址范围内 1:2 000 地形图。

2. 桥型方案比较及桥孔布置

一般应进行多个方案比较,各个方案均要提供桥型方案布置图,图上必须标明桥跨布置,上、下部结构形式及工程数量。对推荐方案还要提供上、下部结构的结构布置图,以及一些主要及特殊部位的细节构造图,各类结构都需要经过验算并提出可行的施工方案。

3. 施工组织设计

对推荐的桥型方案要编制施工方案,包括主要结构的施工方案、施工设备清单、建材供应、施工安排及工期等。

4. 概算

根据工程量、施工组织设计及标准定额编制概算,各个桥型方案都要编制相应的概算,以便进行不同方案工程费用的比较。

按照规定,初步设计概算不能大于前期工作已批准的估算的 10%,否则方案应重新编制。

(三)施工图设计

施工图设计应按以下步骤进行:

(1)进行桥位详勘,以满足施工的需要;

(2)根据批准的初步设计,进行结构分析计算,绘制施工图,计算工程数量,进行施工组织设计等;

(3)根据施工设计资料编制工程预算。

三、桥梁设计过程

(一)准备设计资料

在桥梁设计工作开始前,需要专门收集大量的设计基础性资料:

(1)桥位平面图。在图中应标明需要跨越的所有障碍,如河流、道路、峡谷等,以及新的路线设计线形。

(2)沿着规划桥位轴线的地面纵断面与净空条件,或要求的行洪宽度、路线的纵面线形。

(3)桥梁技术标准。如要求的桥梁宽度、车道宽度、中间带宽度、人行道宽度、荷载标准等。

(4)桥位地质条件。地质勘探结果和地质分布及土壤力学数据的勘察报告。基础工程的困难程度对于结构体系的选择和经济跨度的选择有相当的影响。

(5)设备、材料和结构构件的运输进场条件。调查项目所在区可供利用且经济的材料。

(6)气象水文条件。气候和环境条件,洪水、高低潮位,枯水期,温度变化范围,冰冻期等。

(7)环境条件。周围的地形是平原还是山地,是空旷地还是建筑物密集地区,建筑物是老式小房子还是高层或文物建筑。环境情况对设计产生巨大影响。

(8)环境对美学质量要求。城镇中的桥梁影响城市环境。在近距离观察时,即使是城市中的人行桥梁也比旷野中的桥梁需要更加精美的结构形式。

(二)桥梁设计创作

1. 构思

在设计人员的构思中,必须有桥梁的概念形式。为达到这一步,设计者在长期的学习过程中要有意识地观察和研究许多桥梁,且应该清楚,什么时候采用梁桥是适宜的、什么时候采用拱桥是适宜的以及吊索结构桥的使用范围是怎样的、地质条件对选择桥梁的跨度和结构体系有多大的影响等。他们还需要知道,一般情况下桥梁跨度与主要构件尺寸的相互关系。

这就是说,为了设计一座适宜的桥,设计人员必须具备丰富的桥梁设计经验知识及创作的激情,并能够得心应手地运用。在顺利的时候,灵感一动就会提供的方案,它可能比已知的常规方案更好(直觉、创造力产生发明)。

2. 第一张草图

设计人员最好具有素描技能。一旦设计构思在脑海里产生雏形,就可画出第一张草图,在桥轴纵断面图上绘制出桥梁总体立面布置。对于梁桥(最简单的形式),设计人员首先着手于可能的路线,斟酌合适的梁高。然后假定桥台和桥墩的位置,绘制主梁的底边线。如果因技术条件限制或美观上的需要,可选择高阶的长细比;如果在方案比较中决定采用低造价,可选择低阶的长细比。

第一张草图将要批判地考察和提出问题:其跨度与梁下净空高度的比例是否良好,桥墩与周围环境的关系是否良好,桥墩与桥台处的地质情况如何,竖曲线的曲率是否良好。

3. 全面评判

绘制第二张草图,甚至第三张草图时,要包括上部结构的横断面和对桥墩的设想。桥墩的高度比例如何,是不是双柱或三柱更好,桥梁现在要按三维空间构思。把草图挂在齐眼睛高度的墙上,以便能从较远的距离和不同的角度(包括斜视)注视它;鼓励同行们提出批评和建议,同时考虑合适的施工方法。

如果这座桥在这些草图上总体布置看上去比较满意的话,那么应对各构件进行精细的设计比较。如选择适宜的主梁形式(板、T梁或箱梁),确定梁高与悬臂板宽度及饰带的高度之间的最佳比例等。在这个阶段,使用以前设计人员取得的实际经验定桥面板、腹板和翼板的厚度。

现在,设计人员应暂时抛开上述这些初步成果,闭上眼睛好好冥思苦想一番,全面地斟酌、推敲,看看每一个要求是否都已得到满足,是否便于施工,有没有哪个比这个更好,然后,设计人员开始绘图,同时再听听同事们和美学顾问的意见,还有外行的意见。一个工程师抱有不切实际的奢望,将给这个世界增加一座设计蹩脚的桥梁。由此可见,设计理念及方案构思的重要性。

4. 细化

对于大桥来说,设计人员应进行多个其他不同跨度和结构体系的方案比较,以求得最佳方案。经过几次这样的改进,现在就可以将入选方案绘制清楚。只有现在才应该开始计算。首先,粗略地验算所假定的尺寸是否满足需要,普通钢筋和预应力钢筋是否留有足够的位置,以便能毫无困难地进行施工操作。

然后,可用计算机程序做几轮计算,使用不同的高度或其他变量,以求得经济的尺寸。如果没有其他一些额外要求,这些尺寸就可以选定了。那么,也就可以绘制具有所有尺寸和说明的主要设计图了。

5. 模型的作用

因为单有设计图不足以判断桥梁外貌及其对周围环境的影响,设计人员应该利用周围部分景观的照片,从不同的角度显示具有正确比例的桥梁效果图,特别重要的桥梁还应制作模型。这样的模型和效果图有助于对桥梁美学进行全面评价。

四、桥梁荷载

施加在结构上的一组集中力或分布力,或引起结构外加变形或约束变形的原因,前者称直接作用,亦称荷载,后者称间接作用。公路桥涵设计采用的作用分为永久作用、可变作用、偶然作用和地震作用四类,见表5-2。

表5-2 公路桥涵设计采用的作用类型

序号	荷载分类	荷载名称
1	永久作用	结构重力(包括结构附加重力)
2		预加力
3		土的重力
4		土侧压力
5		混凝土收缩、徐变作用
6		水的浮力
7		基础变位作用

续表 5-2

序号	荷载分类	荷载名称
8	可变作用	汽车荷载
9		汽车冲击力
10		汽车离心力
11		汽车引起的土侧压力
12		汽车制动力
13		人群荷载
14		疲劳荷载
15		风荷载
16		流水压力
17		冰压力
18		波浪力
19		温度(均匀温度和梯度温度)作用
20		支座摩阻力
21	偶然作用	船舶的撞击作用
22		漂流物的撞击作用
23		汽车撞击作用
24	地震作用	地震作用

(一)永久作用

永久作用是指在设计基准期内始终存在,且其量值变化与平均值相比可以忽略不计的作用,或其变化是单调的并趋于某个极限的作用。永久作用包括结构物的重力、作用于结构上的土重及土的侧压力、基础变位产生的影响力、混凝土收缩和徐变的影响力、预加力等。

(二)可变作用

可变作用是指在设计基准期内,其量值随时间而变化,且变化值与平均值相比不可忽略不计的作用。

可变荷载包括汽车荷载、汽车冲击力、汽车离心力、汽车引起的土侧压力、人群荷载、汽车制动力、疲劳荷载、风荷载、流水压力、冰压力、波浪力、温度作用等。

1. 汽车荷载

(1)汽车荷载分为公路-Ⅰ级和公路-Ⅱ级两个等级。

汽车荷载由车道荷载和车辆荷载组成。车道荷载由均布荷载和集中荷载组成。桥梁结构的整体计算采用车道荷载;桥梁结构的局部加载、涵洞、桥台和挡土墙土压力等的计算采用车辆荷载。车道荷载与车辆荷载的作用不得叠加。

(2)各级公路桥涵设计的汽车荷载等级应符合表 5-3 规定。

表 5-3　汽车荷载等级

公路等级	高速公路	一级公路	二级公路	三级公路	四级公路
汽车荷载等级	公路-Ⅰ级	公路-Ⅰ级	公路-Ⅰ级	公路-Ⅱ级	公路-Ⅱ级

二级公路作为集散公路且交通量小、重型车辆少时,其桥涵设计可采用公路-Ⅱ级汽车荷载。

对交通组成中重载交通比重较大的公路桥涵,宜采用与该公路交通组成相适应的汽车荷载模式进行结构整体和局部验算。

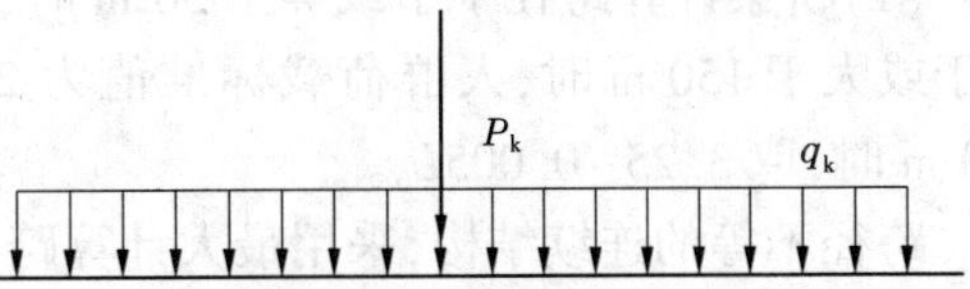

图 5-9　车道荷载

车辆荷载的计算图示如图 5-9 所示。

车辆荷载的立面、平面尺寸和计算图示如图 5-10 所示 。

车辆荷载的横向分布如图 5-11 所示。

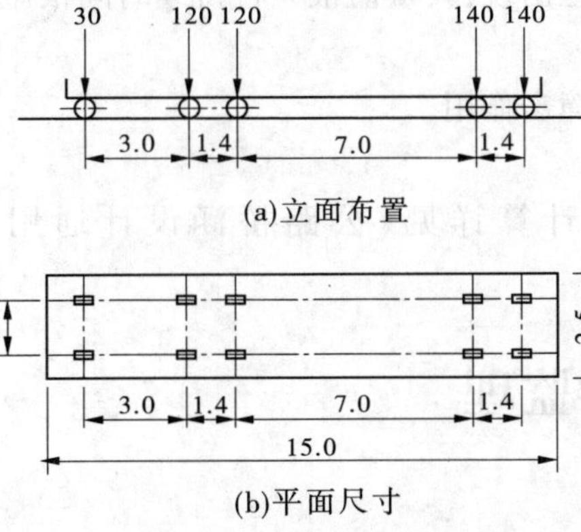

图 5-10　车辆荷载的立面、平面尺寸计算图示（单位:荷载,kN;尺寸:m)

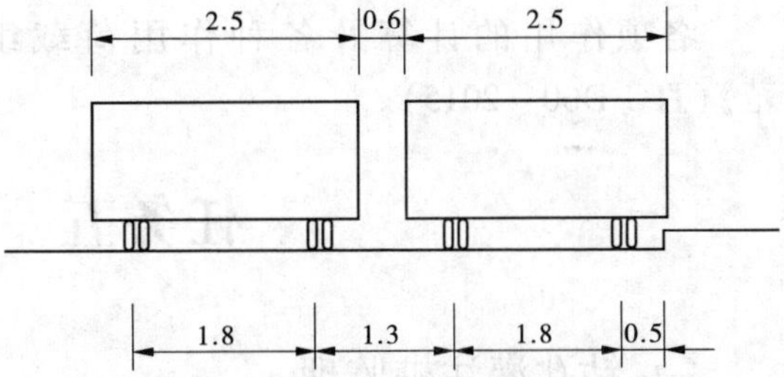

图 5-11　车辆荷载横向分布　(单位:m)

公路-Ⅰ级和公路-Ⅱ级汽车荷载采用相同的车辆荷载。

公路-Ⅰ级车道荷载均布荷载标准值为 $q_k = 10.5$ kN/m;集中荷载标准值 P_k 根据桥涵的计算跨径确定,详见表 5-4。计算剪力效应时,上述集中荷载标准值应乘以系数 1.2。

表 5-4　集中荷载 P_K 取值

计算跨径 L_0/m	$L_0 \leqslant 5$	$5 < L_0 < 50$	$L_0 \geqslant 50$
P_k/kN	270	$2(L_0+130)$	360

注:计算跨径,设支座的为相邻两支座中心间的水平距离;不设支座的为上、下部结构相交面中心间的水平距离。

公路-Ⅱ级汽车荷载车道荷载的均布荷载标准值 q_k 和集中荷载标准值 P_k 按公路-Ⅰ级车道荷载的 0.75 倍采用。

车道荷载的均布荷载标准值应满布于使结构产生最不利效应的同号影响线上;集中荷载标准值只作用于相应影响线中一个影响线峰值处。

2. 人群荷载

公路桥梁设置人行道时,应同时计入人群荷载。

(1)桥梁计算跨径小于或等于50 m时,人群荷载标准值为3.0 kN/m²;桥梁计算跨径等于或大于150 m时,人群荷载标准值为2.5 kN/m²;桥梁计算跨径在大于50 m、小于150 m时,取3.25~0.005L_0。

跨径不等的连续结构,采用最大计算跨径的人群荷载标准值。

(2)非机动车、行人密集的公路桥梁,人群荷载标准值取上述标准值的1.15倍。

(3)专用人行桥梁,人群荷载标准值为3.5 kN/m²。

人行道板(局部构件)可以一块板为单元,按标准值4.0 kN/m² 的均布荷载计算。

计算人行道栏杆时,作用在栏杆立柱顶上的水平推力标准值取0.75 kN/m,作用在栏杆扶手上的竖向力标准值取1.0 kN/m。

(三)偶然作用

偶然作用指在设计基准期内不一定出现,而一旦出现,其量值很大且持续时间很短的作用。

偶然作用包括汽车撞击作用、船舶或漂流物的撞击作用。

(四)地震作用

各项作用的计算及各种作用荷载组合的计算详见《公路桥涵设计通用规范》(JTG D60—2015)。

任务五　桥梁监理

一、钻孔灌注桩监理

钻孔灌注桩施工是桥梁工程中的隐蔽工程,是监理工作中的重点,必须严格按照全方位、全过程、全环节的要求进行认真的旁站监理,以确保钻孔灌注桩的施工质量。

(一)钻孔灌注桩施工的监理工作要点

1. 施工放线测量及钻机开工监控

(1)根据设计交桩资料及确定新桥桥位的原则,计算新桥墩台及钻孔桩坐标或里程桩号,据此进行施工放线。定位测量必须多次观测,测量标高必须闭合。其测量成果经监理审查或实地抽查检测认可后才允许动工。

(2)埋护筒、安钻机。经检查,钻台水平、钻杆垂直对中,泥浆预拌达到标准后才能开钻。要求钻进中每加一根钻杆,自检一次钻台水平度。

2. 原材料监控

(1)水泥、钢材每批均应附"厂家材质单",必要时(对非指定厂家)需进行核验。水泥每批(50 t)、钢筋各型号每20 t做一次检验。

(2)沙每一料源、碎石每100 m³ 做一次检验。

(3)强化料场监控,料场场地必须硬化,并设排水系统。材料堆放有序,并有防护设施。对污染的砂石料,要分别堆放,并做过筛或冲洗处理。水泥受潮、钢筋生锈不准使用,对不合格材料,需清除出施工现场。

3. 施工设备监控

(1)施工设备必须齐全完好,对影响浇桩成败的主要设备如电机、混凝土拌和机、吊车等,要有备用设备,并处于完好状态。

(2)试验检测仪器必须经过国家计量单位标定,方可使用。也可与具有质检资质的单位合作,委托承担部分试验项目。

(3)钻孔灌注桩超声波检测,必须由住房和城乡建设部或省建设厅颁发"资质证书"的基桩检测单位进行检测。

4. 施工环节监控

在施工全过程监控中,除上述进行全方位监控外,还要对各施工环节及施工工艺进行监控。各个环节(施工工序)按检验单的项目内容、方法及频率进行检验,合格认可后方允许进入下道工序或下一环节。

(1)桩孔检验,要检测实际孔深、沉淀厚度,采用检孔器检测孔径及钻孔垂直度。

(2)钢筋制作重点查受力钢筋根数、直径及长度,钢筋焊接长度,钢筋笼接头交错焊接及保护层设置,钢筋笼下后的对中与固定措施(钢筋支撑)。

(3)水下混凝土灌注的监理工作要点:①混凝土配合比,每变换一次原材料厂家及沙、石料料源,做一次混凝土配合比试验,混凝土浇灌前要实测沙、石料的含水量,调整混凝土配合比。不用超径的石子,当有两级石子时,小石子可稍多于大石子,外加剂采用小包装定量。②混凝土拌和必须均匀,随时检测坍落度,使其保持在 20~22 cm 范围内。③如运输中出现离析,要在吊斗内进行人工二次拌和,使之均匀。④导管下入钻孔后二次冲孔,复测沉淀厚度,控制泥浆比重约 1.2,并控制导管下口离孔底为 0.25~0.4 m。⑤混凝土灌注时加大第一斗混凝土灌注量,使导管首次埋深大于 1.0 m,每灌注 2~3 斗时必须测一次导管埋深,并如实记录。⑥拆除导管时,只有当导管埋深大于拟拆导管长度 2.0 m 以上时(一般导管埋深为 5~6 m 时,提升一节导管),方允许拆除该根导管。⑦当混凝土灌注在导管内受阻时,可以提升导管上下抖动,但提升高度不允许导管埋深小于 1.5~2.0 m。⑧终灌时必须见到纯混凝土翻出孔口。⑨每根桩于初灌后及停灌前,分两次共取混凝土试块 3 组 9 块,由监理指定,直接从拌和较差的混凝土斗内提取。

(4)灌注混凝土 7 d 后可以进行超声波检测,必须由有资质证书的检测单位进行,并提出检测报告。

(二)监理方式

监理方式常采用巡视、检验及旁站三种形式:第一种是每天进行巡视;第二种是按环节(工序)进行检验;第三种是对重要环节进行旁站,如混凝土浇筑、取混凝土试件、混凝土强度试验、超声波检测等连续旁站。

(三)施工及检验资料

要求施工单位加强施工现场管理,严密组织,分工明确,责任到人,统一指挥,精心施工。要求施工现场记录、工序报验填写清楚整洁,不准任意涂改,并对原始资料签字认可。

二、预应力混凝土梁、板的监理

预应力混凝土梁、板的监理包括:混凝土抗压强度试件、混凝土集料及浇筑混凝土振捣、“放张”和“张拉”强度、气囊和钢筋骨架上浮、预应力混凝土梁板的预拱度、锚具、夹具、制梁台座、预制梁板的移运、预制梁板的存放、梁板安装方法、梁板安装质量等。

任务六　桥梁维修与加固

一、桥梁的检查

目前桥梁养护管理制度,按照检查的范围、深度、方式和检查结果的用途等的不同,大致可归纳为下列三类:经常检查(巡视检查、日常检查)、定期检查和特殊检查。

(一)巡视检查

巡视检查是由专家对一条线路或一定区域内的桥梁进行的快速扫视检查。

其目的是:对所需检查的桥梁的技术状况和存在的主要问题形成一个总体印象,以便能对它们进行初步的排序以及为进一步的检查做技术准备。

(二)日常检查

日常检查也叫例行检查或叫经常检查,一般一月一次,由路段检查人员或桥工班或护桥人员进行扫视检查。

其目的是:确保结构功能正常,使结构能得到及时的养护和小修保养或紧急处理,对需要检修的项目和一些重大问题作出报告。

(三)定期检查

通常由具有一定检查经验并受过专门桥梁检查培训以及熟悉桥梁设计、施工等方面知识的检查工程师,按照规定周期,对桥梁主体结构及其附属构造物的技术状况进行定期跟踪的全面检查。一般1~5年一次。

其目的是:通过对结构物进行彻底的、定期的和系统的检查,建立结构管理和养护档案,对结构的缺损状况作出评估,评定结构构件和整体结构的技术状况,确定改进工作和特别检查的需求,并确定结构维修、加固或更换的优先排序。

(四)特殊检查

依据检查目的可划分为应急检查和专门检查两种。

依据检查工作的性质可划分为现场检查和实验室测试分析两大部分。

从检查方法上可划分为目力检查和简单物理测量方法以及无破损或半破损检查方法。

下列情况下需进行特殊检查:

(1)对定期检查中难以判明损坏原因和程度的桥梁,有必要使用特殊设备或专门技术对定期检查作补充时。

(2)在进行复杂和昂贵的维修之前,查出定期检查中未能发现的损坏情况,或要求提高载重等级的桥梁。

(3)在发生特别事件之后,如洪水灾害、流冰、漂流物和船舶撞击事故、滑坡、地震、风灾及重车过桥等。

(4)需要使用特殊仪器或需做特别详细记录的检查,拟评定结构实际状况时,如桥梁技术状况为四类者。

(5)新建工程中出现质量问题时。

二、桥梁结构状况的检测与评价

桥梁结构状况的检测与评价是对其结构及部件的材料质量和工作性能方面所存在的缺损状况进行详细检测、试验、判断和评价的过程,是对桥梁的专门检验,属于桥梁诊断的范畴。

结构材料缺损状况诊断,包括材料损坏程度检测,材料物理、化学和力学性能测试及缺损原因的分析判断等,选择表面测量、无损检测技术和半破损检测技术(如局部取试样)等有效可靠的方法。

结构整体性能和功能状况鉴定,包括结构承载能力(强度、刚度和稳定性等)、抗震、抗洪等能力的鉴定。按实际断面尺寸及材料的缺损、退化状况进行结构验算或采用承载力试验鉴定等方法。

三、材料状况的检测与评价

材料状况的检测与评价包括混凝土强度测定、构件材料缺损的检验和钢筋锈蚀的评价。

(一)混凝土强度测定

混凝土强度测定的方法有回弹法、Windsor 探针贯入法、超声回弹综合法、拉拔拉脱试验法、BRE 内部断裂法、取芯法等。

混凝土强度测定的仪器有手持式回弹仪、混凝土超声波测定仪、拉拔强度测试仪、机械贯入仪、取芯机等。

(二)构件材料缺损的检验

检验方法有目视检查、超声波探伤、冲击回波检测法、声发射(AE)检测开裂活动、射线照相技术、射线测定技术、红外线-热检测技术、雷达检测技术、涡流检测、漏磁检测。

检验仪器有裂缝宽度观测仪、冲击-回波测试仪、红外线成像仪、雷达等。

(三)钢筋锈蚀的评价

混凝土的密实度、渗水性、含水量、含氯盐量、碳化深度、保护层厚度不足和开裂、缺损等,是导致钢筋锈蚀的诸多因素;反之,钢筋锈蚀又促使混凝土进一步破损。对钢筋锈蚀的评定技术可分为直接评定和间接评定两种。

(1)直接评定钢筋锈蚀技术:

预埋探测元件;

线性极化电流测量;

半电池电位测量;
局部破损重量、质量损失测量。
(2)间接评定钢筋锈蚀技术:
保护层测量;
混凝土电阻率测量;
氯离子含量测量;
碳化深度测量;
透气性测量。

四、桥梁加固

(一)桥梁加固的内涵

1. 桥梁维护及日常养护

栏杆、防撞护栏的修复,常规观测,护坡修复,结构涂装等。

2. 桥梁结构补强与修复

通过相应措施对已经出现的结构病害进行处理,恢复结构原有功能。

3. 桥梁结构改造及改建

结构已出现严重病害,或原有结构不合理,为彻底消除隐患,对原有结构进行部分或全部改造。

(二)桥梁加固的意义

1. 适用范围分类

(1)为消除偶发事件造成的结构损伤而进行的加固。如车船撞击、地震影响等。

(2)为消除外部地理环境造成的影响而进行的加固。如台底、桩侧土沙的流失,冻融影响等。

(3)为临时性活动而进行的加固。如临时通过重型车辆、重大节庆活动等。

(4)为适应结构改造而进行的加固。如桥面宽度的调整、桥上荷载发生变化(提载、管线)等。

(5)为解决结构耐久性进行的加固。如混凝土老化、裂缝宽度超限、桥面破损、伸缩缝更换等。

(6)为解决结构强度不足或结构损坏进行的加固。如梁板更换、应力超限、结构设计不合理等。

2. 桥梁检测与加固的关系

桥梁检测是加固的前提,为彻底摸清病害情况提供依据,为加固设计及施工提供量化指标,为最终评价加固效果提供对比参照指标。

桥梁检测相当于医院的CT、血检、彩超等手段,加固设计就像医生开处方,加固施工则是病人吃药、做手术。

3. 桥梁加固与新建的关系

(1)在极端情况下,桥梁病害非常严重,已无法通过常规手段来恢复其功能,或其已达到使用寿命,或其已不适应功能需要,这时可考虑新建。此时应考虑的问题是:旧桥是否拆除，旧桥是否仍需降级使用，旧桥是否需要维护。

(2)在另一极端情况下，虽然桥梁病害非常严重，已无法通过常规手段来恢复其功能，但由于社会影响或交通无法中断，这时应考虑进行加固。此时应考虑的问题是：如何尽量降低加固成本，如何选用加固方案来保证交通需求，今后如新建桥梁是否可以交通转换。

(3)在正常情况下，对于大型桥梁加固工程而言，均需要与新建方案进行经济性对比，以确保科学决策。一般而言，当加固总费用不超过新建总费用的40%～60%时，应选择进行桥梁加固，否则建议新建。在有些情况下，新建方案应包括旧桥拆除或维护的费用。

4. 桥梁加固与养护的关系

桥梁建成后应按照规定进行正常养护，杜绝“重建轻养”现象。对于大型桥梁，对重要构件应有日常观测记录，这些记录是维护、加固桥梁的重要依据。大部分病害桥梁可以通过日常维护解决病害问题。日常养护是确保桥梁使用寿命的主要手段。桥梁加固与改造通常与路线、桥梁大修一并进行，并作为大修的重要内容之一。

(三)桥梁加固措施及手段

在桥梁加固中常用的方法有混凝土外包法、粘贴钢板法、粘贴纤维法及体外预应力法。此外，还有裂缝灌缝技术、混凝土外部涂装技术、新旧混凝土连接技术等。有时，改变结构体系、增补结构构件等方法也会得到应用。

项目六 桥梁施工

【知识目标】

1. 掌握施工准备的内容和方法。
2. 掌握不同类型桥梁的基本构造、施工程序和施工方法。

【能力目标】

1. 能组织进行施工准备工作。
2. 能组织开展简单的桥梁施工。

【思政目标】

党的二十大报告提出,建设现代化产业体系,加快建设制造强国、质量强国、航天强国、交通强国、网络强国、数字中国”。

1. 强化质量意识和精益求精、创业敬业、追求卓越的工匠精神。
2. 领会施工组织设计的作用,强化网络和数字资源应用能力,强化系统设计与统筹管理的思想。

任务一 施工准备工作

桥梁在正式开工之前,必须做好一系列的准备工作。其主要内容如下:

(1)组织有关人员对设计文件、图纸、资料进行认真细致的研究,了解设计意图,并到现场核对,必要时进行补充调查。在熟悉图纸和了解设计意图的过程中,若发现图纸资料欠缺、错误和矛盾之处,应及时向设计单位提出,以求补全、更正。

(2)调查研究、收集资料。调查的内容包括河流水文、两岸地形、河床地质、气候条件、材料供应、运输条件、劳动力来源、可利用的房屋和水电设施等。

(3)在充分调查研究的基础上,根据施工单位的具体情况,综合考虑各种因素,拟订施工方案。

(4)根据拟订的施工方案,编制施工组织设计。其内容比施工方案更加明确和详尽,大致包括以下几个方面:①施工特点。简要叙述工程结构特点、地质、水文、气候等因素对工程的影响和准备采取的措施。②施工部署。宜按统筹法将主要工程项目的施工工序和工程进度编成图表,对控制全桥进度的关键项目,应以集中力量打歼灭战的方式解决。开工后,若因故发生变动,应及时调整。③主要施工方法和技术措施。根据工程特点和施工单位的具体情况,简要叙述主要工程的施工方法和保证工程质量、施工安全、节约材料、环境保护,以及推广采用新工艺、新技术、新材料的技术措施。④施工场地布置。包括用地范围,临时性生产、生活用房,预制场的地点和规模,各种材料的堆放场,水、电供应及设备,临时道路,大中型施工机械设备及其他临时设施的布置等。⑤施工图纸的补充。包括设计文件和图纸中没有包括的施工结构详图、临时设施图等。⑥编制施工预算。根据设计概(预)算,结合施工方案及施工单位、现场的具体情况,由施工单位编制施工预算,它比设计概(预)算更详细、更符合实际。它是由建设单位和建设银行拨款的依据。⑦编制主要材料、劳动力、机具设备的数量及供应计划。

(5)建立施工机构,配备适当的工作人员。

(6)建立施工测量控制网,进行施工放样测量。

(7)进行原材料和配合比试验。

(8)按批准的施工组织设计进行劳动力、机械、材料、水、电、路及各种生产和生活设施的准备与布置。

任务二　钢筋混凝土结构的施工

钢筋混凝土结构的施工主要包括模板支架工程、钢筋加工与制作、混凝土浇筑与养护等几个方面。

一、模板

(一)模板的基本要求

模板的作用是控制混凝土构件的造型,承托和限制新灌混凝土的变形,直接影响到混凝土工程的质量。按使用的材料不同,有木模板、钢模板、塑料模板,以及各种混合模板等。现代桥梁施工总的趋势是快速、轻型、拼装化,因此模板工程势必朝着标准定型、以钢代木、整体吊装和自动滑升等方面发展。

对模板的基本要求有以下几点:

(1)模板必须具有足够的强度、刚度和稳定性,能够承受各种施工荷载和新灌混凝土的竖直压力及侧压力,不发生较大的变形和位移。

(2)模板必须尺寸准确、接缝严密不漏浆、板面光滑平整,以确保混凝土构件的质量。

(3)模板应力求结构简单,便于制作、安装、拆除和倒用,并应考虑多次倒用,省工省料,以达到节约的目的。

(4)模板应与混凝土建筑物的特征、施工条件和灌注方法相适应。

另外,模板与脚手架之间不宜互相联系,因为脚手架受力产生的震动会影响模板走动变形,对混凝土的质量有害。当必须联系时,应适当支撑加固。模板与混凝土相接触的表面上应涂刷脱模剂,金属模板用的脱模剂应同时具有防锈作用;其他金属部分(包括配件)应涂刷防锈涂料。模板经过使用后,应按规定妥善保存。

为了保证模板及支架结构的强度、刚度和稳定性,需对其进行必要的设计计算。

(二)模板的类型

根据施工方法的不同,模板可分为以下6种类型:

(1)零拼式固定模板。适用于少量或零星混凝土灌注,如桥涵基础、拱座、帽石、端翼墙等零星分散、模板不便成套倒用的情况。这种模板结构简单,不需要进行详细的设计计算,可以因地制宜,直接拼装。缺点是木材使用率低、损耗率大。

(2)拼块式组合模板。预先在工厂把模板制成大块板扇,这些半成品构件设计成能通用的尺寸,可在类似的工程中倒用。这样就可以节省材料,加速施工,最适用于预制构件和桥墩台类型相同的桥梁施工。

例如,采用同类型桥墩的桥,可自墩顶向下分段。在墩同一高度的段,模板可成套倒用。不同高度的段,经稍加修整后也能多次利用。拼块式组合模板较零拼式固定模板省工、省料,因此应用范围较广。

(3)整体吊装模板。墩身较高,在墩上拼装组合模板较困难时,可利用桥头、墩间空地设拼装场,预先拼成整段模板,利用大型吊装设备,一次整体吊装就位。根据实践经验,一段整体吊装模板,连同中线水平调整工作,只需30 min即可完成,这样就可以做到连续灌注,不间断施工。采用这种模板,可以降低成本,缩短工期。

(4)滑动钢模板。是模板工程机械化的施工方法,适用于断面不变的桥墩(不收坡的滑升模板)或断面变化均匀的桥墩(收坡的滑升模板)。施工时先在墩位组装好模板,灌注一定高度的混凝土后,用人力或机械传动(液压或电力)使模板沿导杆向上滑升。随后可连续滑升,连续灌注混凝土。此法不仅节省大量模板材料和装拆工作,而且混凝土无接头,增强桥墩的整体性,又能缩短施工时间和节省劳动力。滑升钢模板特别适用于高桥墩,在深谷和水中的桥墩更能显示其优越性。

(5)液压自爬升模板。靠自身液压系统爬升,速度快,无需塔吊和其他起重设备,模板张合自如,拆装工作量小,劳动强度低,施工速度快。自爬升模板附墙爬升,安全可靠,特别适合于高墩,尤其水中高墩施工。液压自爬升模板的构造如图6-1所示。

(6)翻升模板。模板与支架连成整体分成三节,逐节翻升倒用(见图6-2)。同样适于高墩施工,但机械化程度较低,模板拆装工作量较大,施工速度较慢。

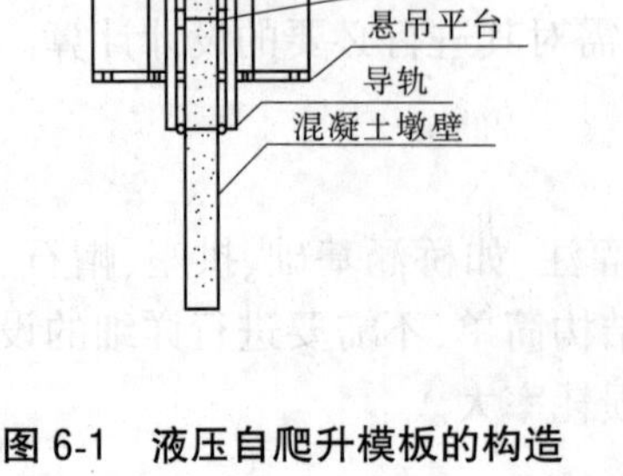

图6-1　液压自爬升模板的构造

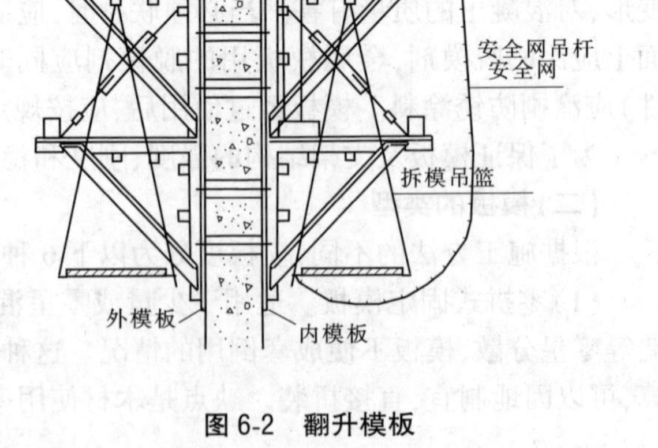

图6-2　翻升模板

(三)模板和支架的安装

在施工现场安装模板时,首先按照设计尺寸精确放线,作为拼装模板的依据。模板拼装完毕应及时加设带木和支撑等加以固定。模板、支撑的所有支撑部分都必须安装在坚实的地基上,必要时加设支垫扩大支撑面积,或打木桩支撑,以防模板走动。有水时,应采取措施防止水流冲刷造成支架走动,影响到模板变形或发生位移。模板的构造如图 6-3、图 6-4 所示。

如图 6-3 所示支撑,只适用于低矮建筑物的模板。对于较高的桥墩台,不能用支撑支撑于地面,应另外采取办法来固定模板。圆形桥墩或圆端形桥墩的圆形部分,可用铁箍固定模板。铁箍采用扁钢或直径为 12~16 mm 的钢筋制成,在两端用正反螺丝扣连接。有时也可采用钢丝绳作箍,利用紧绳器或链滑车把钢丝绳收紧,然后用钢丝绳卡子卡紧。铁箍收紧时,模板内应设临时内支撑,以防模板变形。

较高的桥墩,除曲面模板可采用铁箍固定外,对平面模板(如矩形桥墩、桥台等)铁箍起不到作用,可采用拉杆来固定。拉杆用直径为 16~22 mm 的圆钢制成,两端均有螺丝扣。拉杆把两对面的模板相互拉紧,以起到固定模板的作用,其位置多选在横竖带木交叉处。在拆除模板后,露出混凝土之外的拉杆头必须锯掉(或用氧割或电弧烧割)。为了节省钢筋并省去切割工作,可采用可拆式螺栓拉杆(见图 6-5)。该螺栓可使模板拆除方便,卸下外面螺帽后,用与墩身同一配合比的砂浆填塞小孔抹光,使墩台表面光滑美观。采用拉杆的缺点是增加钢材消耗。随着施工的发展,近年来出现了槽钢支撑、框架式支撑等固定模板的方法,这些设备都能多次倒用,不仅节约了钢材,更可省工省事。但对某些较复杂的结构,仍然要用部分拉杆。

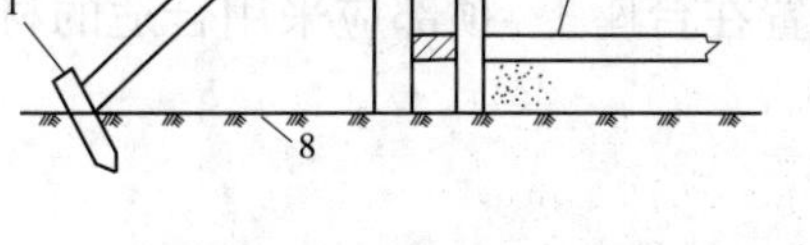

1—木桩;2—支撑木;3—横带木;4—竖带木;
5—拉杆;6—螺栓带帽;7—模板;8—坚实地基;
9—内支撑(应随混凝土灌注层面的升高陆续拆除)。

图 6-3　低矮建筑模型构造

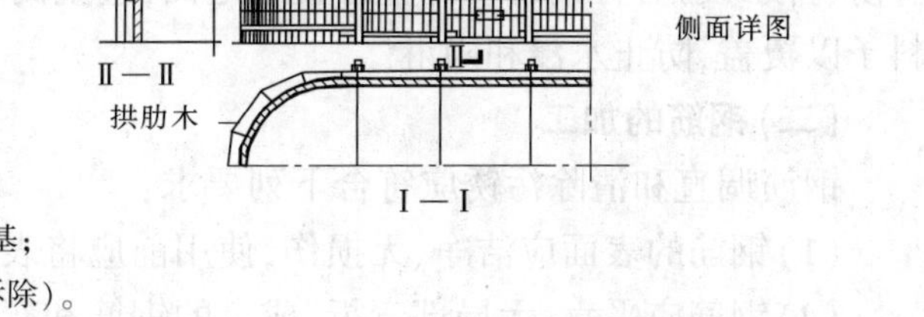

图 6-4　模板构造示意

当采用铁箍或拉杆等固定模板时,必须在模板内相应地加设内支撑,以保证模板内净空尺寸和形状。一般情况下多采用木支撑,但均应在灌注混凝土时,随混凝土层面逐渐升高而陆续拆除,不得留在混凝土内。

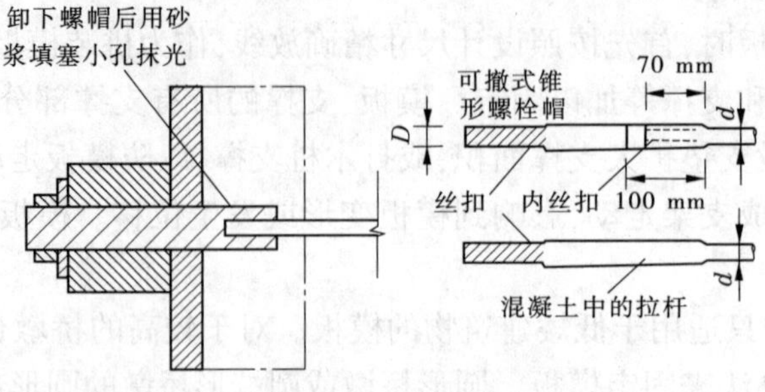

图 6-5　可拆式螺栓

圆形墩柱可做成两个半圆形钢模板,用螺栓或卡子连接,墩柱较高时可根据吊装能力和施工方便分节,节间采用法兰连接。

墩台顶帽是用来支承桥跨结构的,因此要求顶帽的位置、尺寸和标高必须达到较高的精确度,特别是对支承垫石顶面标高和锚栓位置要求更严,因此必须认真对待。

二、钢筋工程

钢筋混凝土梁桥的钢筋工程包括普通钢筋的加工、拼装成钢筋骨架等工作,预应力混凝土板、梁的钢筋工程除普通钢筋的加工成型外,还有预应力筋的加工、编束、拼装成钢筋骨架等工作。普通钢筋从加工到形成钢筋骨架需要经过钢筋调直、切断、除锈、弯钩、焊接、绑扎等工序。

(一)钢筋的检验与保管

进场钢筋应具有出厂质量证明书和实验报告单,进场时除应检查其外观和标志外,应按不同的钢种、等级、牌号、规格及生产厂家分批抽样进行力学性能检验,检验试验方法应符合现行国家标准的规定。检验内容主要包括抗拉、冷弯和可焊性试验。钢筋经进场检验合格后方可使用。

钢筋在运输过程中应避免锈蚀、污染或被压弯;在工地存放时应按不同品种、规格,分批分别堆置整齐,不得混杂,并应设立识别标志,存放的时间宜不超过6个月;存放场地应有防、排水设施,且钢筋不得直接置于地面,应垫高或堆置在台座上,顶部应采用合适的材料予以覆盖,防止水浸和雨淋。

(二)钢筋的加工

钢筋调直和清除污锈应符合下列要求:

(1)钢筋的表面应洁净、无损伤,使用前应将表面的油渍、漆皮、鳞锈等清除干净。

(2)钢筋应平直,无局部弯折,成盘的钢筋和弯曲的钢筋均应调直。

(3)采用冷拉方法调直钢筋时,HPB300钢筋的冷拉率不宜大于2%;HRB400级钢筋的冷拉率不宜大于1%。

(4)钢筋宜采用数控化机械设备在专用厂房中集中下料和加工,其形状、尺寸应符合设计的规定;加工后的钢筋,其表面不应有削弱钢筋截面的伤痕。

钢筋的弯制和末端的弯钩应符合设计要求,当设计无要求时,应符合表6-1的规定。

表 6-1 受力钢筋制作和末端弯钩形状

弯曲部位	弯曲角度	形状图	钢筋种类	弯曲直径 D	平直段长度
末端弯钩	180°	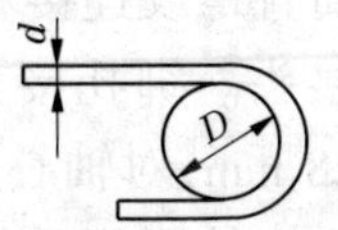	HBP300	≥2.5d	≥3d
	135°	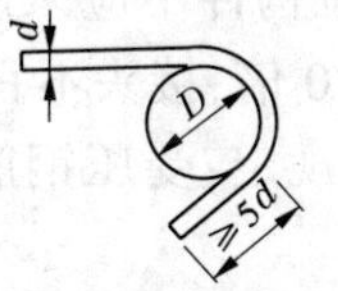	HRB400 HRBF400 HRB500 RRB400	≥5d	≥5d
	90°	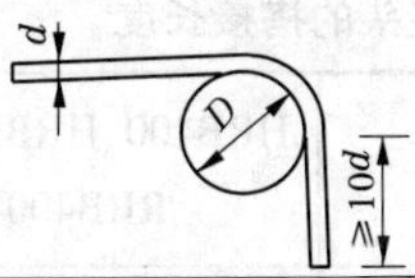	HRB400 HRBF400 HRB500 RRB400	≥5d	≥10d
中间弯折	≤90°	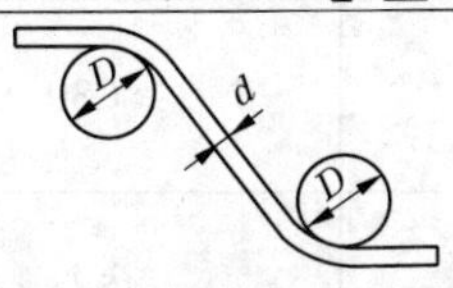	各种钢筋	≥20d	—

注：采用环氧涂层钢筋时，除应满足表内规定外，当钢筋直径 d≤20 mm 时，弯钩内直径 D 应不小于 5d；当 d>20 mm 时，弯钩内直径 D 应不小于 6d；平直段长度应不小于 5d。

箍筋的末端应做弯钩，弯钩的形状应符合设计规定。弯钩的弯曲直径应大于被箍受力主钢筋的直径，且 HPB300 钢筋应不小于箍筋直径的 2.5 倍，HRB400 钢筋应不小于箍筋直径的 5 倍。弯钩平直段的长度，一般结构应不小于箍筋直径的 5 倍，有抗震要求的结构，不应小于箍筋直径的 10 倍。设计对弯钩的形状未规定时，可按图 6-6(a)、(b)所示加工；有抗震要求的结构，应按图 6-6(c)所示加工。

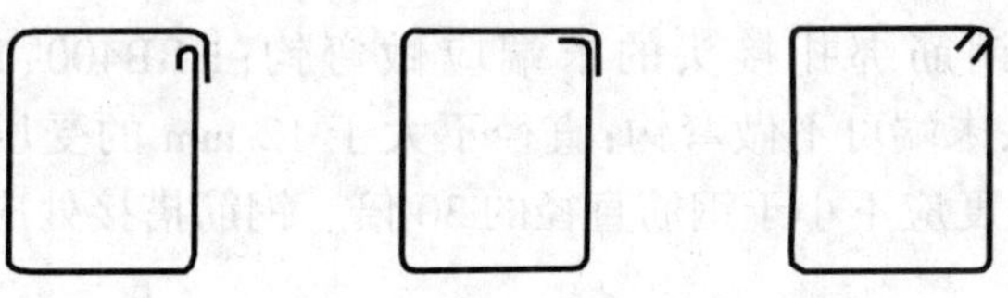

90°/180° (a)　　90°/90° (b)　　135°/135° (c)

图 6-6 箍筋弯钩形式

(三)钢筋骨架的安装

1. 骨架的制作

在支架上浇筑钢筋混凝土梁时，为了减少在支架上的钢筋安装工作，梁内的钢筋宜预先在工厂或桥梁工地制成平面或立体骨架；当梁的跨径较大时，可预先分段制成骨架；当预先不能制成骨架时，须焊扎坚固，以防在运输和吊装过程中变形。

多层钢筋焊接时，可采用侧面焊缝，使之形成平面骨架，焊缝设在弯起钢筋的弯起点处。若斜筋弯起点之间的距离较大，应在中间部分适当增加焊缝，以便有效地固定各层主钢筋。

2. 钢筋的接头

钢筋常用的接头形式有绑扎搭接、焊接和套筒连接。焊接包括闪光对焊和电弧焊(分搭接焊、帮条焊和坡口焊)。套筒连接包括套筒直螺纹连接和套筒挤压连接。

(1)钢筋的连接宜采用焊接接头或机械连接接头。绑扎接头仅当钢筋构造复杂施工困难时方可采用,绑扎接头的钢筋直径宜不大于28 mm,对轴心受压和偏心受压构件中的受压钢筋可不大于32 mm;轴心受拉和小偏心受拉构件不应采用绑扎接头。绑扎接头的末端距钢筋弯折处的距离,应不小于钢筋直径的10倍,接头不宜位于构件的最大弯矩处,受拉钢筋绑扎接头的搭接长度应符合表6-2中的规定;受压钢筋的搭接长度应取受拉钢筋搭接长度的0.7倍。

表6-2 受拉钢筋绑扎接头的搭接长度

钢筋类型	HPB300		HRB400、HRBF400、RRB400	HRB500
混凝土强度等级	C25	≥C30	≥C30	≥C30
搭接长度/mm	40*d*	35*d*	45*d*	50*d*

注:1. 表中 *d* 为钢筋直径。

2. 当带肋钢筋直径 *d* 大于25 mm时,其受拉钢筋的搭接长度应按表中值增加5*d*采用;当带肋钢筋直径 *d* 小于或等于25 mm时,其受拉钢筋的搭接长度可按表中值减少5*d*采用。

3. 当混凝土在凝固过程中受力钢筋易受扰动时,其搭接长度应增加5*d*。

4. 在任何情况下纵向受拉钢筋的搭接长度应不小于300 mm,受压钢筋的搭接长度应不小于200 mm。

5. 环氧树脂涂层钢筋的绑扎接头搭接长度,受拉钢筋按表中值的1.5倍计算。

6. 两根不同直径钢筋的搭接长度,以较细的钢筋直径计算。

受拉区内HPB300钢筋绑扎接头的末端应做弯钩;HRB400、HRBF400、HRB500、RRB400钢筋的绑扎接头末端可不做弯钩;直径不大于12 mm的受压HPB300钢筋的末端可不做弯钩,但搭接长度应不小于钢筋直径的30倍。钢筋搭接处应在其中心和两端用绑丝扎牢。

(2)钢筋接头应设置在内力较小处,并错开布置。对于绑扎接头,两接头间距离应不小于1.3倍搭接长度。对于焊接接头,在接头长度区段内,同一根钢筋不得有两个接头,配置在接头长度区段内的受力钢筋,其接头的截面面积占总截面面积的百分率应符合表6-3的规定。

(3)电弧焊宜采用双面焊缝,仅在双面焊无法施焊时,方可采用单面焊缝。钢筋接头采用搭接电弧焊时,两钢筋搭接端部应预先折向一侧,使两接合钢筋轴线一致。接头双面焊缝的长度不应小于5*d*,单面焊缝的长度不应小于10*d*(*d* 为钢筋直径,余同)。

(4)钢筋接头采用帮条电弧焊时,帮条应采用与主筋同级别的钢筋,其总截面面积不应小于被焊钢筋的截面面积。帮条长度如用双面焊缝不应小于5*d*,如用单面焊缝不应小于10*d*。

表 6-3　接头长度区段内受力钢筋接头面积的最大百分率

接头形式	接头面积最大百分率/%	
	受拉区	受压区
主钢筋绑扎接头	25	50
主钢筋焊接接头	50	不限制

注：1. 焊接接头和机械连接接头长度区段是指 35d 长度范围内，但不得小于 500 mm；绑扎接头长度区段是指 1.3 倍搭接长度范围内。

2. 在同一根钢筋上应尽量少设接头。

3. 装配式构件连接处的受力钢筋焊接接头可不受此限制。

4. 绑扎接头中钢筋的横向净距不应小于钢筋直径，且不应小于 25 mm。

(5)凡施焊的各种钢筋、钢板均应有材质证明书或试验报告单。焊条、焊剂应有合格证，各种焊接材料的性能应符合现行《钢筋焊接及验收规程》(JGJ 18—2012)的规定。各种焊接材料应分类存放和妥善管理，并应采取防止腐蚀、受潮变质的措施。

(6)焊接时，对施焊场地应有适当的防风、雨、雪、严寒设施。冬期施焊时应按规范中有关冬期施工的要求进行，低于-20 ℃时，不得施焊。

3. 钢筋骨架的拼装

对于预制钢筋骨架或钢筋网必须具有足够的刚度和稳定性。

(1)骨架的焊接拼装应在坚固的工作台上进行，操作时应符合下列要求：

①拼装时应按设计图纸放大样，放样时应考虑焊接变形和预留拱度。

②钢筋拼装前，对有焊接接头的钢筋应检查每根接头是否符合焊接要求。

③拼装时，在需要焊接的位置用楔形卡卡住，防止电焊时局部变形。待所有焊接点卡好后，先在焊缝两端点焊定位，然后进行焊缝施焊。

④骨架焊接时，不同直径的钢筋的中心线应在同一平面上。为此，较小直径的钢筋在焊接时，下面宜垫以厚度适当的钢板。

⑤施焊顺序宜由中到边对称地向两端进行，先焊骨架下部，后焊骨架上部。相邻的焊缝采用分区对称跳焊，不得顺方向一次焊成。

(2)钢筋网焊点应符合设计规定，当设计无规定时，应按下列要求焊接：

①当焊接网的受力钢筋为 HPB300 或冷拉 HPB300 钢筋时，如焊接网只有一个方向为受力钢筋，网两端边缘的两根锚固横向钢筋与受力钢筋的全部相交点必须焊接；如焊接网的两个方向均为受力钢筋，则沿网四周边缘的两根钢筋的全部相交点均应焊接，其余的交叉点，可根据运输和安装条件决定，一般可焊接或绑扎一半交叉点。

②当焊接网的受力钢筋为冷拔低碳钢丝，而另一方向的钢筋间距小于 100 mm 时，除网两端边缘的两根钢筋的全部相交点必须焊接外，中间部分的焊点距离可增大至 250 mm。

(3)钢筋安装注意事项：

①钢筋接头应按规定要求错开布置。

②钢筋交叉点应用铁丝绑扎结实，必要时可用焊接。

③除设计有特殊规定外,梁中箍筋应与主筋垂直。箍筋弯钩叠合处沿梁纵向置于上面并交错布置。

④在钢筋与模板间设置保护层垫块,交错布置。

⑤为保证钢筋净距,可于两排钢筋间设分隔块或短钢筋。

⑥为保证钢筋骨架刚度,必要时可增加装配钢筋。

4. 钢筋骨架的质量检查

钢筋笼(网)安装完毕后应按设计和规范要求对其进行全面检查,包括钢筋的品种、数量、位置、间距、形状、尺寸,绑扎或焊接的质量,钢筋笼的稳定性和保护层厚度。检查合格并经监理人员签证后方可进行下道工序施工。

钢筋加工、焊接和安装的允许偏差详见公路桥涵施工技术规范的有关规定。

三、混凝土工程

混凝土原材料在进场之前,施工单位应自检,做好混凝土配合比设计,并报请监理工程师验证批准后才能进场。具体内容如下。

(一)原材料的检验与保管

1. 水泥的检查与保管

(1)水泥进场之前应抽取样品进行检验,并报请监理工程师检验,经监理工程师同意后才能进场。进场的水泥应按其品种、等级、证明文件(质保书)以及出厂时间等情况分批进行检查、验收。

(2)入库的水泥应按品种、等级、出厂日期分别堆放,并竖立标志。做到先到先用,并防止混掺使用。

(3)为了防止水泥受潮,现场仓库应尽量密封。包装水泥存放时应垫离地面30 cm,离墙亦在30 cm以上。临时露天暂存水泥时应用防雨篷布盖严,下面需垫高。

(4)水泥储存时间不宜过长,以免结块,降低强度。常用水泥出厂超过3个月应视为过期水泥,使用时必须重新检验确定等级。因为水泥在正常环境中存放超过3个月,强度会降低10%~20%,存放6个月,强度会降低15%~30%。

(5)受潮、结块水泥一般不得用在结构工程中。

2. 粗、细集料

无论是粗集料还是细集料,在进场之前,必须报请监理抽验,填写进场材料检验申请单,经监理工程师检验合格并签证后方可进场使用。

此外,组成混凝土的材料还有水以及外加剂。人、畜可用的洁净水可用来拌制混凝土。主要的外加剂类型有普通减水剂、高效减水剂、早强减水剂、缓凝减水剂、引气减水剂、抗冻剂、膨胀剂、阻锈剂和防水剂等。混合材料包括粉煤灰、火山灰质材料、粒化高炉矿渣等。混合材料的技术条件可以参考相关桥涵施工技术规范。但应注意,在预应力钢筋混凝土结构中不得使用加气剂、加气型减水剂及掺加氯化钠、氯化钙等氯盐,各组成材料中引入的氯离子一般不应超过水泥用量的0.06%。

(二)配合比

由于大部分桥梁施工远离城市,特别是中、小桥以及涵洞工程混凝土数量不大,基本上都是采用现场拌制混凝土。城市桥梁施工,采用商品混凝土(预拌混凝土)。因此,工程技术人员要设计并控制好现场混凝土配合比,确保混凝土质量。

在做配合比试验时,所有材料都应当与施工用料相同。为了节约水泥和改善和易性,缩短或延长凝结时间,提高耐冻性,应积极使用外加剂。混凝土施工配合比,是在试验确定的理论配合比的基础上考虑了沙石的含水量以后换算得来的施工配合比。由于露天放置的沙石料经常受到风吹、日晒、雨淋的影响,其含水率必然经常发生变化,因此在拌制混凝土前试验人员必须测定沙石的含水率,对理论配合比进行调整,以确定本次拌制混凝土的施工配合比。

(三)混凝土拌制

混凝土拌制通常以机械为主、人工为辅。主要的基本工程一般为机械拌制,工程中少量的塑性混凝土才用人工拌制,仅用于辅助或修补工程。

机械拌制靠搅拌机完成,常用的机械有自落式搅拌机和强制式搅拌机两种。自落式搅拌机用于拌和塑性混凝土,强制式搅拌机用于拌和半干硬性混凝土。搅拌机使用前应清扫干净,否则搅拌机内部有灰浆黏着硬化,会缩短机器的正常使用寿命,影响拌和料的质量。当搅拌机长久未用时,使用时应先放入一部分沙、石搅拌一会儿,然后倒去,以除去拌和机内的杂质。现场拌制给搅拌机喂料误差控制如下:水泥、外加剂干料±2%,粗、细集料±3%,水、外加剂溶液±2%。喂料顺序应根据机器类型、集料种类等具体情况确定。对于强制式拌和机,先加沙,再加水泥,最后加石料,上料后提起料斗,把全部原料倒入搅拌机内拌和,同时打开进水阀,等搅拌机拌和至各材料混合均匀、颜色一致才出料。混凝土最短搅拌时间参看有关规范。

对于大桥或特大桥以及混凝土数量较多时,应设置混凝土拌和站,各种混凝土采用集中拌制、电子计量,以利于混凝土的质量控制。

(四)混凝土的运输

混凝土应以最少的转运次数、最短的距离迅速地从拌制地点运往浇筑地点,避免发生离析、泌水和灰浆流失现象,坍落度前后相差不得超过30%。否则,应进行二次拌制。混凝土运输时间不宜超过时间限制允许值。

1. 在桥面上运输

对于跨径不大的桥梁,可在上部结构模板上运送混凝土。用手推车或小型机动斗车运送时,需在模板上铺跳板和马凳,并随着浇筑工作的推进逐一撤除。用轻轨斗车运送时,模板上需放置混凝土短柱或铁支架,上搁纵梁、横木、面板,再铺铁轨。混凝土短柱和铁支架可留在混凝土体内。

2. 索道吊机和运输

索道吊机一般沿顺桥方向跨越全部桥跨设置,可设一条或两条索道。在桥的横向可用牵引的方法或搭设平台分送混凝土。此法适用于河谷较深或水流湍急的桥梁。

3. 在河滩上运输

当桥下为较平坦的河滩时,可用汽车或轻轨斗车进行水平运输,用吊机进行垂直和横向运输。进行水平运输(顺桥向)和垂直运输(上、下方向)时,宜用同一活底吊斗装载混凝土并将其送入模板,避免倒料。如不得已需要先将料放在平台上,然后进行分送时,应经过重新拌和后再分送与浇筑。

4. 水上运输

在较大、可通航的河流上,可在浮船上设置水上混凝土工厂和吊机,以供应混凝土并将其运送到浇筑部位。需另用小船运送混凝土时,应尽可能使用同一装载混凝土的工具。

5. 混凝土泵车运输

混凝土泵是近年来发展起来的一种较好的水平兼竖直运输工具,适应性强,适用于施工困难、结构复杂的钢筋混凝土工程和较高墩台的混凝土灌注。目前所使用的大型号混凝土输送泵,可将混凝土水平输送800 m,垂直达300 m,有效地解决了超高建筑混凝土运输问题。随着施工机械的发展,灵活方便的混凝土泵车得到广泛的应用,它可以灵活地把混凝土输送到其机臂可以伸到的任何部位,对现场浇筑混凝土十分方便。

(五)混凝土的浇筑

浇筑前应会同监理工程师对模板、钢筋以及预埋件的位置进行检查。

1. 混凝土的浇筑速度

为了保证浇筑混凝土的整体性,防止在浇筑上层混凝土时破坏下层混凝土,须使次一层的浇筑能在先浇筑的一层混凝土初凝以前完成。混凝土的浇筑宜连续进行,因故中断间歇时,其间歇时间应小于前层混凝土的初凝时间或能重塑时间。超出时应按浇筑中断处理,并留置施工缝,同时应作出记录。

2. 梁式桥混凝土的浇筑顺序

无论对简支梁桥,还是悬臂梁桥或连续梁桥,在考虑主梁混凝土的浇筑顺序时,不应使模板和支架产生有害的下沉;为了使混凝土振捣密实,应采用相应的分层浇筑;当在斜面或曲面上浇筑混凝土时,一般应从低处开始。简支梁混凝土浇筑方式如下。

1)水平分层浇筑

对于跨径不大的简支梁桥,可在钢筋全部绑扎好以后,将梁和板沿一跨全长内水平分层浇筑,在跨中合龙。分层的厚度视振捣器的能力而定,一般为0.15~0.3 m。当采用人工捣实时可采用0.15~0.2 m。为避免支架不均匀沉陷的影响,浇筑工作应尽量快速进行,以便在混凝土失去塑性以前完成。

2)斜层浇筑

跨径不大的简支梁桥混凝土的浇筑,还可用斜层法从主梁两端对称向跨中进行,并在跨中合龙。T梁和箱梁采用斜层浇筑的顺序如图6-7(a)所示。当采用梁式支架、支点不设在跨中时,应在支架下沉量大的位置先浇混凝土,使应该发生的支架变形及早完成。其浇筑顺序如图6-7(b)所示。采用斜层浇筑时,混凝土的倾斜角与混凝土的稠度有关,一般为20°~25°。

较大跨径的简支梁桥,可用水平分层或斜层法先浇筑纵横梁,待纵横梁浇筑完毕后,再沿桥的全宽浇筑桥面板混凝土。在桥面板与纵横梁间应设工作缝处理。

自高处向模板内倾卸混凝土时,应防止混凝土离析。直接倾卸时,其自由倾落高度宜不超过2 m;倾落高度超过2 m时,应通过串筒、溜管(槽)或振动溜管(槽)等设施下落;倾落高度超过10 m时,应设置减速装置。

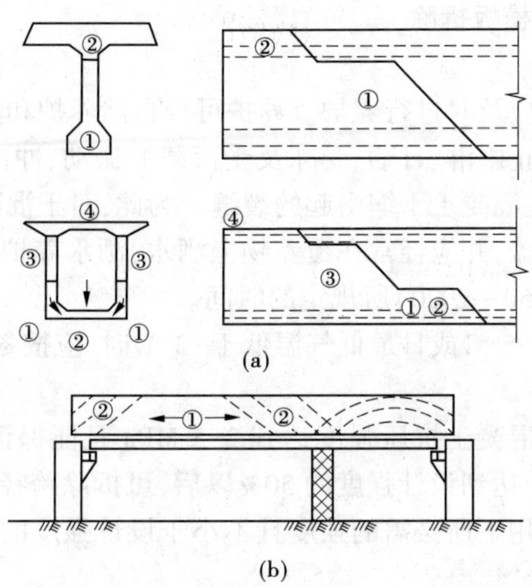

图 6-7 简支梁在支架上的浇筑顺序

(六)混凝土的振捣

混凝土的振捣分人工振捣(用铁钎)和机械振捣两种。人工振捣一般用于坍落度大、混凝土数量少或钢筋过密部位的振捣。大规模的混凝土浇筑,必须用机械振捣。

机械振捣设备有插入式、附着式、平板式振捣器和振动台等,振捣器的工作方式如图 6-8 所示。平板式振捣器用于大面积混凝土施工,如桥面、基础等;附着式振捣器可设在侧模板上,但附着式振捣器是借助振动模板来振捣混凝土的,故对模板要求较高,而振捣效果不是太好,常用于薄壁混凝土部分振捣,如梁肋上和空心板两侧部分;插入式振捣器常用的是软管式的,只要构件断面有足够的地方插入振捣器,而钢筋又不太密时,采用插入振捣器的振捣效果比平板式和附着式都要好。混凝土分层浇筑厚度:采用插入式振动器和附着式振动器时,300 mm;采用表面振动器,无筋或配筋稀疏时,250 mm,配筋较密时,150 mm。振捣时应注意:

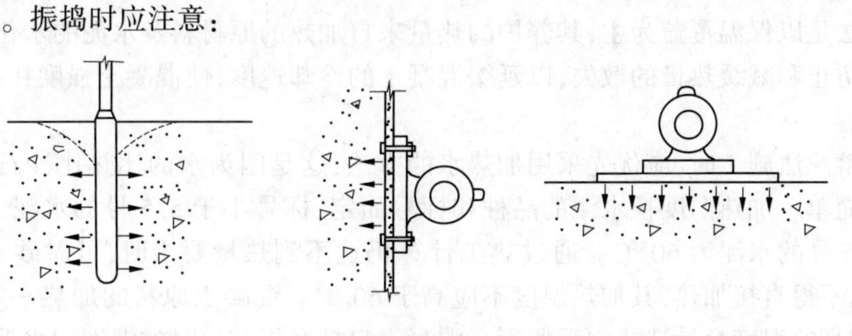

图 6-8 振捣器的工作方式

(1)严禁利用钢筋振动进行振捣。

(2)每次振捣的时间要严格掌握。插入式振捣器,一般只要 20~30 s,平板式振捣器为 25~40 s,以混凝土停止下沉、不出现气泡、表面呈现浮浆为度。

(七)混凝土养护及模板拆除

1. 混凝土的养护

混凝土浇筑完成后应及时进行养护。养护可分自然养护和蒸汽养护两种。在养护期间,应使其保持湿润,防止雨淋、日晒、受冻及受荷载的振动、冲击,以促使混凝土硬化,并在获得强度的同时,防止混凝土干缩引起的裂缝。为此,对于混凝土外露面,在表面收浆、凝固后即用草帘等物覆盖,并应经常在覆盖物上洒水,洒水养护时间不少于《公路桥涵施工技术规范》(JTG/T 3650—2020)所规定的时间。

当日平均气温低于+5 ℃或日最低气温低于-3 ℃时,应按冬季施工要求进行养护。

2. 拆除模板和落架

非承重侧模板应在混凝土抗压强度达到2.5 MPa且能保证其表面及棱角不致因拆模而受损时,方可拆除。达到设计强度的50%以后,可拆除跨径3 m以内的桥梁的模板;达到在桥跨结构静重作用下所必需的强度且不小于设计强度的70%以后,可拆除各种梁的模板。

梁体的落架程序应从梁挠度最大处的支架节点开始,逐步卸落相邻两侧的节点,并要求对称、均匀、有顺序地进行。同时,要求各节点应分多次进行卸落,以使梁的沉落曲线逐步加大到梁的挠度曲线。简支梁桥通常可从跨中向两端卸落。

(八)混凝土冬季施工

当昼夜平均气温低于+5 ℃,或最低气温低于-3 ℃时,就必须采取冬季施工措施。冬季条件下灌注的混凝土,在遭受冻结之前,其强度(临界抗冻强度)不应低于设计强度的30%,也不得低于5 MPa。在充水冻融条件下使用的混凝土,开始受冻时的强度不得低于设计强度的70%。

冬季施工条件下施工的混凝土,应根据工程类别、气象条件、材料来源、施工条件等,通过热工计算及经济技术分析,选择适当的养护方法及施工措施。常用的养护方法有蓄热法、暖棚法、蒸汽养护法和低温早强混凝土法等。

1. 蓄热法

蓄热法是以保温覆盖为主,其养护的热量来自加热的原材料及水泥的水化热量,通过保温覆盖防止和减缓热量的散失,以延缓混凝土的冷却速度,使混凝土强度在必要的温度下增长。

采用蓄热法施工时,应优先采用加热水的方法,这是因为水的比热比沙石的大,且加热的设备简单。加热温度视水泥的品种和标号而定,标号小于525号的水泥为80 ℃,标号大于525号的水泥为60 ℃。通过热工计算仍达不到热量要求时,可对砂石料进行加热,但水泥不得直接加热,其加热温度不应高于60 ℃。混凝土原料的加热一定要控制在限定值,过高的温度容易造成水泥假凝。混凝土自拌和机卸出时的温度因水泥而异,不得高于40~35 ℃。覆盖用的材料宜采用传热系数小、价格低的材料,如草帘、草袋、锯末、炉渣等,若能配以塑料薄膜覆盖,以保温保湿,则效果更好。蓄热法设备简单、造价低,主要适用于室外最低气温在-10 ℃以上的厚大体积的结构施工。

2. 暖棚法

搭设暖棚应使用保温材料,如草帘、草袋等,暖棚遮盖要严密。棚内采用暖气或火炉加热，使暖棚内温度保持在 10 ℃左右。使用火炉采暖时，应注意防火排烟，对混凝土表面要加以覆盖，并保持湿润，防止干热空气造成混凝土表面龟裂及二氧化碳气体碳化，使表面疏松。

3. 低温早强混凝土法

低温早强混凝土法是在普通混凝土中掺加少量的外加剂，结合加热原材料和采取覆盖的保温措施，在初始养护的短时间内于正温下硬化，获得一定早期强度后，不需其他加热措施就能使混凝土在一定负温下继续硬化，并获得临界抗冻强度。

任务三 简支梁桥施工

简支梁桥的施工主要采用预制安装的施工方法。主要施工过程包括梁的制作、梁的运输与架设、桥面铺装等。

小跨度的简支梁一般采用普通钢筋混凝土梁，采用板式截面和肋式截面。普通钢筋混凝土梁制作工艺简单，便于设计和施工。中等跨径以上的简支梁一般采用预应力混凝土梁。预应力混凝土梁一般采用板式截面、肋式截面或箱形截面，按施工工艺不同，分为先张法生产的预应力混凝土梁和后张法生产的预应力混凝土梁。

一、钢筋混凝土梁、板的构造

(一)钢筋混凝土简支板桥的构造

板桥建筑高度小，外形简单，而且内部一般无须配置抗剪钢筋，仅按构造要求弯起钢筋，因而具有施工简单、节省模板和钢筋等优点，故在小跨径桥梁中广泛应用。钢筋混凝土简支板桥的标准跨径一般在 13 m 以下，预应力混凝土简支板桥的标准跨径不宜大于 25 m。

简支板桥按照施工方法不同，分为装配式、整体式和装配-整体组合式。对于正交板桥，在缺乏起重设备的情况下，可考虑采用现浇的整体式钢筋混凝土板桥。对于斜、弯、既斜又弯或其他异形板桥，采用现浇的整体式钢筋混凝土结构是最方便的。在有条件的情况下，为了缩短工期，可考虑采用装配式钢筋混凝土结构。

1. 整体式简支板桥

整体式简支板桥常见截面类型有实心板桥、空心板桥、矮肋板桥。整体式实心板桥具有形状简单、施工方便、建筑高度小、结构整体刚度大等优点，但施工时需现浇混凝土，受季节气候影响，又需模板与支架。从受力要求看，截面材料不经济，自重大，所以只在小跨板桥上使用，常用于 4~8 m 跨径的不规则桥梁。有时为了减轻自重，也可将截面受拉区稍加挖空做成矮肋式截面。整体式简支板桥很少采用空心板。

2. 装配式简支板桥

1)装配式实心板桥

矩形实心板桥是目前最常用的，它具有形状简单、施工方便、建筑高度小、施工质量易于保证等优点。如图 6-9 为装配式简支实心板桥横剖面构造。

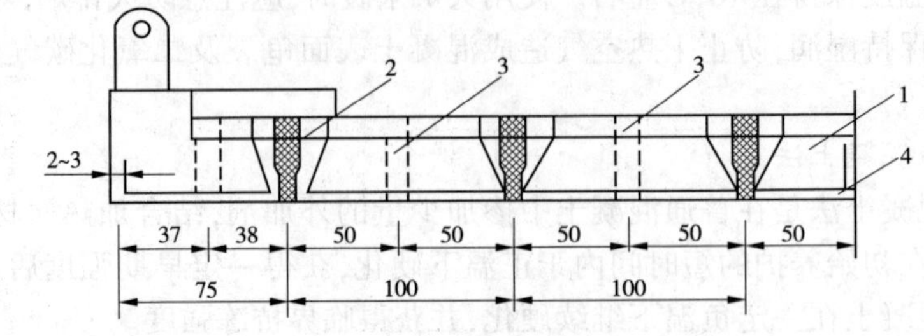

1—预制板;2—接缝;3—预留孔;4—垫层。

图 6-9 装配式简支实心板桥横剖面构造 (单位:cm)

2)装配式空心板桥

当桥梁跨径增大时,宜采用钢筋混凝土空心板桥截面,板厚度为40~70 cm,如图6-10所示为几种常用的开孔形式。图6-10(a)和图6-10(b)开成单孔,挖空面积最大、重量小,但顶板需配置横向受力钢筋,以承担车轮荷载;图6-10(a)略呈弯形,可以节省一些钢筋,但模板较图6-10(b)复杂。图6-10(c)挖成两个圆孔,当用无缝钢管作芯模时,施工较方便,但挖空率小。图6-10(d)的芯模由两块半圆模板和两块侧模板组成,当板的厚度改变时,只需更换两块侧模板。

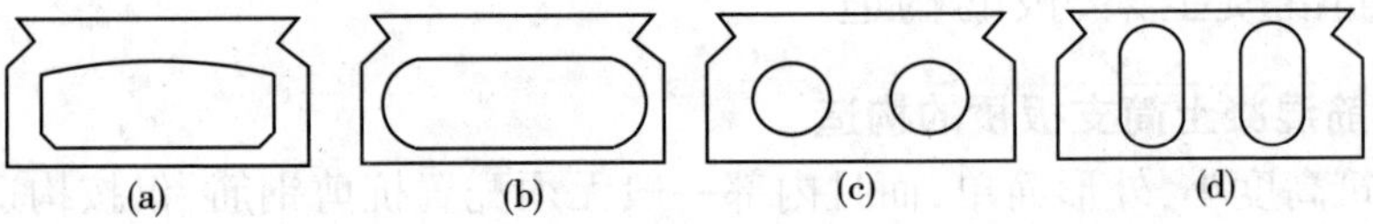

图 6-10 空心板的截面形式

图6-11所示为标准跨径13 m的装配式预应力混凝土空心板桥的构造。桥面净空为净—7+2×0.25 m的安全带,总宽为8 m,由8块宽99 cm的空心板组成,板与板之间的间隙为1 cm,板全长12.96 m,计算跨径12.6 m,板厚60 cm。空心板横截面采用图6-10(d),腰圆孔宽38 cm、高46 cm。采用C40混凝土预制空心板和填塞铰缝。每块底层配置Ⅳ级冷拉钢筋作预应力筋,共7根Φ 20,每根预应力筋拉力为194 kN,每米钢筋的拉伸值为0.35 cm。板顶面除配置3根Φ 12的架立钢筋外,在支点附近还配置6根Φ 8的非预应力钢筋来承担由于应力产生的拉应力。用以承担剪力的箍筋N5与N6做成开口形式,待立好芯模后再与其上横向钢筋N4相绑扎组成封闭的箍筋。

3)装配式板桥的横向连接

为了增加块件间的整体性和在外荷载作用下相邻的几个块件能共同工作,在块件之间必须设置横向连接,这种连接的构造有企口圆形混凝土铰和企口菱形混凝土铰两种。它是在块件安装就位后,在企口缝内用C30~C40小石子混凝土填筑密实而成的。

为了加强块件间和板与桥面铺装间的连接,还可以将块件中钢筋伸出与相邻块伸出的钢筋互相搭接绑扎,并浇筑在混凝土铺装层内,需待混凝土达到设计强度后才能通车。为了加快工程进度,也可以采用钢板连接,用一块钢盖板焊在相邻两构件的预埋钢板上。连接构件的纵向中距通常为80~150 cm,在跨中部分布置较密,向两端支点

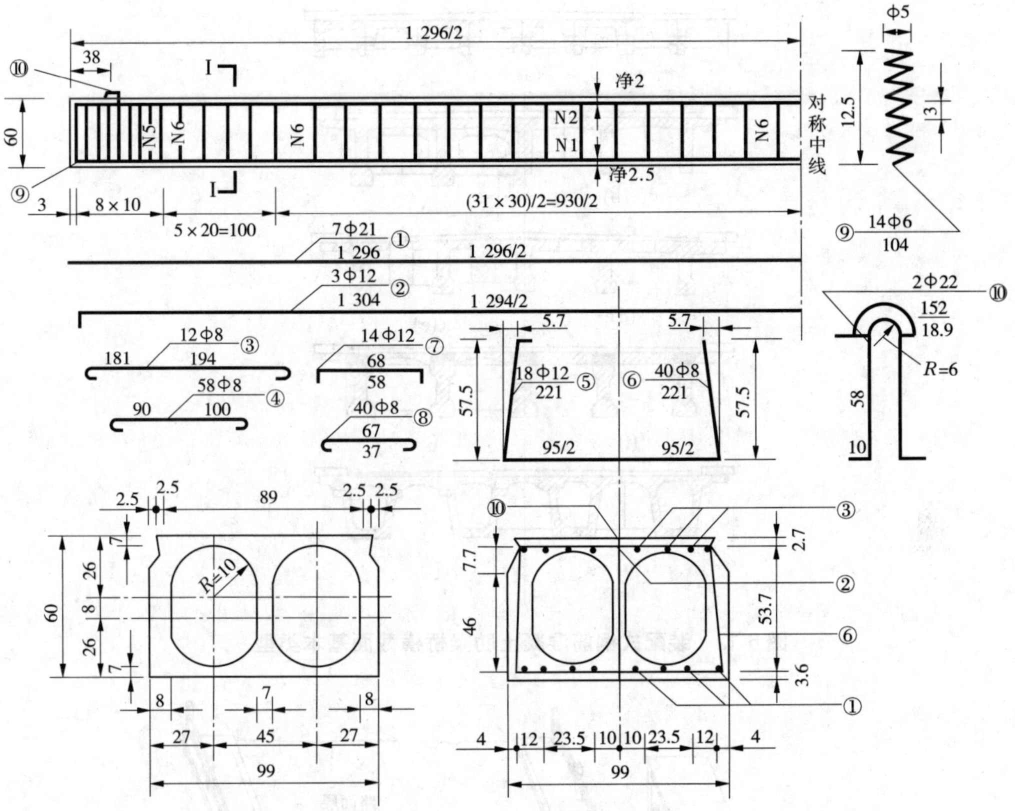

图 6-11 装配式预应力混凝土空心板桥的构造 （单位：cm）

逐渐减疏。

（二）钢筋混凝土简支肋梁桥的构造

在中等跨径（13～15 m 以上）的钢筋混凝土肋梁桥中，多采用装配式肋梁桥。图 6-12 所示为装配式钢筋混凝土肋梁桥横截面的几种基本类型。下面主要介绍装配式钢筋混凝土 T 梁的构造。

对于钢筋混凝土简支梁桥，我国的标准跨径有 4 种，分别为 10 m、13 m、16 m 和 20 m。

1. 主梁与横隔梁的构造

装配式钢筋混凝土 T 梁桥上部构造由几根 T 形截面的主梁、横隔梁及通过设在横隔梁下方和横隔梁翼缘顶板处的焊接钢板连成整体，如图 6-13 所示。

2. 装配式 T 形梁的横向连接

装配式 T 形梁的接头处要有足够的强度，以保证结构的整体性，并使在施工、营运中不发生松动。其连接的方式有以下几种：

（1）钢板连接（见图 6-14）。它是在横隔梁上、下进行钢板焊接。

（2）螺栓接头。此方式与钢板连接相似，不同的是，用螺栓与预埋钢板连接，钢板要预留螺栓孔。但此方法螺栓易松动，如图 6-15（a）所示。

（3）扣环接头。横隔梁在预制时在接缝处伸出钢筋扣环 A，安装时在相邻构件的扣

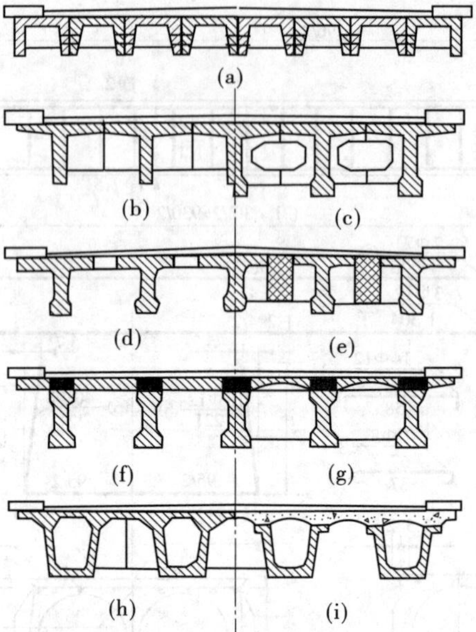

图 6-12 装配式钢筋混凝土肋梁桥横截面基本类型

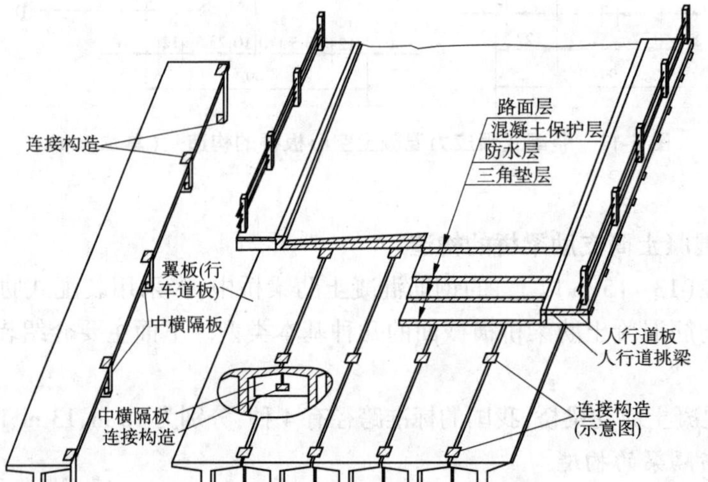

图 6-13 装配式 T 形简支梁桥概貌

环两侧再安上腰圆形的接头扣环 B,在形成的圆环内插入短分布筋后即现浇混凝土封闭接缝,接缝宽度为 0.20~0.50 m,如图 6-15(b)所示。

(4)翼缘板处的企口缝铰接。目前,为改善挑出翼缘板的受力状态,横向连接往往做成企口铰接式的简易构造。T 梁标准设计中所采用的连接方式如图 6-16(a)所示。主梁翼缘板内伸出连接钢筋,交叉弯制后在接缝处再安放局部的Φ 6 钢筋网,并将它们浇筑在

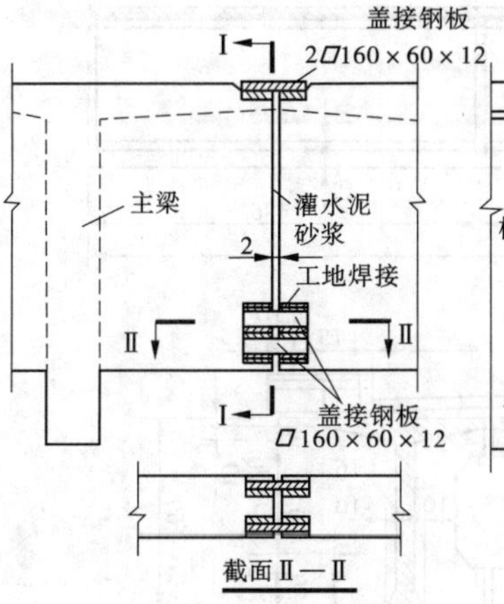

图 6-14　横隔梁的钢板接头构造　(单位:cm)

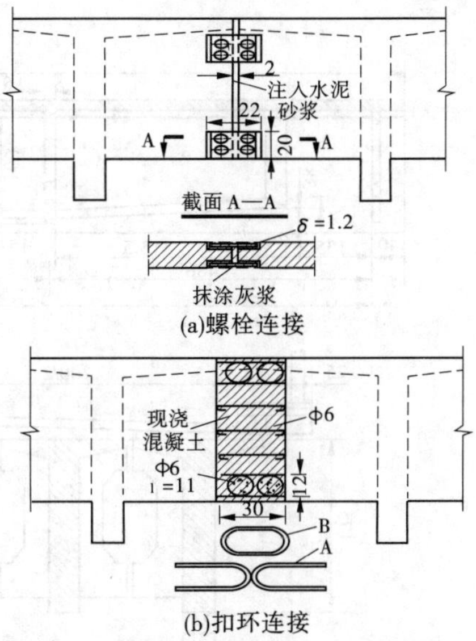

图 6-15　横隔梁的接头构造　(单位:cm)

桥面混凝土铺装层内。或者可将翼板的顶层钢筋伸出,并弯转套在一根长的钢筋上,以形成纵向铰,如图 6-16(b)所示。必要时也可在铺装层内设两层钢筋网,或相邻板采用扣环钢筋连接,形成刚性连接。

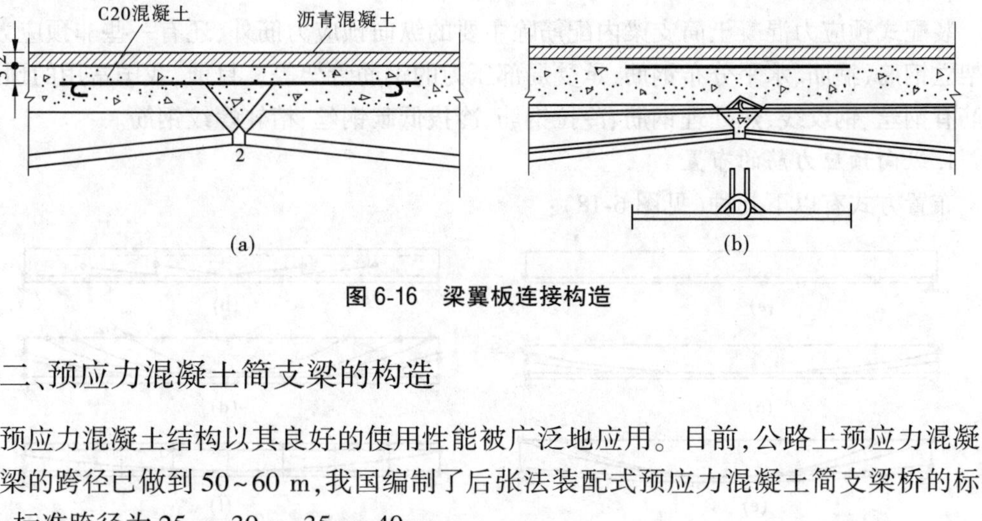

图 6-16　梁翼板连接构造

二、预应力混凝土简支梁的构造

预应力混凝土结构以其良好的使用性能被广泛地应用。目前,公路上预应力混凝土简支梁的跨径已做到 50~60 m,我国编制了后张法装配式预应力混凝土简支梁桥的标准设计,标准跨径为 25 m、30 m、35 m、40 m。

下面就介绍一下预应力混凝土简支梁桥的构造布置、截面尺寸及配筋特点。

(一)构造布置及截面尺寸

我国编制的公路桥涵标准图中,主梁间距采用 1.6 m,并根据桥梁横断面不同的净宽而相应采用 5、6、7 片主梁。图 6-17 所示为标准跨径 30 m 预应力混凝土 T 梁的构造布置。

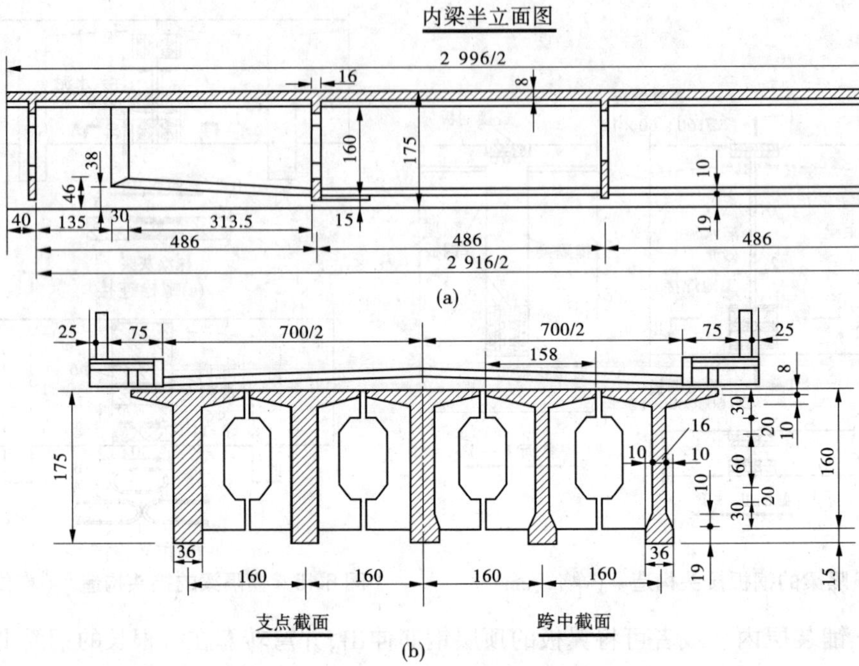

图 6-17　跨径 30 m 预应力混凝土 T 梁的构造布置　(单位:cm)

(二)配筋特点

装配式预应力混凝土简支梁内配筋除主要的纵向预应力筋外,还有一些非预应力筋,如架立钢筋、箍筋、水平分布钢筋、承受局部压力的钢筋骨架等。目前,我国常用的预应力钢筋有钢丝、钢绞线、热处理钢筋、冷拉钢筋、冷拔低碳钢丝、精轧螺纹钢筋。

1. 纵向预应力筋的布置

布置方式有以下几种(见图 6-18):

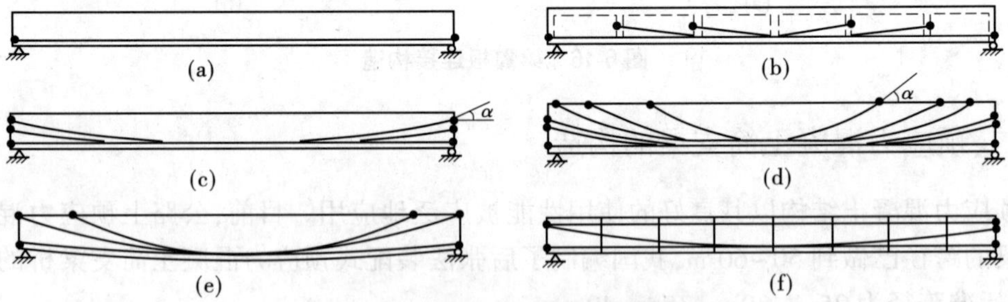

图 6-18　简支梁纵向预应力筋布置

(1)全部主筋直线形布置,适用于先张法。缺点是在梁端上缘会产生过高的拉应力。有时为了减小此应力,可根据弯矩的变化,将纵向预应力筋按需要截断。

(2)直线形预应力筋的后张法梁,为了减小梁端负弯矩,节省钢材,可以将主筋在中间截面截断。但锚固处受力与构造较复杂,且预应力筋没有充分发挥抗剪作用。

(3)将预应力筋全部弯至梁端锚固,可以减少摩擦损失,但梁端受预应力较大。

(4)当梁高受限制时,可以将一部分预应力筋弯出梁顶。此方法摩擦损失增大,但能缩短预应力筋的长度,且能提高梁的抗剪能力。

图中 6-18(a)、(c)所示方式应用较广泛。

预应力钢筋总的布置原则是:在保证梁底保护层厚度及使预应力钢筋位于索界内的前提下,尽量使预应力筋的重心靠下;在满足构造要求的同时,预应力钢筋尽量相互紧密靠拢,使构件尺寸紧凑。

2. 非预应力筋的布置

预应力混凝土 T 形梁与钢筋混凝土梁一样,按规定布置箍筋、防收缩钢筋、架立钢筋。另外,还有其自身特点。

如图 6-19 所示为梁端锚固区(约等于梁高的长度内)的配筋构造。加强钢筋网的网格约为 10 cm×10 cm。锚具下设置厚度不小于 16 mm 的钢垫板与Φ 9 的螺旋筋,其螺距为 3 cm,长 21 cm,以提高混凝土的抗裂性。

此外,对于预应力筋比较集中的下翼缘(下马蹄)内,必须设置闭合式加强箍筋,其间距不大于 15 cm。制孔管的直径应比预应力筋直径大 10 mm,采用铁皮套管时应大 20 mm,管道间的最小净距主要由灌注混凝土的要求所决定,在有良好振捣工艺时(例如同时采用底振和侧振),最小净距不小于 4 cm。

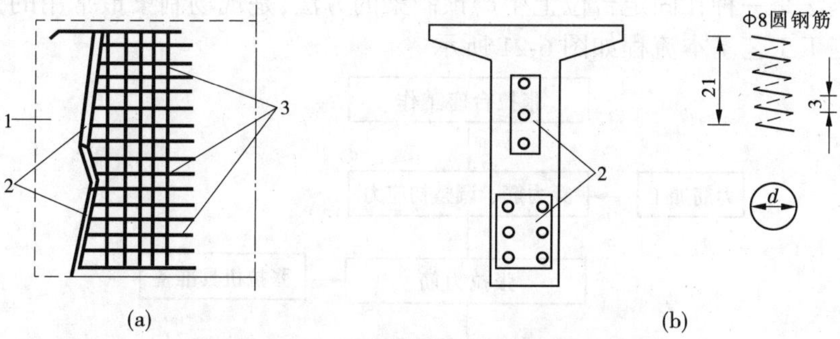

1—后浇封头混凝土;2—垫板;3—钢筋网(Φ 8,间距 10 cm)。

图 6-19　梁端非预应力钢筋构造　(单位:cm)

另外,有时预应力筋与非预应力筋共同配置,会收到很好的效果。

图 6-20(a)表示当梁中预应力筋在两端不便弯起时,为了防止张拉阶段在梁端顶部可能开裂而布置的受拉钢筋。

对于自重比恒载与活载小得多的梁,在预加力阶段跨中部分的上翼缘可能会开裂破坏,因而也可在跨中部分的顶部加设无预应力的纵向受力钢筋,如图 6-20(b)所示。这种钢筋在营运阶段能加强混凝土的抗压能力,在破坏阶段则可提高梁的安全度。

图 6-20(c)表示在跨中部分下翼缘内设置的钢筋,多半是在全预应力梁中为了加强混凝土承受预加压力而设置的。

对于部分预应力梁,也往往利用通长布置在下翼缘内的纵向钢筋来补足极限强度的需要,如图 6-20(d)所示,并且这种钢筋对于配置无黏结预应力筋的梁能起到分布裂缝的作用。

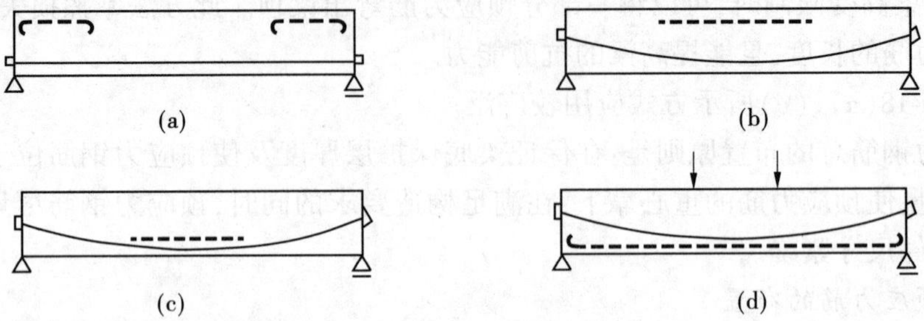

图6-20 非预应力纵向受力钢筋(虚线)的布置

三、先张法预应力简支梁制造工艺

先张法预应力混凝土简支梁的预制有流水台车法和固定台座法两种方法。

流水台车法是在预制厂内设置运输轨道,在活动的台车上制梁。流水台车由轨道轮、底板、加劲肋、底模和底模振捣装置组成。预制梁在台车上生产,而安装模板、绑扎钢筋、预应力筋组束、浇筑混凝土以及张拉等工序安排在固定车间内,通过台车流动组织生产。它的主要优点在于可组织流水作业,机械化程度高,生产效率高。这种生产方式需要较大的生产车间和堆放场地,宜在生产量大的大型预制厂采用。

固定台座法是一种在固定台位上生产预制梁的方法,是现场制梁最常用的方法。

先张法施工工艺基本流程如图6-21所示。

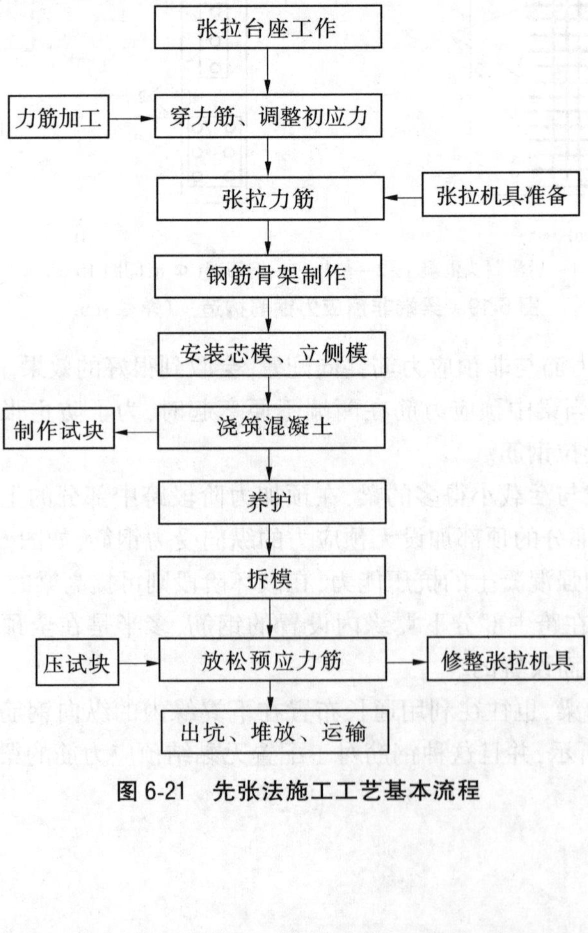

图6-21 先张法施工工艺基本流程

四、后张法预应力简支梁制作工艺

后张法施工工艺是先浇筑留有预应力钢筋孔道的混凝土梁体，待混凝土达到规定强度后（一般不低于设计强度的75%），再在预留孔道内穿入预应力筋进行张拉锚固（有时预留孔道内已预埋钢筋束，待混凝土达到规定强度后，对预应力筋进行张拉锚固），最后进行孔道压浆并浇筑梁端混凝土封锚。

后张法梁施加预应力前必须完成梁内预留孔道、制束、制锚、穿束和张拉设备的准备工作。但利用后张法制造混凝土梁不需要张拉台座和大型的张拉设备，便于在桥梁施工现场施工，而且适于配置曲线形预应力筋的重、大型混凝土梁的制作，因此在桥梁施工中应用广泛。

后张法施工工艺基本流程如图6-22所示。

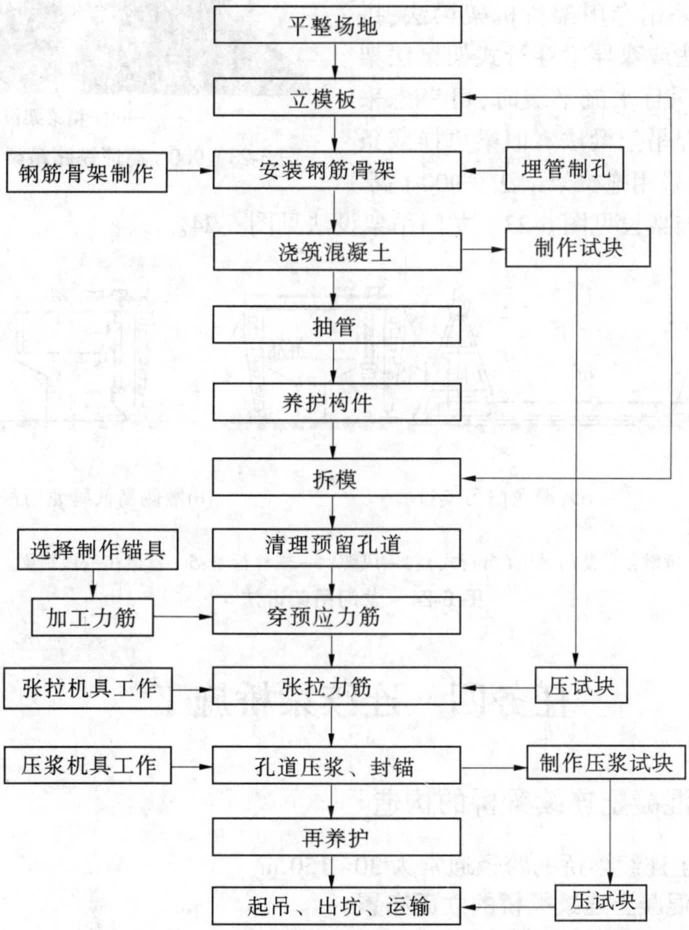

图6-22　后张法施工工艺基本流程

梁体在固定台位上完成各工序，直到构件完全可以移动后再进行下一个构件的制作。在正常的情况下，固定台位上预制一片30 m跨径的后张法预应力T梁需要50 h的工作时间。

五、简支梁的架设

根据桥高、地形、水文、工程量的大小和施工单位的设备情况,简支梁可以采用各种不同的架梁设备和架梁方法。常用的有专用架桥机架梁法、龙门吊机架梁法、自行式吊机架梁法、拼装式架桥机架梁法、双导梁穿行式架梁法、浮运架梁法、浮吊架梁法、拖拉架梁法等。当桥高不大,桥下地势平坦,便于车辆走行时,若跨数较少,可采用自行式吊机架梁,若跨数较多,可采用龙门吊机架梁。桥高或桥下有水时可采用专用架桥机架梁法、拼装式架桥机架梁法或双导梁穿行式架梁法架梁。桥下水足够深且水流平缓时,可考虑采用浮运架梁法和浮吊架梁法。旧梁更换或条件适宜时,可考虑采用拖拉架梁法。900 t 高速铁路箱梁运输与架设见图 6-23。龙门吊架设法见图 6-24。

900 t 箱梁运输

900 t 箱梁架设

图 6-23　900 t 高速铁路箱梁运输与架设

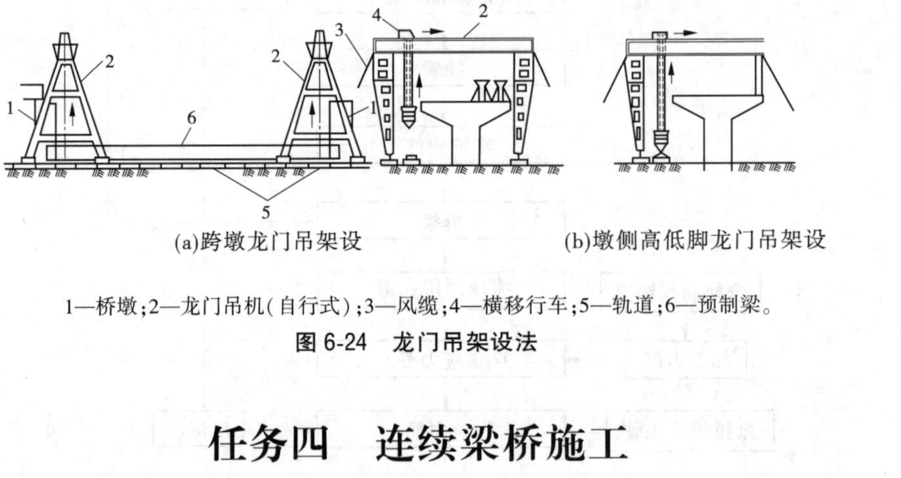

(a)跨墩龙门吊架设　　(b)墩侧高低脚龙门吊架设

1—桥墩;2—龙门吊机(自行式);3—风缆;4—横移行车;5—轨道;6—预制梁。

图 6-24　龙门吊架设法

任务四　连续梁桥施工

一、预应力混凝土连续梁桥的构造

预应力混凝土连续梁桥的跨径通常为 30~150 m。

(一)预应力混凝土连续梁桥的立面布置

预应力混凝土连续梁桥根据梁高变化可分为等截面连续梁和变截面连续梁,可按照等跨和不等跨两种方式布置。

大中跨径连续梁桥一般采用不等跨布置,对于采用顶推法或先简支后连续施工法施工的桥梁,为使结构简单和模式统一,需采取等跨布置。连续梁桥梁跨数不多时,一般采用奇数孔,以三跨及五跨较为常见。

1. 等截面连续梁

等截面连续梁一般适用于中等跨径桥梁，以 40~60 m 为宜，也适用于有支架施工、逐孔架设施工、移动模架施工及顶推法施工的桥梁。立面布置以等跨径为宜，当标准跨径较大时，有时为减小边跨正弯矩，也可以将边跨跨径取小于中跨跨径的不等跨布置，一般边跨与中跨跨长之比为 0.6~0.8。

2. 变截面连续梁

当连续梁的主跨跨径达到或大于 70 m 时，采用变截面连续梁。

变截面形式的大跨径预应力混凝土连续梁桥，当采用多于两跨的连续梁桥时，其边跨跨径一般为中跨跨径的 0.6~0.8 倍。三跨连续梁应用最广泛，当采用箱形截面的三跨连续梁时，边孔跨径可减小至中孔跨径的 0.5~0.7 倍（见图 6-25）。梁底立面曲线可采用圆弧线、二次抛物线及折线等。采用变截面布置不仅外形美观，还可节省材料，并增大桥下净空高度。

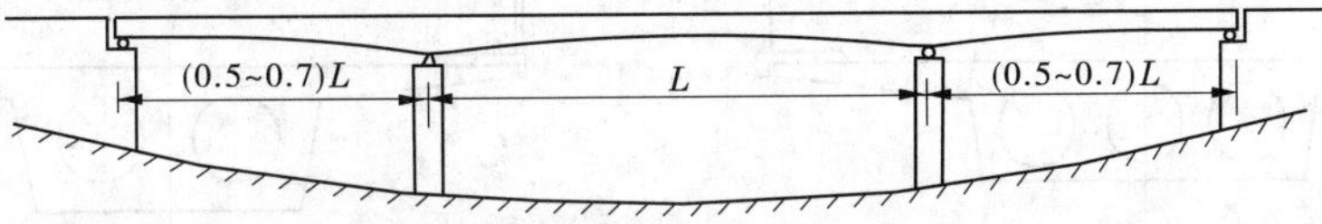

图 6-25　变截面梁的立面布置图

（二）预应力混凝土连续梁桥的横截面形式和尺寸

预应力混凝土连续梁桥常用的横截面形式主要有板式截面、肋梁式截面和箱形截面。截面形式的选用应根据桥梁的跨径、宽度、梁高、荷载、静力体系和施工方法等方面综合确定。

1. 板式截面

板式截面分实体截面［见图 6-26（a）、（b）］和空心截面［图 6-26（c）、（d）］。矩形实体截面使用较少，曲线形板式截面近年来使用相对较多。实体板式截面多用于中小跨径，且多采用有支架整体浇筑施工。空心截面常用于跨径为 15~30 m 的连续梁桥，板厚一般为 0.8~1.5 m。

2. 肋梁式截面

肋梁式截面预制方便，常采用预制架设施工，并在梁段安装后经体系转换为连续梁桥。常用跨径为 25~50 m，梁高取 1.5~2.5 m，如图 6-26（e）所示。

3. 箱形截面

当连续体系梁桥的跨径超过 40~60 m 或更大时，箱形截面是最适宜的截面形式，而且箱梁底部一般较窄，与之相配的桥墩工程量可大大减少，所以在高桥墩中效果更为显著。箱形截面具有很大的抗弯和抗扭刚度，对于采用悬臂施工的桥梁尤为有利。

常用的箱形截面形式有单箱单室、双箱单室、单箱双室及单箱多室等（见图 6-27）。

（三）预应力筋布置

连续梁主梁的内力主要有三个，即纵向受弯、纵向受剪以及横向受弯。预应力混凝土连续梁中预应力筋布置分为纵向布置、横向布置及竖向布置。纵向预应力筋抵抗纵向受弯和部分受剪，竖向预应力筋抵抗剪力，横向预应力筋则抵抗横向受弯。同时布置有三种

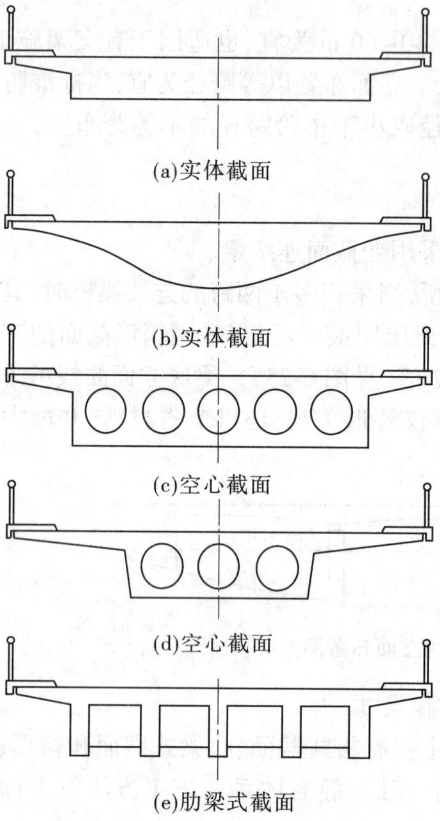

图 6-26　板式、肋式截面

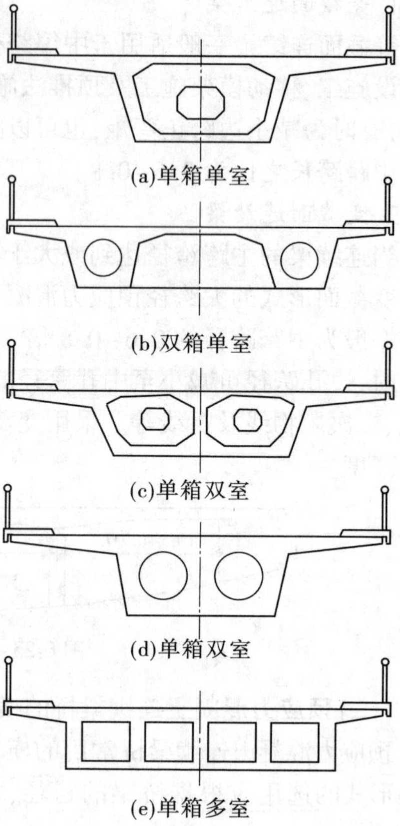

图 6-27　箱形截面

力筋的称为三向预应力体系,同时布置有纵向与竖向或纵向与横向力筋的称为双向预应力体系。

预应力筋的数量和布筋位置都需要根据结构在使用阶段的受力状态予以确定,同时,也要满足施工各阶段的受力需要。施工方法不同,施工阶段的受力状态差别很大。因此,结构配筋必须结合施工方法考虑。

1. 纵向预应力筋

沿桥跨方向的纵向力筋又称为主筋,是用以保证桥梁在恒、活载作用下纵向跨越能力的主要受力钢筋,可布置在顶、底板和腹板中。预应力混凝土连续梁桥中纵向预应力筋的布置方式有多种,与所采用的施工方法以及预应力筋的种类等有密切的关系。

图 6-28(a)表示采用顶推法施工的直线形预应力筋的布置方式。此种布束方式可减少预应力筋的摩阻损失,并且穿束方便,也改善了腹板的混凝土浇筑条件;水平预应力筋的设计和构造仅由弯曲应力决定,而抗剪强度则由竖向预应力筋来提供。上、下的钢筋通束使截面接近轴心受压,以抵抗顶推过程中各截面承受的正负弯矩的交替变化。待顶推完成后,再在跨中的底部和支点的顶部增加局部预应力筋,用来满足运营荷载下相应的内力要求。有时按设计还在跨中的顶部和支点附近的底部设置局部的施工临时钢筋束,待顶推完成后卸除。

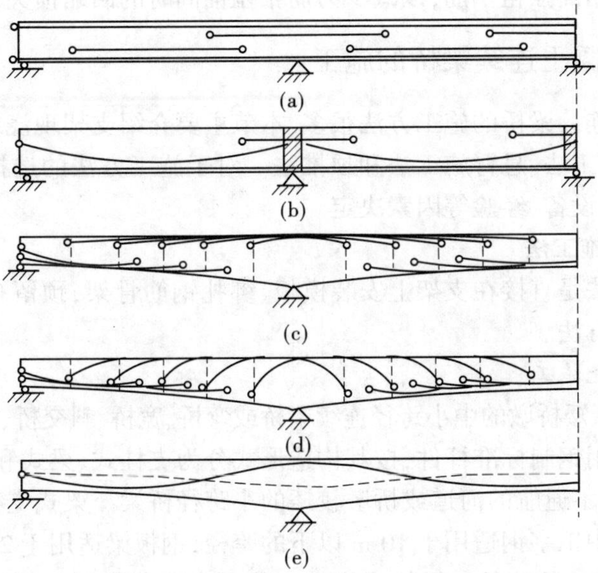

图 6-28 预应力混凝土连续梁配筋

图 6-28(b)所示为采用先简支后连续施工方法的预应力筋布置方式。待墩上接缝混凝土达到规定强度后,用设置在接缝顶部的局部预应力筋来建立结构的连续性。

图 6-28(c)、(d)所示为采用悬臂施工方法的预应力筋布置方式。梁中除正弯矩区和负弯矩区各需布置顶部和底部预应力筋外,在有正、负弯矩的区段内,顶、底板中均需设置预应力筋。

图 6-28(e)表示整根曲线形钢筋束锚固于梁端的布置方式,一般用于整联现浇的情形,若预应力筋既长且弯曲次数又多,就显著加大了预应力筋的摩阻损失,故联长或力筋不宜过长。预应力筋的布置要考虑到张拉操作的方便。当需要在梁内、梁顶或梁底锚固预应力筋时,应根据预应力筋锚固区的受力特点进行局部加强,以防开裂损坏。

2. 横向预应力筋

横向预应力筋是用以保证桥面板、横隔板的横向抗弯能力,以及桥梁的横向整体性的主要受力钢筋,一般布置在横隔板和顶板中。图 6-29 所示为对箱梁截面的顶板施加横向预应力的力筋构造。由于目前大跨径梁式桥主梁大都采用箱形截面,顶板厚度一般为 25~35 cm,在保证大量纵向预应力筋穿过的前提下,所剩空间位置有限,此时横向预应力筋趋向于采用扁锚体系,以减小布筋所需空间。

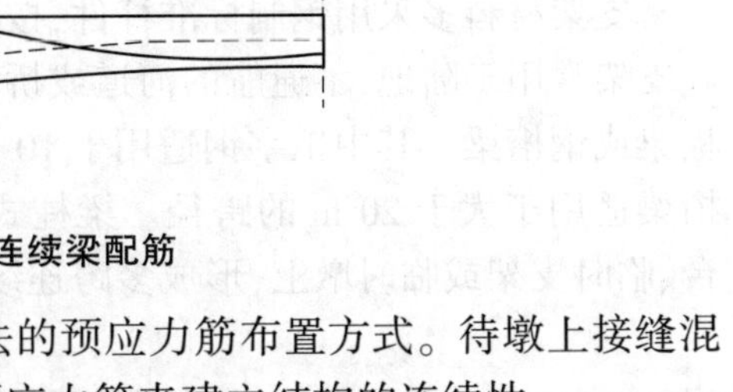

图 6-29 箱梁横向及竖向预应力筋布置方式

3. 竖向预应力筋

竖向预应力筋布置在腹板中,主要作用是提高截面的抗剪能力。图 6-29 中还示出了对箱梁截面的腹板施加竖向预应力的力筋构造。竖向预应力筋在梁体腹板内沿纵向的布置间距可根据竖向剪力的分布而进行调整,靠近支点截面位置较密,靠近跨中位置较疏。

竖向预应力筋常采用高强粗钢筋,以减少力筋张拉锚固时的回缩损失。

二、预应力混凝土连续梁桥的施工

预应力混凝土连续梁桥的施工方法很多,本节主要介绍支架现浇施工法、预制梁逐孔架设法、移动模架施工法、悬臂施工法和顶推法。对于施工方法的选择,应根据桥梁的设计、施工现场、环境、设备、经验等因素决定。

(一)支架现浇施工法

支架现浇施工法是直接在支架上安装模板、绑扎钢筋骨架,预留孔道,现场浇筑混凝土并施加预应力的方法。

1. 整体支架现浇施工

该方法适用于低矮桥墩的中小跨径连续梁桥或弯桥、宽桥、斜交桥、立交桥等复杂桥型。

支架材料多采用钢制标准杆件,按其构造形式分为支柱式、梁式和梁柱式三种。支柱式支架常用于陆地、不通航的河道或桥墩较矮的小跨径桥梁。梁式支架可采用工字钢、钢板梁或钢桁梁。其中工字钢适用于10 m以下的跨径,钢板梁适用于20 m以下的跨径,钢桁梁适用于大于20 m的跨径。梁柱式支架一般在大跨径桥梁上使用,梁支承在桥梁墩台、临时支架或临时墩上,形成多跨连续支架。常用的钢支架构造如图6-30所示。

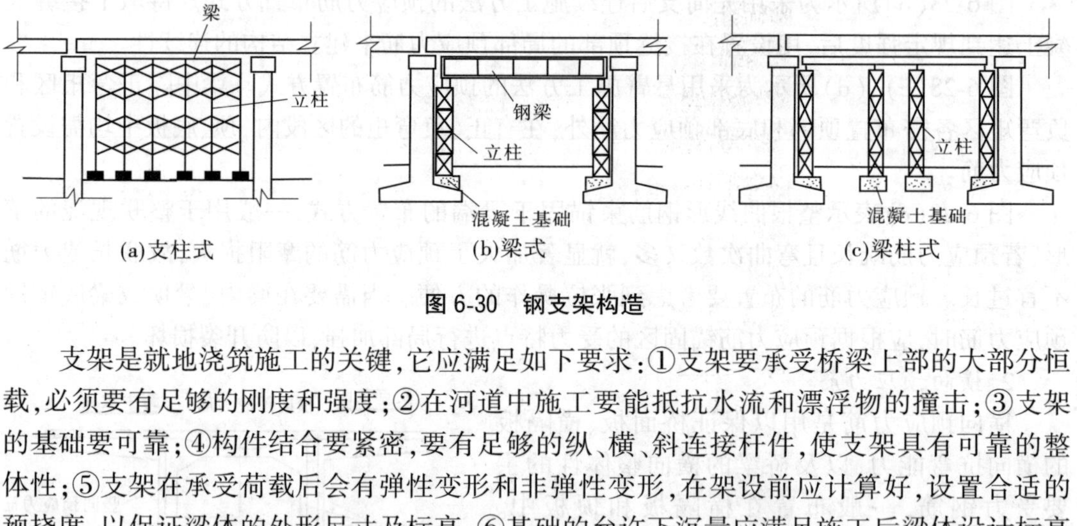

图6-30　钢支架构造

支架是就地浇筑施工的关键,它应满足如下要求:①支架要承受桥梁上部的大部分恒载,必须要有足够的刚度和强度;②在河道中施工要能抵抗水流和漂浮物的撞击;③支架的基础要可靠;④构件结合要紧密,要有足够的纵、横、斜连接杆件,使支架具有可靠的整体性;⑤支架在承受荷载后会有弹性变形和非弹性变形,在架设前应计算好,设置合适的预挠度,以保证梁体的外形尺寸及标高;⑥基础的允许下沉量应满足施工后梁体设计标高的要求;⑦要设置落梁设施,如木楔、沙筒和千斤顶等,以确保落架对称、均匀,使主梁不产生局部受力状态。

整体支架现浇施工的顺序为:采用一联同时搭设支架,按一定程序浇筑混凝土,待张拉预应力筋,压浆后移架。对于小跨径桥梁,一般采用从一端到另一端浇筑的施工顺序,先梁身后支点,依次进行。对于大跨径预应力混凝土箱形截面连续梁桥,施工时有两种方法:一种是水平分层施工,即先浇筑底板,待达到一定强度后再进行腹板施工,最后浇筑顶板;另一种是分段施工,即每隔20~25 m设置一条连接缝,连接缝宽约1 m,待各段混凝土浇筑完成后,最后在接缝处合龙。为使接缝处混凝土结合紧密,通常把该处腹板做成企口缝或齿形,同时腹板与底板不能在同一竖截面内接头。预应力混凝土连续梁桥在支架上施工,其预应力筋可一次性布置,集中张拉,因此便于采用大型力筋。

整体支架现浇施工程序如图 6-31 所示。

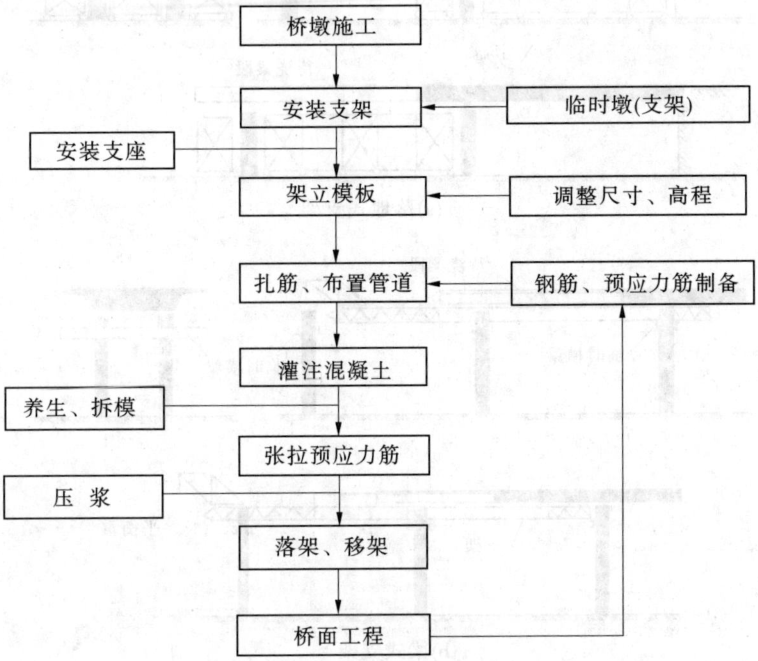

图 6-31 整体支架现浇施工程序

2. 移动支架逐孔现浇施工

移动支架逐孔现浇施工与整体支架现浇施工的区别在于:移动支架逐孔现浇施工仅在一跨梁上设置支架,当预应力筋张拉结束后,将支架移到下一跨施工,因此在施工过程中会出现体系转换问题,混凝土徐变对结构产生次内力,而整体支架现浇施工通常在一联桥跨内布设支架连续施工,没有体系转换问题。

移动支架常用的形式有落地式和梁式,如图 6-32 所示。落地式支架适合于在陆地上或桥墩较低、水不深的情况下建桥。梁式支架的承重梁可支承在锚固于桥墩的横梁上,也可支承在已施工完成的梁体上,它适合于在较深的水中建桥。

(二)预制梁逐孔施工法

预制梁逐孔施工法是中等跨径预应力混凝土连续梁桥常采用的一种施工方法。它是先在工厂或现场预制整跨梁或分段梁,然后将预制构件安装在墩台和轻型的临时支架上,再现浇接头混凝土,最后通过张拉部分预应力筋,使梁体集整形成连续梁。当起吊能力受到限制时,也可沿桥的横向将梁分割,分别预制,在安装形成连续梁体系后再进行横向整体化施工。由于预制梁或预制段较长,需要在预制时先进行第一次预应力筋的张拉,拼装就位后再进行二次张拉。预制梁逐孔施工的优点是:①无须满布支架,大大减少了现浇混凝土的数量;②施工中能连续操作,可以选择最佳的施工接缝位置;③可以使上部结构的预制工作和下部结构的施工同步进行,施工速度快。其缺点是:①施工过程中结构体系不

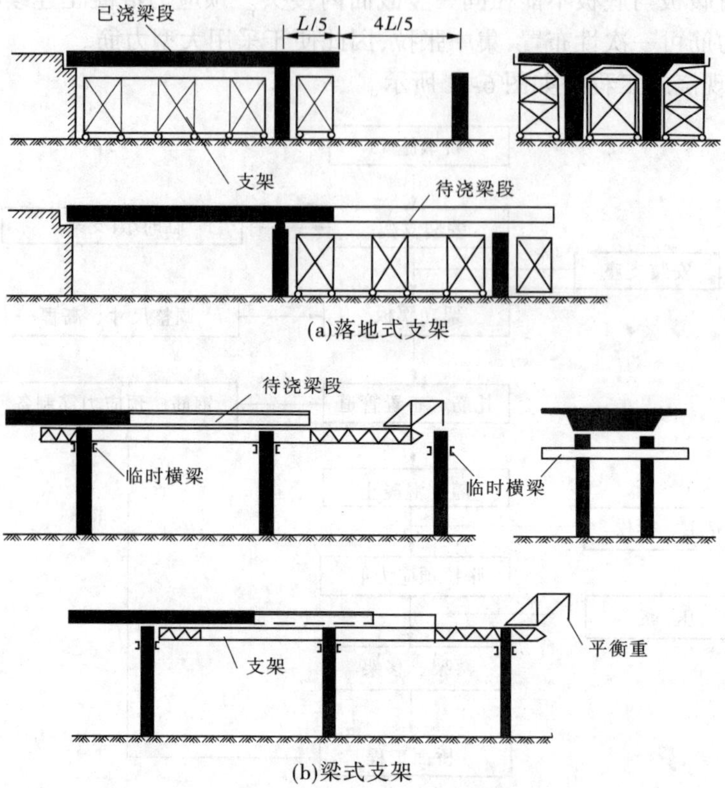

图 6-32　移动支架逐孔现浇施工

断改变;②需要大型的起重设备。该方法适合于中等跨径的桥梁。

预制梁逐孔施工法有两种结构体系转换的施工方式:简支-连续施工,简支-单悬臂-连续施工,如图 6-33、图 6-34 所示。

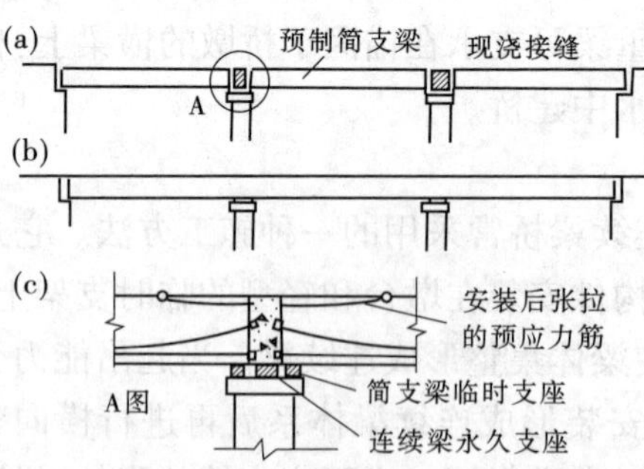

图 6-33　简支-连续施工

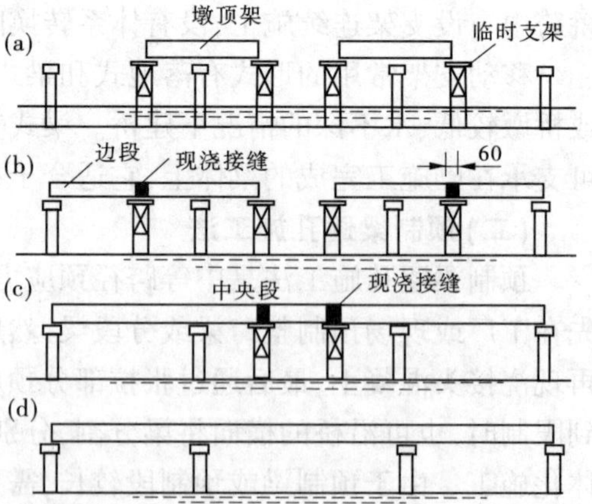

图 6-34　简支-单悬臂-连续施工

(三)移动模架施工法

移动模架施工法是使用移动式的脚手架和装配式的模板,在桥上逐孔浇筑施工。它像一座设在桥孔上的活动预制场,随着施工进程不断移动和连续现浇施工。

常用的移动模架可分为移动悬吊模架和活动模架两种。

1. 移动悬吊模架

移动悬吊模架的基本结构包括三部分:承重梁、从承重梁伸出的肋骨状的横梁以及支承主梁的移动支承。其施工程序如图 6-35 所示。

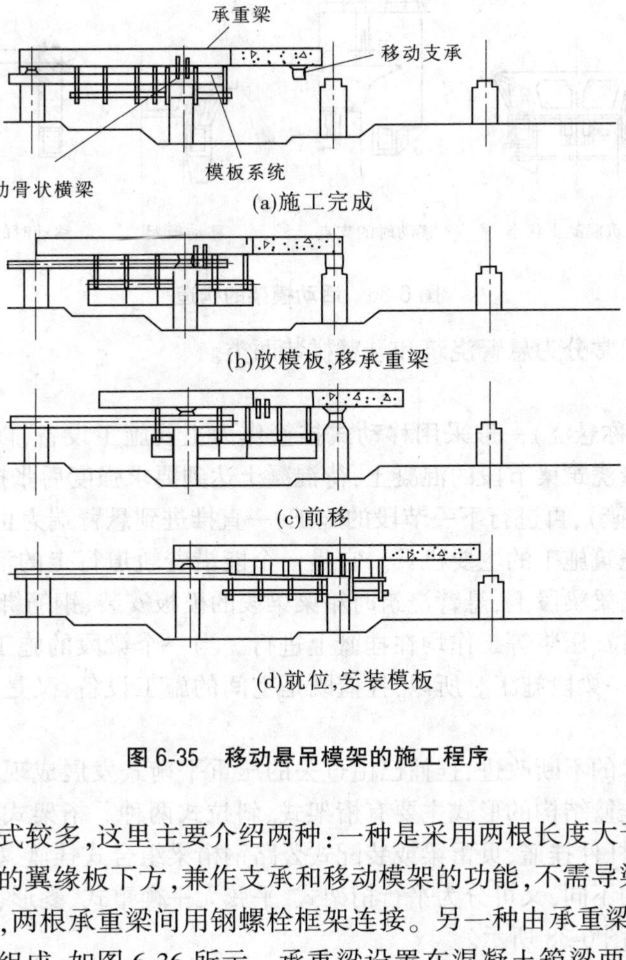

图 6-35 移动悬吊模架的施工程序

2. 活动模架

活动模架的形式较多,这里主要介绍两种:一种是采用两根长度大于两倍跨径的承重梁分设在箱梁截面的翼缘板下方,兼作支承和移动模架的功能,不需导梁。承重梁设置在墩顶的临时横梁上,两根承重梁间用钢螺栓框架连接。另一种由承重梁、导梁、台车、桥墩托架和模架等构件组成,如图 6-36 所示。承重梁设置在混凝土箱梁两侧,用于支承模板和承受施工重力。承重梁的长度要大于桥梁跨径,浇筑混凝土时承重梁支承在桥墩托架上。导梁主要用于运送承重梁和活动模架,需要有大于两倍桥梁跨径的长度。当一跨梁施工完成后便进行脱模卸架,由前方台车和后方台车在导梁和已完成的桥梁上面,沿纵向将承重梁和活动模架运送至下一跨,承重梁就位后导梁再向前移动。

(四)悬臂施工法

悬臂施工法亦称分段施工法,它是在已建成的桥墩上,沿桥梁跨径方向对称地逐段浇筑或拼装的施工方法。

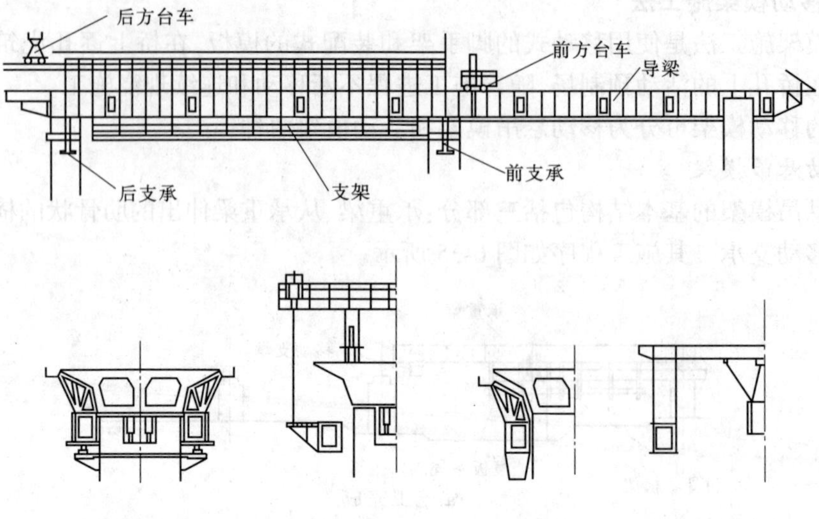

图6-36　活动模架的构造

悬臂施工法通常分为悬臂浇筑和悬臂拼装两类。

1. 悬臂浇筑

悬臂浇筑(简称悬浇)一般采用移动式挂篮作为主要施工设备,以桥墩为中心,对称地向两岸利用挂篮浇筑梁节段的混凝土,待混凝土达到要求强度后张拉预应力筋束,然后移动机具模板(挂篮),再进行下一节段的施工,一直推进到悬臂端为止。

挂篮是悬臂浇筑施工的主要机具。它是一个能沿着轨道行走的活动脚手架,悬挂在已经张拉锚固的箱梁梁段上,悬臂浇筑时箱梁梁段的模板安装、钢筋绑扎、管道安装、混凝土浇筑、预应力张拉、压浆等工作均在挂篮上进行。当一个梁段的施工程序完成后,挂篮解除后锚,移向下一梁段施工。所以,挂篮既是空间的施工设备,又是预应力筋未张拉前梁段的承重结构。

随着施工技术的不断改进,挂篮已由过去的压重平衡式发展成现在通用的自锚平衡式。自锚式施工挂篮结构的形式主要有桁架式、斜拉式两种。桁架式挂篮按其构成部件的不同,分为万能杆件挂篮、贝雷梁或装配式公路钢桁梁组合式挂篮、型钢组合式挂篮等;按桁架构成形状的不同,又可分为平行桁架式、平弦无平衡重式、菱形、弓弦式等多种。部分形式如图6-37、图6-38所示。

2. 悬臂拼装

悬臂拼装(简称悬拼)是将块件分段预制,当下部结构完成后,将预制块件运到桥下,用活动吊机逐段起吊,拼装就位,施加预应力,使块件成为整体的施工方法。预制块件的长度应根据悬拼吊机的起重能力确定,一般为2~5 m。悬拼按起重吊装的方式不同分为浮吊悬拼、牵引滑轮组悬拼、连续千斤顶悬拼、缆索起重机(缆吊)悬拼及移动支架悬拼等。悬拼的核心是梁的吊拼,而梁段的预制则是悬拼的基础。

悬臂拼装施工如图6-39所示。

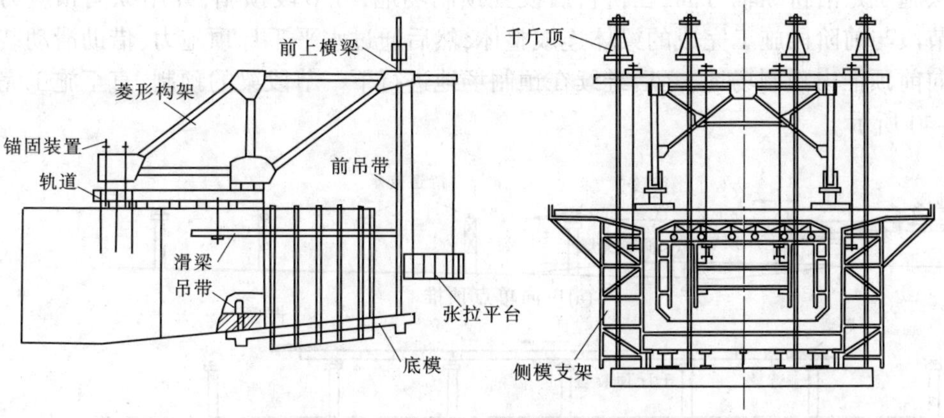

图 6-37　菱形桁架式挂篮

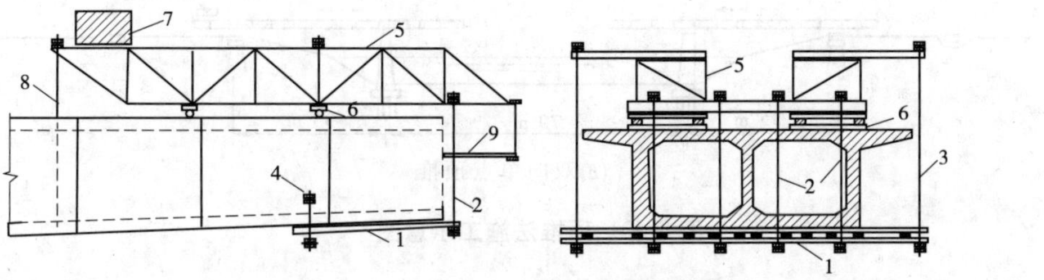

1—底模架；2、3、4—悬吊系统；5—承重结构；6—行走系统；7—平衡重；8—锚固系统；9—工作平台。

图 6-38　挂篮构造简图

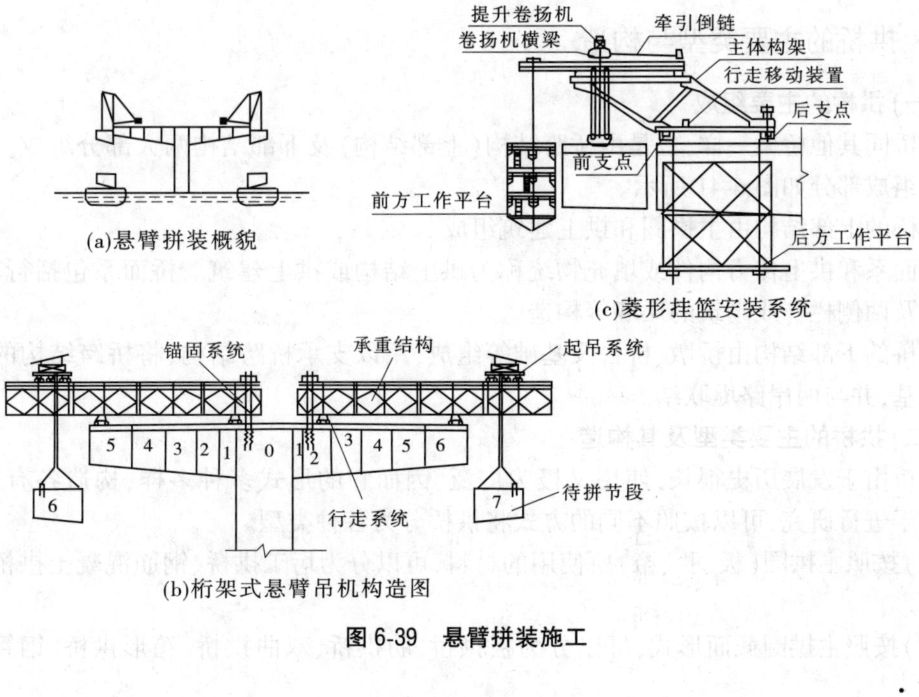

图 6-39　悬臂拼装施工

(五)顶推法

顶推法施工是沿桥纵轴方向,在桥台后设置预制场地,分节段预制,并用纵向预应力筋将预制节段与前阶段施工完成的梁体连成整体,然后通过水平千斤顶施力,借助滑动装置将梁体向前顶推出预制场地,之后继续在预制场地进行下一节段梁的预制,直至施工完成,如图6-40所示。

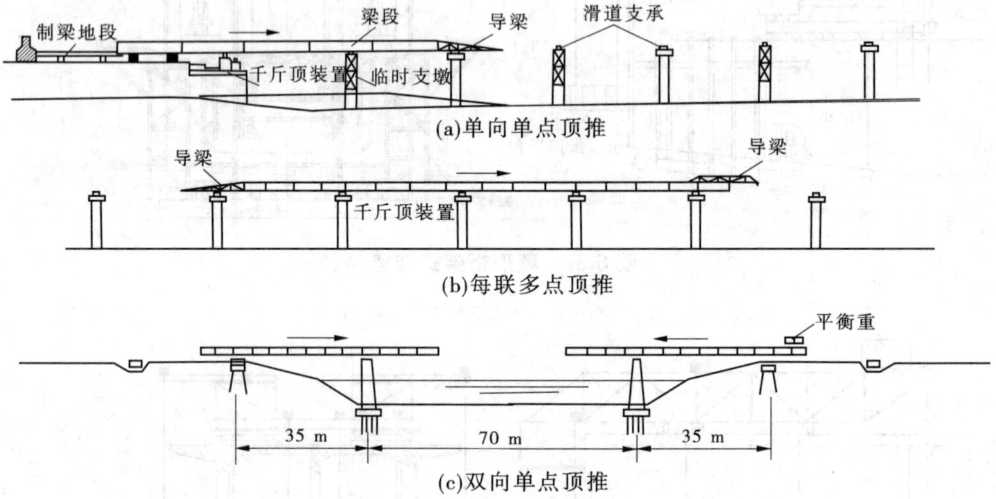

图6-40 顶推法施工示意图

任务五 拱桥施工

一、拱桥的主要类型与构造

(一)拱桥的主要组成

拱桥同其他桥梁一样,也是由桥跨结构(上部结构)及下部结构两大部分组成。拱桥的主要组成部分如图6-41所示。

拱桥的上部结构由主拱圈和拱上建筑组成。

桥面系和拱上传力构件或填充物统称为拱上结构或拱上建筑。桥面系包括行车道、人行道及两侧栏杆或砌筑的矮墙等构造。

拱桥的下部结构由桥墩、桥台及基础等组成,用以支承桥跨结构,将桥跨结构的荷载传至地基,并与两岸路堤联结。

(二)拱桥的主要类型及其构造

拱桥由于发展历史很长,使用又极为广泛,因而它的形式多种多样,构造各有差异。为了便于进行研究,可以按照不同的方式将拱桥分为各种类型。

(1)按照主拱圈(板、肋、箱)所使用的材料,可以分为圬工拱桥、钢筋混凝土拱桥及钢拱桥等。

(2)按照主拱圈截面形式,可以分为板拱桥、肋拱桥、双曲拱桥、箱形拱桥、钢管混凝

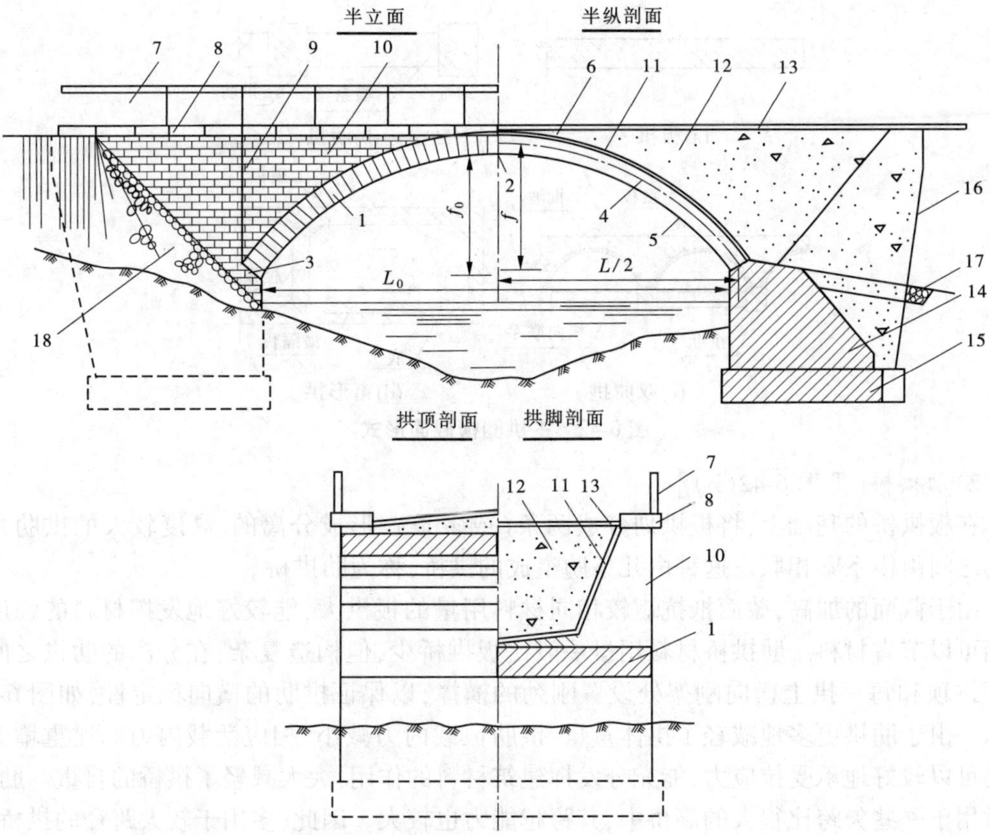

1—主拱圈;2—拱顶;3—拱脚;4—拱轴线;5—拱腹;6—拱背;7—栏杆;8—人行道块石;9—伸缩缝;10—拱上侧墙;11—防水层;12—填料;13—桥面;14—桥台;15—基础;16—桥台侧墙;17—盲沟;18—锥坡。

图 6-41 拱桥的主要组成部分

土拱桥。

(3)按照拱上建筑的形式,可以分为实腹式拱桥及空腹式拱桥。

(4)按照拱圈所用的拱轴线形式,可以分为圆弧拱桥、抛物线拱桥或悬链线拱桥等。

(5)按照桥面的位置,可以分为上承式拱桥、下承式拱桥和中承式拱桥。

(6)按照有无水平推力,可以分为有推力拱桥和无推力拱桥等。

现仅对圬工和钢筋混凝土拱桥的主拱圈和拱上建筑的类型及其构造做一简要介绍。

1. 主拱圈的构造

拱桥的主拱圈横截面形式是多种多样的,可分为下面几种类型(见图 6-42)。

1)板拱桥[见图 6-42(a)]。

主拱圈采用矩形实体截面,是圬工拱桥的基本形式,由于它的构造简单、施工方便,因而使用广泛。但由于在相同截面积的条件下,实体矩形截面比其他形式截面的截面抵抗矩小,如果为了获得较大的截面抵抗矩,必须增大截面尺寸,这就相应地增加了材料用量和结构自重,从而更进一步地加重了下部结构的负担,这是不经济的,所以通常只在地基条件较好的中、小跨径圬工拱桥中采用板拱形式。

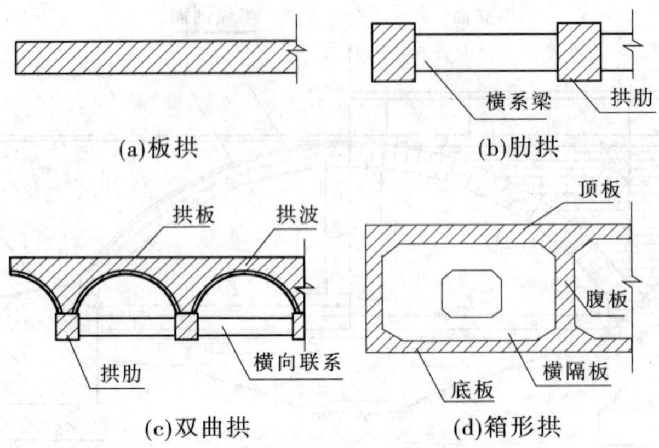

图 6-42　主拱圈横截面形式

2)肋拱桥[见图 6-42(b)]

在板拱桥的基础上,将板拱划分成两条(或多条),形成分离的、高度较大的拱肋,肋与肋之间由横系梁相联。这种由几条肋组成的拱桥,称为肋拱桥。

由于截面的加高,截面抵抗矩较相同材料用量的板拱大,能较好地发挥材料的强度,因而可以节省材料。肋拱桥材料用量一般比板拱桥少,但构造复杂,在分离的肋拱之间,须于拱顶和每一拱上横向刚架处设置刚劲的横撑,以保证拱肋的横向稳定性,如图 6-43 所示。由于肋拱更多地减轻了拱体重量,拱肋恒载内力减小,相应活载内力的比重增大,钢筋可以较好地承受拉应力,能充分发挥建筑材料的作用,大大减轻了拱桥的自重。肋拱常常用于一些矢跨比很大的高桥中,其跨越能力也较大。因此,多用于较大跨径的拱桥。

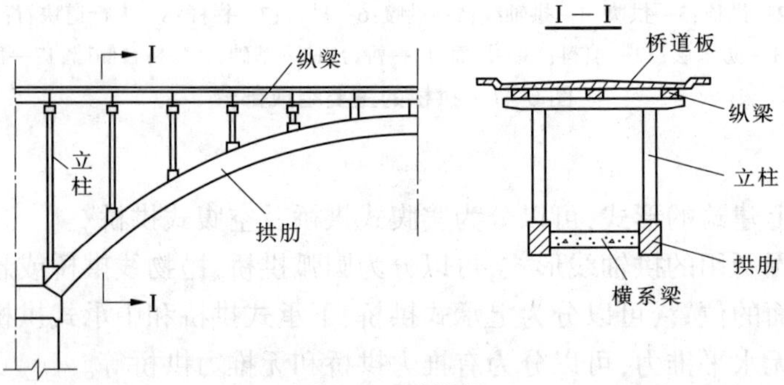

图 6-43　肋拱桥

3)双曲拱桥[见图 6-42(c)]

这种拱桥的主拱圈横截面是由一个或数个小拱组成的,由于主拱圈在纵向及横向均呈曲线形,故称之为双曲拱桥。由于这种截面的截面抵抗矩较相同材料用量的板拱大,因而可以节省材料。加之在施工等方面比板拱有较多的优越性,可以预制装配,故在全国公路上得到广泛推广,并在铁路、渠道等工程结构中也被采用。

现在,一方面,随着双曲拱桥的大量修建,无论在设计计算理论、结构形式和施工方法等方面都得到了不断的发展和提高;另一方面,人们在实践中也认识了它所存在的缺点,如施工程序多,组合截面的整体性较差,易开裂等。因此,双曲拱只宜在中、小跨径桥梁中采用。

4）箱形拱[见图 6-42（d）]

箱形截面拱圈的拱桥，外形与板拱和肋拱相似，由于截面挖空，使箱形拱的截面抵抗矩较相同材料用量的实心截面大很多，所以能节省材料，对于大跨径桥则效果更为显著。又由于它是闭口箱形截面，截面抗扭刚度大，横向整体性和结构稳定性均较双曲拱好，所以特别适用于无支架施工。但箱形截面施工制作较复杂，一般情况下，跨径在 50 m 以上的拱桥采用箱形截面才是合适的。它是国内外大跨径钢筋混凝土拱桥主拱圈截面的基本形式。

5）钢管混凝土拱桥

钢管混凝土拱桥是我国近年来兴起的一种拱桥桥型，它是指以内灌混凝土的钢管作为拱肋的拱桥。管内混凝土由于受到钢管的约束，在承受轴向压力时发生的侧向膨胀受到限制而处于三向受力状态，从而具有比普通钢筋混凝土大得多的承载能力和变形能力。

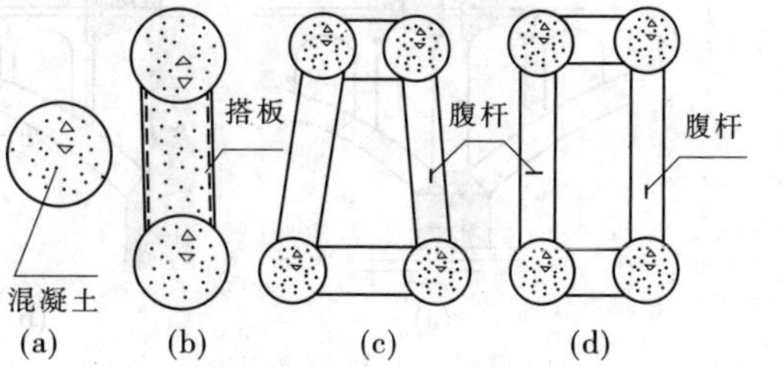

图 6-44　钢管混凝土拱肋形式

用两条或多条分离式的平行拱肋来代替拱圈，如图 6-44 所示，即为肋拱桥。

2. 拱上建筑的构造

按照拱上建筑采用的不同构造方式，可将拱桥分为实腹式拱桥和空腹式拱桥两种。由于实腹式拱上建筑的构造简单，施工方便，而填料的数量较多，恒载较重，一般情况下，小跨径拱桥多采用实腹式。大、中跨径拱桥多采用空腹式，以利于减小恒载，并使桥梁显得轻巧美观。

1）实腹式拱上建筑

实腹式拱上建筑由侧墙、拱腹填料、护拱以及变形缝、防水层、泄水管和桥面等部分组成（见图 6-41）。

拱腹填料的做法，可分为填充和砌筑两种方式。填充的方式是在拱圈两侧砌筑侧墙，以承受拱腹填料及车辆荷载所产生的侧压力（推力）。侧墙一般用块石或片石砌筑。为了美观需要，可用粗料石或细料石镶面。侧墙厚度一般按构造要求确定，其顶面宽 0.50~0.70 m，向下逐渐增厚，墙脚厚度可以采用侧墙高度的 0.4 倍。特殊情况下侧墙厚度由计算确定。填充用的材料尽量做到就地取材，通常采用砾石、碎石、粗砂或卵石夹黏土并加以夯实。在地质条件较差地区，为了减轻拱上建筑的重量，可以采用其他轻质材料（如炉渣、石灰、黏土等混合料）作填料。

当填充材料不易取得时，可改用砌筑的方式，也就是采用干砌圬工或浇筑贫混凝土作为拱腹填料。当用贫混凝土时，往往可以不另设侧墙，而在外露混凝土表面用砂浆饰面或设置镶面。

在多孔拱桥中，为了便于敷设防水层和排出积水，又设置了护拱。护拱一般用现浇混凝土或砌筑块片石修筑。护拱还起着加强拱圈的作用。

2) 空腹式拱上建筑

大、中跨径的拱桥,特别是当矢高较大时,实腹式拱上建筑的填料用量多、重量大,因而以采用空腹式拱上建筑为宜。空腹式拱上建筑除具有实腹式拱上建筑相同的构造外,还有腹孔和支承腹孔的腹孔墩。

靠墩台的腹孔有两种做法:一是直接支承在墩台上[见图 6-45(a)、(b)];二是跨过墩顶,使桥墩两侧的腹孔相连[见图 6-45(c)]。

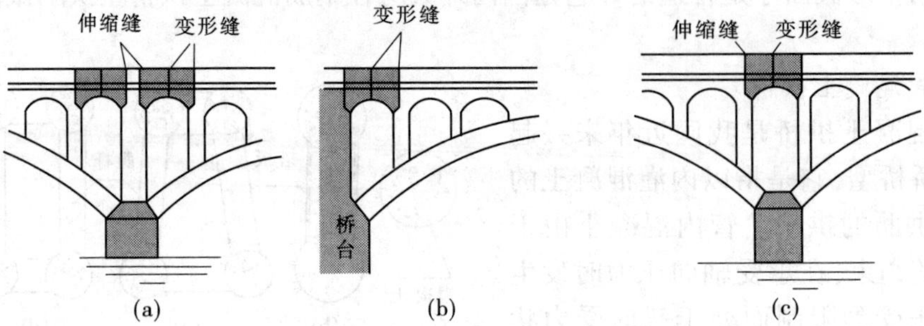

图 6-45 腹拱与墩(台)的连接

(1) 腹孔(见图 6-46)。

①梁式腹孔。

采用梁式腹孔的拱上建筑,可以使桥梁造型轻巧美观,减轻拱上重量和地基的承压力,以便获得更好的经济效果。大跨径的钢筋混凝土拱桥绝大多数采用梁式腹孔。梁式腹孔的桥道梁体系可以做成简支的、连续的、连续刚架式的等形式。桥道梁的截面可以做成箱形、T 形或空心板等形式。可以采用钢筋混凝土或预应力混凝土结构。

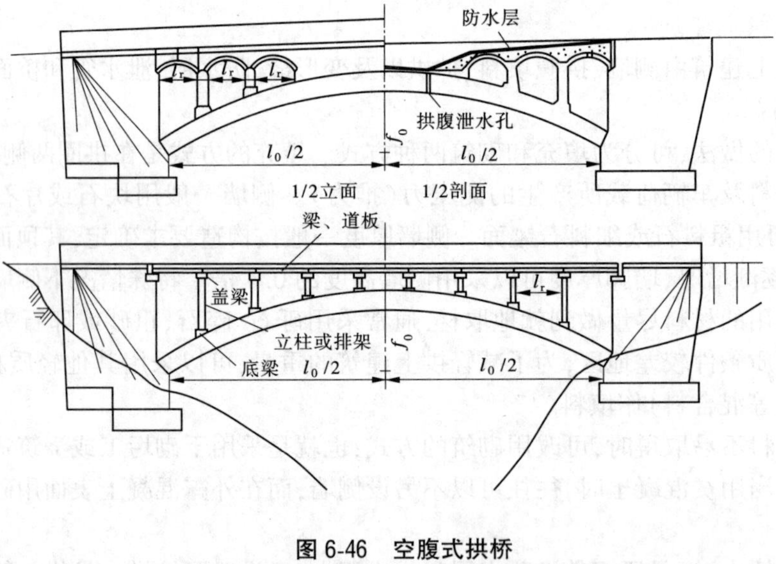

图 6-46 空腹式拱桥

②拱式腹孔。

拱式腹孔的拱上建筑,在一般的圬工拱桥上采用较多,外观显得笨重,对地基的要求也高。主拱的跨径一般选用 2.5~5.5 m,不宜大于主拱圈跨径的 1/8~1/15,其比值随主拱圈跨径的增大而减小。腹拱宜做成等跨,对腹拱墩的受力有利。

腹拱的拱圈,可采用板拱、微弯板和扁壳等形式。

腹拱圈的厚度,当跨径小于4 m时,可采用厚度不小于0.3 m的石板拱或厚度不小于0.15 m的混凝土板拱,也可采用厚度为0.14 m(其中预制厚0.06 m,现浇0.08 m)的微弯板。当腹拱跨径为4~6 m时,也可采用混凝土拱圈,厚度一般0.3 m左右。

(2)腹孔墩。

腹孔墩常采用横墙式或立柱式。横墙式通常用石料,混凝土预制块砌筑,或现浇混凝土做成实体墙。为了节省圬工,减轻重量或便于检修人员在拱上建筑内通行,横墙也可在横向挖空[见图6-47(a)]。立柱式腹孔墩是由立柱和盖梁组成的钢筋混凝土排架或刚架式结构[见图6-47(b)]。立柱较高时,在立柱间应设置横系梁,其上下间距不宜大于6 m。立柱采用现浇时,施工慢,耗用支架材料多,应尽量采用预制安装,此时接头钢筋必须焊接牢固,并用混凝土包住。也可在接头处预埋钢板,焊接装配,以加快进度。立柱与盖梁的接头,可在盖梁中留出空洞,把立柱预留钢筋伸入洞内,用高强度砂浆封口。

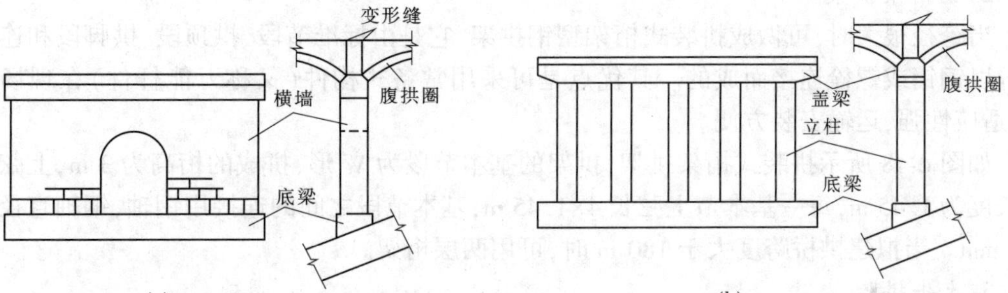

图6-47 腹孔墩

二、拱桥的施工技术

拱桥的施工,从方法上大体可分为有支架施工和无支架施工两大类。有支架施工常用于石拱桥和混凝土预制块拱桥,而无支架施工多用于肋拱桥、双曲拱桥、箱形拱桥和桁架拱桥等,当然也有采用两者相结合的施工方法。

(一)有支架施工

拱架按形式不同可分为满布式拱架、拱式拱架等,按所用材料不同可分为木拱架、钢拱架和土牛拱胎等。

1.木拱架

木拱架目前在木材产地或木材供应充足地区的中小跨径拱桥施工中应用很普遍,这是因为它一次性投资少,制作和安装方便。木拱架的缺点是需要耗费大量木材。

1)满布式拱架

满布式拱架由拱架上部、拱架下部和卸架设备(木楔或砂筒)三部分组成。拱架上部包括模板、横梁、弓形木、斜撑、立柱和大梁等,并由弓形木、斜撑、立柱和大梁组成拱形拱架,其形式有柱式、斜撑式和小扇形式等。

拱架下部(或称支架)一般由帽木、立柱、夹木和基础组成。根据支架形式的不同,满布式拱架可分为排架式和斜撑式两种。

2)拱式拱架

拱式拱架常用的形式有夹合木拱架和三铰拱式拱架等。拱式拱架跨中一般不设支架,适用于墩高、水深、流急和在施工期间需要维持通航的河流。

2. 钢拱架

钢拱架有多种类型,使用广泛。其优点是不仅能节约大量木材,而且装拆及运输都很方便。虽然用钢量多,一次投资费用大,但能多次重复使用,每次使用的折旧率低。因此,钢拱架仍比木拱架经济得多。钢拱架的主要缺点是弹性变形和由温度引起的变形都比木拱架大,且钢拱架和拱圈的线膨胀系数不相等,若拱圈分段的空缝位置设置不当,当温度变化较大时,容易使拱圈发生裂缝。

1)工字梁钢拱架

工字梁钢拱架分为中间有木支架的钢木组合拱架和中间无木支架的活用钢拱架两种。

2)钢桁架拱架

当跨径很大时,可做成拼装式桁架型钢拱架,它是由标准节段、拱顶段、拱脚段和连接杆等以钢销或螺栓连接而成的。其优点是可采用常备式构件(又称万能杆件)在现场拼装,适应性强,运输安装方便。

如图6-48所示拼装式桁架拱架,拱架的基本节段为W形,拼成的桁高为3 m,上弦节间长度为1.45 m,每一基本节上弦长4×1.45 m,基本节段之间的连接用钢轴,钢轴直径为110 mm。当拟建拱桥跨度大于180 m时,可用两层桁架。

3. 土牛拱胎

土牛拱胎是在桥下用土或沙、卵石填筑一个土胎(俗称土牛),并将其顶面做成与拱圈腹面相适应的曲面,然后在上面砌筑拱圈,待砌筑完成后将填土清除。在有水的河流中应在土牛底部设置临时涵洞。

4. 卸架设备

为了使拱圈在卸架时能够逐渐地、均匀地受力,在拱架上部和下部之间需设置卸架设备。常用的卸架设备有木楔和沙筒。

5. 拱圈砌筑

砌筑拱圈前必须对拱架进行全面检查,注意支撑是否稳定,杆件接头是否紧密,并校核模板顶面的标高。

拱圈砌筑要求尽快合龙成拱,以免拱架承受荷载过久,增大拱架持续变形。因此,在砌筑拱圈前要做好一切准备,一旦开始砌筑,就要一气呵成,不可中途停顿。砌筑拱圈时,拱架随着荷载的增加而产生变形,合理的砌筑方法将使拱架受力、变形都均匀。根据跨径大小,拱圈砌筑方法有连续砌筑法、分段砌筑法、分环砌筑法、多孔桥砌筑法。

(二)缆索吊装施工

缆索吊装施工是拱桥无支架施工方法之一。在峡谷或水深流急的河段上,或在通航河流上满足船只的通行,或在洪水季节施工并受漂流物影响等条件下修建拱桥,以及采用有支架施工将会遇到很大的困难或是很不经济时,便可以考虑采用无支架的施工方法。

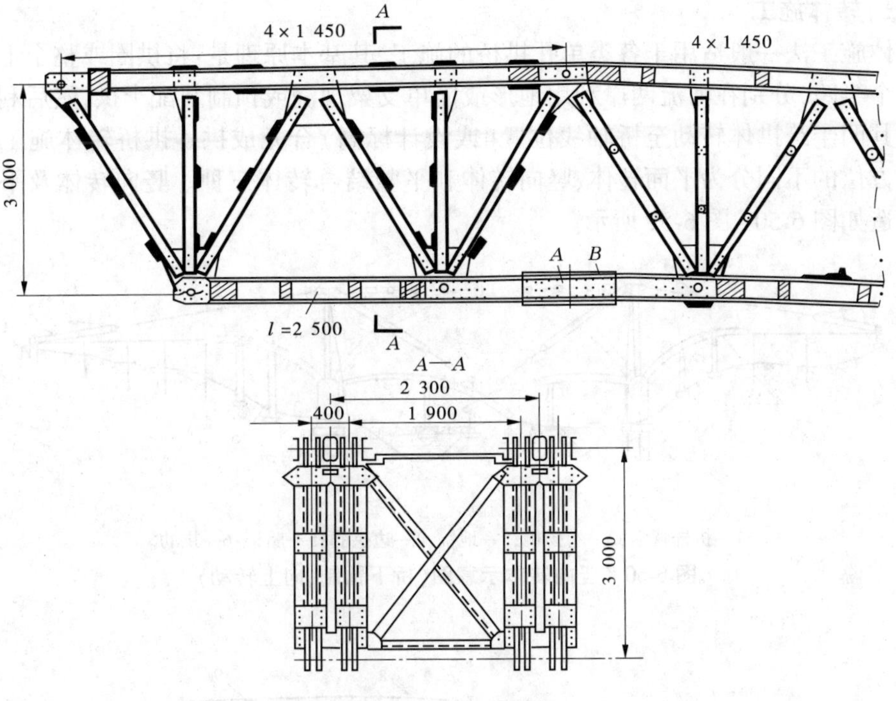

图 6-48　拼装式桁架拱架　（单位:mm）

缆索吊装施工大致包括拱箱(肋)的预制、拱箱(肋)的移运和吊装、主拱圈的安砌、拱上建筑的灌砌、桥面结构的施工等主要工序。缆索吊装布置示例如图 6-49 所示。

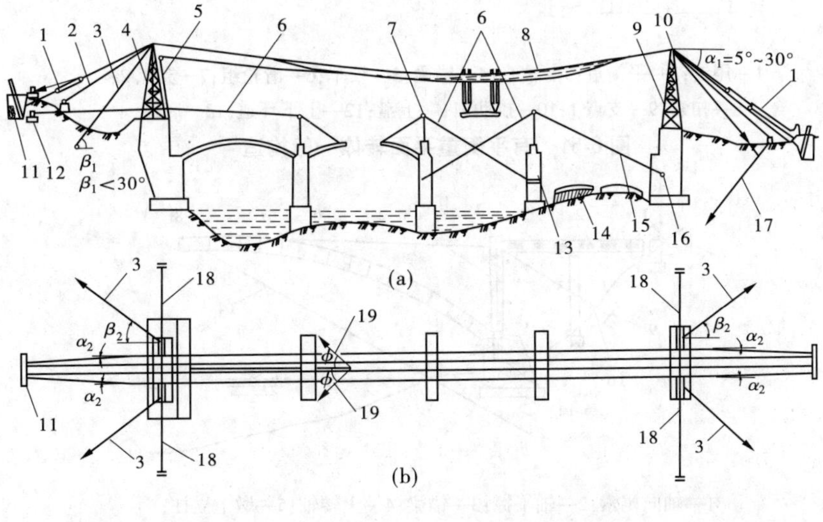

1—主索张紧绳;2—2 号起重索;3—后浪风;4—塔架;5—1 号起重索;6—扣索;7—平滚;8—主索;9—塔架;10—塔顶索鞍;11—地垄;12—手摇绞车;13—扣塔;14—待吊肋段;15—单排立柱浪风;16—法兰螺丝;17—牵引索;18—侧向浪风;19—浪风。

图 6-49　缆索吊装布置示例

(三)转体施工

转体施工法一般适用于各类单孔拱桥的施工,其基本原理是:将拱圈或整个上部结构分为两个半跨,分别在河流两岸利用地形或简单支架现浇或预制装配半拱,然后利用动力装置将其两半跨拱体转动至桥轴线位置(或设计标高)合龙成拱。拱桥转体施工法根据其转动方位的不同分为平面转体、竖向转体和平竖结合转体三种。竖向转体及平面转体一般构造如图6-50~图6-52所示。

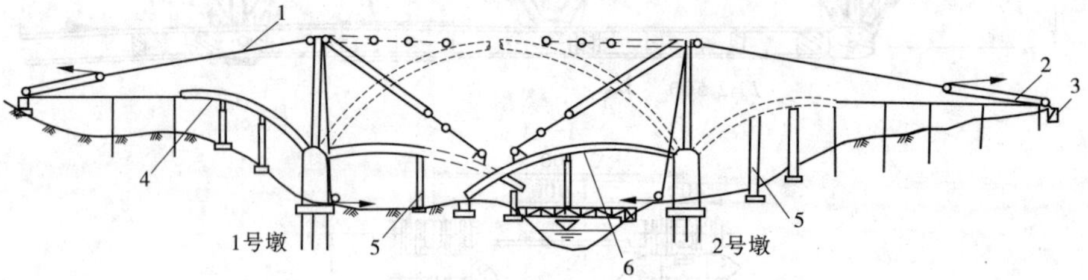

1—扒杆背索;2—卷扬机;3—地锚;4—边拱肋;5—胎架;6—拱肋。

图6-50 竖向转体示意图(桥下预制,向上转动)

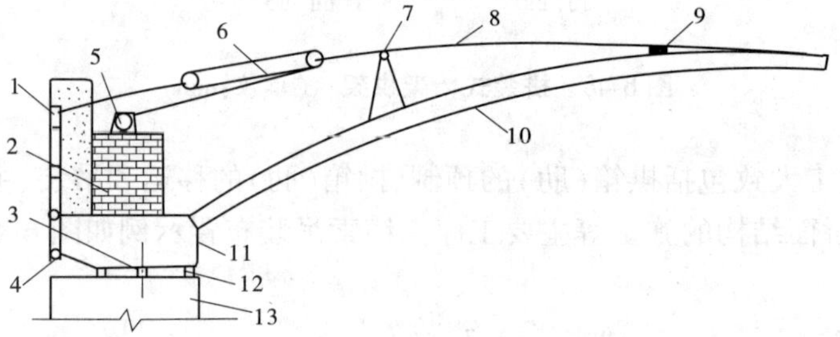

1—尾铰;2—平衡重;3—轴心;4—锚梁;5—绞车;6—滑轮组;7—支点2;
8—扣索;9—支点1;10—拱肋;11—上盘;12—上下环道;13—底盘。

图6-51 有平衡重平面转体一般构造

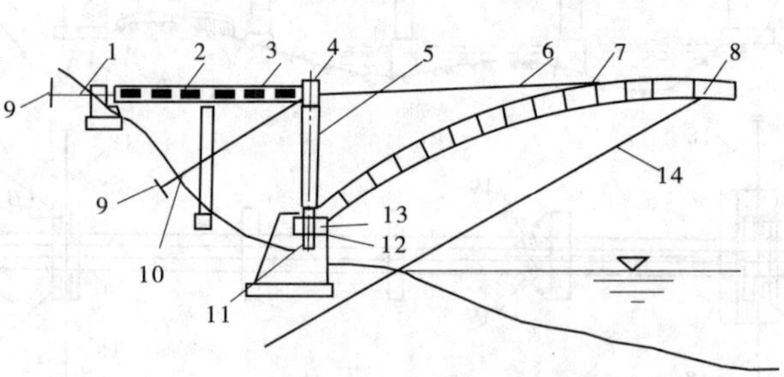

1—轴向尾索;2—轴平撑;3—锚梁;4—上转轴;5—墩上立柱;
6—扣索;7—拱肋;8—扣点;9—锚碇;10—斜尾索;11—轴心;
12—环道;13—下转盘;14—缆风索。

图6-52 无平衡重平面转体一般构造

(四)悬臂施工

1.悬臂浇筑法

悬臂浇筑法就是指拱圈、拱上立柱和预应力混凝土桥面板等齐头并进,边浇筑边构成桁架的施工方法。施工时,用预应力钢筋临时作为桁架的斜拉杆和桥面板的临时明索,将桁架锚固在后面桥台上。其施工程序如图6-53所示。

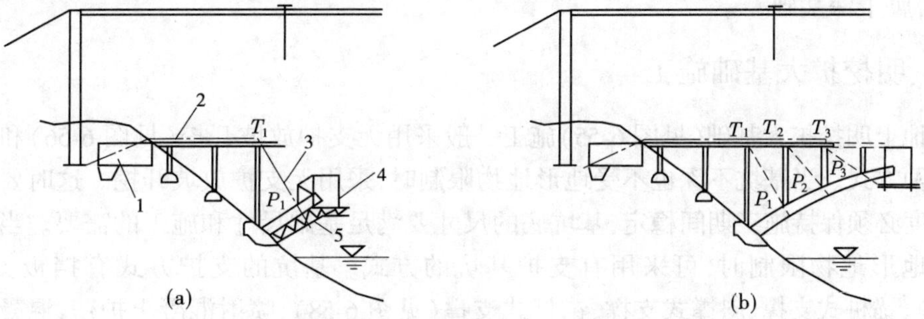

1—桥台;2—桥面板明索;3—斜拉杆;4—悬臂吊篮;5—支架。

图6-53　悬臂浇筑法施工程序

2.悬臂拼装法

这种方法是将拱圈的各个组成部分(侧板、上下底板等)事先预制,然后将整孔桥跨的拱肋(侧板)、立柱通过临时斜压杆(或斜拉杆)和上弦拉杆组成桁架拱片,沿桥跨分做几段(一般3~7段),再用横系梁和临时风构将两个桁架拱片组装成框构,每节框构整体运至桥孔,由两端向跨中逐段悬臂拼装合龙。悬伸出去的拱体通过上弦拉杆和锚固装置固定于墩、台上。也可以将拱圈的各个组成部分分别在拱圈上悬臂组拼成拱圈,然后利用立柱与临时斜杆和上拉杆组成桁架体系,逐节拼装,直至合龙,如图6-54所示。

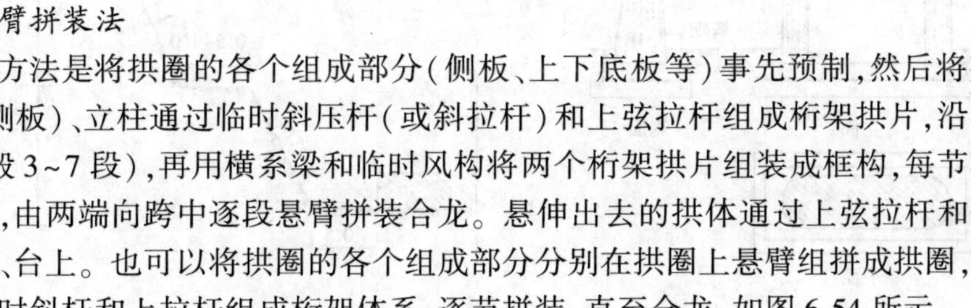

图6-54　桁架拱桥悬臂拼装法施工

(五)劲性骨架施工

劲性骨架施工就是以劲性钢材(如角钢、工字钢、槽钢等)作为拱圈的受力钢材,在施工过程中,先把这些钢骨架拼装成拱,作施工钢拱架使用,然后再浇筑混凝土,把这些钢骨架埋入拱圈(拱肋)混凝土中,形成钢筋混凝土拱。

任务六　桥梁基础

桥梁常用的基础形式有明挖扩大基础、桩基础和沉井基础。明挖扩大基础基底埋深一般在5 m以内,属于浅基础。桩基础和沉井基础一般用于承载能力较大的持力层埋藏较深时,属于深基础。

一、明挖扩大基础施工

陆地上明挖扩大基础(见图6-55)施工一般采用无支护放坡开挖(见图6-56)和有支护开挖两种方式。当基坑不深也不受地形地物限制时,采用无支护放坡开挖。这时要注意边坡的坡度必须保持施工期间稳定,基坑底的尺寸要满足基础尺寸和施工的需要。当基坑较深或受地形地物限制时,可采用有支护基坑的方式。基坑的支护方式有挡板支护(见图6-57)、锚桩式支撑、斜撑式支撑、锚杆式支撑(见图6-58)、喷射混凝土护壁、混凝土围圈护壁等。

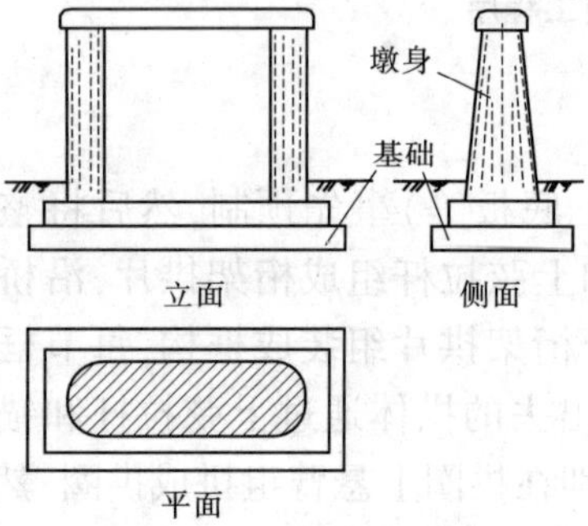

图6-55　明挖扩大基础

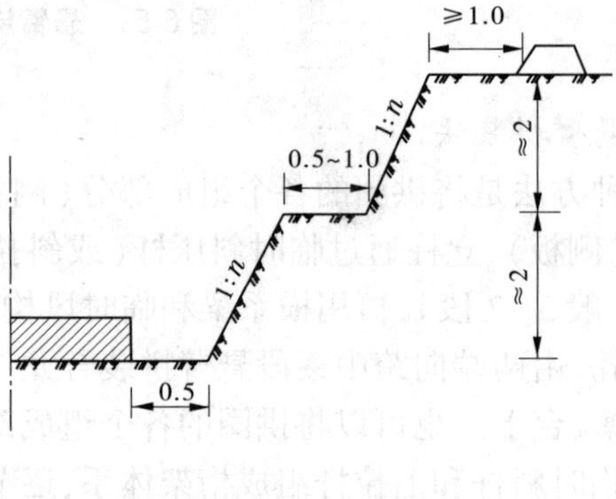

图6-56　基坑放坡开挖　(单位:m)

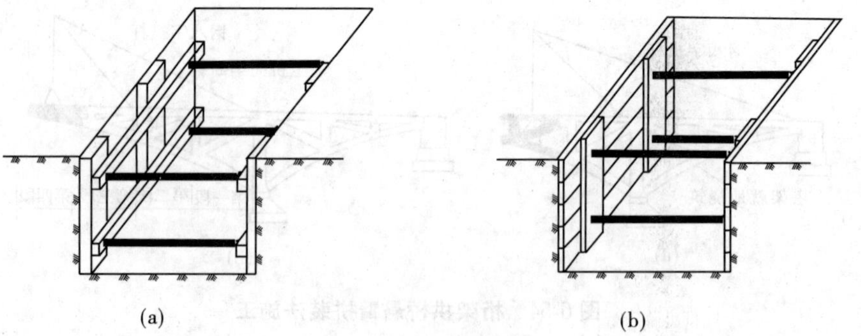

图6-57　挡板支护

水中桥墩一般可采用围堰的方式进行明挖基础施工。围堰是基坑周围用于挡土、挡水的临时结构。常用的围堰分重力式围堰和板桩围堰两类。当水不深、流速不大,且河床的土壤透水性较差时,可采用重力式围堰。常用的重力式围堰有土围堰、土袋围堰、草土

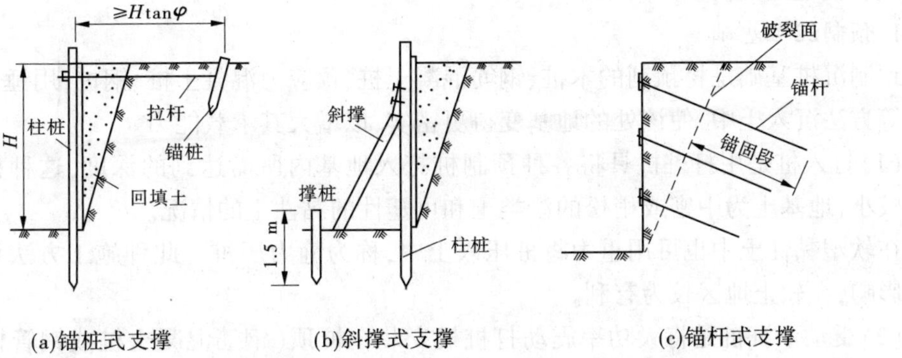

图 6-58 大面积基坑支撑形式

围堰、堆石围堰、木(竹)桩编条围堰等。当水较深、流速较大,或河床的土壤透水性较好时,应采用板桩围堰。木板桩围堰适用于水深在 3 m 以内,河床为沙土、黏性土的地层。一般使用单层,必要时可用夹黏性土的双层围堰(见图 6-59)。钢板桩围堰适用于深水基坑,河床为沙类土、半干硬黏性土碎(卵)石类土以及风化岩等地层。

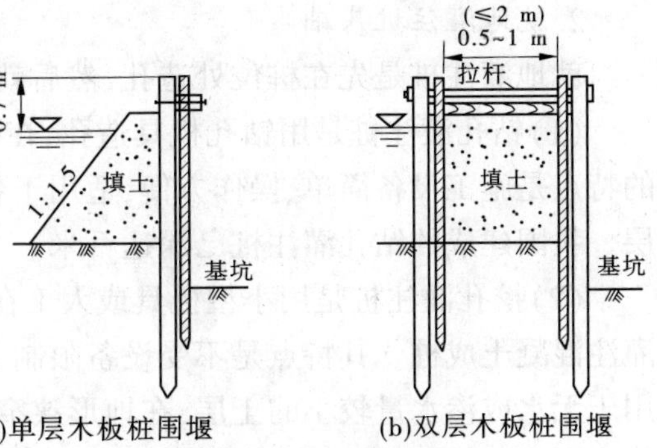

图 6-59 木板桩围堰

围堰施工需注意下列要求:

(1)围堰高度应高出施工期间可能出现的最高水位(包括浪高)0.5~0.7 m。

(2)围堰外形应考虑河流断面被压缩后,流速增大引起水流对围堰、河床的集中冲刷及影响通航、导流等因素,并应满足堰身强度和稳定的要求。

(3)堰内平面尺寸应满足基础施工的需要。

(4)围堰要求防水严密,减少渗漏。

二、桩基础施工

桩基础是由许多根各种材料(木、钢筋混凝土或钢材等)做成的细长柱体(即桩),打入土中,或先在桩位上造孔,再灌注混凝土或钢筋混凝土桩,然后在桩顶上修筑承台,使各根桩相互起共同支承作用的基础形式(见图 6-60)。

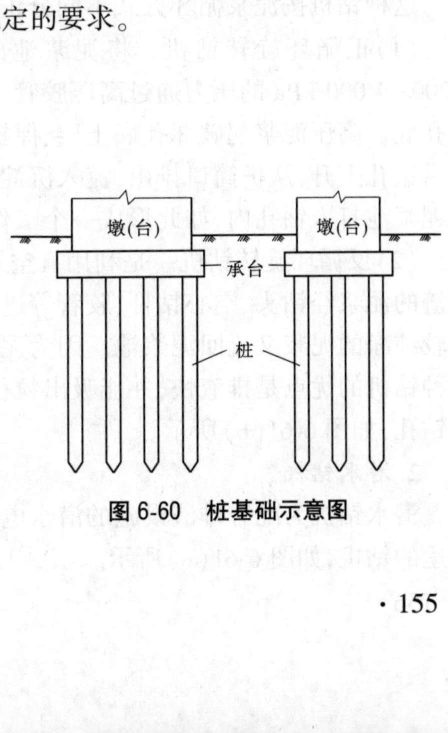

图 6-60 桩基础示意图

(一)桩基础施工方法

按基桩的施工方法,桩基础可分为预制沉

桩基础和就地灌注桩基础两大类。

1. 预制沉桩基础

预制沉桩基础是将预制的木桩、钢筋混凝土桩、预应力混凝土桩、钢桩,用锤击、震动、射水等方法沉入土中,使该处的地基变得更密实,以增大其承载能力。

(1)打入桩是用打桩机具将各种预制桩打入地基内所需达到的深度,这种桩适用于桩径较小,地基土为中密或稍松的沙类土和可塑性的黏性土的情况。

在软塑黏性土中也可用重力将桩压入土中,称为静力压桩。此种施工方法可免除锤击的影响,在软土地区较为有利。

(2)震动下沉桩是将大功率震动打桩机安装在桩顶(钢筋混凝土桩或钢管桩),利用震动力减少土对桩的阻力使桩沉入土中。它适用于较大桩径,地基土为沙类土、黏性土和碎石类土的情况。

2. 就地灌注桩基础

就地灌注桩是先在桩位处造孔,然后就地灌注钢筋混凝土形成桩。

(1)钻孔灌注桩是用钻孔机具造孔,在孔内放入钢筋骨架,灌注桩身混凝土成桩。它的特点是施工设备简单、操作方便,适用于各种沙类土、黏性土,也适用于碎、卵石层和岩层。我国建成的钻孔灌注桩已深达百米。

(2)挖孔灌注桩是用小型机具或人工在地基中挖出桩孔,然后在孔内放入钢筋骨架,灌注混凝土成桩。其特点是不受设备限制,施工简单,桩的横截面可以做成较大尺寸;适用于无水或渗水量较小的土层,在地形狭窄、山坡陡峭处采用挖孔桩较钻孔桩或明挖基础更为有利。但挖孔桩入土深度常受到限制,一般采用几米至十多米,很少采用 20 m 以上的深度。桩径或最小边宽度小于 1 200 mm 时不得采用人工挖孔施工。

(二)钻机类型及钻孔方法

1. 旋转式钻机

这种钻机按泥浆循环方式不同分正循环和反循环两种。

(1)正循环旋转钻机。将泥浆池的泥浆经由普通胶管吸入泵内,开动泥浆泵以 1 200~4 000 kPa 的压力通过高压胶管、空心钻杆,随钻头旋转,从钻头下部两侧喷出,冲刷孔底。高压泥浆起破坏孔底土层、保护孔壁及悬浮钻渣的作用。钻渣与泥浆混合在一起沿钻孔上升,从护筒口排出,流入沉淀池,钻渣沉积下来,较纯净的泥浆流回泥浆池,再由泥浆池打入钻孔内,如此形成一个工作循环,如图 6-61(a)所示。

(2)反循环旋转钻机。是利用真空泵抽去循环系统管道的空气,使其产生负压,夹带钻渣的泥浆经钻头、空心钻杆、胶管等进入泥浆泵,再由泥浆闸阀排出,流入沉淀池,沉淀后较纯净的泥浆又流回泥浆池。因为泥浆的循环路线与正循环恰好相反,故称为反循环。这种钻机的优点是排渣快,并能吸出粒径较大的钻渣,可用于粗沙、砾沙和沙夹卵石地层中钻孔,如图 6-61(b)所示。

2. 潜水钻机

潜水钻机为配有排渣设施的潜水电钻,它结构简单,功耗和噪声小,是一种较有发展前途的钻机,如图 6-61(c)所示。

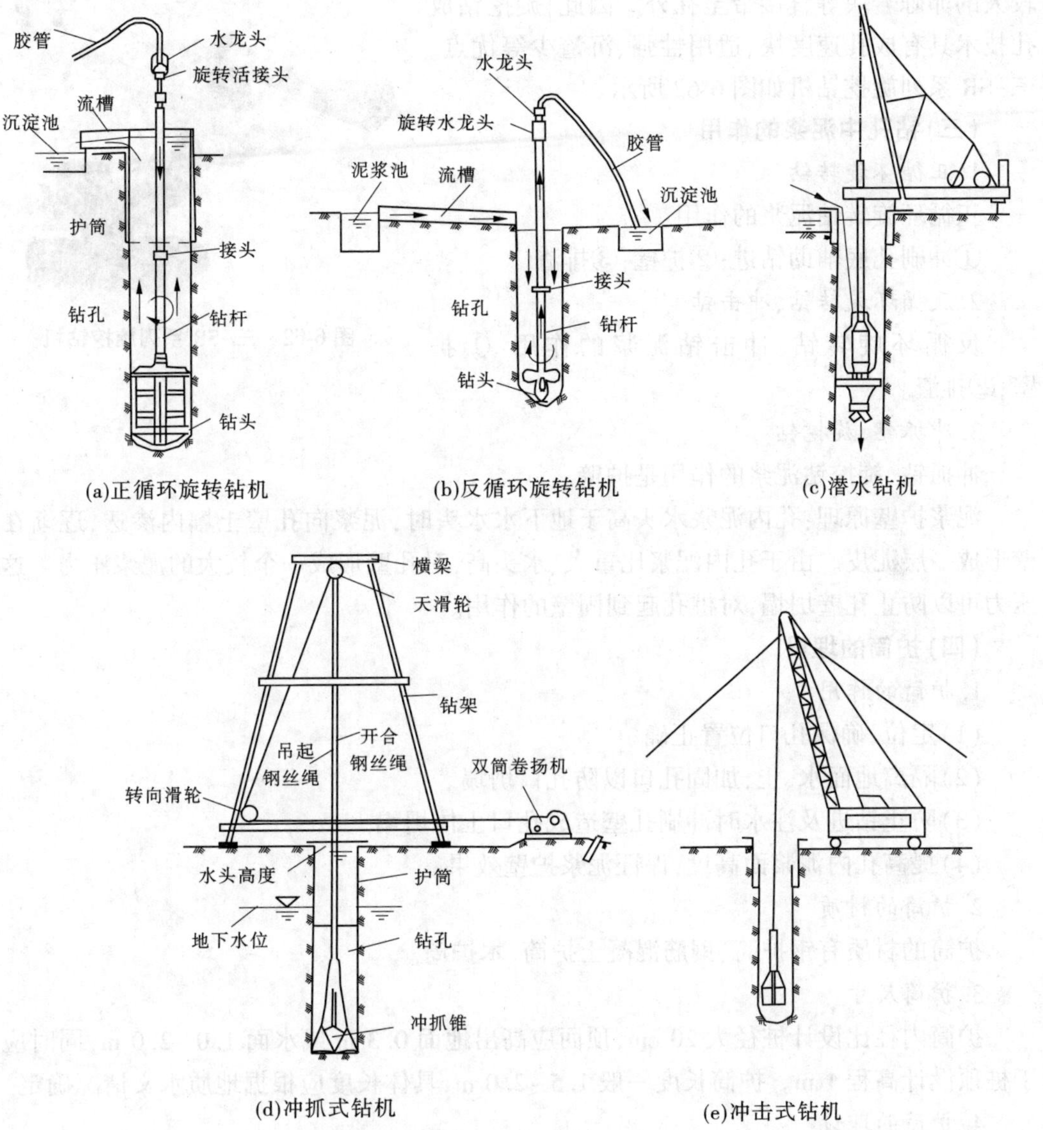

图 6-61 几种常见钻机

3. 冲抓式钻机

按操作方法可分单绳冲抓和双绳冲抓两种，一般均使用简易钻架操纵，如图 6-61(d)所示。

4. 冲击式钻机

冲击式钻机在铁路桥梁钻孔桩基础施工中广泛采用，如图 6-61(e)所示。常用的冲击钻机有 CZ-30 型、CZ-22 型、CZ-20 型及简易钻机等。

5. 旋挖式钻机

旋挖钻成孔技术是近几年发展起来的一种新型钻孔灌注桩成孔技术。旋挖式钻机是通过短螺旋钻头、旋挖钻斗、岩石筒钻将岩土挖松并直接提钻带至孔外，并且可以把粒径较大的卵砾岩块等直接带至孔外。因此,旋挖钻成孔技术具有成孔速度快、适用性强、沉渣少等优点。三-SR 系列旋挖钻机如图 6-62 所示。

图 6-62 三-SR 系列旋挖钻机

(三)钻孔中泥浆的作用

1. 正循环旋转钻

正循环旋转钻泥浆的作用:

①冲刷孔底辅助钻进;②护壁;③排渣。

2. 反循环旋转钻、冲击钻

反循环旋转钻、冲击钻泥浆的作用:①护壁;②排渣。

3. 冲抓钻、旋挖钻

冲抓钻、旋挖钻泥浆的作用是护壁。

泥浆护壁原理:孔内泥浆水头高于地下水水头时,泥浆向孔壁土壤内渗透,逐渐在孔壁形成一层泥皮。由于孔内泥浆比重大、水头高,对孔壁形成一个较大的泥浆压力。这个压力可以防止孔壁坍塌,对桩孔起到固壁的作用。

(四)护筒的埋设

1. 护筒的作用

(1)定位,确保孔口位置正确。

(2)隔离地面水、土,加固孔口以防孔口坍塌。

(3)防止钻进及注水时冲刷孔壁造成孔口土体坍塌。

(4)提高孔内泥浆面高度,保证泥浆护壁效果。

2. 护筒的材质

护筒的材质有钢护筒、钢筋混凝土护筒、木护筒。

3. 护筒尺寸

护筒内径比设计桩径大 20 cm,顶面应高出地面 0.3 m 或水面 1.0~2.0 m,同时应高于桩顶设计高程 1 m。护筒长度一般 1.5~2.0 m,具体长度应根据地质水文情况确定。

4. 护筒的埋设

在旱地和筑岛处设置护筒时,可采用挖坑埋设法实测定位,且护筒的底部和外侧四周应采用黏土回填并分层夯实,使护筒底口处不至漏失泥浆;在水中沉设护筒时,宜采用导向架定位,并应采取有效措施保证其平面位置、倾斜度的准确,以及护筒接长连接处的焊接质量,焊接连接处的内壁应无突出物,且应耐拉、耐压而不漏水。

(五)清孔

桩孔钻至设计标高后,孔内一部分泥渣沉淀,一部分呈悬浮状态,另一部分附着在孔壁上。同时随间歇时间的增加,后两部分泥渣还会继续沉淀,从而使孔底积成一层沉渣,降低桩的承载能力。所以在灌注桩身混凝土前,必须将其清除,这项工作称清孔。《公路桥涵施工技术规范》(JTG/T 3650—2020)规定,沉淀厚度应符合设计规定:对于直径≤1.5 m 的摩擦桩,≤200 mm;对桩径>1.5 m 或桩长>40 m 或土质较差的摩擦桩,≤300

mm；对支撑桩（柱桩）≤50 mm。清孔的方法应根据钻孔方法、设计对清孔的要求、机具设备和孔壁土质情况而定，常用的方法有以下几种。

1. 抽渣法

抽渣法清孔是用抽渣筒掏孔底沉渣，应边抽边加水，保持一定的水头高度。抽渣后，用一根水管插到孔底注水，使水流从孔口溢出。在溢水过程中，孔内的泥浆比重逐渐降低，达到所要求的标准后停止。此法适用于冲抓、冲击成孔的各类土质的摩擦桩，抽渣后孔内泥浆比重应不大于1.3。

2. 吸泥法

吸泥法清孔是用吸泥机或简易吸泥机进行，清孔时由风管将高压空气输进排泥管，使泥浆形成密度较小的泥浆空气混合物，在水柱压力下将泥浆和孔底沉渣排出，同时向孔内注水，保持孔内水位不变，直至喷出的泥浆指标符合规定时为止，此法适用于不易坍塌的柱桩和摩擦桩清孔，如图6-63所示。

若灌注混凝土前发现清孔后孔底沉淀层仍较厚时，可在导管外安设直径为30 mm射水（风）管，冲射时间为3~5 min，使沉淀层翻起，然后立即灌注水下混凝土，射水压力比孔底泥浆压力大50 kPa即可，如图6-64所示。使用本法时，钢筋笼可先放入孔内。

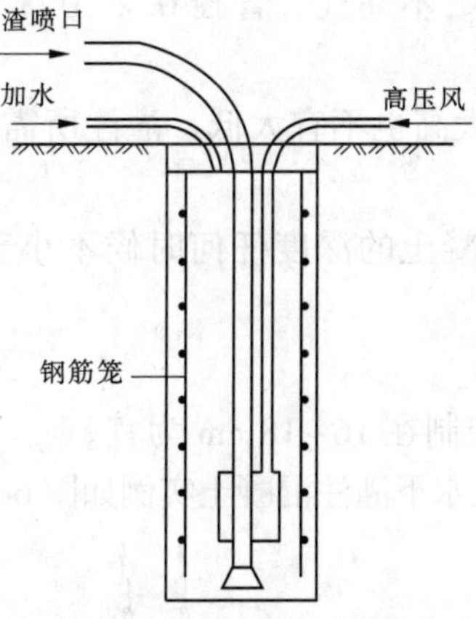

图6-63 吸泥机清孔

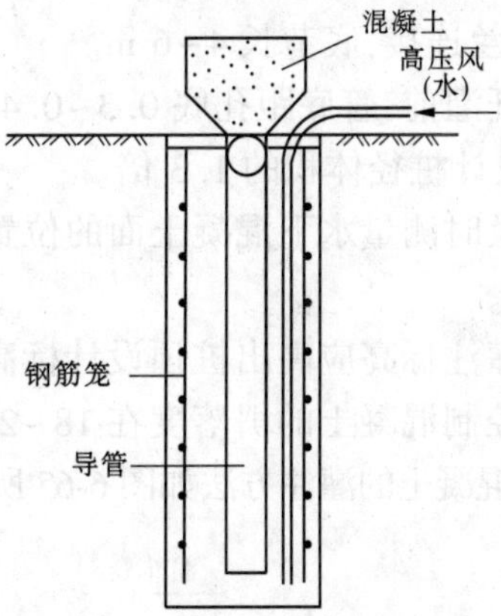

图6-64 高压风或射水翻渣

3. 换浆法

正循环旋转钻孔在终孔后，停止进尺，保持泥浆正常循环，以中速压入符合规定标准的泥浆，把孔内比重大的泥浆换出，使含砂率逐步减少，最后换成纯净的稠泥浆，这种泥浆短时间不会沉淀，使孔底沉淀层在允许范围内。换浆法其具体步骤是：当钻孔距设计标高1 m时，改用纯净的稠泥浆（比重不小于1.4），钻至设计标高；然后钻头提离孔底20 cm左右空转，继续供给稠泥浆，保持泥浆正常循环，经数十分钟或数小时，待孔内泥浆换完直至稳定状态。此时迅速拆除钻机，下钢筋笼，灌注水下混凝土。

（六）钢筋笼制作和吊装

1. 钢筋笼制作

一般钢筋笼较长（大于12 m）时，常分节制作，分节长一般为5~8 m。主筋接头应错开，同一截面内的接头根数不多于主筋总根数的50%，两接头的距离应大于50 cm。为防止钢筋笼搬运及吊装时变形,每隔 2 m 左右设一道与主筋直径相同的加劲箍筋。

2. 钢筋笼吊装、就位

钢筋笼宜整体吊装入孔,如施工困难时,可分节吊装,上下节的轴线应在同一直线上。钢筋笼就位,应与孔壁保持设计保护层距离 。钢筋笼入孔后,要固定牢固,防止钢筋笼在浇筑过程中上浮或下沉,并使钢筋笼底部处于悬吊状态下灌注水下混凝土

(七)钻孔灌注桩水下混凝土灌注

1. 水下混凝土灌注所需设备

钻孔灌注桩水下混凝土灌注需要设备主要包括:导管、漏斗、储料槽、隔水栓、混凝土搅拌设备、混凝土运输设备、提升设备。

2. 水下混凝土灌注注意事项

(1)灌注水下混凝土的准备工作应迅速,防止坍孔和泥浆沉淀过厚。

(2)混凝土搅拌和运输设备要有足够的搅拌运输能力保证混凝土连续灌注,每根桩灌注的时间不应太长,尽量在 8 h 内灌注完成,要求每小时灌注高度宜不小于 10 m。一经开灌,中途任何原因中断灌注不得超过 30 min。

(3)漏斗和集料槽的容量要保证第一斗混凝土灌注后,导管埋住不少于 1 m。

(4)导管应有足够的强度,良好的密闭性,不漏水,不漏气。管径 0.2~0.3 m 每节长 1~2 m 法兰连接,底节长 4~6 m。

(5)开灌前,管底距孔底 0.3~0.4 m 为宜,不宜太高也不宜太低。灌注所需混凝土数量,约为设计桩径体积的 1.3 倍。

(6)及时测量水下混凝土面的位置,导管埋入混凝土的深度任何时候不小于 1 m,一般 2~4 m。

(7)灌注标高应高出桩顶设计标高不小于 0.5 m。

(8)控制混凝土的坍落度在 18~22 cm,开灌时控制在 16~18 cm 为宜。

水下混凝土的灌注方法如图 6-65 所示;钻孔灌注桩水下灌注混凝土实例如图 6-66 所示。

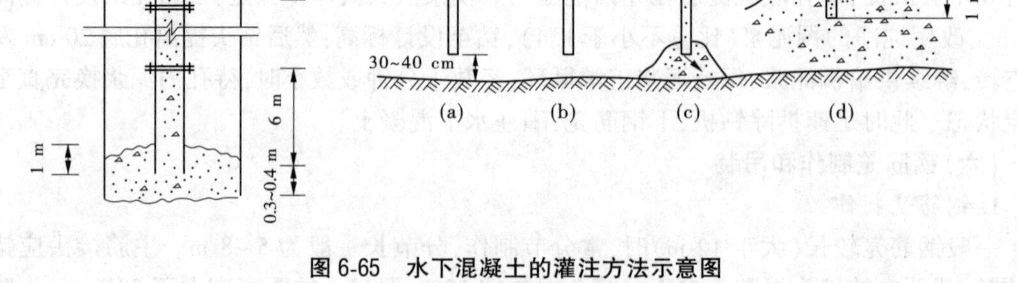

图 6-65 水下混凝土的灌注方法示意图

图 6-66　钻孔灌注桩水下灌注混凝土实例

三、沉井基础施工

(一)沉井的构造

沉井是建造在墩位所在地面上或筑岛面上的井筒状结构物。它从井孔内取土,借自重克服土对井壁的摩擦力而沉入土中,这样逐节接筑、下沉,直至设计位置后,经过封底,井内填充及修筑顶盖,即成为墩台的沉井基础。沉井基础刚性大,整体性强,能承受较大的竖直荷载和水平荷载。施工时井壁既挡土又起着防水的作用。施工所需机具设备不多,技术也不复杂,故作为一种深基础,在桥梁工程中得到了广泛应用。沉井的基本构造如图 6-67 所示。

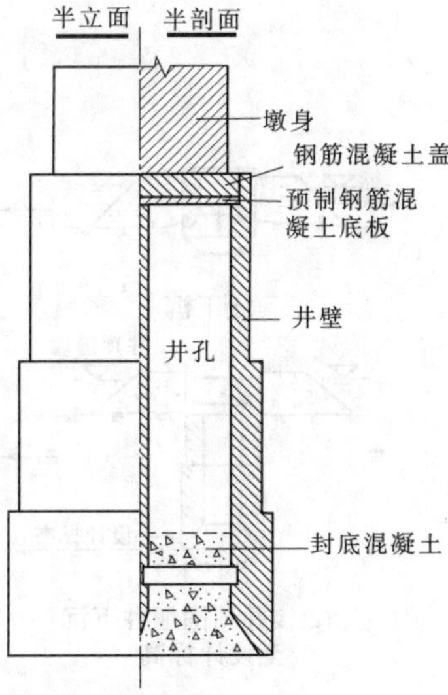

图 6-67　沉井的基本构造

(二)沉井施工步骤

沉井的施工步骤如图 6-68 所示,简述如下。

1. 场地准备

若墩台位无水,则只需平整场地;若地下水位较低,可挖坑建造沉井;若有地面水,则需筑岛建造沉井,如图 6-68(a)所示。

由于底节沉井刃脚踏面窄,底面面积小,若直接在土面上制造数百吨甚至上千吨自重的沉井,将会发生不均匀沉陷,导致沉井破坏。一般可用在刃脚下铺设垫木的方法来扩大刃脚支承面积,这就是通常采用的垫木法,如图6-68(b1)所示。若在地基较好的情况下,也可采用土模法,即在土面上按刃脚内侧斜面形状和尺寸挖成或填筑成锥台形,既扩大了刃脚的支承面,又代替了刃脚内模板,如图6-68(b2)所示。

2. 底节沉井制作

垫木铺好后就可立模制作沉井,如图6-68(c)所示。其工序有:立内模、焊接刃脚角钢、绑扎钢筋、立外模、灌注混凝土。

沉井制造工序多,时间长,加上养生时间,在整个沉井施工中,用于制造沉井的时间占很大比例。所以,要组织平行作业,搞好各工序的衔接,采取必要措施,尽量缩短制作时间。

3. 底节沉井下沉

先拆除沉井内外模板,待混凝土达到规定强度后,就可拆垫木或挖土模。沉井下沉主要靠在井内除土,目的是减小或消除刃脚的正面阻力,当支承面的反力减小至自重与摩阻力差以下时,土被破坏,沉井则下沉,直至平衡,再行挖土下沉,如图6-68(d)所示。

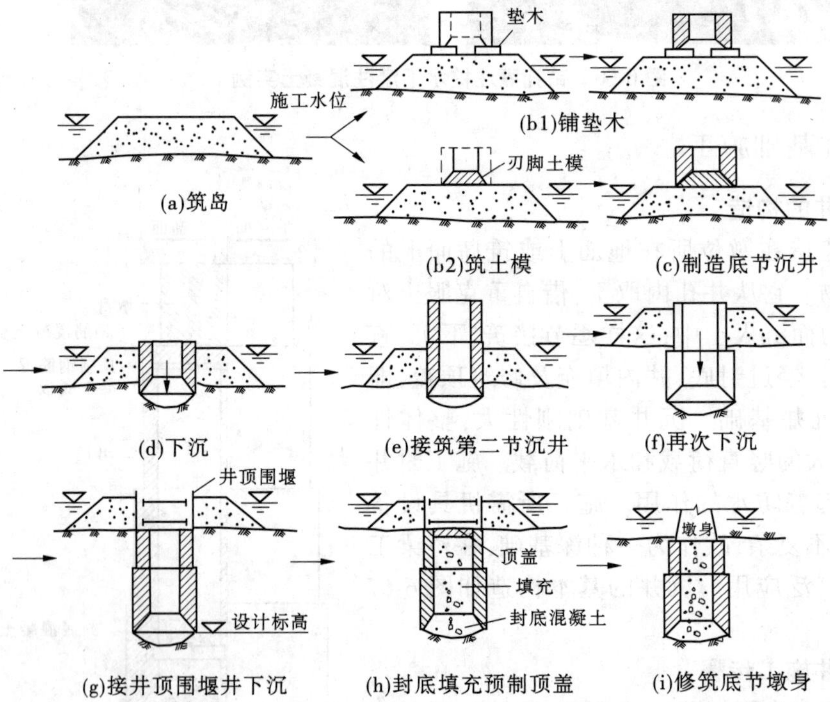

图6-68 沉井的施工步骤示意图

4. 沉井接高

多节沉井施工时,制造与下沉两项工作交替进行,施工内容与2、3项相同,但应保证接筑沉井与原沉井在同一轴线上,如图6-68(e)、(f)所示。

5. 井顶围堰

沉井顶面一般位于最低水位或地面以下,因此沉井沉至设计标高之前,一般应做井顶围堰,才能在继续下沉时防止水、土进入井孔中,如图6-68(g)所示。

6. 清基封底

当沉井沉至设计标高后，要对基底进行清理、检查和处理，合格后方可进行混凝土封底。

7. 填充、筑顶盖和建第一节墩台身

当封底混凝土达到一定强度后，即可抽水填充或浇筑钢筋混凝土底板，如图 6-68(h)所示，最后浇筑钢筋混凝土顶盖和第一节墩台身混凝土，如图 6-68(i)所示。当墩台身筑出水面后，就可拆除井顶围堰。

项目七 涵 洞

【知识目标】

了解涵洞的类型与构造。

【能力目标】

1. 能进行一般涵洞的设计。

2. 能指导涵洞的施工。

【思政目标】

党的二十大报告提出:“我们必须坚持解放思想、实事求是、与时俱进、求真务实,一切从实际出发,着眼解决新时代改革开放和社会主义现代化建设的实际问题”。

1. 强化标准意识。

2. 树立注重调查研究、实事求是因地制宜的建设理念。

任务一 涵洞类型

涵洞主要是为宣泄地面水流(包括小河沟)而设置的横穿路基的小型排水构造物。一般规定:单孔标准跨径 $L_b<5$ m 或多孔总跨径 $L<8$ m(圆管涵和箱涵不论管径或跨径大小、孔数多少)均称为涵洞。涵洞是公路结构中的小型构造物,虽然在总工程量和总造价中仅占很小比例,但它直接影响到公路结构整体的完整性和使用性能,以及周围农田的灌溉、排水等。其构造简单、造价较低,在公路上得到了广泛使用。

按不同的分类方法,涵洞可以分为以下几种类型。

一、按相对位置分类

根据涵洞中线与路线的相对位置,可以把涵洞分为正交涵洞和斜交涵洞。当涵洞中线与路线垂直时称为正交涵洞;当涵洞中线与路线不垂直时称为斜交涵洞。

二、按材料分类

根据建筑材料的不同,可以把涵洞分为石涵、混凝土涵、钢筋混凝土涵、砖涵、陶瓷管涵、铸铁管涵、波纹管涵、石灰三合土涵等。其中常用的是石涵、混凝土涵、钢筋混凝土涵和砖涵。

三、按构造形式分类

按构造形式的不同,涵洞可以分为管涵(通常称圆管涵)、盖板涵、拱涵、箱涵、倒虹吸等,下面作简要介绍。

(一)管涵

管涵(圆管涵)即管式涵洞,洞身截面一般为闭合圆形。涵管一般有混凝土管、钢筋混凝土管、铸铁管等。其特点是对基础的适应性及受力性能较好,不需墩台,圬工数量少,造价低,一般用于有足够填土高度的暗涵。

(二)盖板涵

盖板涵即上有盖板的涵洞,洞身截面一般为非闭合矩形。盖板一般用石板或钢筋混凝土板,洞身其他部分用石砌或混凝土灌注。其构造简单,维修容易。可以用于低填路堤的明涵或一般路堤的暗涵。

(三)拱涵

拱涵是指由边墙上支以拱形顶盖所构成的涵洞。建筑材料可分别选用砖、石、混凝土和钢筋混凝土,相对应的涵洞分别称为砖拱涵、石拱涵、混凝土拱涵和钢筋混凝土拱涵。拱涵跨径较大,承载能力较大,但自重引起的恒载也较大,施工工序较烦琐,一般在跨越深沟或高路堤时设置。

(四)箱涵

箱涵又称矩形涵,洞身截面一般为闭合矩形。建筑材料一般选用钢筋混凝土。箱涵整体性强,但钢筋用量多,造价高,施工较困难,一般在软土地基时设置。

(五)倒虹吸

倒虹吸是借助上下游沟渠水位差,利用势能迫使水流降落,经路基下部管道流向路基另一侧,再复升流入下游水渠的设施。多在路基横跨原有沟渠,且沟渠水位高于路基设计标高,不能按正常条件设置涵洞时设置。

四、按洞顶填土情况分类

按洞顶填土情况可以把涵洞分为明涵和暗涵两类。明涵是指洞顶填土高度小于50 cm的涵洞,适用于低路堤、浅沟渠;暗涵是指洞顶填土大于50 cm的涵洞,适用于高路堤、深沟渠。

五、按孔数多少分类

按孔数多少,涵洞可以分为单孔涵洞、双孔涵洞和多孔涵洞。

六、按水力性质分类

按水力性质的不同,涵洞可分为无压力式涵洞、半压力式涵洞和压力式涵洞三种。

(一)无压力式涵洞

在涵洞入口、出口及洞身内,水流深度均小于净空高度,即水面不接触洞顶,具有自由水面。

(二)半压力式涵洞

在涵洞入口处,水深大于洞口高度,但在洞身内并未全部充满水流,有自由水面。

(三)压力式涵洞

在涵洞入口处,水深大于洞口高度,洞身内充满了水流,无自由水面。

任务二 涵洞构造

涵洞结构的组成,从大的方面来说可以分为洞身和洞口建筑。洞口建筑连接着洞身及路基边坡。

一、洞身构造

(一)管涵(圆管涵)洞身构造

圆管涵洞身主要由连接在一起的若干管节和基础组成,如图7-1所示。根据管节构造的不同可以把圆管涵做成刚性管涵和柔性管涵(四绞管涵)两种形式。混凝土管通常做成柔性管涵,钢筋混凝土管通常视情况做成柔性管涵或刚性管涵。

圆管涵常用的孔径d取值为50 cm、75 cm、100 cm、125 cm、150 cm,对应的管壁厚度δ分别为6 cm、8 cm、10 cm、12 cm、14 cm。

圆管涵基础可分为无基(沙垫层)和有基(整体基础)两种类型,如图7-1所示。无基涵洞常用夯填密实、级配良好的沙垫层,有基涵洞常用混凝土修建管座。

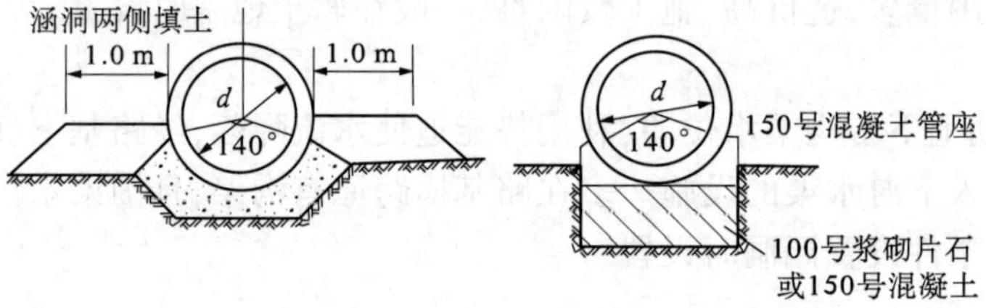

(a) 无基涵洞　　(b) 有基涵洞

图7-1 圆管涵基础示意图

(二)盖板涵洞身构造

盖板涵洞身由盖板、涵台(墩)和基础组成(见图7-2)。盖板一般有石盖板和钢筋混凝土盖板。当跨径较小、洞顶具有足够的填土高度时,可采用石盖板;当跨径较大或洞顶填土高度较小时,宜采用钢筋混凝土盖板。

石盖板涵常用跨径L_0取值为75 cm、100 cm、125 cm,盖板厚度d随洞顶填土高度与跨径而变,一般为15~40 cm。作盖板的石料必须是未风化且不易风化、无裂缝、强度较大的优质石板。

钢筋混凝土盖板涵跨径取值为150 cm、200 cm、250 cm、300 cm、400 cm,相应的盖板厚度d根据板顶填土高度的不同在15~30 cm取值。钢筋混凝土盖板顶面一般做成人字形流水坡。

圬工涵台(墩)的临水面一般采用垂直面,而涵台背面采用垂直面或斜坡面,涵台(墩)顶面一般做成平面。涵台顶面有时做成L形企口,使其在支承盖板的同时,借助盖板的支撑作用来加强涵台的稳定。涵台(墩)的下部用砂浆与基础连成整体。

基础多采用整体式基础;当孔径等于或大于2.0 m时,可做成分离式基础,其流水槽面用砂浆抹平或用片石砌成流水坡。

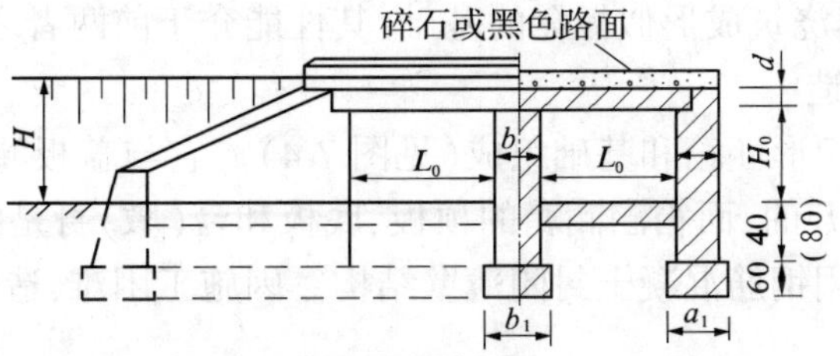

(a) 石盖板涵

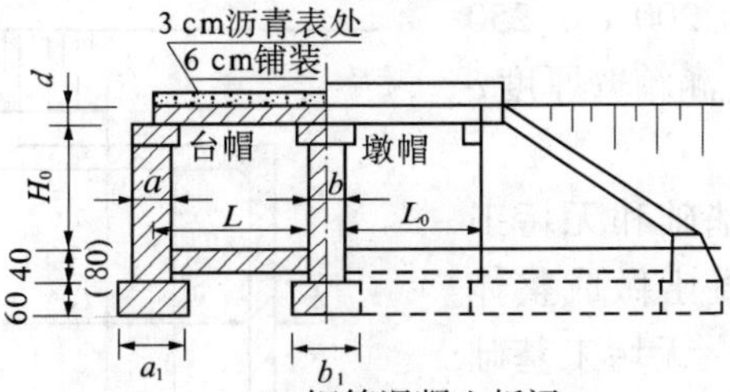

(b) 钢筋混凝土板涵

L_0—跨径；d—盖板厚度；H_0—净高；a—涵台宽；a_1—台基宽；b—涵墩宽；b_1—墩基宽。

图 7-2　盖板涵洞身　（单位：cm）

（三）拱涵洞身构造

拱涵洞身主要由拱圈、涵台（墩）和基础三部分组成。涵洞的横截面形式有半圆拱、圆弧拱和卵形拱，如图 7-3 所示。其中最常用的是圆弧拱，卵形拱因施工难度较大，很少采用。

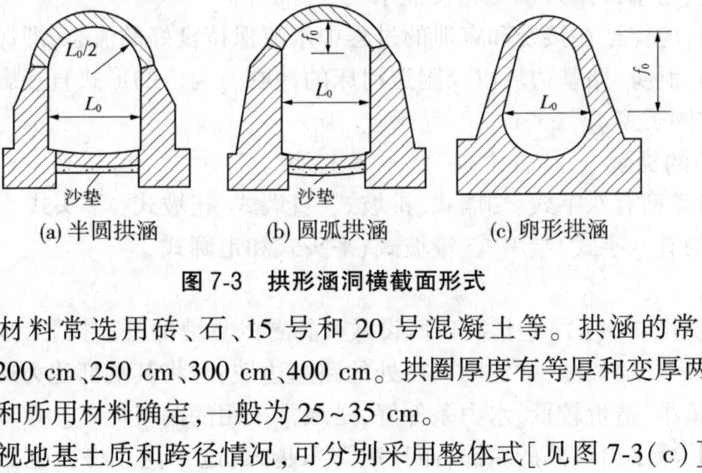

(a) 半圆拱涵　(b) 圆弧拱涵　(c) 卵形拱涵

图 7-3　拱形涵洞横截面形式

拱涵的建筑材料常选用砖、石、15 号和 20 号混凝土等。拱涵的常用跨径 L_0 为 100 cm、150 cm、200 cm、250 cm、300 cm、400 cm。拱圈厚度有等厚和变厚两种形式，厚度大小由填土高度和所用材料确定，一般为 25～35 cm。

拱涵的基础视地基土质和跨径情况，可分别采用整体式［见图 7-3（c）］、分离式和板凳式基础。

（1）整体式基础使用于两种情况：一种是跨径小于 2 m 的小跨径单孔或双孔拱涵；另一种是修建于软土地基上的拱涵，为了分散压力，也可用整体式基础。整体式基础一般都做成反拱形式，以较好地抵抗地基反力，避免基础可能产生的弯曲变形。

（2）拱涵孔径大于 2～3 m 时宜采用分离式基础。采用分离式基础时，涵底一般是在 10 cm 厚的沙垫层上用石料铺砌或用混凝土浇筑，并在涵台（墩）基础与涵底间设纵向沉降缝，以免基础沉降时涵底受到破坏。

（3）板凳式基础是指在两座涵台（墩）的混凝土基础之间用较薄的混凝土或钢筋混凝

土板从顶部连接,一起浇筑成形似板凳的基础,其性能介于前两者之间。

(四)箱涵洞身构造

箱涵洞身主要由矩形涵箱和基础组成(见图7-4)。它与盖板涵的区别在于盖板涵的盖板和台(墩)身是分开的,而箱涵涵箱的顶板、底板和台(墩)身是闭合固结的,称为刚性结构。箱涵涵箱可采用钢筋混凝土封闭薄壁结构。因施工困难,造价较高,仅在软土地基上采用。

箱涵常用的跨径 L_0 为 200 cm、250 cm、300 cm、400 cm、500 cm,涵箱壁厚度 δ 一般为 22~35 cm。

箱涵基础分为有圬工基础和无圬工基础。有圬工基础即用混凝土做成整体式基础,一般用15号混凝土;无圬工基础即采用沙垫层。

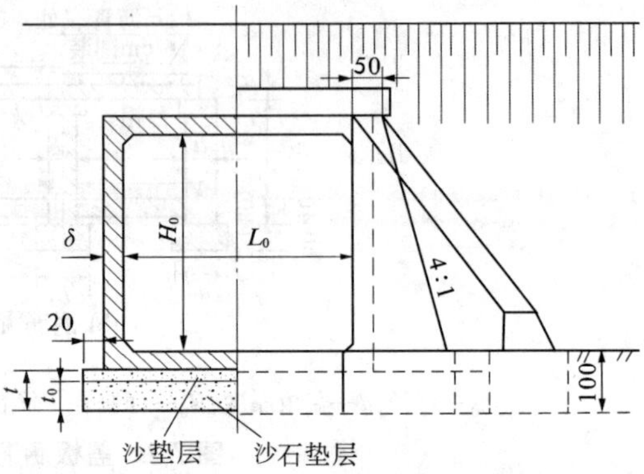

L_0—跨径;H_0—净高;δ—箱涵壁厚度;t_0—沙石垫层厚度;t—垫层厚度。

图7-4 箱涵洞身 (单位:cm)

二、洞口构造

(一)洞口的作用

涵洞的洞口可以分为进水口和出水口。首先,洞口要和洞身及路基边坡衔接平顺;其次,进、出水口作为接受和宣泄水流的直接构造,应保证在接受和宣泄的过程中水流保持良好的流态,即保证正常泄水和避免水流对洞口、洞身、路基边坡以及附近河床的冲刷。洞口的形式直接影响涵洞的泄水能力和河床的加固类型。

(二)洞口的类型

涵洞洞口类型有八字式、端墙式、锥坡式、直墙式、扭坡式、平头式、走廊式及流线形等,其中常用的有八字式、端墙式、锥坡式、平头式和走廊式。

1. 八字式

八字式[见图7-5(a)]是指洞口所设敞开斜置的翼墙的平面投影为八字形,故称八字式翼墙。为缩短翼墙长度,并加固洞口处的路基边坡,常将其端部建为矮墙。这种洞口施工简单、工程量小、造价较低、水力条件好,是最常采用的洞口形式。敞开的八字形翼墙便于接纳水流,并减小出口处的水深;而且敞开角越大,这一优点将会越显著。但是敞开角太大,就易在靠近翼墙处产生涡流而导致冲刷加大。理论上敞开角在进口处应取13°左右,出口处不宜大于10°,但实际中多习惯做成30°。

2. 端墙式

端墙式[见图7-5(b)]是指洞口端部修建垂直于涵洞中线的矮墙,无翼墙的形式。其构造简单,但水力性能不好,一般用于人工渠道或无冲刷的岩石河沟。在人工渠道上,端墙可与侧坡相衔接,必要时侧坡予以铺砌。在天然河沟上,可在端墙两侧做锥形填土,但需保持稳定。

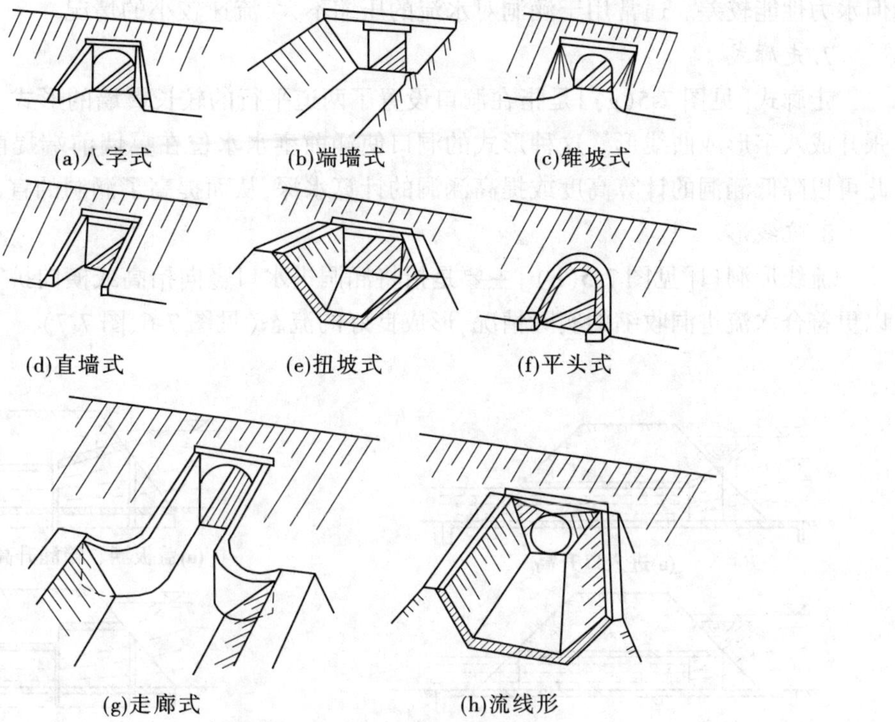

图 7-5 涵洞洞口各种类型

3. 锥坡式

锥坡式洞口[见图 7-5(c)]是在端墙式的基础上把两侧的锥形填土表面予以铺砌,视冲刷情况可采用浆砌或干砌。这种洞口适用于宽浅河流及对水流压缩较大的涵洞。锥坡式洞口建筑圬工体积较八字式大,经济性较差,但较八字式稳定,常用于建筑高度较大的洞口。

4. 直墙式

直墙式洞口[见图 7-5(d)]相当于八字式洞口翼墙敞开角为零的形式,即翼墙垂直于端部矮墙。这种洞口形式简单,施工容易,经济性较好,但因其水力条件较差,不便于集散水流,常用于涵洞跨径与河沟宽度基本一致、边坡规则的人工渠道,以及窄而深、河床纵断面变化不大的天然河沟。

5. 扭坡式

扭坡式洞口[见图 7-5(e)]是指洞口建筑由远至近截面形式由梯形逐渐变化为涵洞洞身截面的形式。这种洞口便于人工沟渠的梯形截面向涵洞洞身截面的过渡,也有利于天然河沟水流的集散,即有利于形成顺畅的流态,但施工工艺较为复杂。

6. 平头式

平头式[见图 7-5(f)]又称领圈式,常用于混凝土圆管涵。"领圈"通常和洞口管节预制为一个整体,形成特殊的洞口管节,所以模板需要较多。这种形式构造简单,造价低廉,但水力性能较差。通常用于涵洞对水流的压缩不大、流速较小的情况。

7. 走廊式

走廊式[见图7-5(g)]是指在洞口设置了两道平行的较长翼墙的形式,翼墙前端一般张开成八字形或曲线形。这种形式的洞口使涵前壅水水位在翼墙前端提前收缩跌落,因此可以降低涵洞的计算高度或提高涵洞的计算水深,从而提高了涵洞的宣泄能力。

8. 流线形

流线形洞口[见图7-5(h)]主要是指将涵洞进水口竖向抬高或横向扩宽形成流线形,以更符合水流进洞收缩的实际情况,形成良好的流态(见图7-6、图7-7)。

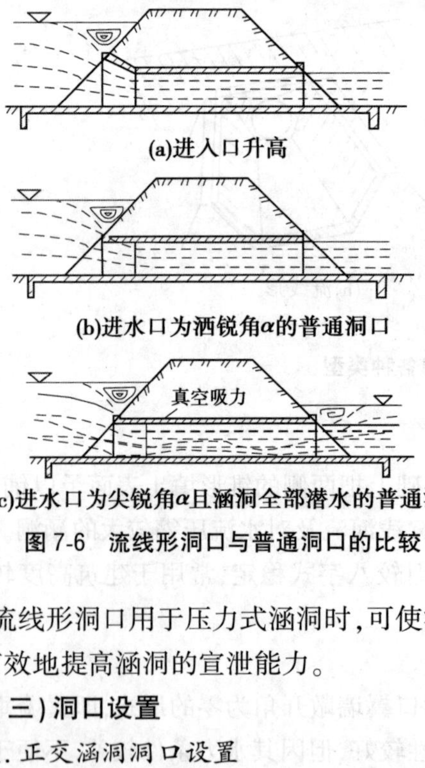

(a)进入口升高

(b)进水口为洒锐角α的普通洞口

(c)进水口为尖锐角α且涵洞全部潜水的普通洞口

图7-6　流线形洞口与普通洞口的比较

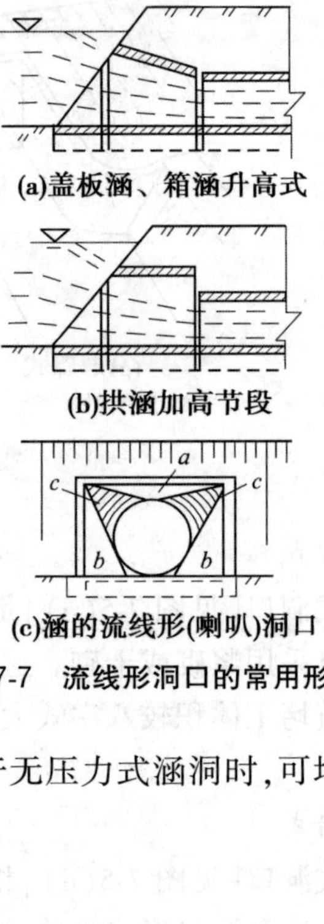

(a)盖板涵、箱涵升高式

(b)拱涵加高节段

(c)涵的流线形(喇叭)洞口

图7-7　流线形洞口的常用形式

流线形洞口用于压力式涵洞时,可使洞内满流;用于无压力式涵洞时,可增大涵前水深,有效地提高涵洞的宣泄能力。

(三)洞口设置

1. 正交涵洞洞口设置

正交涵洞洞口按以上所述洞口标准类型设置。

2. 斜交涵洞洞口设置

斜交涵洞洞口设置依据以上所述洞口标准类型,作局部调整。其具体方法如下所述两种。

1)斜交斜做

为求外形美观及适应水流条件,将涵洞端部做成与路线平行,即为斜交斜做,如图7-8(a)、(b)所示。这种方法常用于盖板涵和箱涵。

2）斜交正做

斜交正做即保持涵洞端部与涵洞中线相垂直，如图7-8（c）、（d）、（e）所示。管涵和拱涵为避免施工困难，常采用此种方法。一般将端墙做成阶梯形或斜坡形。

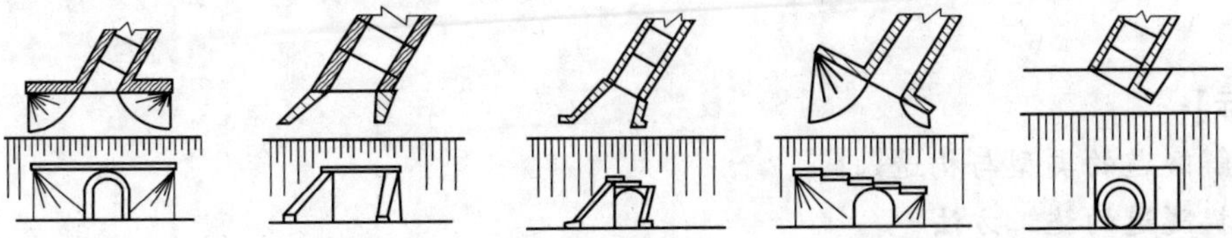

（a）、（b）斜交斜做涵洞的洞口；（c）、（d）斜交正做涵洞的洞口；（e）斜交圆涵平头式洞口。

图7-8　斜交涵洞的洞口布置

项目八　隧　道

【知识目标】

1. 了解隧道的类型与构造。

2. 掌握隧道的施工方法。

【能力目标】

1. 能根据实际情况选择适当的施工方法。

2. 能指导一般隧道工程施工。

【思政目标】

党的二十大报告提出:“在全社会弘扬劳动精神、奋斗精神、奉献精神、创造精神、勤俭节约精神,培育时代新风新貌。”“深入开展社会主义核心价值观宣传教育,深化爱国主义、集体主义、社会主义教育,着力培养担当民族复兴大任的时代新人。”

1. 树立吃苦耐劳、艰苦奋斗、不畏艰难的劳模精神,精益求精、创业敬业、追求卓越的工匠精神。

2. 树立团队合作精神、大局意识、安全意识、纪律观念、奉献精神、创造精神。

任务一　隧道的概念及作用

隧道是修筑在地面以下作为通道的地下构造物。从技术上讲指最终使用于地面以下,不论以任何方式建设的所需形状和尺寸的空洞,内部净空在 2 m^2 以上者。隧道工程是一门综合性学科,需要具备相当多的基础知识。除一般土木工程知识外,还涉及工程结构、岩土、地下水、空气动力学、声学、光学、消防、环保、自动化控制、工程机械、通风除尘、供电照明、交通工程、维修服务、测量与控制、报警与救急、运营与管理等多种学科。

隧道在山岭地区可用作克服地形或高程障碍,改善线形,提高车速,缩短里程,节约燃料,节省时间,减少对植被的破坏,保护生态环境;还可用于克服落石、塌方、雪崩、雪堆等危害。在城市可减少用地,构成立体交叉,解决交叉路口的拥挤阻塞,疏导交通。在江河、海峡、港湾地区,可以避免地面交通对水路通航的影响。修建隧道既能保证路线平顺、行车安全、提高舒适性和节省费用,又能增加隐蔽性、提高防护能力和不受气候影响。

隧道可以根据不同条件进行分类,以下作简要介绍:

(1)按服务的交通类别,隧道可以分为公路隧道和铁路隧道。公路隧道与铁路隧道相比较,由于公路一般为多车道,故隧道断面面积较大,且呈扁平状;断面多为双孔(眼镜形),供双向行车,横向受限时形成连拱;对空气要求更高,需要充足的通风量;防水要求更高。另外,车辆在隧道中行驶时受边墙效应和白洞效应、黑洞效应的影响。

(2)按所处的地理位置可以把隧道分为山岭隧道、城市隧道和水底隧道。

(3)按地层介质隧道可分为两大类:一类是修建在岩层中的,称为岩石隧道;另一类是修建在土层中的,称为软土隧道。岩石隧道修建在山体中的较多,即为山岭隧道;软土隧道常常修建在水底或城市立交,即为水下隧道或城市隧道。

(4)按使用功能隧道可分为交通隧道、水工隧道、矿山巷道和国防地道。

(5)按隧道长度可分为特长隧道($L>3\ 000$ m)、长隧道($3\ 000$ m$\geqslant L\geqslant 1\ 000$ m)、中隧道($1\ 000$ m$>L>500$ m)和短隧道($L\leqslant 500$ m)。

(6)按隧道跨度可分为小跨度隧道($B<9$ m)、一般跨度隧道(9 m$\leqslant B<14$ m)、中等跨度隧道(14 m$\leqslant B<18$ m)和大跨度隧道($B\geqslant 18$ m),B 为开挖宽度。

人类很早就知道利用自然洞穴作为住处。当社会发展到能制造挖掘工具时,就出现了人工挖掘的隧道。我国隧道工程建设历史悠久。新中国成立以前,我国隧道规模小,建设技术落后,但新中国成立后发展非常迅速。目前,我国的隧道数量之多和发展速度之快已居世界第一位。到2022年底,目前我国已建成公路隧道24 850处,总长度2 678. 43万m,其中特长隧道多达1 752处795. 11万m,长隧道6 715处1 172. 82万m。2004年12月13日建成的西安到安康高速公路穿越秦岭山脉的终南山特长公路隧道,设计全长18. 4 km。中国已经成为世界上隧道和地下工程最多、最复杂、发展速度最快的国家。

任务二 隧道的构造

隧道结构构造由主体构造物和附属构造物两大类组成。主体构造物是为了保持岩体的稳定和行车安全而修建的人工建筑物,通常指洞身衬砌和洞门构造物。洞身衬砌的作用是承受围岩压力、结构自重及其他荷载,防止围岩风化、崩塌和洞内的防水、防潮等。洞门的主要作用是防止洞口塌方落石、保持仰坡和边坡的稳定。附属构造物包括通风、照明、防排水、安全设备等,作用是确保行车安全、舒适。

一、洞身衬砌

(一)洞身衬砌材料

隧道是埋藏在地层深处的工程建筑物,洞身衬砌通常需要承受较大的围岩压力、地下水压力,以及化学物质的侵蚀作用、冻害作用等。所以,要求衬砌材料应具有足够的强度、耐久性、抗渗性、耐腐蚀性和抗冻性等。另一方面,隧道本身工程量较大,造价高。从经济性来讲,衬砌材料应价格较低,可就地取材,便于机械化施工。通常采用以下材料:

(1)混凝土。混凝土的优点是整体性好,既可在现场浇筑,也可在预制厂预制,而且可机械化施工。其本身强度较高,密实性较好,有一定的抗渗性。使用密实性附加剂或减水剂也可提高其密实度,改善防水和抗渗性能。混凝土还可以根据需要加入其他附加剂,如低温早强剂、常温早强剂、速凝剂、缓凝剂、塑化剂、加气剂等,来满足使用和施工上的需要。

混凝土材料的缺点是浇筑后不能立即承受荷载,需要一定的养生期,形成足够的强度,才可以拆模,占用模板较多。一般混凝土的耐腐蚀性较差。

(2)钢筋混凝土。钢筋混凝土强度高,但隧道施工时,暗挖部分就地绑扎钢筋较困难,通常不采用现浇钢筋混凝土;明挖地段可采用。

(3)喷射混凝土。喷射混凝土是将混凝土干拌和料、速凝剂和水,用混凝土喷射机高速喷射到洁净的岩石表面上凝结而成的。其密实性很高,能封闭围岩的裂隙;密贴于岩石表面,早期强度高,能很快起到支护作用,是一种理想的衬砌材料。

(4)锚杆与喷锚支护。锚杆是用机械方法加固围岩的一种材料。种类很多,通常可分为机械型锚杆和黏结型锚杆。围岩不够稳定时,还可张拉金属网。设置锚杆加喷射混凝土时,即为喷锚支护。

(5)石料。隧道衬砌采用无裂隙和未风化的石料,石料标号不应低于30号,用于砌筑的砂浆为M10。石料的优点是:石料来源广,可以就地取材;砌好后能较早地承受荷载;可以节省水泥和模板。石料的缺点是:砌缝多,容易漏水,施工主要靠手工操作,不能实现机械化施工。现在已很少用石料衬砌,但洞门挡墙、挡土墙、路缘石、人行道盖板等仍可使用。

(6)装配式材料。修筑隧道时,尤其是在软土地区,根据情况可采用装配式材料,如钢筋混凝土大型预制块、有加劲肋的铸铁预制块等。

(二)洞身衬砌类型

隧道施工时,因围岩类型和所采用的施工方法的不同,可以选用不同的洞身衬砌形式,以便于施工和保证围岩稳定。

(1)直墙式衬砌。直墙式衬砌形式通常用于岩石地层围岩压力以垂直压力为主,水平压力很小的情况,如图8-1所示。一般用于Ⅱ、Ⅲ级围岩,有时也用于Ⅳ级围岩。

如果围岩完整性比较好,在Ⅱ级围岩中,边墙可以采用连拱或柱,称为连拱边墙或柱式边墙,如图8-2所示。

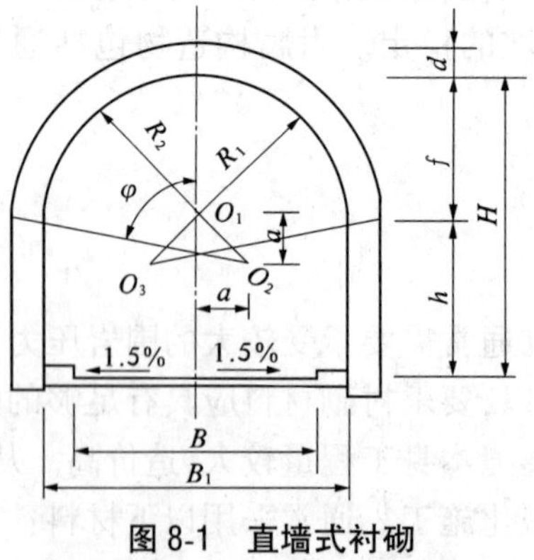

图8-1 直墙式衬砌

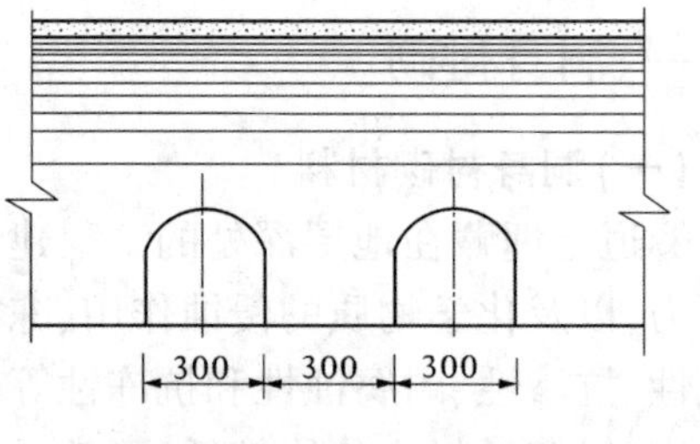

图8-2 连拱边墙或柱式边墙 (单位:cm)

为了节省圬工,在Ⅱ级围岩中,可以采用大拱脚薄边墙衬砌,如图8-3所示。如果具备喷混凝土条件,边墙可以用喷混凝土代替。此法有很大的局限性,最大的问题是大拱脚支座施工困难,在非均质岩层中很难做出整齐稳定的支座。所以,在这种较好的围岩中,建议优先考虑喷锚支护。

(2)曲墙式衬砌。当围岩水平压力较大时,为了抵抗较大的水平力,把边墙做成曲线形状,即为曲墙式衬砌。当地基条件较差时,为防止地基沉陷,抵御底部鼓压力,可设置仰拱,使衬砌形成环状封闭形状,如图8-4所示。曲墙式衬砌通常用于Ⅳ级以下围岩。

(3)喷混凝土衬砌、喷锚衬砌及复合式衬砌。喷混凝土是指利用高压空气,将掺有速凝剂的混凝土混合料与高压水混合通过混凝土喷射机喷射到岩面上迅速凝结形成保护层。喷锚衬砌是指由喷射混凝土、锚杆、钢拱、钢筋网等结构组合起来的衬砌形式，见图 8-5(a)。设锚杆或钢拱，可通过机械作用加固隧道围岩；张拉金属网，可提高喷混凝土层的抗拉能力、抗裂性、抗震性。如果以喷混凝土、锚杆、钢拱支架或金属网的一种或几种组合作为初次支护对围岩进行加固，维护围岩稳定，防止有害松动，待初次支护的变形基本稳定后，浇混凝土二次衬砌，即为复合式衬砌。常用塑料板作复合式衬砌中间的防水层，见图 8-5(b)。

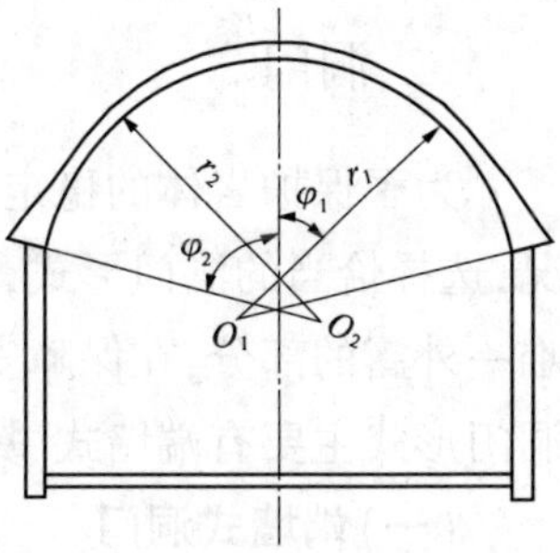

图 8-3 大拱脚薄边墙衬砌

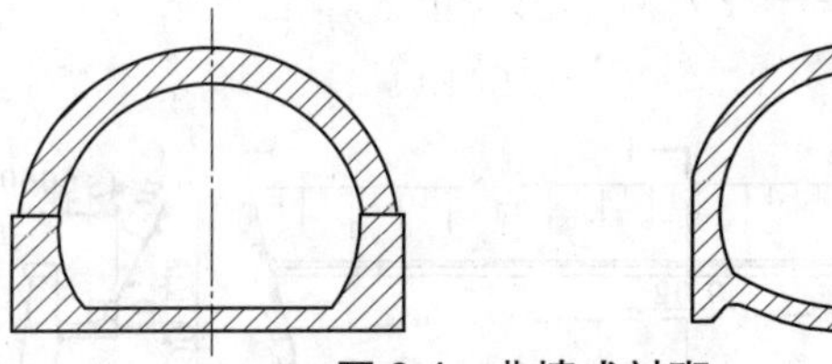

图 8-4 曲墙式衬砌

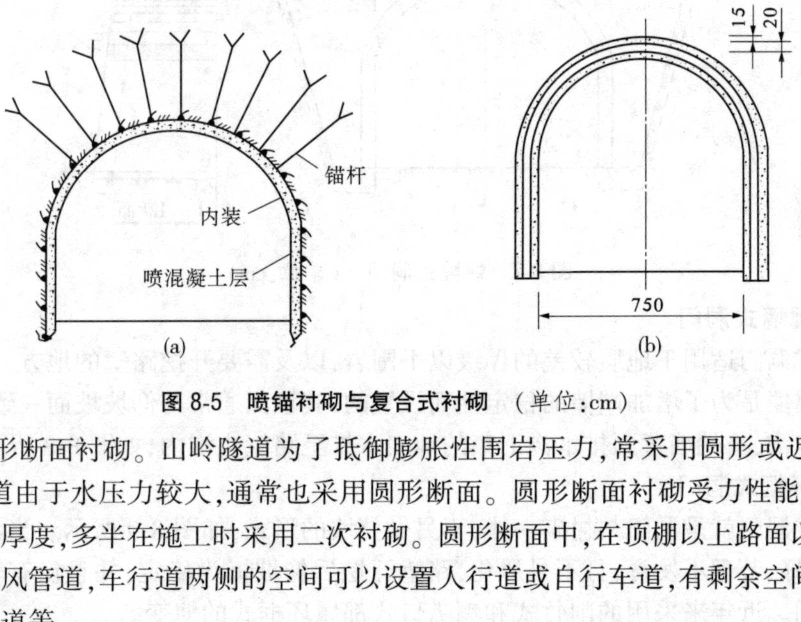

图 8-5 喷锚衬砌与复合式衬砌 （单位：cm）

(4)圆形断面衬砌。山岭隧道为了抵御膨胀性围岩压力，常采用圆形或近似圆形断面；水底隧道由于水压力较大，通常也采用圆形断面。圆形断面衬砌受力性能好，但需要较大的衬砌厚度，多半在施工时采用二次衬砌。圆形断面中，在顶棚以上路面以下的空间可以用作通风管道，车行道两侧的空间可以设置人行道或自行车道，有剩余空间时还可以设置电缆管道等。

(5)矩形断面衬砌。用明挖法施工时，尤其在修建多车道隧道时，广泛采用矩形断面；用沉管法施工时，其断面也可以用矩形形式；在软土中施工时，软土不能抵御拱形衬砌较大的水平推力，宜采用矩形断面。矩形断面利用率较高，如图 8-6 所示。

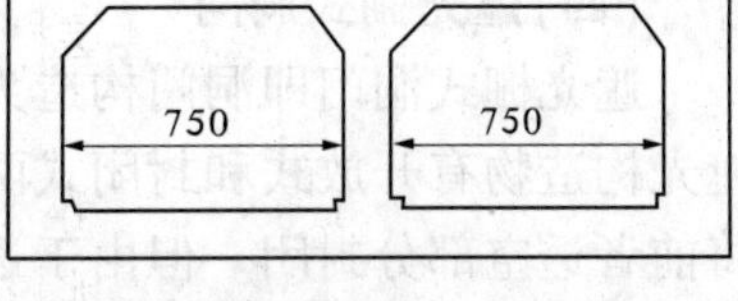

图 8-6 矩形断面衬砌 （单位：cm）

二、洞门

为了保护岩体的稳定和使车辆不受崩塌、落石等威胁,确保行车安全,应根据实际情况,选择恰当的洞门形式,并对边坡和仰坡进行适宜的护坡。洞门是隧道的咽喉,是隧道唯一外露的部分,在保障安全的同时,应适当考虑洞门功能型与美观的结合发展。常用的洞门形式主要有端墙式、翼墙式、环框式和遮光棚式。

(一)端墙式洞门

端墙式洞门适用于岩质稳定的Ⅲ级以上围岩和地形开阔的地区,是最常使用的洞门形式,如图8-7所示。其特点是构造简单,施工方便,受力条件明确,但要求洞门有稳定的边坡和仰坡,不致产生很大的土压力。

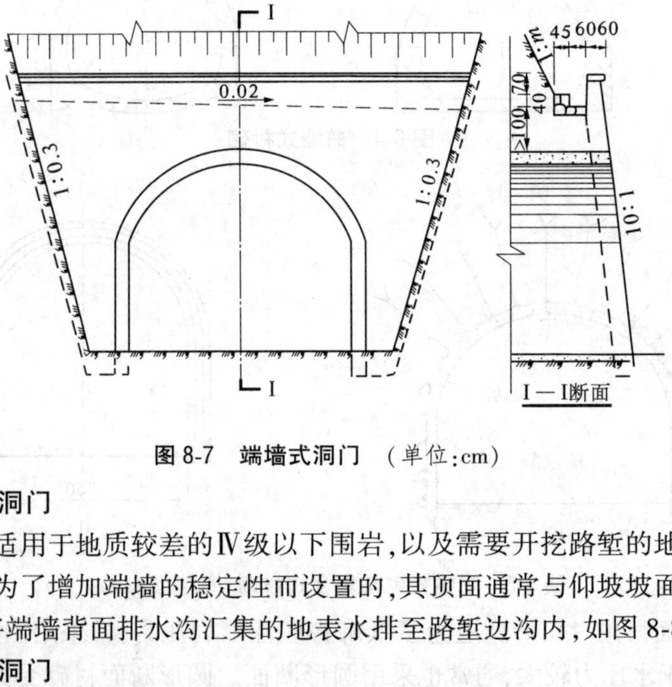

图8-7 端墙式洞门 (单位:cm)

(二)翼墙式洞门

翼墙式洞门适用于地质较差的Ⅳ级以下围岩,以及需要开挖路堑的地方,由端墙和翼墙组成。翼墙是为了增加端墙的稳定性而设置的,其顶面通常与仰坡坡面一致,顶面上一般均设置水沟,将端墙背面排水沟汇集的地表水排至路堑边沟内,如图8-8所示。

(三)环框式洞门

环框式洞门就是洞门与衬砌一体,不另做挡墙的形式,如图8-9所示。当洞口岩层坚硬、整体性好、节理不发育,且不易风化,路堑开挖后仰坡极为稳定,并且没有较大的排水要求时采用。近年来采用的削竹式和喇叭口式都属环框式的演变。

(四)遮光棚式洞门

遮光棚式洞门即洞门构造为遮光棚,具有减小洞内外亮度差的作用,如图8-10所示。遮光构造物有开放式和封闭式两种形式。前者遮光板间隙是透空的,后者则用透光材料将前者透空部分封闭。但由于透光材料上面容易沾染尘垢油污,养护困难,所以很少使用封闭式。

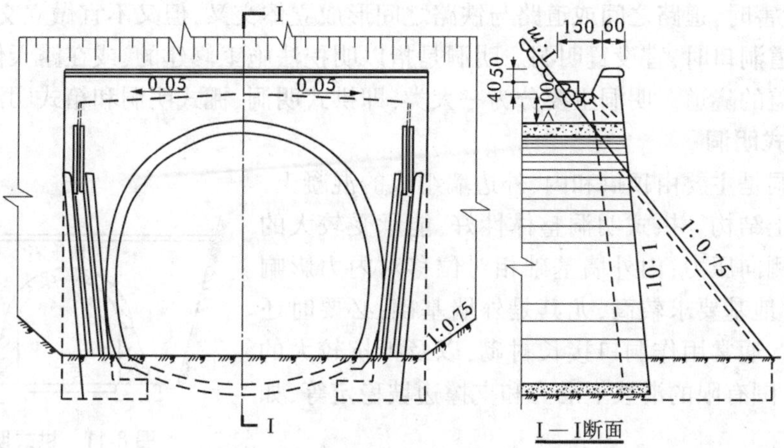

图 8-8 翼墙式洞门 （单位：cm）

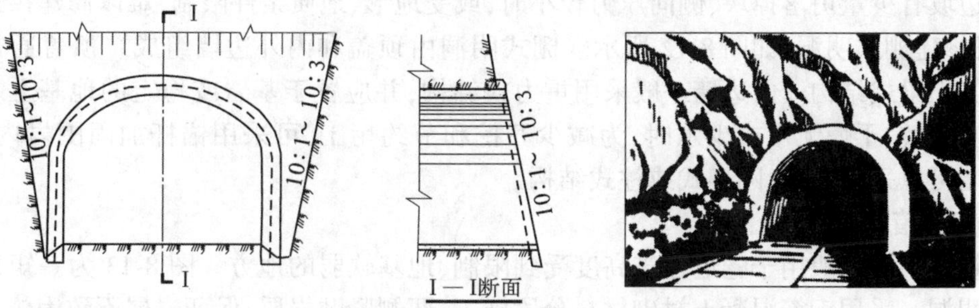

图 8-9 环框式洞门

图 8-10 遮光棚式洞门构造形式

三、明洞

洞顶覆盖层较薄，难以用暗挖法修建隧道时，隧道洞口或路堑地段受塌方、落石、泥石流、雪害等危害时,道路之间或道路与铁路之间形成立体交叉,但又不宜做立交桥时,或者需要延伸隧道洞口时,宜设置明洞。明洞是指以明挖法施工修建的,或在露天修建而有回填土予以遮盖的隧道。明洞主要分为三大类,即拱式明洞、棚式明洞和箱式明洞。

(一)拱式明洞

拱式明洞是主要由顶拱和内、外边墙组成的混凝土或钢筋混凝土结构。拱式明洞整体性好,能承受较大的垂直压力和侧向压力;内外墙基础相对位移对内力影响较大,所以对地基要求较高,尤其是外墙基础;必要时还可加设仰拱。通常用作洞口接长衬砌,以及抵抗较大的塌方推力、范围有限的滑坡下滑力和支撑边坡稳定等,如图 8-11 所示。

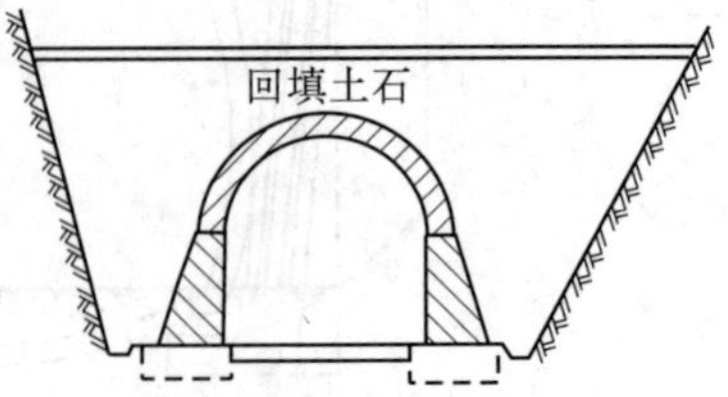

图 8-11　拱式明洞

(二)棚式明洞

边坡有少量坍落掉块、侧向压力较小时,或受地形、地质条件限制,难以修建拱式明洞时,可修建棚式明洞,如图 8-12 所示。棚式明洞由顶盖和内外边墙组成。顶盖通常为钢筋混凝土梁式结构。内边墙一般采用重力式结构,并应置于基岩或稳定的地基上。当岩层坚实完整、干燥无水或少水时,为减少开挖和节约圬工,可采用锚杆加固围岩内边墙。外边墙可以采用墙式、刚架式或柱式结构。

(三)箱式明洞

箱式明洞一般用于隧道建筑高度受到限制、地基软弱的地方。图 8-13 为一矩形截面箱式明洞。采用钢筋混凝土衬砌材料分段施工,两侧紧贴岩层,保证岩层不致因施工开挖而产生滑动,超挖后回填的强度应不低于该处岩石的抗压强度。

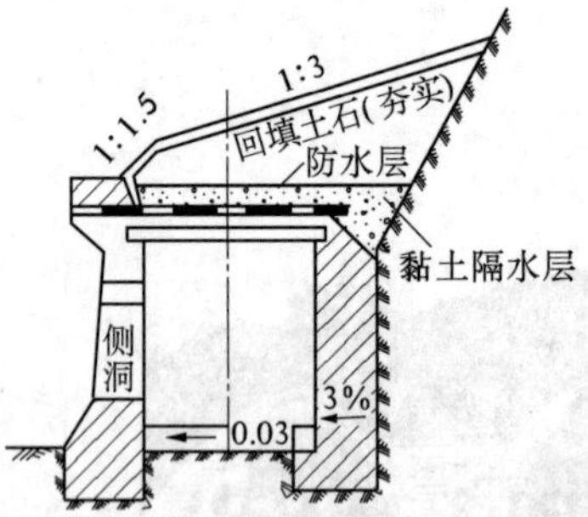

图 8-12　棚式明洞

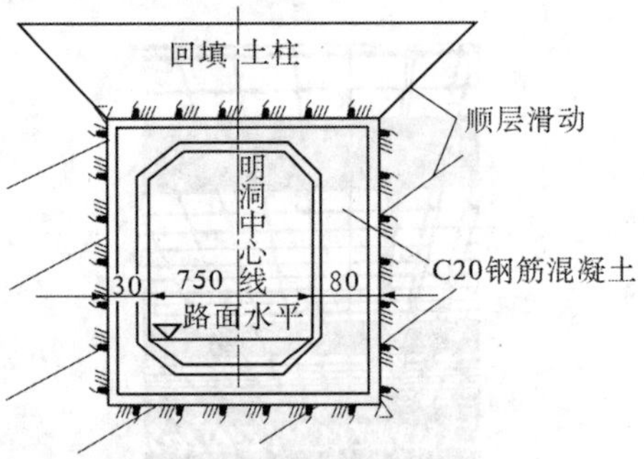

图 8-13　箱式明洞　(单位:cm)

四、隧道附属设施

隧道的附属设施包括为确保隧道内交通安全和顺适而设置的标志、标线、通信设施、消防设施、通风设施、照明设施、监控系统、供电系统等。

汽车所排出的尾气含有多种有害成分,如一氧化碳、煤烟、铝、磷化物、硫等,是气态和浮游固态微粒的混合物;另外,汽车还会携带尘土和卷起尘埃。这些物质在隧道内难以扩散,逐渐积累。当浓度很小时,通常不会有太大的影响;但当浓度逐渐增大时,剧毒的一氧化碳会使人体产生不同的中毒症状,直至危及生命。隧道内的烟雾也会减小能见度,影响行车安全。改善隧道内空气污染状况的途径有三种,即生产无公害汽车、使用滤毒装置还原被污染的空气和稀释被污染的空气。目前,生产无公害汽车仍然是一个有待解决的重大课题,使用滤毒装置还原被污染的空气的治污效率和经济性都不好,而最实用的方法就是稀释被污染的空气。通常有两种做法:一种是自然通风,一种是机械通风。自然通风就是不借助任何设备,让新鲜空气自然地进入隧道,稀释洞内被污染的空气,一般用于隧道走向和风向一致的短隧道。机械通风是利用通风设施从洞外引进新鲜空气,冲淡洞内的有害物质浓度,使空气满足卫生标准和能见度要求。

隧道照明的目的是减小隧道内外的亮度差和保证隧道使用的光线要求,主要问题是在隧道的出入口及相邻区段考虑人的视觉的适应过程。一般设电灯照明,隧道照明与道路照明显著不同的是隧道在白天和晚上都需要照明,而且更重要、更复杂。当车辆驶近隧道口时,露天的路面及其他物体的亮度远高于隧道洞口的亮度,使洞口看起来像一个黑洞,这种现象称为"黑洞效应"。而当车辆即将驶出隧道时,由于隧道内的亮度远低于洞外亮度,使洞口看起来像一个白色的洞,这种现象称为"白洞效应"。为了消除或减弱"黑洞效应"和"白洞效应",应在隧道的洞口部分加强照明,并使亮度的变化合理,减小、缓和亮度下降或上升的比例。

任务三 隧道施工方法

隧道施工方法的选择主要依据工程地质和水文地质条件,并结合隧道断面尺寸、长度、衬砌类型,隧道的使用功能和施工技术水平等因素综合考虑研究确定。所选择的施工方法也应体现出技术先进、经济合理及安全适用的原则。根据隧道穿越地层的不同情况和目前隧道施工方法的发展,隧道施工方法可按以下方式分类。

(1)山岭隧道施工方法有矿山法和掘进机法。矿山法又分为传统的矿山法和新奥法。

(2)浅埋及软土隧道施工方法有明挖法、地下连续墙法、盖挖法、浅埋暗挖法和盾构法。

(3)水底隧道施工方法有沉埋法和盾构法。

以下重点对全断面掘进机法、盾构法、新奥法和沉埋法作简要介绍。

一、全断面掘进机法

(一)基本含义

隧道掘进机(Tunnel Boring Machine,TBM)是一种用机械破碎岩石、出渣与支护实行连续作业的综合设备,它是由盾构技术发展而来的(如图 8-14 所示)。

TBM 主要分为以下 3 种类型,并分别适应于不同的地质。

(1)开敞式 TBM。常用于硬岩,在开敞式 TBM 上,配置了钢拱架安装器和喷锚等辅助设备,以适应地质的变化。当采取有效支护手段后也可应用于软岩隧道。

(2)双护盾 TBM。适用于各种地质,既能适应软岩,也能适应硬岩或软硬岩交互地层。

图 8-14 TBM 掘进机

(3)单护盾 TBM。常用于劣质地层。

(二)掘进机施工主要流程

施工准备→全断面开挖与出渣→外层管片式衬砌或初期支护→TBM 前推→管片外灌浆或二次衬砌。

(三)施工特点

优点:

(1)开挖作业能连续进行,因此施工速度快,工期得以缩短,特别是在稳定的围岩中长距离施工时,此特征尤其明显。

(2)没有像爆破那样大的冲击,对围岩的损伤小,几乎不产生松弛、掉块,崩塌的危险小,可减少支护的工作量。

(3)震动、噪声小,对周围居民和结构物的影响小。

(4)因机械化施工,安全,作业人员少。近期的 TBM 可在防护棚内进行刀具的更换,密闭式操纵室、高性能集尘机等技术的采用,使安全性和作业环境有了较大的改善。

缺点:

(1)机械的购置和运输、组装、解体等的费用高,机械的设计制造时间长,初期投资高,因此不用于短隧道。

(2)施工途中不易改变开挖直径和形状。

(3)地质的适应性受到一定限制。目前,虽然正在开发全地质型的机种,但还满足不了这种要求,对软弱围岩,还存在不少问题;对硬岩,强度超过 200 MPa 后,刀具成本急剧增大,开挖速度也降低。

(四)掘进机与盾构机比较

盾构机与 TBM 都是一样的,都是隧道全断面掘进。但在造词之初,它们是不一样的,严格来说,它们之间存在以下不同点:

(1)适用的工程不一样,TBM 是适用于硬岩掘进的隧道掘进机,盾构机指的是适于在软岩、土中掘进的隧道掘进机。

(2)两者的掘进、平衡、支护系统都不一样。

(3)TBM 比盾构机技术更先进、更复杂。

(4)工作的环境也不一样,TBM 是硬岩掘进机,一般用在山岭隧道或大型引水工程中;盾构机是软土类掘进机,主要用于城市地铁及小型管道工程。

二、盾构法

(一)基本含义

盾构法(Shield Method)是暗挖法施工中的一种全机械化施工方法,它是将盾构机械在地中推进,通过盾构外壳和管片支承四周围岩,防止发生往隧道内的坍塌,同时在开挖面前方用切削装置进行土体开挖,通过出土机械运至洞外,靠千斤顶在后部加压顶进,并拼装预制混凝土管片,形成隧道结构。

盾构机的种类繁多,按开挖面是否封闭划分,有密闭式和敞开式两类;按平衡开挖面的土压与水压的原理不同,密闭式盾构机分为土压式(常用泥土压式)(见图 8-15)和泥水式两种。国内用于地铁工程的盾构主要有土压式和泥水式两种。

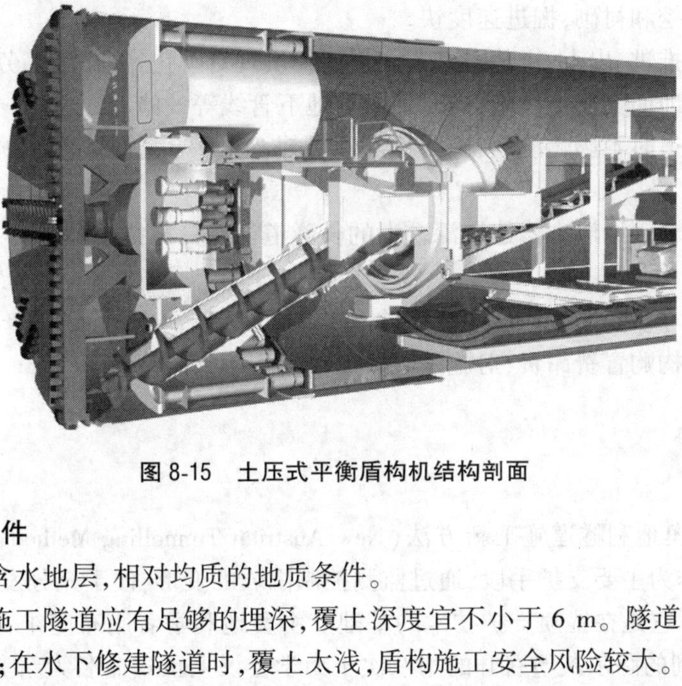

图 8-15 土压式平衡盾构机结构剖面

(二)适用条件

(1)在松软含水地层,相对均质的地质条件。

(2)盾构法施工隧道应有足够的埋深,覆土深度宜不小于 6 m。隧道覆土太浅,盾构法施工难度较大;在水下修建隧道时,覆土太浅,盾构施工安全风险较大。

(3)地面上必须有修建用于盾构机进出洞和出土进料的工作井位置。

(4)隧道之间或隧道与其他建(构)筑物之间所夹土(岩)体加固处理的最小厚度为水平方向 1.0 m、竖直方向 1.5 m。

(5)从经济角度讲,连续的盾构施工长度不宜小于 300 m。

(三)主要施工内容

先在隧道某段的一端建造竖井或基坑,以供盾构安装就位。盾构从竖井或基坑的墙壁预留孔处出发,在地层中沿着设计轴线,向另一竖井或基坑的设计预留孔洞推进。盾构推进中所受到的地层阻力,通过盾构千斤顶传至盾构尾部已拼装的预制衬砌,再传到竖井或基坑的后靠壁上。盾构是一个能支承地层压力,又能在地层中推进的圆形、矩形、马蹄形及其他特殊形状的钢筒结构,其直径稍大于隧道衬砌的直径,在钢筒的前面设置各种类型的支撑和开挖土体的装置,在钢筒中段周圈内安装顶进所需的千斤顶,钢筒尾部是具有一定空间的壳体,在盾尾内可以安置数环拼成的隧道衬砌环。盾构每推进一环距离,就在盾尾支护下拼装一环衬砌,并及时向盾尾后面的衬砌环外周的空隙中压注浆体,以防止隧道及地面下沉,在盾构推进过程中不断从开挖面排出适量的土方。

盾构是进行土方开挖正面支护和隧道衬砌结构安装的施工机具,它还需要其他施工技术密切配合才能顺利施工。主要有:地下水位的降低,稳定地层、防止隧道及地面沉陷的土壤加固措施,隧道衬砌结构的制造,地层的开挖,隧道内的运输,衬砌与地层间的充填,衬砌的防水与堵漏,开挖土方的运输及处理方法,配合施工的测量、监测技术,合理的施工布置等。

(四)施工特点

优点:

(1)安全开挖和衬砌,掘进速度快。

(2)盾构的推进、出土、拼装衬砌等全过程可实现自动化作业,施工劳动强度低。

(3)不影响地面交通与设施,同时不影响地下管线等设施。

(4)穿越河道时不影响航运,施工中不受季节、风雨等气候条件影响,施工中没有噪声和扰动。

(5)在松软含水地层中修建埋深较大的长隧道往往具有技术和经济方面的优越性。

缺点:

(1)断面尺寸多变的区段适应能力差。

(2)新型盾构购置费昂贵,对施工区段短的工程不太经济。

三、新奥法

(一)概念

新奥法,即奥地利隧道施工新方法(New Austrian Tunnelling Method,NATM),是以喷射混凝土锚杆作为主要支护手段,通过监测控制围岩的变形,便于充分发挥围岩的自承能力的施工方法。它是在锚喷支护技术的基础上由奥地利学者腊布塞维奇首先提出的,于1963年在奥地利的萨尔茨堡召开的第八次土力学会议上正式命名为新奥法,并取得了专利权。

什么是新奥法?奥地利隧道学会认为,新奥法是以在围岩中形成一个封闭岩石支撑环为主要目的的隧道施工方法。奥地利的泰勒教授认为,所谓新奥法,不是单纯的开挖、支护的方法和顺序,而是按照实际观察到的围岩动态的各项指标来指导开挖隧道的方法。有人把新奥法归纳为:其原则是充分保护、利用围岩的承载能力,其施工要点为控制爆破、锚喷支护和施工监测,其实施方法为设计、施工和监测三位一体的动态模式。

新奥法的概念,在20世纪70年代末开始被我国了解和接受,80年代开始,在一些隧道设计中贯彻了新奥法基本原理，采用了信息设计方法。随着新奥法基本原理在隧道工程实践中的应用，开挖方法、辅助工法、锚喷技术、现场监测技术等的不断完善和提高，逐步形成具有中国特色的浅埋暗挖法（“管超前、严注浆、短开挖、强支护、快封闭、勤量测”十八字诀）和复合式衬砌等隧道施工技术，大大丰富和发展了新奥法原理。

（二）施工程序

新奥法施工程序可用图 8-16 来表示。

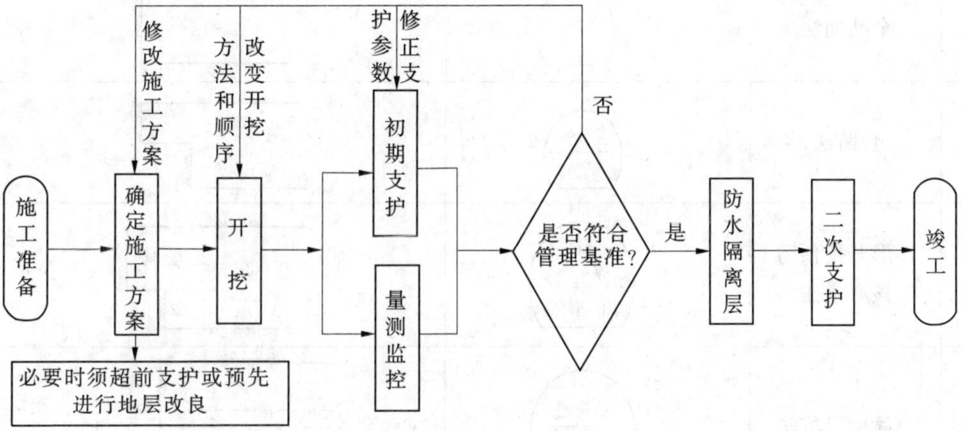

图 8-16 新奥法施工程序

（三）施工的基本原则

新奥法施工的基本原则可以归纳为“少扰动、早支护、勤量测、紧封闭”。

少扰动，是指在进行隧道开挖时，要尽量减少对围岩的扰动次数、强度、范围和持续时间。因此，要求能用机械开挖的就不用钻爆法开挖；采用钻爆法开挖时，要严格进行控制爆破；尽量采用大断面开挖；根据围岩类别、开挖方法、支护条件选择合理的循环掘进进尺；自稳性差的围岩，循环掘进进尺应短一些；支护要尽量紧跟开挖面，缩短围岩应力松弛时间。

早支护，是指开挖后及时施作初期锚喷支护，使围岩的变形进入受控制状态。这样做一方面是为了使围岩不致因变形过度而产生坍塌失稳；另一方面是使围岩变形适度发展，以充分发挥围岩的自承能力。必要时可采取超前预支护措施。

勤量测，是指以直观、可靠的量测方法和量测数据来准确评价围岩（或围岩加支护）的稳定状态，或判断其动态发展趋势，以便及时调整支护形式、开挖方法，确保施工安全并顺利进行。量测是现代隧道及地下工程理论的重要标志之一，也是掌握围岩动态变化过程的手段和进行工程设计、施工的依据。

紧封闭，一方面是指采取喷射混凝土等防护措施，避免围岩因长时间暴露而导致强度和稳定性的衰减，尤其是对易风化的软弱围岩；另一方面是指要适时对围岩施作封闭性支护，这样做不仅可以及时阻止围岩变形，而且可以使支护和围岩能进入良好的共同工作状态。

(四)主要开挖方法

隧道开挖方法的选择,主要取决于隧道的地质条件、隧道长度与工期要求,同时应结合机具设备情况、材料供应情况以及施工技术水平等因素综合考虑。隧道开挖方法,按开挖隧道的横断面分部情形来分,可分为全断面法、台阶法、分部开挖法等,见表8-1。

表8-1　隧道主要施工(开挖)方法

序号	名称	横断面示意	纵断面示意
1	全断面法	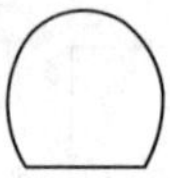	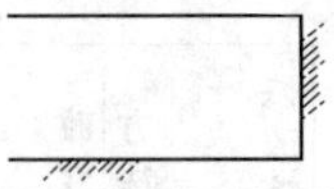
2	台阶法	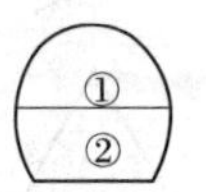	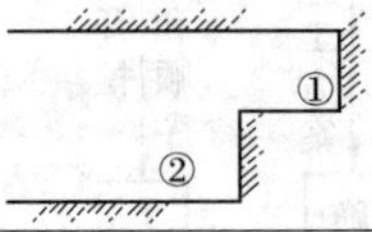
3	环形开挖预留核心土法	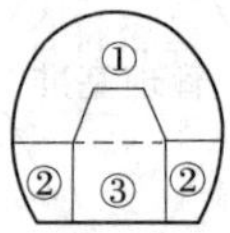	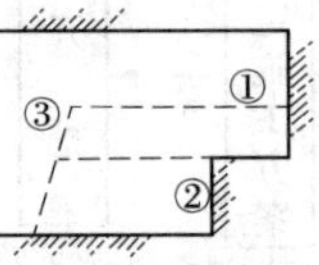
4	单侧壁导坑法	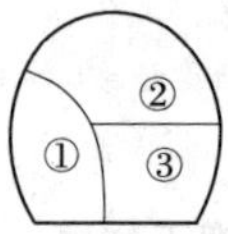	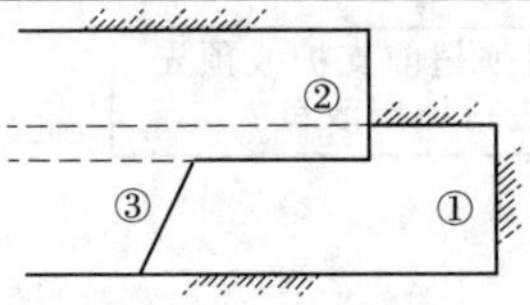
5	双侧壁导坑法	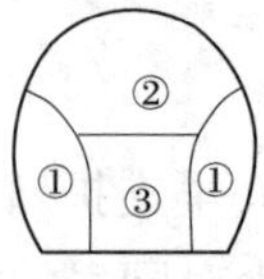	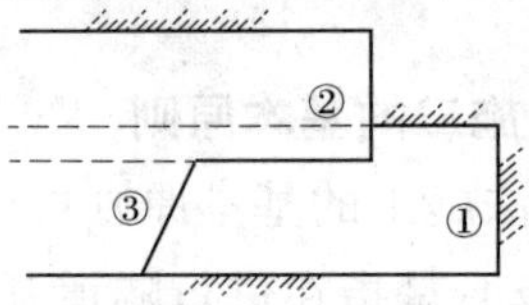
6	中洞法	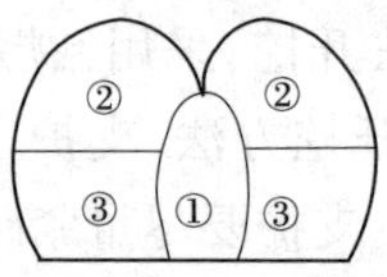	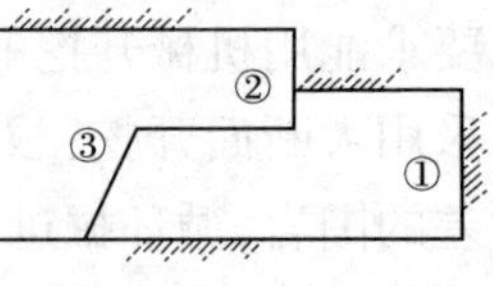
7	中隔壁法(CD)	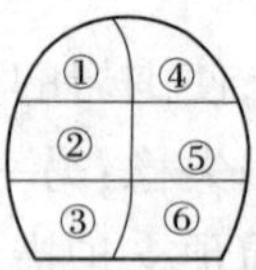	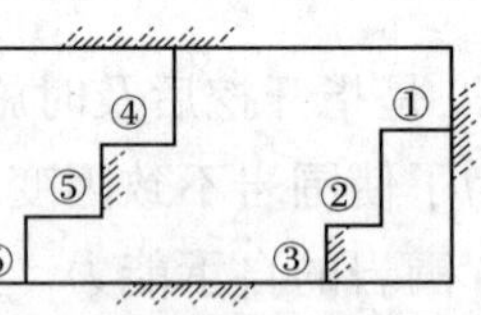
8	交叉中隔壁法(CRD)	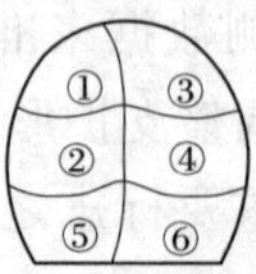	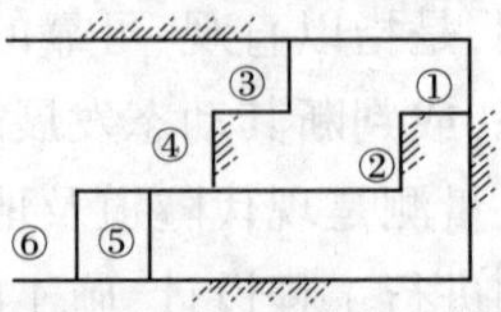

1. 全断面开挖法

全断面一次开挖法就是按照隧道设计轮廓一次爆破开挖成型,然后修筑衬砌的施工方法,如图 8-17 所示。

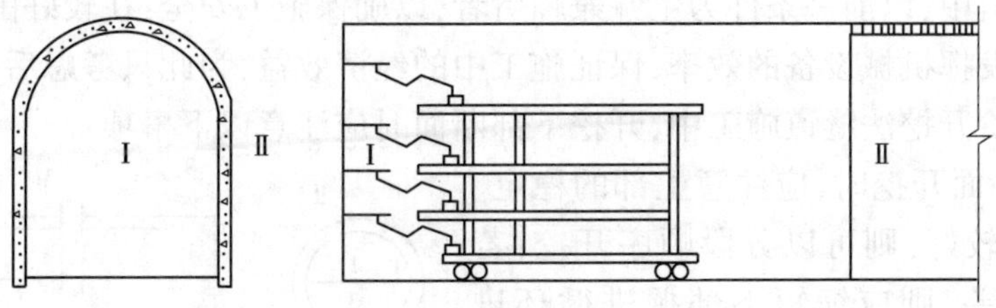

Ⅰ—开挖;Ⅱ—支护。

图 8-17　全断面开挖法

1)施工顺序

(1)用钻孔台车钻眼,然后装药联线。

(2)退出钻孔台车,引爆炸药,开挖出整个隧道的断面轮廓。

(3)排除危石,安装拱部锚杆(必要时)和喷射第一层混凝土。

(4)装渣、运渣。

(5)安装边墙锚杆(必要时)和喷射第一层混凝土。

(6)拱、墙喷射第二层混凝土(必要时)。

(7)按上述工序开始下一轮循环作业。

(8)灌筑隧道底部混凝土,待围岩和初期支护基本稳定后施做二次模筑混凝土衬砌。

2)适用条件

(1)全断面开挖法适用于Ⅰ～Ⅲ级整体性好的围岩。用于Ⅳ级围岩时,围岩应具备从全断面开挖后到支护前这一时间内,保持其自身的稳定。

(2)有大型施工机械。

(3)隧道长度或施工区段长度不宜太短,根据经验一般不应小于 1 km;否则,采用大型机械化施工经济性较差。

3)施工特点

(1)工序少,便于施工组织和管理。

(2)开挖一次成形,对围岩扰动小,有利于围岩稳定。

(3)开挖断面大,可采用深孔爆破以提高爆破效果,加快掘进速度。

(4)作业空间大,有利于采用大型施工机械设备,实现综合机械化施工,从而提高劳动生产率,减轻施工人员的劳动强度,降低工程造价。

2. 台阶开挖法

台阶开挖法是指正台阶二步开挖法,它是全断面一次开挖法的变化方法。这种方法对地质的适应性较强,也可以说是全地质型方法。目前我国约 70%的隧道开挖采用此法,它多用于围岩能在短期内处于稳定的地层中。

台阶开挖法根据台阶长度不同,可划分为长台阶法、短台阶法和超短台阶法三种,如图 8-18 所示。在施工中选用何种台阶,应根据下面两个条件来确定:一是初期支护形成闭合断面的时间要求,围岩稳定性越差,要求闭合时间越短;二是上部断面施工所采用的开挖、支护、出渣等机械设备所需空间大小的要求。

在软弱围岩中,以前一条件为主并兼顾后者,以确保施工安全;在较好围岩中,主要考虑如何更好地发挥机械设备的效率,保证施工中的经济效益,为此只考虑后一条件。

在采用台阶开挖法隧道施工中,开挖下部断面时应注意以下事项:

(1)下部断面开挖时,应注意上部的稳定。若围岩稳定性较好,则可以分段顺序开挖;若围岩稳定性较差,则应缩短下部掘进循环进尺;若围岩稳定性更差,则可以左右错开,或先拉中槽后挖边帮。

(2)下部边墙开挖后必须立即施作初期支护。

(3)施工量测应及时跟上,当发现围岩的位移速率增大时,应立即闭合仰拱,以增加结构的刚度。

(4)要解决好上、下半断面作业的相互干扰问题。尤其短台阶开挖法干扰较大,要做好作业组织。对于长度较短的隧道,可将上半断面贯通后,再进行下半断面施工。

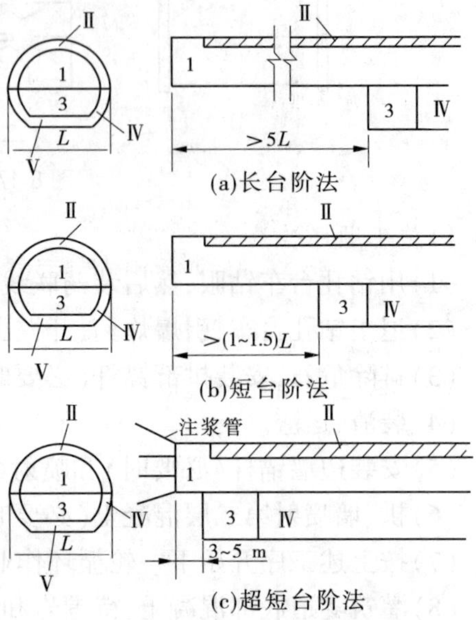

1、3—开挖;Ⅱ、Ⅳ、Ⅴ—支护。

图8-18 台阶开挖法

3. 分部开挖法

1)环形开挖留核心土法

这种方法一般将开挖断面分成环形拱部、上部核心及下部台阶三部分,如图8-19所示。它根据地质好坏,将环形拱部断面分成一块或几块开挖。环形开挖进尺一般为0.5~1.0 m,不宜过长。此法的施工程序为:用人工或单臂掘进机开挖环形拱部;架立钢支撑挂钢丝网,喷射混凝土;在拱部初期支护保护下,用挖掘机或单臂掘进机开挖核心土和下部台阶;随即接长边墙钢支撑挂网喷射混凝土,并进行封底;根据围岩和初期支护变形情况或施工安排,施作二次模筑混凝土衬砌。

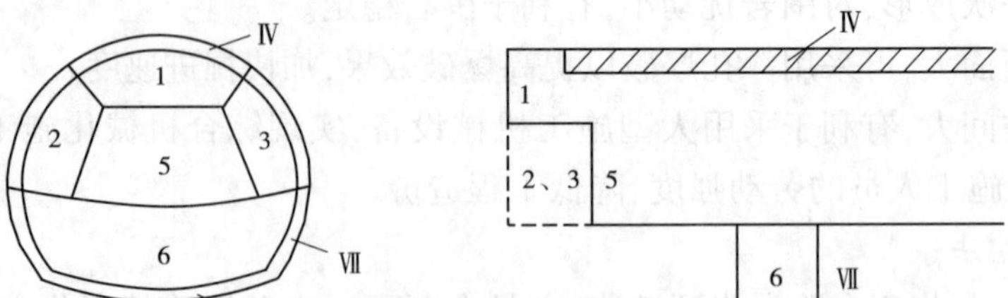

1、2、3、5、6—开挖;Ⅳ、Ⅶ、Ⅷ—支护。

图8-19 环形开挖留核心土法

由于拱部开挖高度较小及地层比较松软,锚杆易失效,所以施工中一般不设置锚杆。环形开挖留核心土法,因上部留有核心土以支挡开挖工作面,且施工时能迅速及时地施作拱部初期支护,所以开挖工作面稳定性好。核心土和下部台阶开挖都是在拱部初期支护保护下进行的,施工比较安全。它一般在土质及软弱围岩中使用较多,曾在大秦线军都山隧道黄土段及断层带地段、北京地铁等工程中采用,都取得了良好的效果。

这种方法的主要优点是:拱部长度可加长,能减少上、下台阶施工干扰,施工机械化程度较高,能加快施工进度。但当遇到松软围岩时,应结合地层加固措施,对开挖作业面及开挖前方地层予以加固,以确保施工安全。

2)侧壁导坑开挖法

此法根据侧壁导坑开挖的个数,分为单侧壁导坑开挖法和双侧壁导坑开挖法两种。

(1)单侧壁导坑开挖法。

这种方法一般将断面分成三个部分,即侧壁导坑1、上台阶3、下台阶5,如图8-20所示。

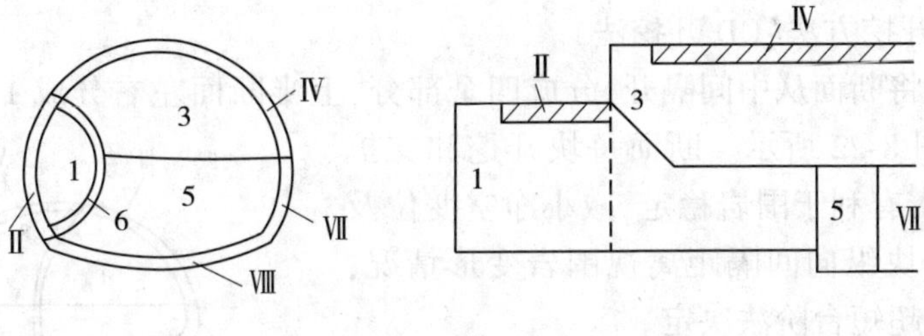

1、3、5、6——开挖;Ⅱ、Ⅳ、Ⅶ、Ⅷ—支护。

图8-20 单侧壁导坑开挖法

侧壁导坑尺寸应本着充分利用台阶的支承作用,并考虑机械设备和施工条件而定。其宽度不宜超过0.5倍洞宽,高度以到起拱线为宜。这样,右侧导坑可采用二步正台阶开挖,不需要设置工作平台,人工架立钢拱架也较方便。对侧壁导坑与台阶之间的距离,以不发生施工干扰为宜。在短隧道中可先挖通侧壁导坑,然后开挖上、下台阶。台阶长度视围岩情况可参照短台阶法或超短台阶法确定。

单侧壁导坑法将整个断面分成数块,每块开挖宽度小,封闭型的侧壁导坑初期支护承载能力大。此法适用于断面跨度大、地表沉陷难以控制的软弱松散围岩中的浅埋隧道。它曾在埋深与洞跨之比为0.67的北京地铁复兴门折返线工程中应用并获得成功。

(2)双侧壁导坑开挖法。

这种方法将整个断面分成四个部分,即左右侧壁导坑1、上台阶3、下台阶5,如图8-21所示。侧壁导坑高度以到起拱线为宜,宽度不宜超过洞内断面最大跨度的1/3。左右侧导坑前后错开的距离,应根据开挖一侧导坑所引起的围岩应力重分布不影响另一侧已成导坑为原则,一般为10~15 m。上下台阶之间的距离,应视围岩情况参照短台阶法或超短台阶法确定。

双侧壁导坑开挖法适用于断面跨度较大,地表沉陷要求严格,围岩条件较差的浅埋隧道。现场实测表明,双侧壁导坑开挖法引起的地表沉陷仅为短台阶法的1/2。此法施工安全,但施工速度慢,因为有两个导坑而成本较高。它曾在衡广复线上的香炉坑隧道、大秦线上的西坪隧道,以及北京地铁西单车站等工程中应用,效果较好。

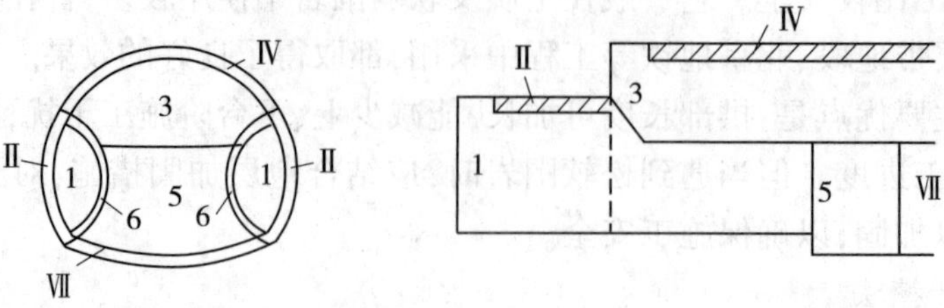

1、3、5、6—开挖;Ⅱ、Ⅳ、Ⅶ—支护。

图8-21　双侧壁导坑开挖法

3)中隔壁开挖法

中隔壁开挖法是分部开挖施工方法的常用工法,根据开挖顺序和支护方式不同,通常分为中隔壁开挖方法(CD开挖法)和交叉中隔壁开挖方法(CRD开挖法)两种。

(1)中隔壁开挖方法(CD开挖法)。

这种方法是将断面从中间隔开,分成四个部分,上半断面左右分成1、4,下半断面左右分成2、5,如图8-22所示。断面每块开挖和支护后形成闭合单元,有利于围岩稳定,减小净空变位及地表沉陷。各分块纵向间隔距离视围岩变形情况,参照短台阶法或超短台阶法决定。

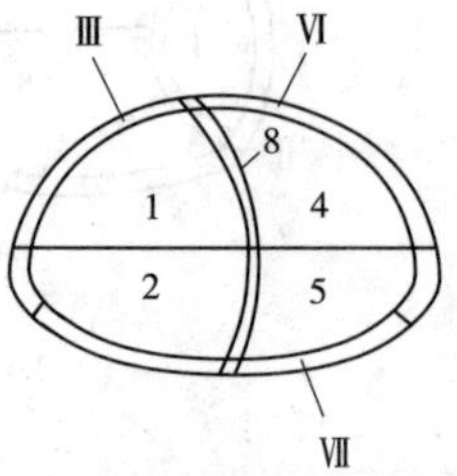

1、2、4、5、8—开挖;Ⅲ、Ⅵ、Ⅶ—支护。

图8-22　中隔壁开挖法

中隔壁法适用于断面跨度大、地表沉陷量要求较小的软弱围岩中的浅埋隧道。日本在修建城市地铁及三线高速公路隧道时成功地采用了此法。

(2)交叉中隔壁开挖方法(CRD开挖法)。

这种方法是在软弱围岩大跨隧道中,先开挖隧道的一侧的一或二部分,施作部分中隔壁墙,再开挖隧道另一侧的一或二部分,然后再开挖最先施工一侧的最后部分,并延长中隔壁墙,最后开挖剩余部分的施工方法。

断面每块开挖和支护后形成闭合单元,有利于围岩稳定,减少净空变位及地表沉陷。各分块纵向间隔距离视围岩变形情况确定。最先采用CRD开挖法的工程是日本东叶高速线习志野台隧道和北习志野台隧道。

4)中洞开挖法

在连拱隧道或半线隧道的喇叭口地段,先开挖两洞之间的立柱(或中墙)部分,完成立柱(或中墙)混凝土浇筑后,再进行左右两洞开挖的施工,如图8-23所示。

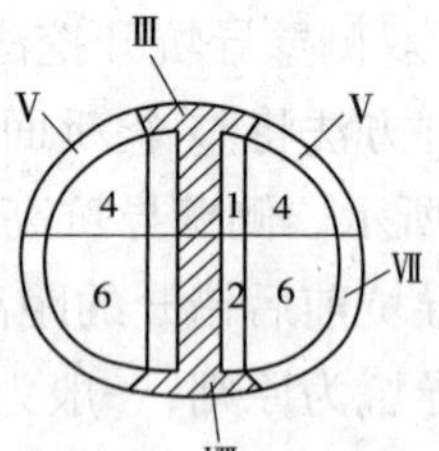

1、2、4、6—开挖;Ⅲ、Ⅴ、Ⅶ、Ⅷ—支护。

图8-23　中洞开挖法

(五)控制爆破技术

在隧道爆破施工中,首要的要求是开挖轮廓与尺寸准确,对围岩扰动小。所以,周边眼的爆破效果反映了整个隧道钻爆成洞的质量。实践表明,采用普通爆破方法不仅对围岩扰动大,而且难以爆出理想的开挖轮廓,故需采用控制爆破方法进行爆破。隧道控制爆破包括光面爆破和预裂爆破。

1. 光面爆破

1) 光面爆破的特点与作用

光面爆破是通过正确确定爆破参数和施工方法,在设计断面内的岩体爆破崩落后才爆周边孔,使爆破后的围岩断面轮廓整齐,最大限度地减轻爆破对围岩的扰动和破坏,尽可能地保持原岩的完整性和稳定性的爆破技术。其主要标准为:开挖轮廓成形规则,岩面平整;围岩壁上保存有50%以上的半面炮眼痕迹,无明显的爆破裂缝;超欠挖符合规定要求,围岩壁上无危石等。

光面爆破对围岩扰动小,又尽可能保存了围岩自身原有的承载能力,从而改善了衬砌结构的受力状况;由于围岩壁面平整,减少了应力集中和局部落石现象,增加了施工安全度,减少了超挖和回填量,若与锚喷支护相结合,能节省大量混凝土,降低工程造价,加快施工进度。同时,能为施工创造舒适、安全的条件;光面爆破可减轻振动和保护围岩,所以它是在松软及不均质的地质岩体中较为有效的开挖爆破方法。

隧道炮眼布置方式如图 8-24 所示。

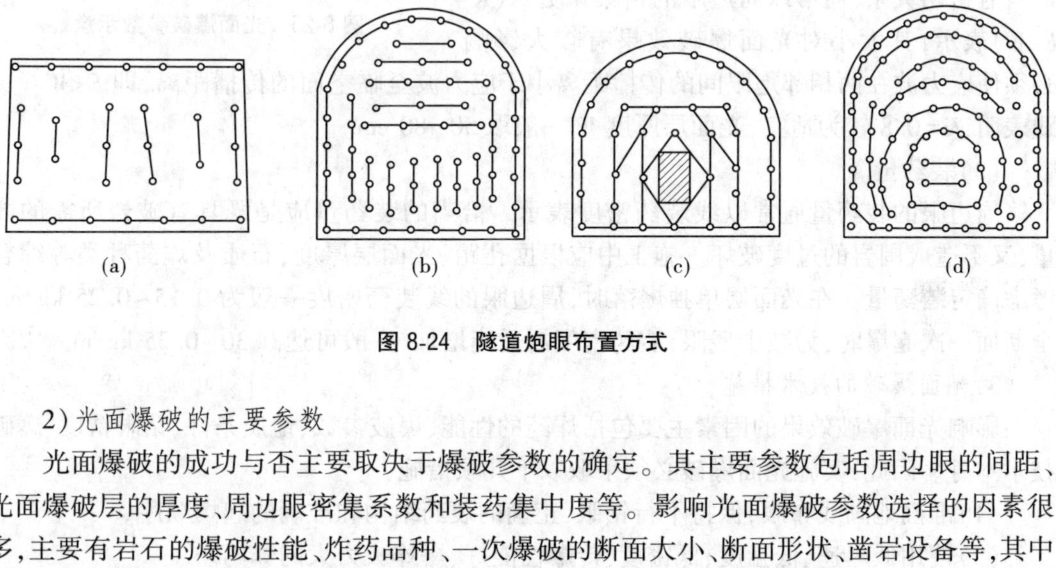

图 8-24 隧道炮眼布置方式

2) 光面爆破的主要参数

光面爆破的成功与否主要取决于爆破参数的确定。其主要参数包括周边眼的间距、光面爆破层的厚度、周边眼密集系数和装药集中度等。影响光面爆破参数选择的因素很多,主要有岩石的爆破性能、炸药品种、一次爆破的断面大小、断面形状、凿岩设备等,其中影响最大的是地质条件。光面爆破参数的选择,通常采取简单的计算并结合工程类比加以确定,在初步确定后,一般都要在现场爆破实践中加以修正。

(1) 周边炮眼间距 E。

在不偶合装药的前提下,光面爆破应满足炮孔内静压力 F 小于爆破岩石的极限抗压强度,而大于岩石的极限抗拉强度的条件,如图 8-25 所示。即

$$\left.\begin{aligned} \sigma_t EL \leqslant F \leqslant \sigma_c dL \\ E \leqslant \frac{\sigma_c}{\sigma_t} d = K_i d \end{aligned}\right\} \tag{8-1}$$

式中 σ_t——岩石的极限抗拉强度,MPa;

σ_c——岩石的极限抗压强度,MPa;

F——炮孔内炸药爆炸静压力合力,N;

d——炮眼直径,cm;

L——炮眼深度,cm;

K_i——孔距系数,$K_i=\sigma_c/\sigma_t$。

从式(8-1)中可以看出,周边炮眼间距与岩石的抗拉、抗压强度以及炮眼直径有关。一般取 $K_i=10\sim18$,即 $E=(10\sim18)d$;当炮眼直径为 32~40 mm 时,$E=320\sim700$ mm。一般情况下,软质或完整的岩石 E 宜取大值,隧道跨度小、坚硬和节理裂隙发育的岩石 E 宜取小值,装药量也需相应减少。还可以在两个炮眼间增加导向眼,导向眼到装药眼间的距离一般控制在 400 mm 以内。此外,还应注意炸药的品种对 E 值也有影响。

(2)光面层厚度及炮眼密集系数。

所谓光面层就是周边眼与最外层辅助眼之间的一圈岩石层。其厚度就是周边眼的最小抵抗线 W(见图 8-25)。周边眼的间距 E 与光面层厚度 W 有着密切关系,通常以周边眼的密集系数 K($K=E/W$)表示,其大小对光面爆破效果有较大影响。必须使应力波在两相邻炮眼间的传播距离小于应力波至临空面的传播距离,即 $E<W$。实践表明,$K=0.8$ 较为适宜,光面层厚度 W 一般取 50~80 cm。

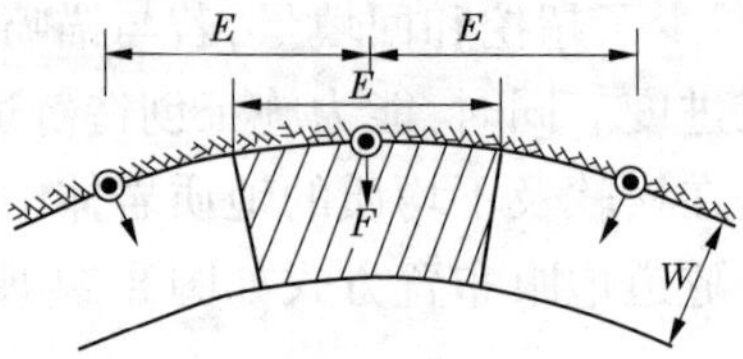

图 8-25　光面爆破参数示意

(3)装药量。

周边眼的装药量通常以线装药密度表示。恰当的装药量应是既具有破岩所需的能量,又不造成围岩的过度破坏。施工中应根据孔距、光面层厚度、石质及炸药种类等综合考虑确定装药量。在光面层单独爆落时,周边眼的线装药密度一般为 0.15~0.25 kg/m,全断面一次起爆时,为减少残眼,装药密度需适当增加,一般可达 0.30~0.35 kg/m。

3)光面爆破的技术措施

影响光面爆破效果的因素主要包括炸药的性能、爆破参数、地质条件、钻眼精度、爆破技术本身。因此,实施光面爆破必须采取以下几项措施:

(1)准确地画线布眼,保持平行钻眼,正确的装药结构和准确的起爆顺序。

(2)使用低爆速、低猛度、低密度、传爆性能好、爆炸威力大的炸药。

(3)采用不偶合装药结构。光面爆破的不耦合系数最好大于 2,但药卷直径不应小于该炸药的临界直径,以保证稳定传爆。当采用间隔装药时,相邻炮眼所用的药卷位置应错开,以充分利用炸药效能。

(4)严格掌握与周边眼相邻的内圈炮眼的爆破效果,为周边眼爆破创造临空面。周边眼应尽量做到同时起爆。

(5)严格控制装药集中度,必要时可采取间隔装药结构。为克服眼底岩石的夹制作用,通常在眼底需加强装药。

表 8-2 给出了光面爆破参数一般参考值和国内部分隧道光面爆破设计参数(此表适用于炮眼深度 1.0~3.5 m、直径 40~50 mm,药卷直径 20~25 mm)。

表 8-2　光面爆破参数的一般参考值

装药集中度/(kg/m)	岩石类别	炮眼间距 E/cm	抵抗线 W/cm	密集系数 $K=E/W$
0.30~0.35	硬岩	55~70	60~80	0.7~1.0
0.20~0.30	中硬岩	45~65	60~80	0.7~1.0
0.07~0.12	软岩	35~50	40~60	0.5~0.8

2. 预裂爆破

预裂爆破是由于首先起爆周边眼,在其他炮眼未爆破之前先沿着开挖轮廓线预裂爆破出一条用以反射爆破地震应力波的裂缝而得名。预裂爆破的目的同光面爆破,只是在炮眼的爆破顺序上,光面爆破是先引爆掏槽眼,再引爆辅助眼,最后引爆周边眼,而预裂爆破则是首先引爆周边眼,使沿周边眼的连心线炸出平顺的预裂面。由于这个预裂面的存在,对后爆的掏槽眼、辅助眼的爆轰波能起反射和缓冲作用,可以减轻爆轰波对围岩的破坏影响,保持岩体的完整性,使爆破后的开挖面整齐规则。

由于成洞过程和破岩条件不同,在减轻对围岩的扰动程度上,预裂爆破较光面爆破的效果更好。所以,预裂爆破很适用稳定性较差而又要求控制开挖轮廓的软弱围岩,但预裂爆破的周边眼距和最小抵抗线都要比光面爆破小,相应地要增多炮眼数量,钻眼工作量增大。

理想的预裂效果应保证在炮眼连线上产生贯通裂缝,形成光滑的岩壁。但预裂爆破受到只有一个临空面条件的制约,因此其爆破技术较光面爆破更为复杂。影响预裂爆破效果的因素很多,如钻孔直径、孔距、装药量、岩石的物理力学性质、地质构造、炸药品种、装药结构及施工因素等,而这些因素又是相互影响的。目前,确定预裂爆破主要参数的方法有理论计算法、经验公式计算法和经验类比法 3 种。就目前的状况来说,对预裂爆破的理论研究还很欠缺,设计计算方法也很不完善,多半须通过经验类比初步确定爆破参数,再由现场试验调整,才能获得满意的结果。表 8-3 给出了隧道预裂爆破的参考数值,可供选用。

表 8-3　预裂爆破参数

岩石类别	炮眼间距 E/cm	至内排崩落眼间距/cm	装药集中度/(kg/m)
硬岩	40~50	40	0.30~0.40
中硬岩	40~45	40	0.2~0.25
软岩	35~40	35	0.07~0.12

(六)隧道施工辅助稳定措施

在选定隧道开挖方法时,假定开挖面(或称掌子面)和开挖后的坑道能够暂时稳定。但事实上这个假定只能是对稳定性较好的围岩才成立,对于软弱破碎围岩则不然。在这种情形中,即使是采取短进尺开挖,开挖面和开完后的坑道也不稳定,来不及进行隧道的锚杆、钢架及喷射混凝土支护。当地下水丰富时,这种情况就更为严重。在隧道工程修建过程中,隧道塌方的事例并不鲜见,造成了人、财、物的大量浪费。对于不稳定的围岩体系,隧道的辅助施工技术是控制和减少坑道开挖后周边收敛变形、防止坍塌的关键技术。

随着开挖技术、锚喷支护技术、地层改良技术的研究应用和发展,隧道工作者研究出了许多辅助施工技术,从而使得现代隧道工程施工的开挖和支护变得更快捷、及时、有效,也更具有可预防性和安全性。

隧道施工中常用的辅助施工技术如图8-26所示。

- 辅助施工技术
  - 稳定工作面
    - 预留核心土挡护开挖面
    - 喷射混凝土封闭工作面
  - 锚杆超前支护
  - 管棚超前支护
    - 小导管
    - 长管棚
  - 水平旋喷超前支护
  - 预切槽超前支护
  - 注浆加固围岩和堵水
    - 超前小导管注浆
    - 超前深孔围幕注浆

图8-26 辅助施工技术

上述辅助施工技术的选用应视围岩地质条件、地下水情况、施工方法、环境要求等具体情况而定,并尽量与常规施工方法相结合,进行充分的技术经济比较,选择一种或几种同时使用。

施工中应经常观测地形、地貌的变化以及地质和地下水的变异情况,制定有关的安全施工细则,预防突发事故的发生;必须坚持预支护(或强支护)、短进尺、弱爆破、快封闭、勤测量的施工原则。

1. 锚杆超前支护

1) 构造组成

超前锚杆是沿开挖轮廓线,以一定的外插角,向开挖面前方钻孔安装锚杆,形成对前方围岩的预锚固,在提前形成的围岩锚固圈的保护下进行开挖等作业(见图8-27)。

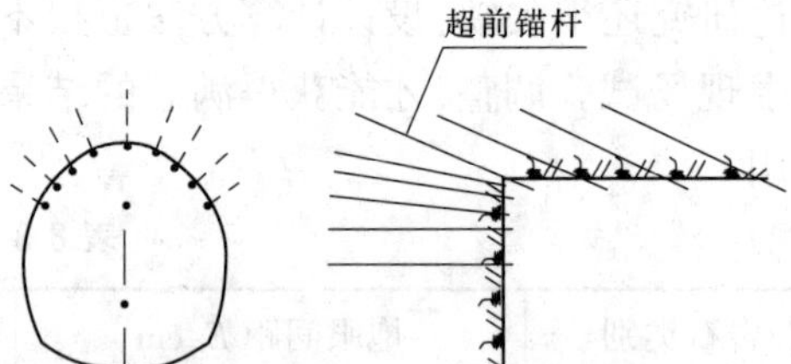

图8-27 超前锚杆预锚固围岩

2) 性能特点及适用条件

锚杆超前支护的柔性较大,整体刚度较小。它主要适用于地下水较少的破碎、软弱围岩的隧道工程中,如裂隙发育的岩体、断层破碎带、浅埋无显著偏压的隧道。风枪或凿岩机或专用的锚杆台车钻孔、锚固剂或砂浆锚固,其工艺简单、工效高。

3) 设计、施工要点

(1) 超前锚杆的长度、环向间距、外插角等参数,应视围岩地质条件、施工断面大小、开挖循环进尺和施工条件而定。一般超前长度为循环进尺的3~5倍,宜采用3~5 m长;

环向间距采用0.3~1.0 m;外插角宜用10°~30°;搭接长度宜为超前长度的40%~60%,即大致形成双层或双排锚杆。

(2)超前锚杆宜用早强砂浆全黏结式锚杆,锚杆材料可用不小于Φ22的螺纹钢筋。

(3)超前锚杆的安装误差,一般要求孔位偏差不超过10 cm,外插角不超过1~2°,锚入长度不小于设计长度的96%。

(4)开挖时应注意保留前方有一定长度的锚固区,以使超前锚杆的前端有一个稳定的支点。其尾端应尽可能多地与系统锚杆及钢筋网焊连。若掌子面出现滑坍现象,则应及时喷射混凝土封闭开挖面,并尽快打入下一排超前锚杆,然后才能继续开挖。

(5)开挖后应及时喷射混凝土,并尽快封闭环形初期支护。

(6)开挖过程中应密切注意观察锚杆变形及喷射混凝土层的开裂、起鼓等情况,以掌握围岩动态,及时调整开挖及支护参数,如遇地下水,则可钻孔引排。

2. 管棚超前支护

1)构造组成

管棚是利用钢拱架沿开挖轮廓线以较小的外插角、向开挖面前方打入钢管构成的棚架来形成对开挖面前方围岩的预支护(见图8-28)。

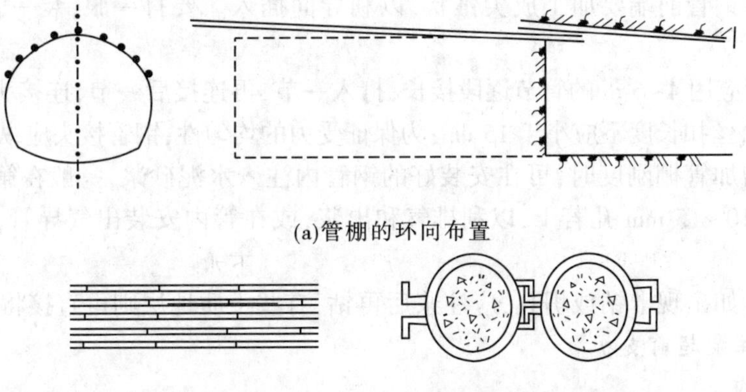

(a)管棚的环向布置

(b)管棚钢管纵向错接　(c)钢管端部横向连接

图8-28 管棚预支护围岩

采用长度小于10 m、管径32~50 mm的钢管的称为短管棚;采用长度10~20 m、管径50~89 mm的钢管的称为中管棚;采用长度为20~40 m、管径89~159 mm且较粗的钢管的称为长管棚。

2)适用条件

管棚因采用钢管或钢插板作纵向预支撑,又采用钢拱架作环向支撑,其整体刚度较大,对围岩变形的限制能力较强,且能提前承受早期围岩压力。因此,管棚主要适用于围岩压力来得快、来得大,对围岩变形及地表下沉有较严格要求的软弱、破碎围岩隧道工程中。如土砂质地层、强膨胀性地层、强流变性地层、裂隙发育的岩体、断层破碎带、浅埋有显著偏压等围岩的隧道中。此外,采用插板封闭较为有效;在地下水较多时,可利用钢管注浆堵水和加固围岩。

3)性能特点

短管棚一次超前量少,基本上与开挖作业交替进行,占用循环时间较多,但钻孔安装或顶入安装较容易。

中管棚一次超前量较大,在钢管的有效超前区段内,可以进行连续开挖几个循环,整体刚度较大,对围岩变形的限制能力较强,且能提前承受早期围岩压力。

长管棚一次超前量大,虽然增加了单次钻孔或打入长钢管的作业时间,但减少了安装钢管的次数,减少了与开挖作业之间的干扰。在长钢管的有效超前区段内,基本上可以进行连续开挖,也更适于采用大中型机械进行大断面开挖。

4)设计、施工要点

(1)管棚的各项技术参数要视围岩地质条件和施工条件而定。长管棚长度不宜小于10 m,一般为10~40 m;管径70~180 mm,孔径比管径大20~30 mm,环向间距0.2~0.8 m;外插角1°~2°;两组管棚间的纵向搭接长度不小于1.5 m。

(2)钢拱架常采用工字钢拱架或格栅钢架。钢拱架应安装稳固,其垂直度允许误差为±2°,中线及高程允许误差为±5 cm。

(3)钻孔平面误差不大于15 cm,角度误差不大于0.5°,钢管不得侵入开挖轮廓线。

(4)第一节钢管前端要加工成尖锥状,以利导向插入。要打一眼,装一管,由上而下顺序进行。

(5)长钢管应用4~6 m的管节逐段接长,打入一节,再连接后一节,连接头应采用厚壁管箍,上满丝扣,丝扣长度不应小于15 cm;为保证受力的均匀性,钢管接头应纵向错开。

(6)当需增加管棚刚度时,可在安装好的钢管内注入水泥砂浆,一般在第一节管的前段管壁交错钻10~15 mm孔若干,以利排气和出浆,或在管内安装出气导管,浆注满后方可停止压注。

(7)钻孔时如出现卡钻或坍孔,应注浆后再钻,有些土质地层则可直接将钢管顶入。

3. 小导管注浆超前支护

1)构造组成

超前小导管注浆是在坑道开挖前,沿坑道周边向前方围岩内打入带孔小导管,并通过小导管向围岩压注起胶结作用的浆液,待浆液硬化后,隧道周围岩体就形成了有一定厚度的加固圈。在此加固圈的保护下即可安全地进行开挖等作业(见图8-29)。若小导管前端焊一个简易钻头,则可钻孔、插管一次完成,称为自进式注浆锚杆。

2)性能特点及适用条件

浆液被压注到岩体裂隙中并硬化后,不仅将岩块或颗粒胶结为整体起到了加固作用,而且填塞了裂隙,阻隔了地下水向坑道渗流的通道,起到了堵水作用。因此,超前注浆小导管不仅适用于一般软弱破碎围岩,也适用于含水的软弱破碎围岩。

3)小导管布置和安装

(1)小导管钻孔安装前,应对开挖面及5 m范围内的坑道喷射5~10 cm厚的混凝土封闭。

(2)小导管一般采用Φ32 mm的焊接管或Φ42 mm的无缝钢管制作,长度宜为3~6 m,前端做成尖锥形,前段管壁上每隔10~20 cm交错钻眼,眼孔直径宜为6~8 mm。

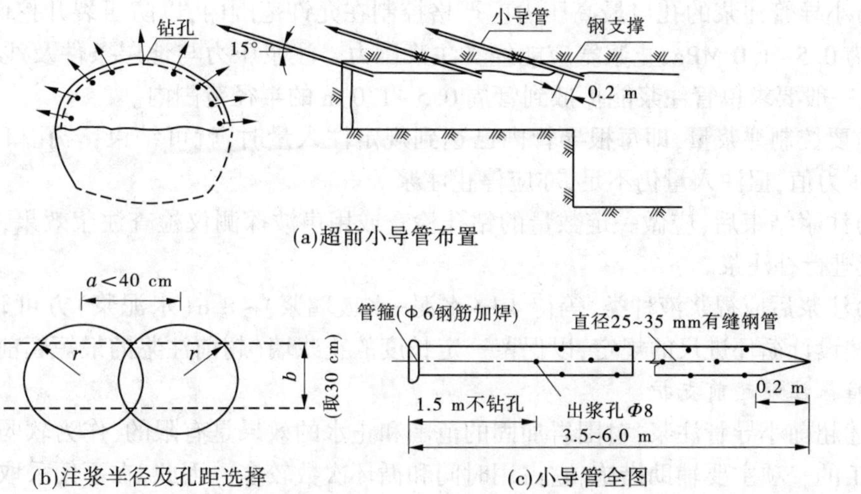

图 8-29 小导管注浆超前预加固围岩

(3)钻孔直径应较管径大 20 mm 以上,环向间距应按地层条件而定,一般采用 20~50 cm;外插角应控制在 10°~30°,一般采用 15°。

(4)极破碎围岩或处理坍方时可采用双排管;地下水丰富的松软层,可采用双排以上的多排管;大断面或注浆效果差时,可采用双排管。

(5)小导管插入后应外露一定长度,以便连接注浆管,并用塑胶泥(40°Be 水玻璃拌 525 号水泥)将导管周围孔隙封堵密实。

4)注浆材料

a. 注浆材料种类及适用条件

(1)在断层破碎带及砂卵石地层(裂隙宽度或颗粒粒径大于 1 mm,渗透系数 $k \geqslant 5 \times 10^{-4}$ m/s)等强渗透性地层中,应采用料源广且价格便宜的注浆材料。一般对于无水的松散地层,宜优先选用单液水泥浆;对于有水的强渗透地层,则宜选用水泥-水玻璃双浆液,以控制注浆范围。

(2)在断层破碎带地层中,当裂隙宽度(或粒径)小于 1 mm,或渗透系数 $k \geqslant 1 \times 10^{-5}$ m/s 时,注浆材料宜优先选用水玻璃类和木胺类浆液。

(3)细、粉砂层,细小裂隙岩层及断层地段等弱渗透地层中,宜选用渗透性好、低毒及遇水膨胀的化学浆液,如聚氨脂类,或超细水泥浆。

(4)对于不透水的黏土层,则宜采用高压劈裂注浆。

b. 注浆材料的配比

注浆材料的配比应根据地层情况和胶凝时间要求,并经过试验而定,一般地:

(1)采用水泥浆液时,水灰比可采用 0.5:1~1:1,需缩短凝结时间,则可加入氯盐、三乙醇胺速凝剂。

(2)采用水泥-水玻璃浆液时,水泥浆的水灰比可用 0.5:1~1:1;水玻璃浓度为 25~40°Be,水泥浆与水玻璃的体积比宜为 1:1~1:0.3。

5)注浆工艺要求

(1)注浆设备应性能良好,工作压力应满足注浆压力要求,并应进行现场试验运转。

(2)小导管注浆的孔口最高压力应严格控制在允许范围内,以防压裂开挖面,注浆压力一般为0.5~1.0 MPa,止浆塞应能经受注浆压力。注浆压力与地层条件及注浆范围要求有关,一般要求单管注浆能扩散到管周0.5~1.0 m的半径范围内。

(3)要控制注浆量,即每根导管内已达到规定注入量时,就可结束;若孔口压力已达到规定压力值,但注入量仍不足,亦应停止注浆。

(4)注浆结束后,应做一定数量的钻孔检查或用声波探测仪检查注浆效果,如未达到要求,应进行补注浆。

(5)注浆后应视浆液种类,等待4 h(水泥-水玻璃浆)~8 h(水泥浆)方可开挖,开挖长度应按设计循环进尺的规定,以保留一定长度的止浆墙(超前注浆的最短超前量)。

4.帷幕注浆超前支护

上述超前小导管注浆,对围岩加固的范围和止水的效果是有限的,作为软弱破碎围岩隧道施工的一项主要辅助措施,它占用时间和循环次数较多。因此,在不便采取其他施工方法(如盾构法)时,深孔预注浆止水并加固围岩就较好地解决了这些问题。深孔注浆后即可形成较大范围的筒状封闭加固区,称为帷幕注浆。

1)注浆机制

注浆机制可以分成以下四种:

(1)渗透注浆。对于破碎岩层,砂卵石石层,中细、粉砂层等有一定渗透性的地层,采用中低压力将浆液压注到地层中的空穴、裂缝、孔隙里,凝固后将岩土或土颗粒胶结为整体,以提高地层的稳定性和强度。

(2)劈裂注浆。对于颗粒更细的黏土质不透水(浆)地层,采用高压浆液强行挤压孔周,在注浆压力的作用下,浆液作用的周围土体被劈裂并形成裂缝,通过土体中形成的浆液脉状固结作用对黏土层起到挤压加固和增加高强夹层加固作用,以提高其强度和稳定性。

(3)压密注浆。压密注浆指用很稠的浆液灌入事先在地基土内钻进的孔中并挤向土体,在注浆处形成浆泡,浆液的扩散对周围的土体产生压缩。浆体完全取代了注浆范围的土体,在注浆邻近区存在大的塑性变形区,离浆泡较远的区域土体发生弹性变形,因而土的密度明显增加。

(4)高压喷灌注浆。通过灌浆管在高压作用下,从管底部的特殊喷嘴中喷射出高速浆液射流,促使土粒在冲击力、离心力及重力作用被切割破碎下,随注浆管的向上抽出与浆液混合形成柱状固结体,以达到加固围岩目的。

2)适用条件

深孔预注浆一般可超前开挖面30~50 m,可以形成有相当厚度的和较长区段的筒状加固区,从而使得堵水的效果更好,也使得注浆作业的次数减少。它更适用于有压地下水及地下水丰富的地层中,也更适用于采用大中型机械化施工,见图8-30(a)。

如果隧道埋深较浅,则注浆作业可在地面进行,见图8-30(b);对于深埋长大隧道,可利用辅助平行导坑对正洞进行预注浆,这样都可以避免与正洞施工的干扰,缩短施工工期,见图8-30(c)。

3)注浆范围

对围岩进行注浆加固后应形成筒状加固区,需要确定加固区大致范围,即确定围岩塑

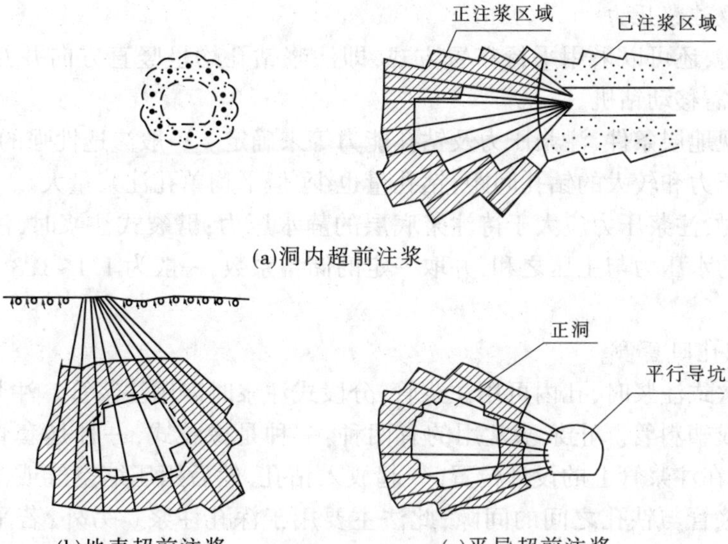

(a)洞内超前注浆

(b)地表超前注浆

(c)平导超前注浆

图 8-30　超前深孔帷幕注浆

性破坏区的大小,可以按岩体力学和弹塑性理论计算出开挖坑道后围岩的压力重分布结果,并确定其塑性破坏区的大小,这也就是注浆加固的范围。

4)注浆数量及注浆材料选择

注浆数量应根据加固区需充填的地层孔隙数量来确定。工程中常用充填率来估算和控制注浆总量。所谓充填率,是指注浆体积占孔隙总体积的比率。注浆总量可按下式计算:

$$Q = naA \tag{8-2}$$

式中　Q——注浆总数量,m^3;

A——被加固围岩的体积,m^3;

n——被加固围岩的孔隙率(%);

a——过去实践证实了的充填率(%)。

后两项取值可参见表 8-4。

表 8-4　孔隙率和注浆充填率

土质		粗砂	黏土	粉砂	砂					沙砾		
注浆目的		堵水加固			堵水			加固		堵水		
孔隙率 n/%	范围值	65~75	50~70	40~60	46~50	40~48	30~40	46~50	40~48	40~60	28~40	22~40
	标准值	70	60	50	48	44	35	48	44	50	34	31
充填率 a/%		约 30	约 30	约 20	约 60	约 50	约 50	约 50	约 40	约 60	约 60	约 60

为了做好注浆工作,必须事先对被加固围岩进行试验,查清围岩的透水系数、土颗粒组成、孔隙率、饱和度、密度、pH 值、剪切和抗压强度等。必要时还要做现场注浆和抽水试验。注浆材料的选择参见小导管注浆部分。

5)钻孔布置及注浆压力

对于浅埋隧道,还可以采用平行布置方式,即注浆钻孔均呈竖直方向并互相平行分布,但每钻一孔即需移动钻机。

钻孔间距要视地层条件、注浆压力及钻孔能力等来确定。一般渗透性强的地层,可以采用较低的注浆压力和较大的钻孔间距,钻孔量也少,但平均单孔注浆量大。

渗透式注浆时,注浆压力应大于待注浆底层的静水压力;劈裂式注浆时,注浆压力应大于待注浆底层的水压力与土压之和,并取一定的储备系数,一般为1.1~1.3。

6)施工要点

(1)注浆管和孔口套管。

深孔注浆一次式注浆时,孔内可用注浆管;分段式注浆时需用注浆管。注浆管一般采用带孔眼的钢管或塑料管。止浆塞常用的有两种:一种是橡胶式,一种是套管式。安装时,将止浆塞固定在注浆管上的设计位置,一起放入钻孔,然后用压缩空气或注浆压力使其膨胀而堵塞注浆管与钻孔之间的间隙,此法主要用于深孔注浆。另外,若采用全孔注浆,因浆液流速慢,易造成"死管"问题,尤其是深孔注浆时。因此,多采用前进或后退式分段注浆。

(2)钻孔。

钻孔可用冲击式钻机,或旋转式钻机,应根据地层条件及成孔效果选择。

(3)注浆顺序。

应先上方后下方,或先内圈后外圈,先无水孔后有水孔,先上游(地下水)后下游顺序进行。应利用止浆阀保持孔内压力,直至浆液完全凝固。

(4)结束条件。

注浆结束条件应根据注浆压力和单孔注浆量两个指标来判断确定。单孔结束条件为:注浆压力达到设计终压;浆液注入量已达到计算值的80%以上。全段结束条件为:所有注浆孔均已符合单孔结束条件,无漏注。注浆结束后必须对注浆效果进行检查,如未达到设计要求,应进行补孔注浆。

5.水平旋喷超前支护

喷射注浆法,又称旋喷法,分为垂直和水平旋喷注浆两种方法。水平旋喷注浆法是在一般的初期导管注浆的基础上发展起来的,以高压旋喷的方式压注水泥浆,从而在隧道开挖轮廓外形成拱形预衬砌的超前预支护工法。

水平旋喷注浆的施工原理类似于垂直旋喷注浆,只是一个为水平一个为垂直,我国垂直旋喷注浆技术已比较成熟。水平旋喷注浆技术在我国已初步获得应用,如神延铁路的沙哈拉峁隧道和宋家坪隧道。其施工方法为:首先使用旋喷注浆机,沿着隧道掌子面周边的设计位置旋喷注浆形成旋喷柱体,通过固结体的相互咬合形成预支护拱棚。一般每根旋喷体,首先通过水平钻机成孔,钻到设计位置以后,随着钻杆的退出,用水泥浆或水泥-水玻璃双浆液旋喷注入钻成的孔腔,通过高压射流切割腔壁土体,被切割下的土体与浆液搅拌混合、固结形成直径600 mm左右的固结体,同时周围地层受到压缩和固结,其土体的物理力学性能得到一定程度的改善。旋喷柱体沿隧道拱部形成环向咬合、纵向搭接的预支护拱棚,在松散不稳定地层隧道中,可有效控制坍塌和地层变形。

水平旋喷注浆桩的应用在我国还不是很广，旋喷桩抗弯性能不强，施工控制的难度较大，特别是目前我国的水平旋喷钻机性能尚未过关，制约了水平旋喷预支护技术的应用和发展。

它主要适用于黏性土、砂类土、淤泥等地层。水平旋喷工法的操作程序见表 8-5，水平旋喷柱布置如图 8-31 所示。

表 8-5　水平旋喷工法的操作程序

步骤	操作程序	示意图
1	钻机定位	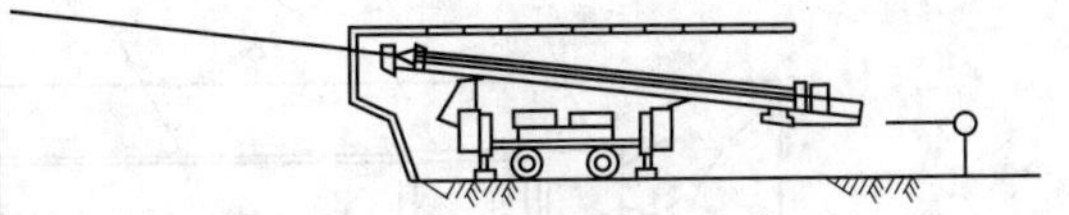
2	按要求深度钻出旋喷孔	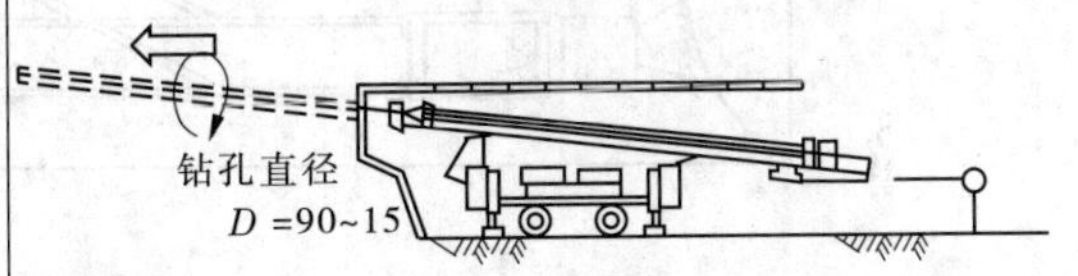
3	自孔底喷射浆液，边喷、边转动、边后退，形成固结体	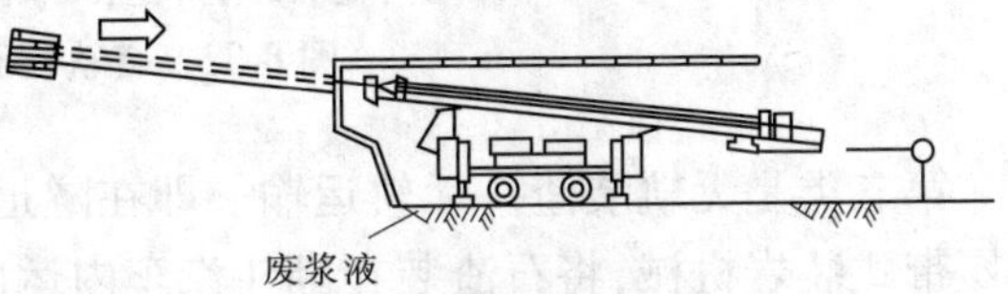
4	喷毕，拔出喷头，将木塞塞入孔口，形成浆液外流	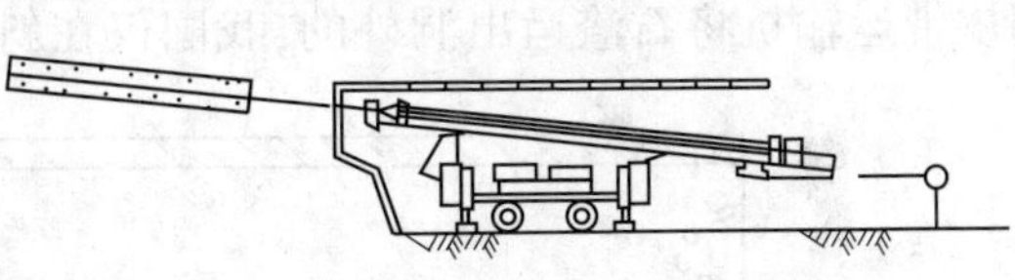
5	视需要可插入芯材（如钢筋或钢管），以提高固结体的抗弯折能力	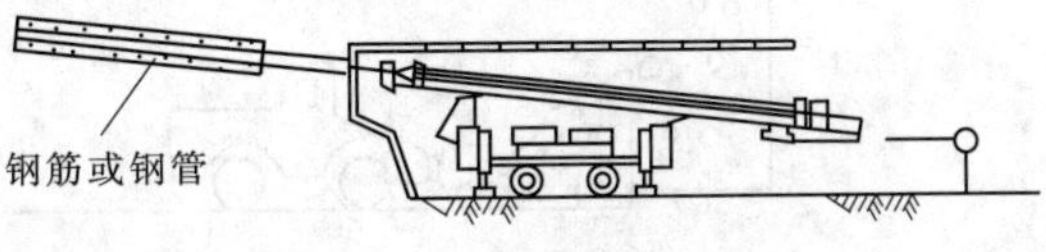

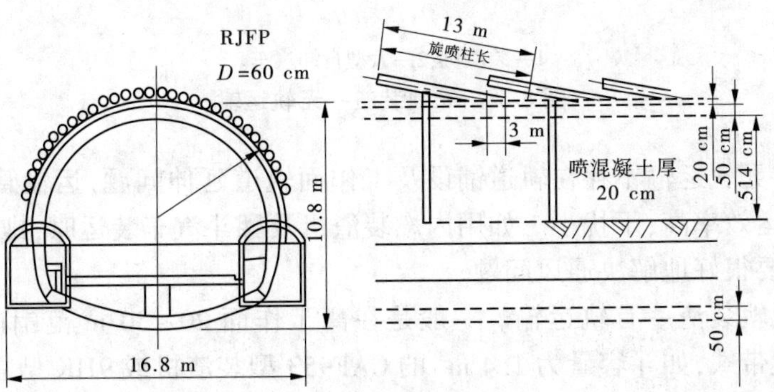

图 8-31　水平旋喷柱布置

(七)装渣运输技术

装渣运输作业按其采用的装渣运输机具和设备的不同可分为三类。

第一类是有轨装渣—有轨运输。即在坑道内靠近工作面一段用轨行式装渣机将石渣装在车辆内,编列成组,再用牵引机车沿着轨道运出洞外卸渣场,如图8-32所示。它是传统的装渣运输形式,污染小,不受隧道长短、断面大小的限制。但各工种干扰大,机械效率低,掘进速度较慢。此外,挖枕木槽延误时间较长,不挖则轨面抬高,装渣机铲车上浮,引起隧底爬高。

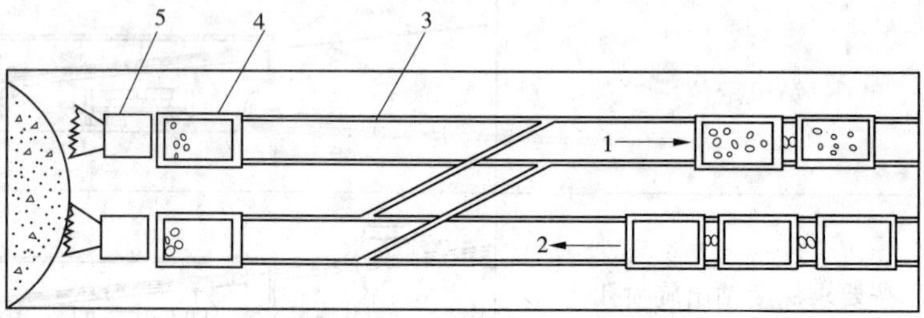

1—重车道;2—空车道;3—轨道;4—斗车;5—装渣机。

图8-32　有轨装渣—有轨运输

第二类是无轨装渣—无轨运输。即在隧道施工中不铺设轨道,装渣采用铲斗轮胎式或履带式装岩机械,将石渣装在翻斗汽车内运出洞外卸渣场,如图8-33所示。此外,还有用皮带运输机将石渣运出洞外的,我国仅在斜井中试用过。

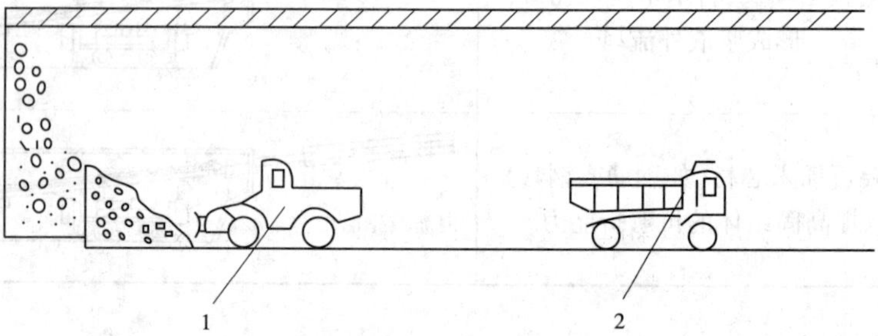

1—装渣机;2—大型自卸汽车。

图8-33　无轨装渣—无轨运输

无轨装渣—无轨运输不存在轨道铺设及工作面轨道延伸问题,运输管理及调度工作也较为简单,装运效率高,干扰小。如用内燃装渣机及翻斗汽车装运时,排出废气量大,污染洞内空气,需要很好地解决通风问题。

第三类是无轨装渣—有轨运输。一般是在离工作面20~30 m范围内不铺设轨道。装渣机械常用履带式,如斗容量为1.4 m^3的CAF953型装渣机或9HK型立爪装岩机。运输车辆多采用8 m^3以上梭式矿车或4 m^3以上侧卸斗车。用10~12 t电瓶车牵引,沿着洞身轨道运出洞外卸渣场,如图8-34所示。

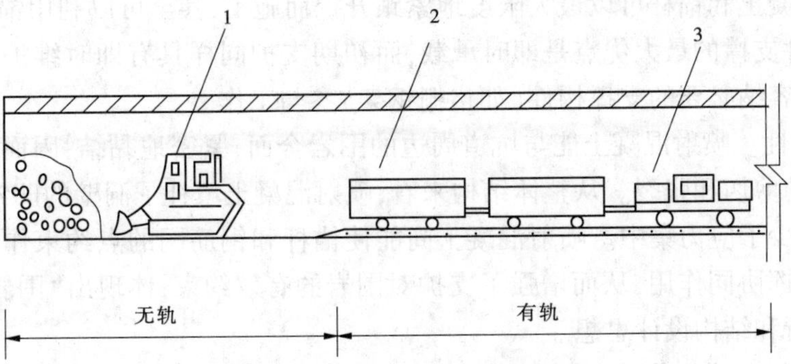

1—装渣机；2—大型斗车；3—电瓶车。

图 8-34 无轨装渣—有轨运输

无轨装渣—有轨运输实为上述第一、二类的综合。它综合了第一、二类的优点，克服了各自的缺点。因而此种方法在隧道施工中有发展的趋势。要注意的是应做到轻、重车各行其道，防止交叉，轨道尽量接近掌子面，以加快装渣速度。

除上述三种装渣运输方法外，还有采用皮带运输的，皮带长度达 2~3 km。将石渣铲装在皮带运输机上，经由皮带运输到洞外石渣仓，再以重型翻斗车运至指定的卸渣场所。有的甚至采用装运卸联合机，实现装、运、卸联动化、自动化。

(八)初期支护

1. 初期支护概念

隧道是围岩与支护结构的综合体。隧道开挖破坏了地层的初始应力平衡，产生围岩应力释放和洞室变形，过量变形将导致围岩松动甚至坍塌。在开挖后的洞室周边，施作钢、混凝土等支撑物，向洞室周边提供抗力、控制围岩变形，这种开挖后隧道内的支撑体系，称为隧道支护。为控制围岩应力适量释放和变形，增加结构安全度和方便施工，隧道开挖后立即施作刚度较小并作为永久承载结构一部分的结构层，称为初期支护。

初期支护一般由锚杆、喷射混凝土、钢架、钢筋网等及其组合组成，它是现代隧道工程中最常用的支护形式和方法。初期支护施作后即成为永久性承载结构的一部分，它与围岩共同构成了永久的隧道结构承载体系。

2. 初期支护特点

钢木构件支撑在模筑整体式衬砌时，通常应予以拆除，即不作为永久承载构件，称为临时支撑。初期支护不同于传统施工方法中采用的钢木构件支撑，无论在施工工艺和作用机制上都有以下特点：

(1)灵活性。初期支护是由喷射混凝土、锚杆、钢筋网、钢架等支护部件进行适当组合的支护形式，它们既可以单独使用，也可以组合使用。其组合形式和支护参数可以根据围岩的稳定状态、施工方法和进度、隧道形状和尺寸等加以选择和调整。它们既可以用于局部加固，也易于实施整体加固；既可一次完成，也可以分次完成。充分体现了“先柔后刚，按需提供”的原则。

(2)及时性。初期支护能在施作后迅速发挥其对围岩的支护作用。这不仅表现在时间上，即喷射混凝土和锚杆都具有早强性能，需要它时，它就能起作用，而且表现在空间上,即喷射混凝土和锚杆可以最大限度地紧跟开挖而施工,甚至可以利用锚杆进行超前支护。虽然构件支撑的最大优点是即时承载,而初期支护同样具有即时维护甚至超前维护的作用,且能容纳必要的支撑构件(如格栅钢架)参与工作。

(3)密贴性。喷射混凝土能与坑道周边的围岩全面、紧密地黏结,因而可以抵抗岩块之间沿节理的剪切和张裂。从整体结构来看,喷射混凝土填补了洞壁的凹穴,使洞壁变得圆顺,从而减少了应力集中。喷射混凝土尚能使锚杆和钢筋网的点约束作用得以分配和改善,使其发挥协同作用,从而增强了支护对围岩的有效约束,体现出"围岩—支护"一体化的力学分析和结构设计思想。

(4)深入性。锚杆能深入围岩体内部一定深度,对围岩起约束作用。这种作用尤其是以适当密度的径向锚杆群(称为系统锚杆)的效果最为明显。系统锚杆在围岩中形成一定厚度的锚固区,锚固区内的岩体强度和整体性得以提高和加强,应力分布状态也得以改善。其承载能力和稳定能力显著增强。此时隧道的稳定性实际上就是指锚固区的承载能力和稳定能力。在围岩中加以锚杆,相当于在混凝土中加入钢筋形成钢筋混凝土,可以称为加筋岩石或加筋土。另外,沿隧道轴线方向有一定外插角的超前锚杆或钢管,同样具有深入岩层内部对围岩起预支护的作用。它们也经常与系统锚杆、喷射混凝土一起发挥协同作用。这对于处理一般的工作面不稳定的问题颇有效果。

(5)柔性。初期支护属于柔性支护,它可以较便利地调节围岩变形,允许围岩作有限的变形,即允许在围岩塑性区有适度的发展,以发挥围岩的自承能力。前已述及,根据大量工程实践和理论分析,对绝大多数的一般松散岩体,在隧道开挖后,适度的变形有利于发挥围岩的自承能力,而过度的变形则会导致坍塌。因此,要求支护既能允许有限变形,又能限制过度变形且自身不被破坏,初期支护就很好地满足了这一要求。这一方面是因为喷射混凝土工艺上的特点,使得它能与岩体密贴黏结,且能喷得很薄,故呈现柔性(尽管喷混凝土是一种脆性材料),而且这种柔性还可以通过分层分次喷射和加钢纤维或钢筋网来进一步发挥。另一方面,锚杆也有一定的延性,它可以允许岩体有较大的变形,甚至同被加固岩体一起做整体位移,而仍能继续工作而不失效。

(6)封闭性。喷射混凝土能全面及时地封闭围岩,这种封闭不仅阻止了洞内潮气和水对围岩的侵蚀作用,减少了膨胀性岩体的潮解软化和膨胀,而且能够及时有效地阻止围岩变形,使围岩较早地进入变形收敛状态。

3. 锚杆

1)锚杆的支护效应

锚杆是用金属或其他高抗拉性能的材料制作的一种杆状构件。使用某些机械装置和黏结介质,通过一定的施工操作,将其安设在地下工程的围岩或其他工程结构体中。

锚杆支护作为一种新的支护手段,它在技术、经济方面的优越性和能适应不同地质条件的性质,使其在建筑领域尤其是地下工程中得到广泛应用和迅速发展。

锚杆的支护效应一般认为有如下几种:

(1)支撑围岩。

锚杆能限制约束围岩变形,并向围岩施加压力,使处于二轴应力状态的洞室内表面附近的围岩保持三轴应力状态,因而能制止围岩强度的恶化,如图 8-35 所示。

(2)加固围岩。

由于系统锚杆的加固作用,使围岩中,尤其是松动区中的节理裂隙、破裂面得以连接,因而增大了锚固区围岩的强度(c、φ 值);锚杆对加固节理发育的岩体和围岩松动区是十分有效的,有助于裂隙岩体和松动区形成整体,成为"加固带"(见图 8-36)。

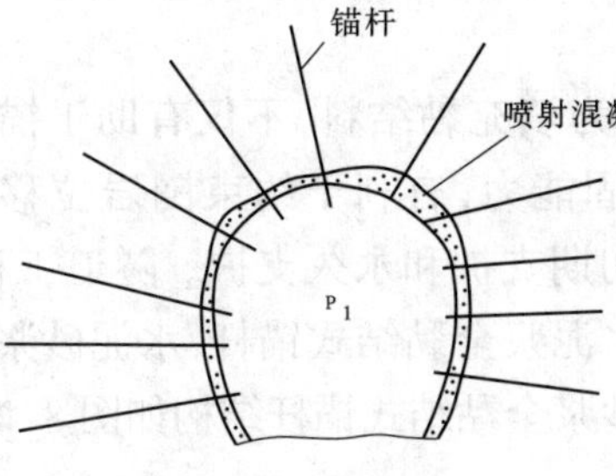

图 8-35 支撑围岩

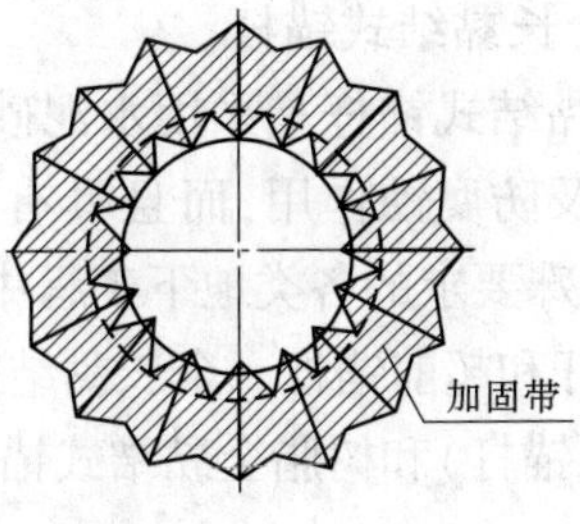

图 8-36 加固围岩

(3)"组合梁"作用。

对于水平或缓倾斜的层状围岩,用锚杆群能把数层岩层连在一起,增大层间摩阻力,从结构力学观点来看就是形成"组合梁"(见图 8-37)。

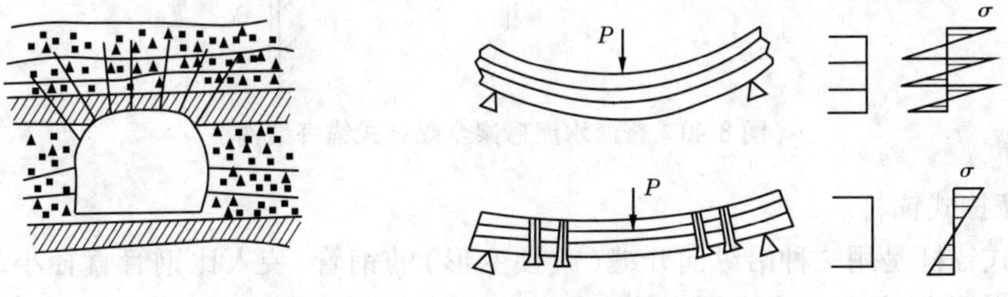

图 8-37 "组合梁"作用

(4)"悬吊"作用。

"悬吊"作用是指为防止个别危岩的掉落或滑落,用锚杆将其与稳定围岩联结起来,这种作用主要表现在加固局部失稳的岩体(见图 8-38)。

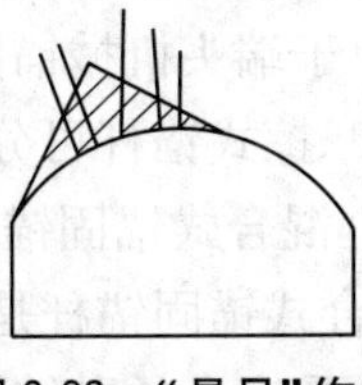
图 8-38 "悬吊"作用

2)锚杆的种类

锚杆的种类很多,若按其与被支护体的锚固形式来分,大致可分为以下几种:

(1)端头锚固式锚杆。

在隧道工程中,端头锚固式锚杆常用作局部锚杆。端头锚固式锚杆是利用内、外锚头的锚固来限制围岩变形松动。安装容易,工艺简单,安装后即可以起到支护作用,并能对围岩施加预应力。但杆体易腐蚀,锚头易松动,影响长期锚固力,一般用于硬岩地下工程中的临时加固。端头锚固式锚杆分类如图 8-39 所示。

- 端头锚固式
  - 机械内锚头锚杆
    - 胀壳式锚杆
    - 楔缝式锚杆
    - 楔头式锚杆
  - 黏结式内锚头锚杆
    - 水泥砂浆内锚头锚杆
    - 快硬水泥卷内锚头锚杆
    - 树脂内锚头锚杆

图 8-39　端头锚固式锚杆分类

(2)全长黏结式锚杆。

全长黏结式锚杆是采用水泥砂浆(或树脂)作为填充黏结料,不仅有助于锚杆的抗剪和抗拉以及防腐蚀作用,而且具有较强的长期锚固能力,有利于约束围岩位移。安装简便,在无特殊要求的各类地下工程中,可大量用于初期支护和永久支护。隧道工程中,常用作系统锚杆和超前锚杆。全长黏结式锚杆可分为水泥浆全黏结式锚杆、水泥砂浆全黏结式锚杆(砂浆锚杆)和树脂全黏结式锚杆。普通水泥砂浆全黏结式锚杆结构如图 8-40 所示。

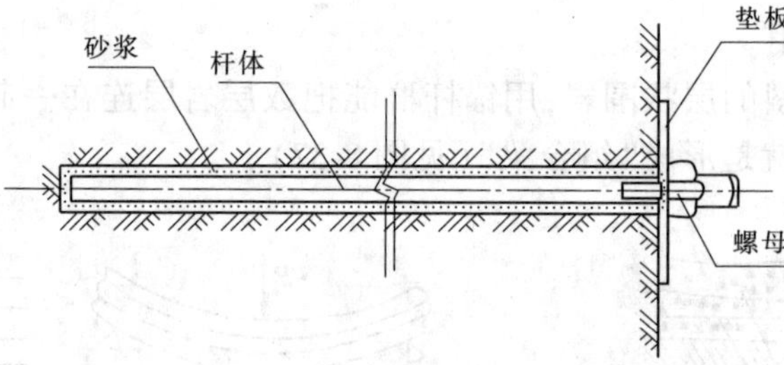

图 8-40　普通水泥砂浆全黏结式锚杆结构

(3)摩擦式锚杆。

摩擦式锚杆是用一种沿纵向开缝(或预变形)的钢管,装入比钢管直径小的钻孔,对孔壁施加摩擦力,从而约束孔周岩体变形。安装容易,安装后立即起作用,能及时控制围岩变形,又能与孔周变形相协调。但其管壁易锈蚀,故一般不适于作永久支护。隧道工程中,常由于端头机械锚固容易失效,或全长黏结不便施工(不能生效),而采用全长摩擦式锚杆。摩擦式锚杆可分为楔管式锚杆和缝管式锚杆。

(4)混合式锚固锚杆。

混合式锚固锚杆是端头锚固方式与全长黏结锚固方式的结合使用,它既可以施加预应力,又具有全长黏结锚杆的优点。但安装施工较复杂,一般用于大体积、大范围工程结构的加固,如高边坡、大坝、大型地下洞室等。混合式锚固锚杆可分为先张拉后灌浆预应力锚杆和先灌浆后张拉预应力锚杆。

4. 喷射混凝土

喷射混凝土是使用混凝土喷射机,按一定的混合程序,将掺有速凝剂的细石混凝土喷射到岩壁表面上,并迅速固结成一层支护结构,从而对围岩起到支护作用。

喷射混凝土可以作为隧道工程的永久性和临时性支护,也可以与各种形式的锚杆、钢纤维、钢拱架、钢筋网等构成组合支护结构。它的灵活性很大,可以根据需要分次追加厚度。因此,除用于地下工程外,还广泛应用于地面工程的边坡防护、加固,基坑防护,结构补强等。随着喷射混凝土原材料、速凝剂及其他外加剂、施工工艺、机械的研究和应用,喷射混凝土不管作为新材料,还是新的施工工艺,将有更为广阔的发展前景。

1)喷混凝土的作用

(1)支撑围岩。

由于喷层能与围岩密贴和粘贴,并施与围岩表面以抗压力和剪力,从而使围岩处于三向受力状态,防止围岩强度恶化。此外,喷层本身的抗冲切能力可阻止不稳定块体的滑塌(见图 8-41)。

(2)"卸载"作用。

由于喷层属柔性,能在有效控制围岩不出现有害变形的前提下,进行一定程度的变形,从而使围岩"卸载",同时喷层中的弯曲应力减小,有利于混凝土承载力的发挥(见图 8-42)。

(3)填平补强围岩。

喷射混凝土可射入围岩张开的裂隙,填充表面凹穴,使裂隙分割的岩层面黏连在一起,保护岩块间的咬合、镶嵌作用,提高其间的黏结力、摩阻力,防止围岩松动,并避免或缓和围岩应力集中(见图 8-43)。

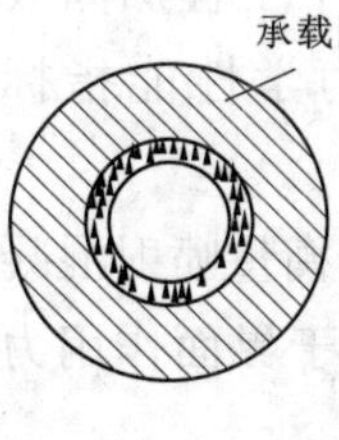

图 8-41 支撑作用

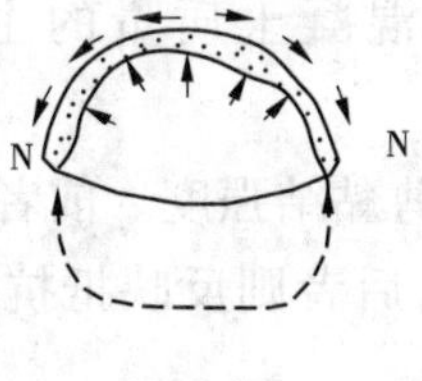

图 8-42 抗弯作用

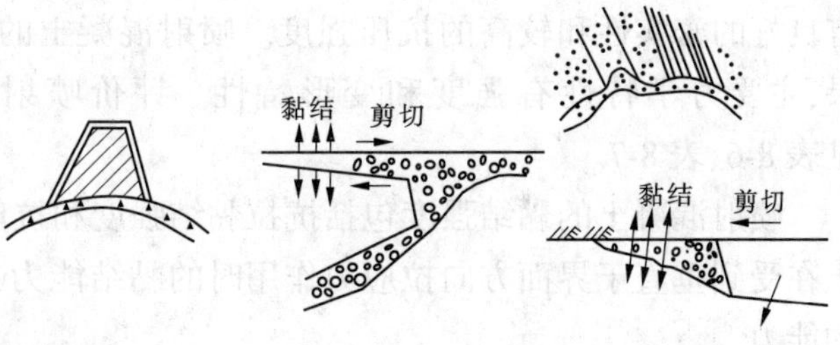

图 8-43 镶嵌作用

(4)覆盖围岩表面。

喷层直接粘贴岩面,形成防风化和止水的保护层,并阻止节理裂隙中充填物流失(见图 8-44)。

(5)阻止围岩松动。

喷层能紧跟掘进进程并及时进行支护,早期强度较高,因而能及时向围岩提供抗力,阻止围岩松动(见图 8-45)。

(6)分配外力。

通过喷层把外力传给锚杆、钢拱架等,使支护结构受力均匀分担(见图 8-46)。

2)喷混凝土的特点

(1)喷射混凝土具有强度增长快、黏结力强、密度大、抗渗性好的特点。它能较好地填充岩块间的裂隙的凹穴,增加围岩的整体性,防止自由面的风化和松动,并与围岩共同工作。

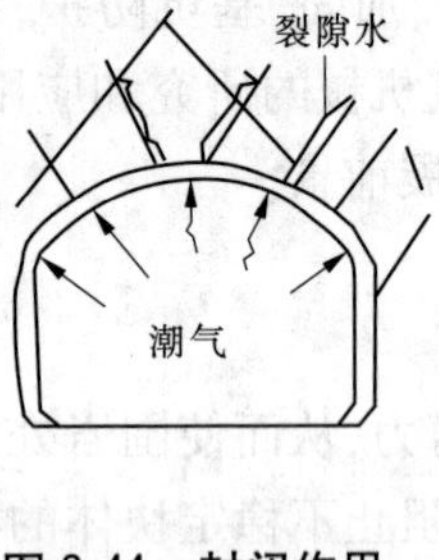

图 8-44 封闭作用

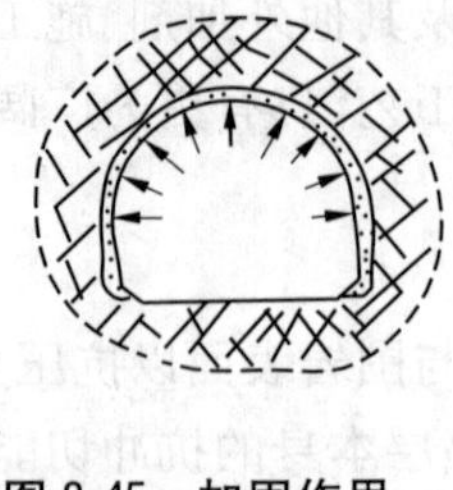

图 8-45 加固作用

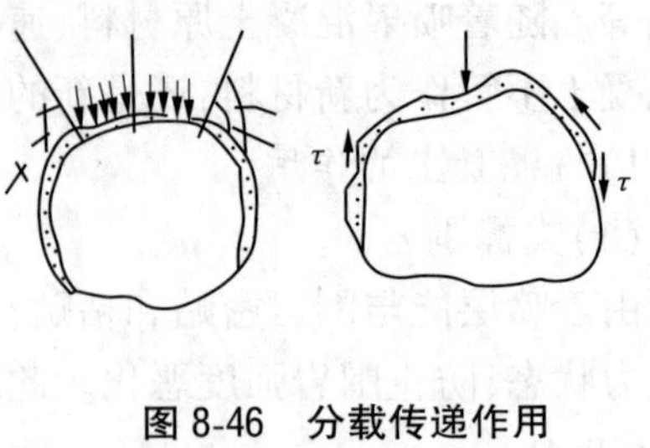

图 8-46 分载传递作用

(2)与普通模筑混凝土相比,喷射混凝土施工将输送、浇注、捣固几道工序合而为一,不需模板,因而施工快速、简捷。

(3)喷射混凝土能及早发挥承载作用。它能在10 min左右终凝,一般2 h后即具有强度,8 h后可达2 MPa,16 h后达5 MPa,1 d后可达7~8 MPa,4 d后达到28 d强度的70%左右。

(4)喷射混凝土与模筑混凝土相比,密实性和力学性能稳定性要差。

3)喷混凝土的力学性能

由于采用喷射法施工,拌和料高速喷到岩面上且反复冲击压密,故喷射混凝土一般具有良好的密实性和较高的抗压强度。喷射混凝土的力学特性直接影响地下工程加固效果,主要力学特性有强度和变形特性。评价喷射混凝土质量的主要力学性能指标见表8-6、表8-7。

喷射混凝土的黏结强度包括抗拉黏结强度和抗剪黏结强度。前者用于衡量喷射混凝土在受到垂直于界面方向拉应力作用时的黏结能力,后者则反映抵抗平行于界面作用力的能力。

喷射混凝土与岩石的黏结强度,与待喷岩石性质、岩面条件、节理充填物等有密切关系,表8-8为喷射混凝土与各种岩石之间的黏结强度。新喷射混凝土与原喷射混凝土的黏结强度一般为0.7~2.85 MPa,与喷射混凝土界面的抗拉黏结强度为1.47~3.49 MPa。喷射混凝土层与岩石之间的黏结力取决于岩石表面的清洁度,所以喷射前应清洗岩石表面。

表 8-6 喷射混凝土的强度指标 单位:MPa

强度种类	喷射混凝土强度等级		
	C20	C25	C30
轴心抗压	10	12.5	15
弯曲抗压	11	13.5	16
轴心抗拉	1.0	1.2	1.4

表 8-7 喷射混凝土的受压弹性模量 E_c

喷射混凝土强度等级	C20	C25	C30
受压弹性模量 E_c/MPa	2.1×10^4	2.3×10^4	2.5×10^4

表 8-8 喷射混凝土与各种岩石之间的黏结强度值 单位:MPa

岩石种类	岩石单轴饱和抗压强度	岩石与水泥结石体之间黏结强度值
硬岩	>60	1.5~3.0
中硬岩	30~60	1.0~1.5
软岩	5~30	0.3~1.0

4)喷射工艺种类

喷射混凝土的工艺种类有干喷、潮喷、湿喷和混合喷四种。主要区别是各工艺的投料程序不同,尤其是加水和速凝剂的时机不同。

(1)干喷和潮喷。

干喷是将骨料、水泥和速凝剂按一定的比例干拌均匀,然后装入喷射机,用压缩空气使干集料在软管内呈悬浮状态送到喷枪,再在喷嘴处与高压水混合,以较高速度喷射到岩面上。其缺点是产生的粉尘量大、回弹量大,加水是由喷嘴处的阀门控制的,水灰比的控制程度与喷射手操作的熟练程度有关。但使用的机械较简单,机械清洗和故障处理容易。

潮喷是将骨料预加少量水,使之呈潮湿状,再加水泥拌和,从而降低上料、拌和和喷射时的粉尘,但大量的水仍是在喷头处加入和喷出的,其喷射工艺流程和使用机械同干喷工艺,如图 8-47 所示。目前施工现场较多使用的是潮喷工艺。

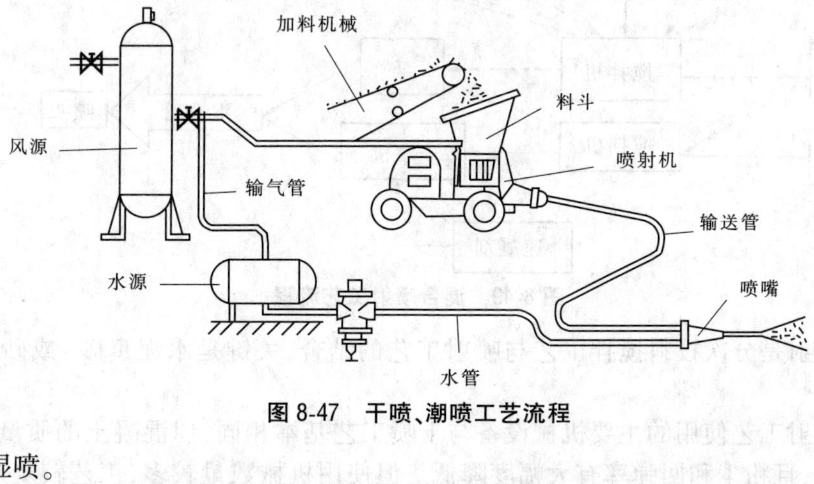

图 8-47 干喷、潮喷工艺流程

(2)湿喷。

湿喷是将骨料、水泥和水按设计比例拌和均匀,用湿式喷射机压送到喷头处,再在喷头上添加速凝剂后喷出,其工艺流程如图 8-48 所示。

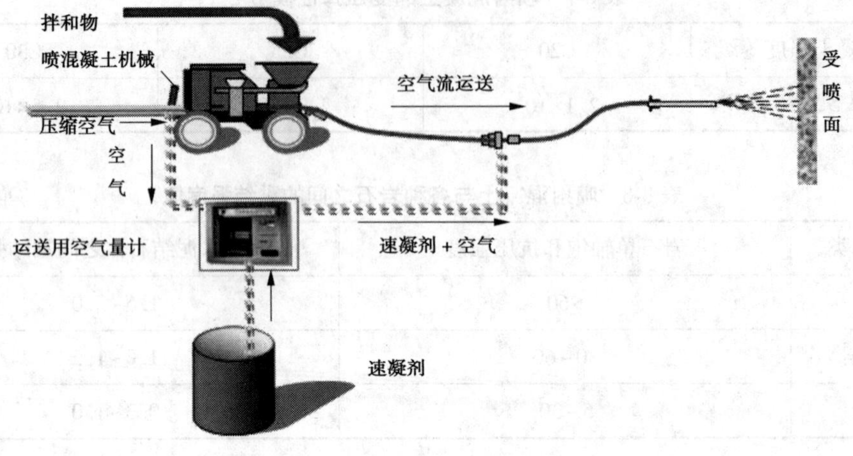

图 8-48　湿喷工艺流程

湿喷混凝土质量容易控制,喷射过程中的粉尘和回弹量很少,是应当发展应用的喷射工艺。但对喷射机械要求较高,机械清洗和故障处理较麻烦。对于喷层较厚的软岩和渗水隧道,则不宜使用湿喷。

(3)混合喷射。

混合喷射又称水泥裹砂造壳喷射法,是将一部分砂加第一次水拌湿,再投入全部水泥强制搅拌造壳;然后加第二次水和减水剂拌和成SEC砂浆,将另一部分砂和石、速凝剂强制搅拌均匀;最后分别用砂浆泵和干式喷射机压送到混合管混合后喷出。其工艺流程如图8-49所示。

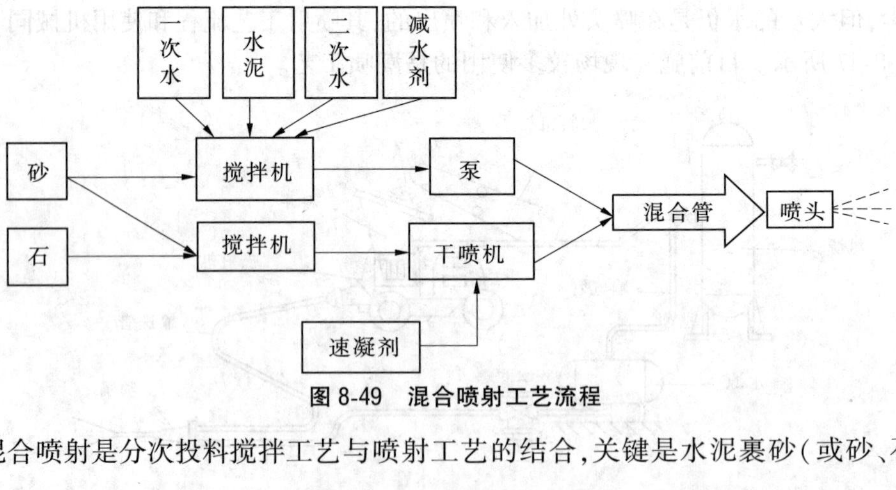

图 8-49　混合喷射工艺流程

混合喷射是分次投料搅拌工艺与喷射工艺的结合,关键是水泥裹砂(或砂、石)造壳技术。

混合喷射工艺使用的主要机械设备与干喷工艺基本相同,但混凝土的质量较干喷混凝土质量好,且粉尘和回弹率有大幅度降低。但使用机械数量较多,工艺较复杂,机械清洗和故障处理很麻烦。因此,混合喷射工艺一般只用在喷射混凝土量大和大断面隧道工程中。

另外,由于喷射工艺的不同,喷射混凝土强度不同,干喷和潮喷混凝土强度较低,一般只能达到 C20～C35，而混合喷射和湿喷则可达到 C30～C40。

5. 钢拱架

无论是采用喷射混凝土还是锚杆，或是在混凝土中加入钢筋网、钢纤维，都主要是利用其柔性和韧性，而对其整体刚度并未过多要求。这对支护不太破碎的围岩使其稳定是可行的。但当围岩软弱、破碎严重，其自稳性差时，开挖后要求早期支护具有较大的刚度，以阻止围岩的过度变形和承受部分松弛荷载，而钢拱架就能满足这一要求。

1）构造组成

钢拱架可以采用型钢、工字钢、钢管或钢筋制成。以钢筋制作的钢拱架称为格栅钢架，现场采用格栅钢架较多，格栅钢架构造如图 8-50 所示。钢拱架的形式和设计要点见表 8-9。

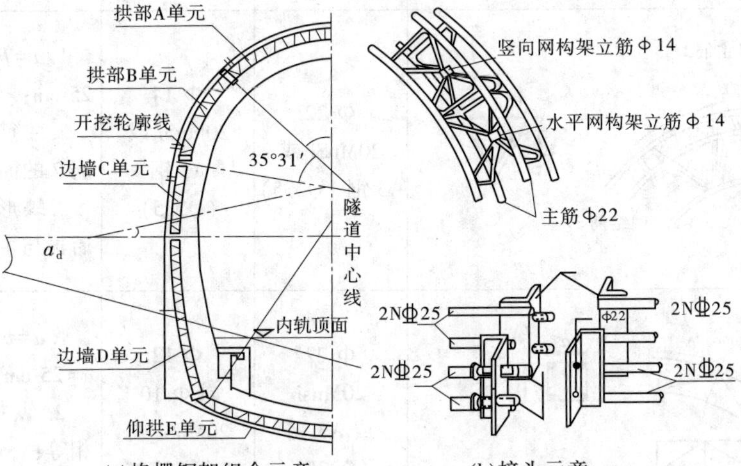

(a)格栅钢架组合示意　(b)接头示意

图 8-50　格栅钢架构造

2）性能特点

（1）钢拱架的整体刚度较大，可以提供较大的早期支护刚度；型钢拱架较格栅钢架能更早承载。

（2）钢拱架可以很好地与锚杆、钢筋网、喷射混凝土相结合，构成联合支护，增强支护的有效性，且受力条件较好。尤以格栅钢架结合最好。

（3）格栅钢架采用钢筋现场加工制作，技术难度和要求并不高。

（4）钢拱架对隧道断面变化适应性好，安装架设方便。

6. 联合支护

前面分别介绍了锚杆（系统锚杆或局部锚杆）、喷射混凝土、钢拱架（型钢拱架或格栅钢架）等常用支护方法。在隧道工程中，为适应地质条件和结构条件的变化，常将各种单一支护方法进行恰当组合，共同构成较为合理的、有效的和经济的支护结构体系。但不论何种组合形式，将其通称为联合支护。

表 8-9　钢拱架的形式和设计要点

<table>
<tr><th colspan="2" rowspan="2">类型</th><th rowspan="2">图示</th><th colspan="2">材料</th><th rowspan="2">说明</th></tr>
<tr><th>主筋</th><th>联结筋</th></tr>
<tr><td rowspan="2">三角形</td><td>桁架式</td><td>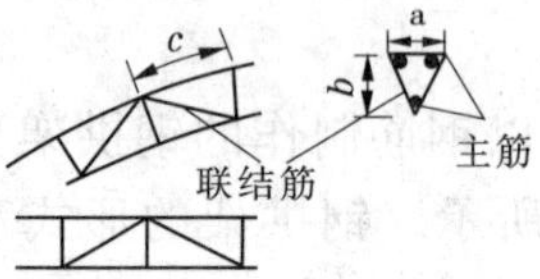</td><td>Φ 22
20MnSi 或
A3 钢(Q235)</td><td>Φ 12 或
Φ 10
Mn 钢</td><td>1. a = 15 cm, b = 16 cm, c = 25 cm;
2. 用于围岩压力小的地方;
3. 联结筋系短根焊接,应保证焊接质量</td></tr>
<tr><td>蝶式</td><td>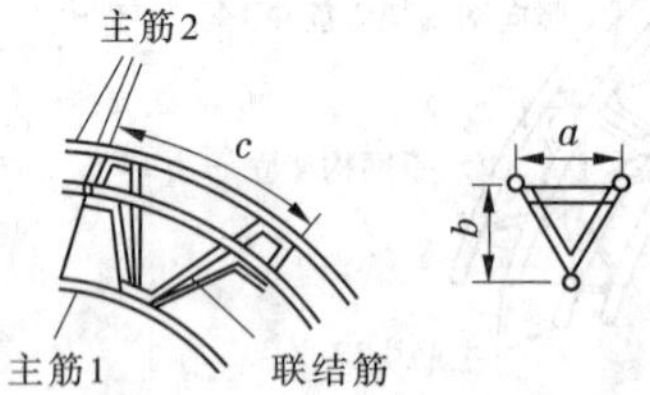</td><td>Φ 22
20MnSi 或
A3 钢(Q235)</td><td>Φ 14
20MnSi 或
A3 钢
(Q235)</td><td>1. a = b = 16 cm, c = 25 cm;
2. 主筋 1 与两根主筋 2 的面积应相近;
3. 蝶形件可预加工后再与主筋焊接</td></tr>
<tr><td rowspan="2">四边形</td><td>桁架式</td><td>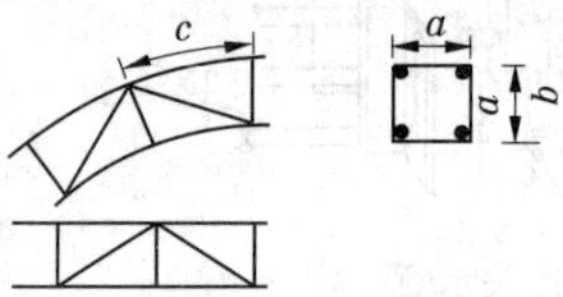</td><td>Φ 22
20Mnsi
或 A3 钢
(Q235)</td><td>Φ 12
或Φ 10
20MnSi 或
A3 钢(Q235)</td><td>1. a=b=20 cm, c=25 cm;
2. 纵横方向强度相等;
3. 应保证焊接质量</td></tr>
<tr><td>镶式</td><td>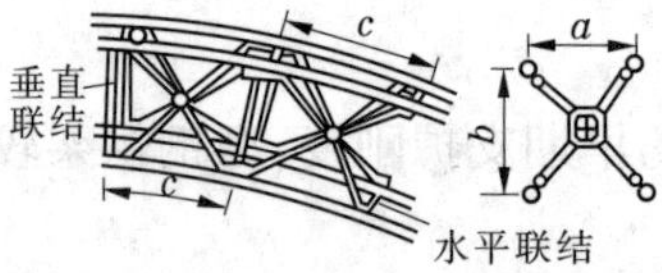</td><td>Φ 22
20MnSi 或
A3 钢(Q235)</td><td>Φ 14
20MnSi
或 A3 钢
(Q235)</td><td>1. a = b = 16 cm, c = 41 cm;
2. 抗弯、抗扭惯性矩比三角形大;
3. 根据需要采用重点联结或水平联结</td></tr>
</table>

目前在隧道工程中,作为初期支护,使用最多的组合形式是锚杆(主要指系统锚杆)加喷射混凝土(素喷或网喷)。因此,初期支护可以称为锚喷支护,它是一种最基本的组合形式(见图 8-51)。

联合支护的施工不仅应满足各部件安设施工的技术要求,还应注意以下事项:

(1)联合支护宜联不宜散,彼此要直接地牢固相连,以充分发挥联合支护效应。

(2)钢筋网及钢拱架要尽可能多地与锚杆头焊连,锚杆要有适量的露头。

(3)钢筋网及钢拱架要被喷射混凝土所包裹、覆盖,即喷射混凝土要将钢筋网和钢拱架包裹密实。

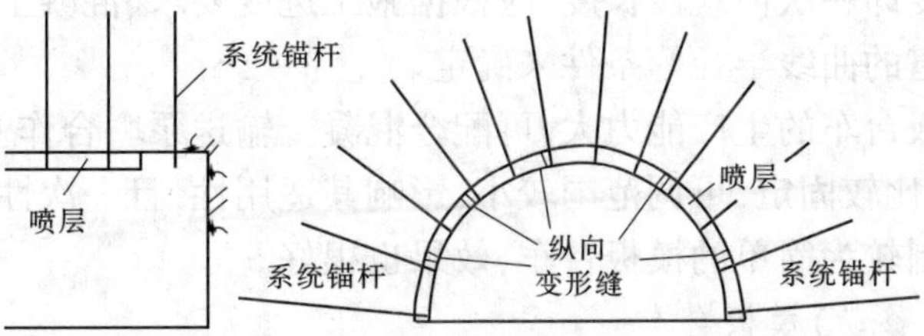

图 8-51 系统锚杆加喷射混凝土联合支护

(4)分次施作的联合支护,应尽快将其相连,如超前锚杆与系统锚杆及钢拱架的连结。

(5)分次施作的联合支护,要在量测指导下进行,以做到及时、有效,并做适当调整。

(九)二次衬砌施工技术

在永久性的隧道及地下工程中常用的衬砌形式有以下三种:整体式模筑混凝土单层衬砌、复合式衬砌及锚喷单层衬砌。本节主要叙述复合式二次衬砌施工技术。

1. 二次衬砌施工方法

按照现代支护理论和新奥法施工原则,二次衬砌是在围岩与初期支护基本稳定后施作的,此时隧道已成型,为保证衬砌质量,衬砌施工按先仰拱,后墙拱,即由下到上的顺序连续灌筑。在隧道纵向,则需分段进行,分段长度一般为 9~12 m。

2. 二次衬砌模板类型

常用的模板有整体移动式模板台车、穿越式(分体移动)模板台车、拼装式拱架模板。

1)整体移动式模板台车

整体移动式模板台车主要由大块曲模板、机械或液压脱模、背附式振捣设备集装成整体,并在轨道上走行。有的还设有自行设备,从而缩短立模时间,墙拱连续灌筑,加快衬砌施工速度。整体移动式模板台车基本构造如图 8-52 所示。

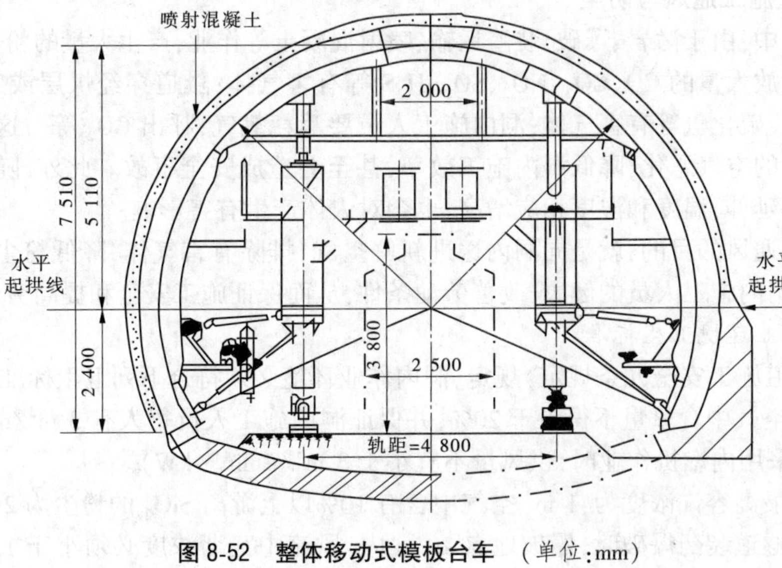

图 8-52 整体移动式模板台车 (单位:mm)

模板台车的长度即一次模筑段长度,应根据施工进度要求、混凝土生产能力和灌筑技术要求以及曲线隧道的曲线半径等条件来确定。

整体移动式模板台车的生产能力大,可配合混凝土输送泵联合作业,是较先进的模板设备,但其尺寸大小比较固定,可调范围较小,影响其适用性,且一次性设备投资较大。我国有些施工单位自制较为简单的模板台车,效果也很好。

2)穿越式(分体移动)模板台车

这种台车是将走行机构与整体模板分离,因此一套走行机构可以解决几套模板的移动问题,既提高了走行机构的利用率,又可以多段衬砌同时施作。

3)拼装式拱架模板

拼装式拱架模板的拱架可采用型钢制作或现场用钢筋加工成桁架式拱架。为便于安装和运输,常将整榀拱架分解为2~4节,进行现场组装,其组装连接方式有夹板连接和端板连接两种形式。为减少安装和拆卸工作量,可以做成简易移动式拱架,即将几榀拱架连成整体,并安设简易滑移轨道。

拼装式模板多采用厂制定型组合钢模板,其厚度均为5.5 cm,宽度有10 cm、15 cm、20 cm、25 cm、30 cm,长度有90 cm、120 cm、150 cm等。局部异形及挡头板可采用木板加工。

拼装式拱架模板的一次模筑长度,应与围岩地质条件、施工进度要求、混凝土生产能力以及开挖后围岩的动态等情况相适应。一般分段长度为2~9 m,松软地段最长不超过6 m。拱架间距应视未凝混凝土荷载大小及隧道断面大小而定,一般可采用90 cm、120 cm及150 cm。

拼装式拱架模板的灵活性大,适应性强,尤其适用于曲线地段。因其安装架设较费时费力,故生产能力较模板台车低。在中小型隧道及分部开挖时,使用较多。传统的施工方法中,因受开挖方法及支护条件的限制,其衬砌施作多采用拼装式拱架模板。

(十)隧道施工通风与防尘

隧道施工中,由于凿岩、爆破、装渣运输、喷射混凝土等作业,产生大量的粉尘,而且炸药爆炸还会释放大量的CO、CO_2、NO_2、SO_2、H_2S等有害气体;隧道穿经煤层或某些地层,还会放出瓦斯、硫化氢等有害气体;洞内施工人员要消耗氧气,呼出CO_2等。这些都会使洞内工作环境的空气恶化,降低洞内施工效率,甚至会造成安全事故。此外,随着隧道不断向山体深部延伸,温度和湿度相应增高,也会对人体产生有害影响。

隧道施工通风的目的,就是向洞内送进新鲜空气,排除有害气体,降低粉尘浓度和洞内温度,保障洞内施工人员的健康,改善劳动条件,从而保证施工安全和提高劳动生产率。

1.洞内作业环境卫生标准

按照《隧道施工安全九条规定》规定,洞内作业环境必须符合下列卫生标准:

(1)洞内空气中含氧量不得少于20%,并保证洞内施工人员每人有3 m^3/min的新鲜空气;当洞内采用内燃机作业时,供风量不宜小于3 m^3/(min · kW)。

(2)粉尘最高容许浓度为:1 m^3 空气中含有10%以上游离SiO_2的粉尘为2 mg。

(3)瓦斯隧道装药爆破时,爆破地点20 m内,风流中瓦斯浓度必须小于1.0%;总回风道风流中瓦斯浓度应小于0.75%;开挖面瓦斯浓度大于1.5%时,所有人员必须撤到安全地点。

(4)有害气体最高容许浓度为:CO 最高容许浓度为 30 mg/m³。在特殊情况下,施工人员必须进入工作面时,浓度可为 100 mg/m³,但工作时间不得超过 30 min。CO_2 按体积计不得大于 0.5%,氮氧化物(换算成 NO_2)为 5 mg/m³ 以下。

(5)洞内气温不得超过 28 ℃,噪声不得大于 90 dB。

2.施工通风方式

施工通风方式应根据隧道的长度、掘进隧道的断面大小、施工方法和设备条件等诸多因素来确定。在施工中,有自然通风和机械通风两类,其中自然通风是利用洞室内外的温差或高差来实现通风的一种方式,一般仅限于短直隧道,且受洞外气候条件的影响极大,因而完全依赖于自然通风是较少的,绝大多数隧道均应采用机械通风。

机械通风方式,按照通风类型、通风机安装位置的不同,可分为风管式、巷道式两大类。而风管式通风根据隧道内空气流向的不同,又可分为压入式、吸出式和混合式三种。

1)风管式通风

此种通风形式的风流经由管道输送,可分为以下三种形式:

(1)压入式通风,如图 8-53(a)所示。这种通风方式的特点为:风机将洞外新鲜空气通过风管压送到工作面,而工作面的污浊空气沿巷道排出洞外,以达到通风的目的。这种通风方式若采用大功率、大管径,其适用范围较广。

(2)吸出式通风,如图 8-53(b)所示。这种通风方式的特点为:风机将工作面的污浊空气吸入风管而排出洞外。巷道内空气新鲜而工作面附近空气污浊;风机离工作面距离较近时,易被爆破飞起的石块砸坏。这种通风方式一般不宜单独使用,常用压入式风机配合组成混合式通风。

(3)混合式通风,如图 8-53(c)所示。这种通风方式的特点为:设置两套风机与风管,一套吸出式,将洞内污浊空气排出洞外。另一套压入式,向工作面输送新鲜空气。既保持了前述两种通风方式的优点,又避免了它们的不足,因此是施工现场常采用的通风方式。但管路、风机等设施增多,在管径较小时可采用,若有大管径、大功率风机,其经济性不如压入式。

(a)压入式通风　(b)吸出式通风　(c)混合式通风

图 8-53 风管式通风 (单位:m)

采用混合式通风的技术要求如下:

(1)压入和吸出两台风机必须同时起动。

(2)吸出风机的通风能力应比压入风机的通风能力大 20%~30%。

(3)吸出风机和压入风机的位置布置最少要交错 30 m,以免在洞内形成短循环风流。

(4)压入风机的风管端部与工作面间的距离应在风流有效射程之内,一般为 15~20 m。

2)巷道式通风

巷道式通风是利用隧道本身(包括成洞、导坑及扩大地段)和辅助坑道(如平行导坑)组成主风流和局部风流,两个系统互相配合,从而达到通风的目的。现以设有平行导坑的隧道为例说明,如图 8-54 所示。

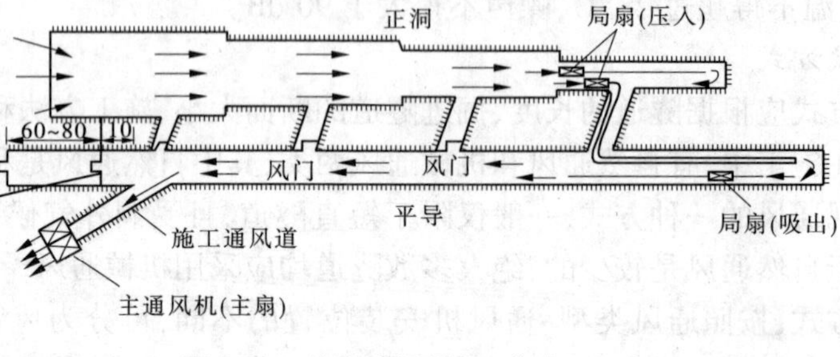

图 8-54　巷道式通风　(单位:m)

(1)主风流循环系统。

利用平行导坑与正洞的横向联络通道作为风道,在平行导坑口侧面的风道口处设置主风机(主扇),通风时把平行导坑口设置的两道挡风门关闭。当主扇向外吸风时,平行导坑内空气产生负压,正洞外面新鲜空气即通过正洞向洞内补充,污浊空气经由最前端横通道进入平行导坑,再经施工通风道排出洞外,从而形成以坑道为通风道的主风流循环系统,使主风流范围内的污浊空气很快被排出洞外。

挡风门是巷道式通风的关键之一,为此必须做到以下几点:

①平行导坑口设置两道风门,其间距为 1.2~1.5 倍出渣列车长度,一般为 60~80 m。设置两道风门,是保证当列车通过平行导坑口时,始终有一道风门处于关闭状态,而不出现风流短路。

②不作运输的横通道应及时关闭,以减少风流损失。

③挡风门应做到顺风关、逆风开,要做到严密不漏风,应派专人看守和维修。

(2)局部风流循环系统。

正洞及平行导坑开挖作业区,必须配置风扇,以形成局部风流循环系统,如在图 8-54 中,正洞开挖作业区布置一台压入式风机,压入新鲜空气,工作处的污浊气体即随主风流系统经横通道、平行导坑排出洞外。为了提高平行导坑开挖作业区通风效果,可布置成以吸出式为主、压入式为辅的混合式通风。主风流中部分新鲜空气由压入式风机压送到平行导坑工作面,而污浊气体则由吸出式风机吸出到平行导坑中排出洞外。

3)通风方式的选择

(1)风管式通风不仅适用于独头坑道,如导坑独头掘进、全断面法开挖等,目前在长大隧道的施工中亦多采用。当风量需要较大、风压需要较高时,可采用两台或数台同型号的通风机串联。

(2)巷道式通风,通常与辅助坑道配合使用,是解决长大隧道通风的主要方法之一。当风压需要较高,无大功率通风机时,可采用数台同型号的通风机并联。另外,巷道式通风尚有风墙式、通风竖井、通风斜井、横洞等。

(3)随着我国独头掘进技术的提高，开挖断面的增大，通风方式更趋向于采用大功率、大管径的压入式通风。秦岭隧道Ⅱ线平导，开挖断面为 28 m^2，独头掘进 9.5 km。通风设计为两阶段，第一阶段采用 PF-110SW55 型风机，Φ 1.3 m 的 PVC 塑布软风管的单机压力式通风，通风长度可达 6 km；第二阶段在 4.5~5 km 处设通风站，采用混合式通风，总通风长度可达 10 km。这充分说明了压入式通风方式的优点。

(十一)隧道施工辅助坑道

隧道施工辅助坑道有横洞、平行导坑(简称“平导”)、斜井及竖井等几种。

辅助坑道的作用除增加作业面外，还为改善施工环境，减少施工干扰，合理布置施工中的各种管线提供了有利条件。

1.横洞

1)适用条件

(1)当隧道长度大于 500 m 时，如受工期控制，经过研究比较后，可以优先选用横洞。

(2)隧道傍山沿河，侧向覆盖层较薄，如图 8-55 所示。

(3)洞口处严重坍方或有大量土石方，或洞口位于悬崖陡壁下，工期紧迫，难以从正洞进洞。

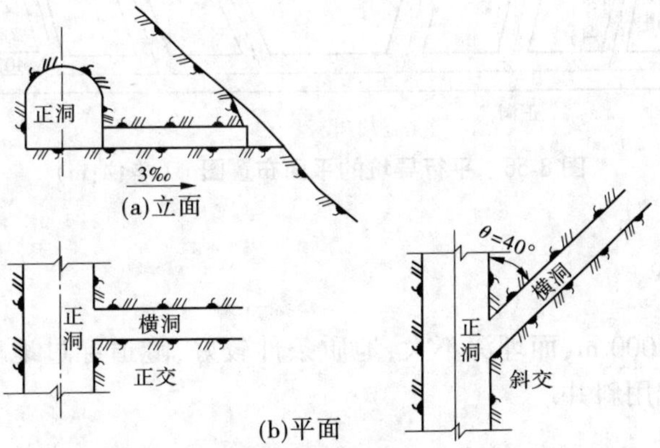

图 8-55 横洞示意

2)特点

横洞能增加施工工作面，施工简单，不需特殊的机具设备，出渣进料运输距离较短，造价低等。但通风排烟较差，施工中应搞好通风管理。

3)施工注意事项

(1)横洞位置宜选在地质和地形条件较好的地方。

(2)横洞的长度不超过隧道长度的 1/10~1/7。

(3)横洞在与隧道连接处的底面标高应与隧道开挖底部标高相同。为便于排水及出渣运输，横洞洞身应有向洞外不小于 3‰的下坡。

(4)横洞中心线与隧道中心线平面交角一般为 90°，困难时不小于 40°。横洞与正洞的连接形式有单联和双联，且用圆曲线过渡。

(5)横洞的断面有单车道断面、双车道断面及部分双车道断面三种。部分双车道断面应在横洞中适当位置设置错车道(长度为 1.5 倍列车长度)。

2. 平行导坑

平行导坑的平面布置图见图 8-56。

1) 适用条件

(1) 隧道长度在 4 000 m 以上,又不便采用其他辅助坑道。

(2) 具有大量的地下水、瓦斯时,宜选用平行导坑。

(3) 隧道远期规划增建二线时,工期要求短。

2) 平行导坑的作用

(1) 为正线隧道施工起超前地质勘探的作用。

(2) 有利于施工通风排水。

(3) 作为施工安全通道。

(4) 作为施工管路的铺设坑道。

(5) 可作为第二线隧道的导坑,以提高第二线隧道施工效率。

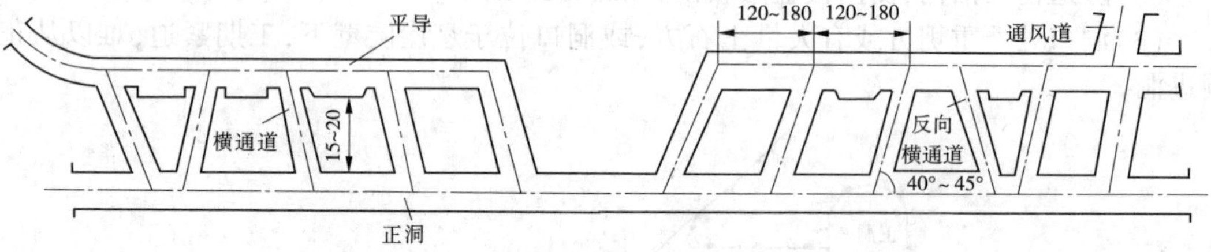

图 8-56 平行导坑的平面布置图 (单位:m)

3. 斜井

1) 适用条件

当隧道长度>1 000 m,而埋深不大,地质条件较好,隧道穿过地段的地表有低洼地形可利用时,可优先选用斜井。

2) 斜井结构

斜井由井口、井身、井底车场组成。

3) 斜井的剖面

斜井的立面布置图见图 8-57。斜井倾角一般不宜大于 25°,井身内不应设变坡段。

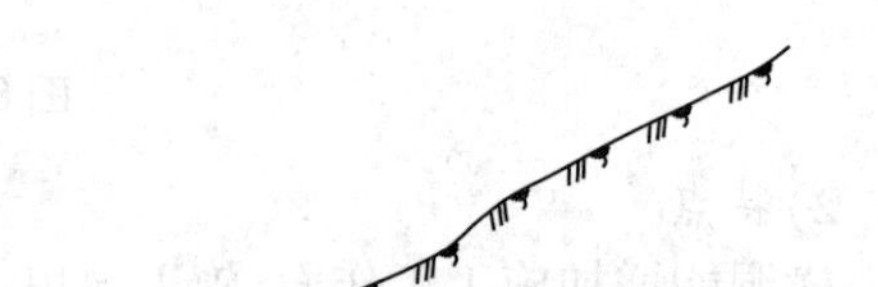

图 8-57 斜井的立面布置图

井底与隧道相连接的地段,采用平坡,平坡长 15~25 m,平坡与斜井斜坡以竖曲线相连。

井底标高与隧道的底部开挖标高相同。井口外的场地,则应有向井口外不小于 3% 的泄水坡度。

4) 斜井的横断面尺寸

斜井横断面尺寸应根据设备尺寸、车辆尺寸、管线路安装、人行道及安全间隙而定。一般采用弧形或直边墙上加弧形的形状。

斜井井身断面可用单道、三轨双道及双道三种断面。

一般用单道或三轨双道，在斜井中部错车地段应加设四轨双道错车线断面；斜井中必须设置宽度不小于0.7 m的人行道(台阶式)。

5)斜井与正洞的平面连接

(1)单联式连接，如图8-58所示。

(2)双联式连接，如图8-59所示。

6)斜井的施工

(1)斜井井身的开挖。

斜井的开挖，与一般隧道导坑的开挖工作相同。必须注意的是，炮眼的方向应严格控制与斜井的倾角相同，确保斜井的掘进方向。

(2)斜井井身的支护。

一般情况下斜井采用喷混凝土锚杆或喷射混凝土及钢拱架支护。

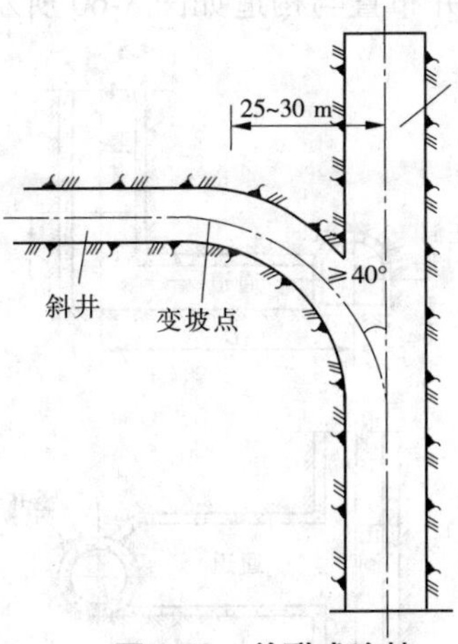

图 8-58 单联式连接

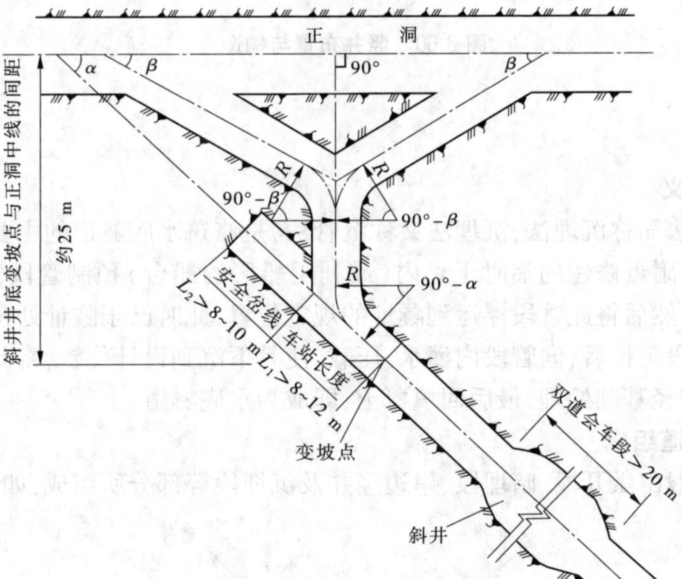

图 8-59 双联式连接

4. 竖井

1)竖井的位置

竖井应选在埋深较浅处或沟谷的两侧，并要避免受洪水的影响，同时竖井宜选在隧道一侧15~20 m处。

2)竖井的横断面

竖井的横断面可采用圆形或矩形。圆形井筒受力条件好，能承受较大的围岩侧压力，可留作隧道的永久通风道，但开挖、支撑及衬砌比较困难，圆形竖井直径为4.5~6.0 m。矩形井筒施工较方便，但受力条件差。

竖井布置与构造如图 8-60 所示。

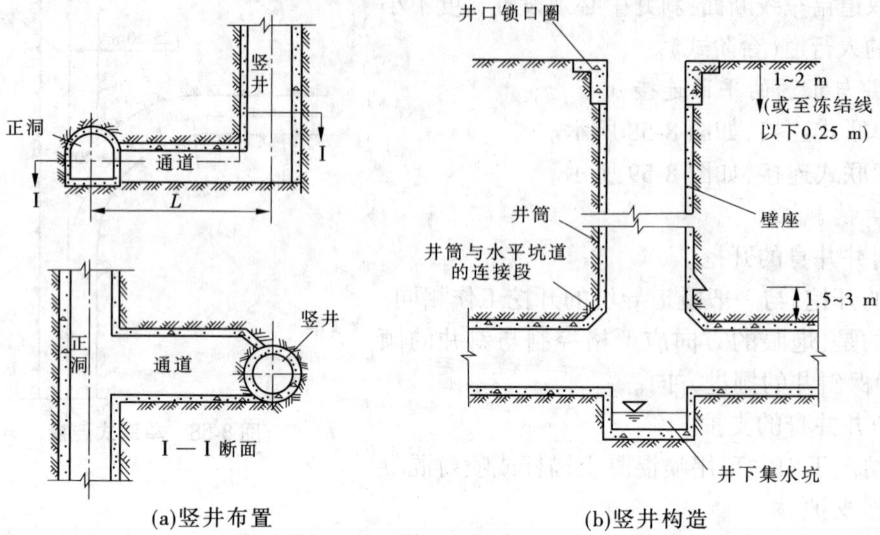

图 8-60　竖井布置与构造

四、沉埋法

(一)基本含义

沉埋施工方法简称沉埋法,沉埋法又称沉管法,是修筑水底隧道的主要方法。沉埋法施工时,先在隧址附近修建的临时干坞内(或利用船厂的船台)预制管段,预制的管段采用临时隔墙封闭,然后将此管段浮运到隧址的规定位置,此时已于隧址处预先挖好的一个水底基槽。待管段定位后,向管段内灌水、压载,使其下沉到设计位置,将此管段与相邻管段在水下连接,并经基础处理,最后回填覆土,即成为水底隧道。

(二)沉管隧道组成

沉管隧道一般由敞开段、暗埋段、岸边竖井及沉埋段等部分所组成,如图 8-61 所示。

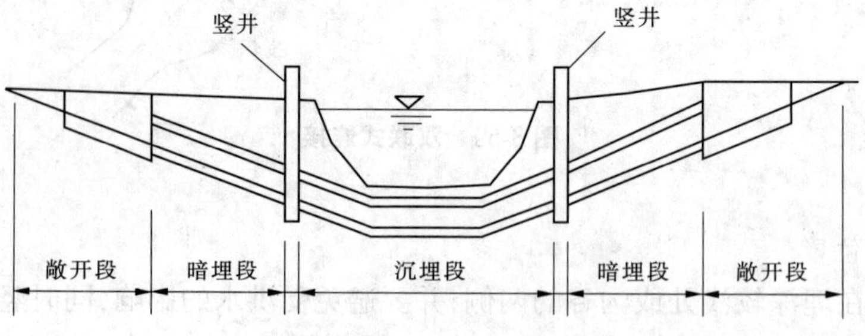

图 8-61　沉管隧道纵断面

在沉埋段两端,通常设置竖井作为沉埋段的起讫点,竖井是沉埋隧道的重要组成部分,它可作为通风、供电、排水、运料及监控等的通道。

根据两河岸的地形、地物及地质条件,也可将沉埋段与暗埋段直接连接而不设竖井。

(三)关键技术

沉埋法隧道关键技术主要包括基槽开挖与航道疏浚、干坞建设、管节预制、管节浮运、管节沉放及对接、接头处理、基础处理等。

1. 基槽开挖与航道疏浚

沉管隧道基槽开挖与航道疏浚涉及的地层可能有淤泥、淤泥质土、土层、砂和风化岩石等。浚挖船等设备应根据工程规模、建设要求、水域条件、岩土可挖性和环境条件等影响因素进行综合选择。岩石一般可在必要的预处理后进行挖掘,软质岩石可采用大型绞吸挖泥船、铲斗挖泥船或抓斗挖泥船进行直接挖掘。

2. 干坞建设

干坞是用于预制混凝土管节的场所,管节需要在干坞内预制、存放和一次舾装,然后起浮和拖运。干坞根据构造类型分为移动干坞和固定干坞 2 类。其中,固定干坞根据其与隧址的位置关系,分为轴线干坞、旁建干坞和异地干坞 3 种。

1)轴线干坞

轴线干坞就是将干坞布置在隧道轴线岸上段主体结构位置。国内沉管法隧道大都采用轴线干坞,如广州珠江沉管法隧道、宁波甬江沉管法隧道、宁波常洪沉管法隧道和天津海河隧道等。主要优点有:将干坞与隧道岸上段相结合,减少了施工场地的占用,同时岸上段和干坞共用了一部分基坑开挖和支护,可以减少一部分工程费用;管节从坞内拖出后,直接沿隧道纵向浮运,减少了航道疏浚费用。

2)旁建干坞

干坞建在沉管法隧道的接线隧道旁边,将干坞和接线隧道采用坑中坑、深浅坑和并行坑等共坑设计,可节约用地和临建投入,如佛山东平隧道。

3)异地干坞

异地干坞是远离隧道选择合适的岸域独立建造干坞。异地干坞最大的优点是岸上段结构、管节制作以及基槽开挖等关键工序可以平行作业,从而可以最大限度地节省工期。上海外环隧道、香港地铁沙中线过海隧道、港珠澳大桥岛隧工程和南昌红谷隧道均是采用异地固定式干坞的典型案例。

3. 管节预制

深埋管段按断面形式可分为圆形和矩形两大类。一般来讲,采用矩形管段比圆形管段经济,且适合于多车道的公路隧道,故成为最常用的断面形式。

我国已建沉管法隧道均采用钢筋混凝土矩形结构,目前采用整体式管节和节段式管节 2 种预制方法。

1)整体式管节

我国沉管法隧道大部分采用整体式管节进行管节预制,管节混凝土采用横向分层和纵向分段进行浇筑。纵向根据每节管节的长度进行分段,每小段长 15~18 m,相邻两小段之间设置 1.5 m 的后浇带,如图 8-62 所示。横断面分底板、侧墙和顶板 2 次浇筑,如图 8-63 所示。

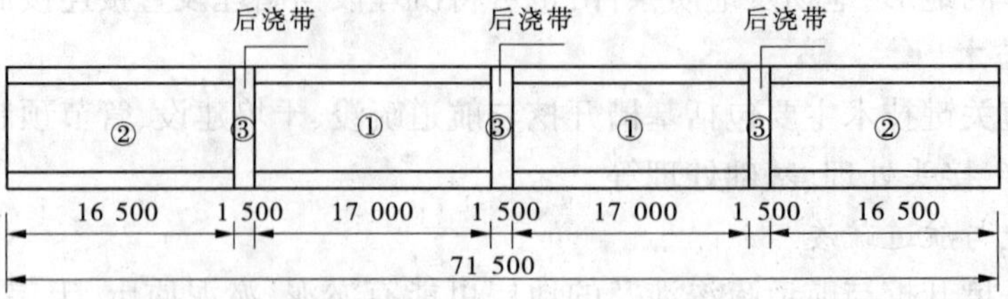

图 8-62　纵向分段管节及后浇带设置示意图　(单位:mm)

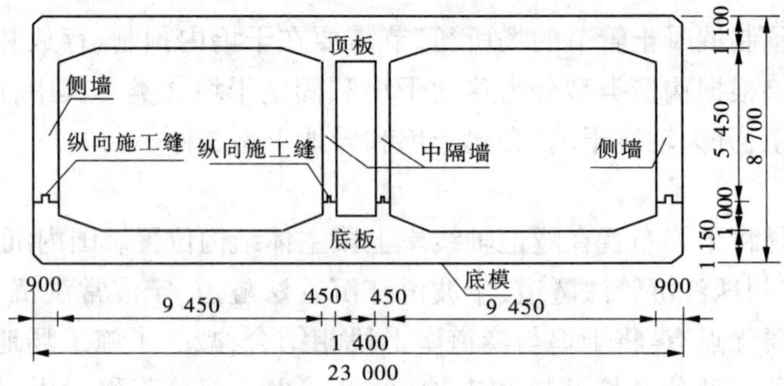

图 8-63　上下分层浇筑纵向施工缝设置沉管管节横截面图　(单位:mm)

2)节段式管节

通过采用节段式管节和整体式浇筑,尽可能地减少温度裂纹的出现,使混凝土自身成为永久的防水屏障,不再使用外包材料进行辅助防水。

港珠澳大桥岛隧工程采用的是节段式管节预制。与国外沉管管节预制的不同之处在于,港珠澳大桥岛隧工程沉管每节将纵向临时预应力保留为永久预应力。港珠澳大桥岛隧工程沉管隧道管节分节、整体浇筑及顶推如图 8-64~图 8-66 所示。

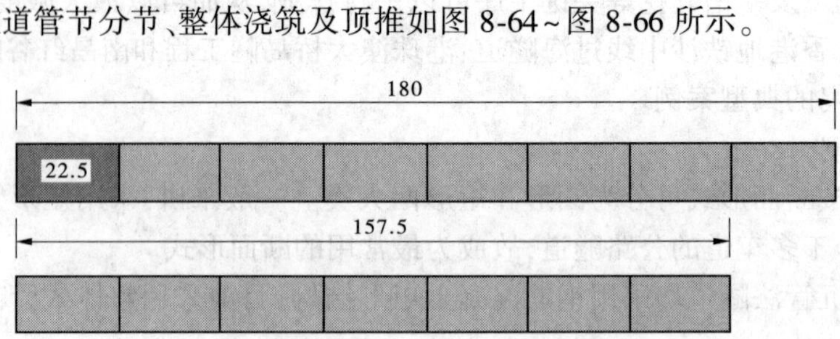

图 8-64　沉管管节分节　(单位:m)

4. 管节浮运

轴线干坞一般采用干坞、两岸绞车及水上工作平台绞车方式,将沉管浮运至对应的沉放位置直接进行沉放。当水流流速过大时,可适当增加拖轮等进行吊拖或顶拖。管节浮运如图 8-67、图 8-68 所示。

图 8-65　沉管管节整体浇筑

图 8-66　沉管管节顶推完成

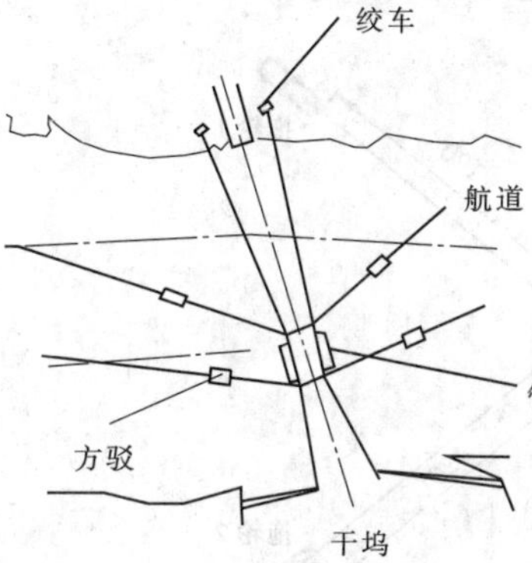

图 8-67　宁波甬江隧道管节浮运

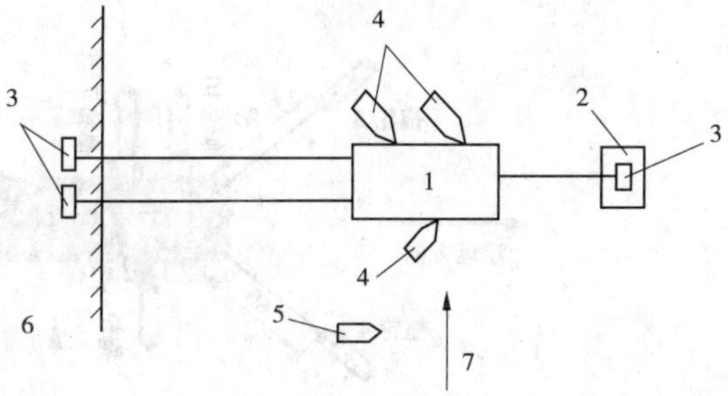

1—管段;2—方驳;3—液压绞车;4—顶推拖轮;
5—备用拖轮;6—芳村岸;7—水流方向。

图 8-68　广州珠江隧道管节浮运

上海外环隧道为异地干坞,采用拖轮吊拖的方式进行管节浮运。

港珠澳大桥岛隧工程管节浮运为异地外海管节浮运,主要依靠大功率拖轮以及通过拖轮与固定在管节上的浮驳对管节采用吊拖与绑拖或顶拖的方式进行浮运,如图 8-69、图 8-70 所示。

5. 管节沉放

管节沉放是沉埋法隧道施工中的重要环节,它受各种自然条件的影响和制约,如气象、水流和航道等。我国沉埋法隧道的管节沉放方法均采用了吊沉法,又细分为浮吊法(用起重船或浮箱吊沉)、扛吊法(用驳船扛抬吊沉)和骑吊法(用水上专用作业平台船泊吊沉)。无论采用何种方法,其原理一致,即通过平衡负浮力控制沉管下潜。当然,由于设备不同,受力的情况也不同,各种方法都有自身的特点。

1)浮吊法

在管节预制时,预埋了 3~4 个吊点,在沉放作业时用起重船或浮箱提起各个吊点,将管节沉放至预定位置,如图 8-71 所示。

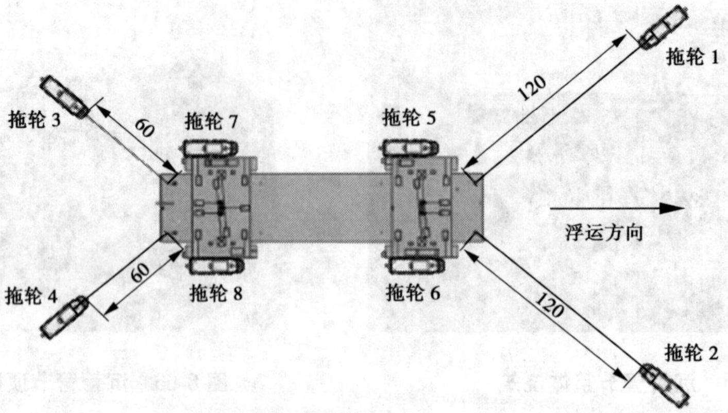

图 8-69　采用吊拖 +绑拖的方式浮运管节(航道内)　(单位:m)

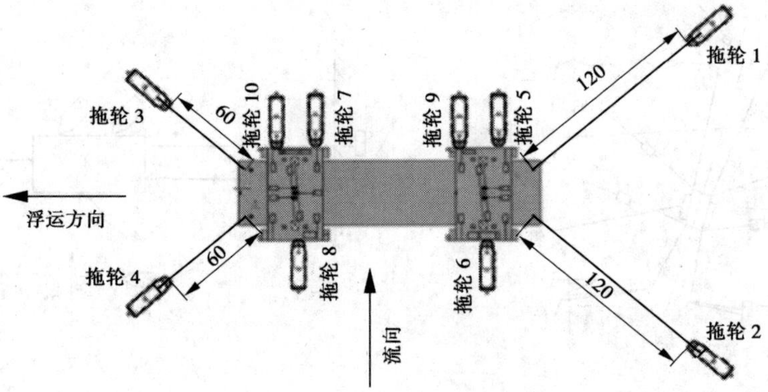

图 8-70　采用顶拖 +吊拖的方式浮运管节(基槽内)　(单位:m)

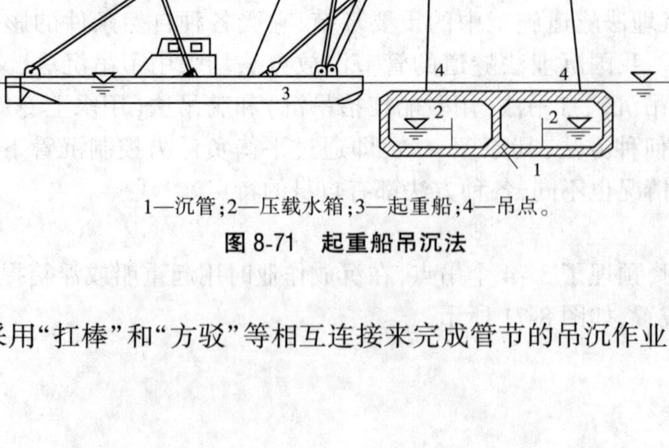

1—沉管;2—压载水箱;3—起重船;4—吊点。

图 8-71　起重船吊沉法

2)扛吊法

扛吊法是采用“扛棒”和“方驳”等相互连接来完成管节的吊沉作业,我国沉管法隧道采用扛吊法的工程只有宁波甬江隧道。采用4组小型方驳,横向2组方驳间用扛棒(钢梁)联系,前后2组方驳间用钢桁架连接,构成一个整体船组。

3)骑吊法

我国沉管法隧道基本采用骑吊法沉放管节,多利用既有的驳船或浮箱,如图8-72所示。

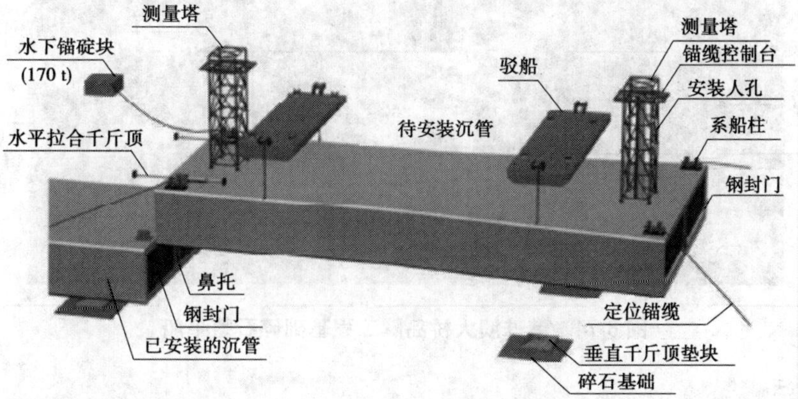

图8-72 广州洲头嘴双驳沉放管节示意图

6.接头处理

管节接头多采用柔性接头形式。其中GINA橡胶止水带和OMEGA橡胶止水带构成管节接头的2道防水屏障,管节底板设混凝土结构水平剪切键,中隔墙处设钢结构垂直剪切键,纵向设置PC拉锁纵向限位。管节接头透视图如图8-73所示。

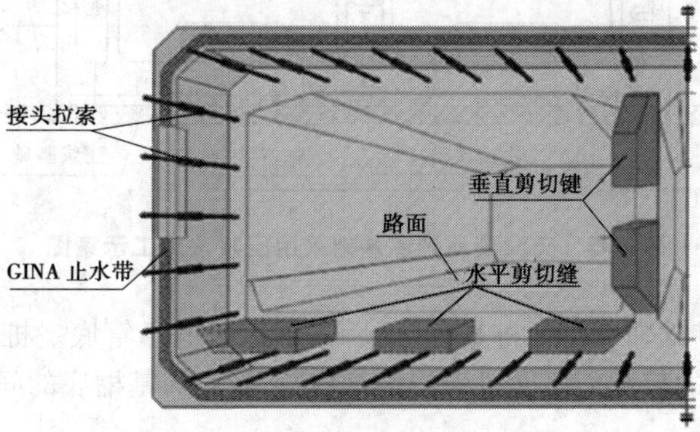

图8-73 管节接头透视图

7.基础处理

基础处理是沉管法隧道的重要工序。基础处理的主要目的是将基础垫平,按其铺垫作业工序安排于管节沉放作业之前或之后,可大体上分为先铺法与后填法两种。

1)先铺法

实际上只有刮铺法一种,按铺垫时所采用的材料不同,又分为刮砂法和刮石法两种,两者的操作工艺基本相同。早期的沉管法隧道多采用刮铺法处理基础。港珠澳大桥岛隧工程基础碎石整平船如图 8-74 所示。

图 8-74　港珠澳大桥岛隧工程基础碎石整平船

2) 后填法

后填法又细分为砂流法(南昌红谷隧道工程、广州佛山东平隧道、广州仑头—生物岛隧道、广州生物岛—大学城隧道和广州珠江隧道等,用得最多)、灌囊法(广州洲头嘴隧道)、压浆法(天津海河隧道,见图 8-75)和压砂法(上海外环隧道)。

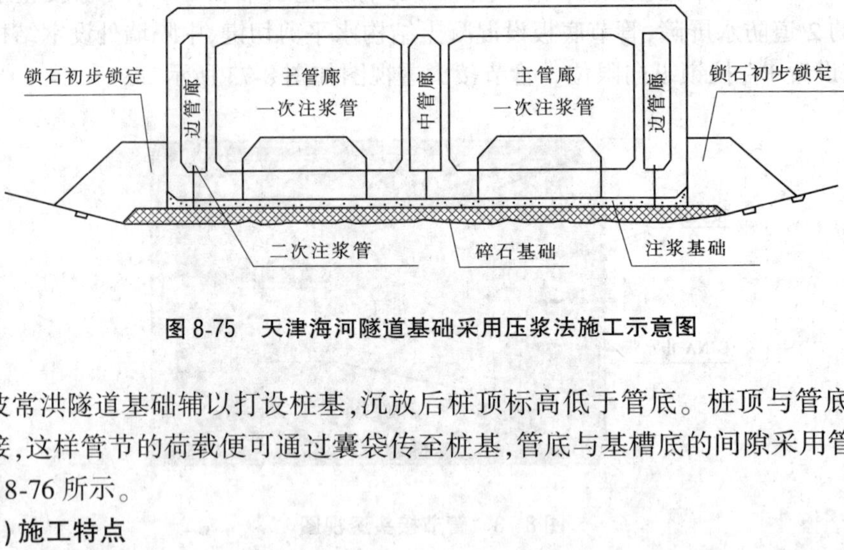

图 8-75　天津海河隧道基础采用压浆法施工示意图

宁波常洪隧道基础辅以打设桩基,沉放后桩顶标高低于管底。桩顶与管底通过灌浆囊袋连接,这样管节的荷载便可通过囊袋传至桩基,管底与基槽底的间隙采用管内灌浆充填,如图 8-76 所示。

(四) 施工特点

1. 对地质水文条件适应能力强

由于沉埋法在隧址的基槽开挖较浅,基槽开挖和基础处理的施工技术比较简单,而且沉管受到水浮力,作用于地基的荷载较小,因而对各种地质条件适应能力较强。由于管段采用先预制再浮运后沉放的方法施工,避免了难度很大的水下作业,故可在深水中施工,而且对于潮差和流速的适应能力也强。例如,美国旧金山海湾地铁隧道的水面至管段基底深达 40.5 m,比利时安特卫普斯尔德隧道处水流速度达 3 m/s。

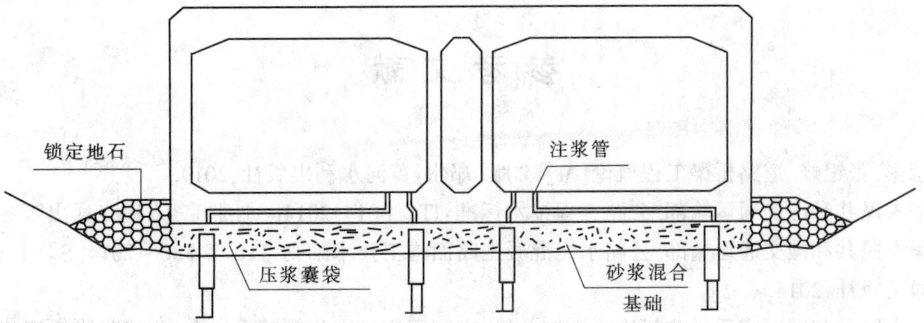

图 8-76　宁波常洪隧道基础处理采用桩基+灌囊+灌浆法

2. 可浅埋,与两岸道路衔接容易

由于沉管隧道可浅埋,与埋深较大的盾构隧道相比,沉管隧道路面标高可抬高,这样,与岸上道路很容易衔接,无须做较长的引道,线形也较好。

3. 沉管隧道的防水性能好

由于每节预制管段很长,一般 100 m 左右(而盾构隧道预制管片环宽仅为 1 m 左右)。因而沉管隧道的管段接缝数量很少,管段漏水的机会与盾构管片相比成百倍地减少。而且沉管接头采用水力压接法后,可达到滴水不漏的程度,这一特点对水底隧道的营运至关重要。

4. 沉埋法施工工期短

由于每节预制管段很长,一条沉管隧道只用几节预制管段就可完成(广州珠江隧道只用 5 节预制管段,每节长 22~120 m 不等),而且管段预制和基槽开挖可同时进行,管段浮运沉放也较快,这就使沉管隧道的施工工期与其他施工方法相比要短得多。特别是管段预制不在隧址,使隧址受施工干扰的时间相对较短,这对于在运输繁忙的航道上建设水底隧道十分重要。

5. 沉管隧道造价低

由于沉管隧道水底挖基槽的土方数量少,而且比地下挖土单价低,管段预制整体制作与盾构隧道管片预制相比所需费用也低。管段接缝少,接缝处理费用低。因此,沉管隧道与盾构隧道相比,每延米的单价低。而且由于沉管隧道可浅埋,隧道全长相对埋深大的盾构隧道要短得多,这样工程总造价可大幅度降低,能节省大量建设资金。

6. 施工条件好

沉管隧道施工时,不论预制管段还是浮运沉放管段等主要工序大部分在水上进行,水下作业极少,除少数潜水工作外,工人们都在水上操作,无须气压作业,因此施工条件好,施工较为安全。

7. 沉管隧道可做成大断面多车道结构

由于采用先预制后浮运沉放的施工方法,故可将隧道横向尺寸做大,一个隧道横断面可同时容纳 4~8 个车道,而盾构隧道施工时受盾构尺寸的影响不可能将隧道横断面做得很大,一般为双车道。

参考文献

[1] 彭彦彬,张银峰. 道路桥梁工程概论[M]. 2 版. 郑州:黄河水利出版社,2019.

[2] 中华人民共和国交通运输部. 公路工程技术标准:JTG B01—2014[S]. 北京:人民交通出版社,2014.

[3] 中华人民共和国交通运输部. 公路水泥混凝土路面施工技术细则:JTG/T F30—2014[S]. 北京:人民交通出版社,2014.

[4] 中华人民共和国国家质量监督检验检疫总局,中国国家标准化管理委员会. 公路路线标识规则和国道编号:GB/T 917—2017[S]. 北京:中国标准出版社,2017.

[5] 中华人民共和国交通运输部. 公路路线设计规范:JTG D20—2017[S]. 北京:人民交通出版社,2017.

[6] 中华人民共和国交通运输部. 公路桥涵设计通用规范:JTG D60—2015[S]. 北京:人民交通出版社,2015.

[7] 中华人民共和国交通运输部. 公路桥涵地基与基础设计规范:JTG 3363—2019[S]. 北京:人民交通出版社,2020.

[8] 中华人民共和国交通运输部. 公路桥涵施工技术规范:JTG/T 3650—2020[S]. 北京:人民交通出版社,2020.

[9] 中华人民共和国交通运输部. 公路涵洞设计规范:JTG/T 3365-02—2020[S]. 北京:人民交通出版社,2020.

[10] 中华人民共和国交通运输部. 公路路面基层施工技术细则:JTG/T F20—2015[S]. 北京:人民交通出版社,2015.

[11] 中华人民共和国交通运输部. 公路路基设计规范:JTG D30—2015[S]. 北京:人民交通出版社,2015.

[12] 中华人民共和国交通运输部. 公路沥青路面设计规范:JTG D50—2017[S]. 北京:人民交通出版社,2017.

[13] 中华人民共和国交通运输部. 公路工程质量检验评定标准 第一册 土建工程:JTG F80/1—2017[S]. 北京:人民交通出版社,2018.

[14] 中华人民共和国交通运输部. 公路沥青路面施工技术规范:JTG F40—2004[S]. 北京:人民交通出版社,2005.

[15] 中华人民共和国交通运输部. 公路水泥混凝土路面设计规范:JTG D40—2011[S]. 北京:人民交通出版社,2011.

[16] 中华人民共和国交通运输部. 公路路基施工技术规范:JTG/T 3610—2019[S]. 北京:人民交通出版社,2019.

[17] 中华人民共和国交通运输部. 公路隧道设计规范 第一册 土建工程:JTG 3370. 1—2018[S]. 北京:人民交通出版社,2018.

[18] 中华人民共和国交通运输部. 公路隧道施工技术规范:JTG/T 3660—2020[S]. 北京:人民交通出版社,2020.

[19] 中华人民共和国交通运输部. 公路桥梁抗震设计规范:JTG/T 2231-01—2020[S]. 北京:人民交通出版社,2020.

[20] 李瑞红,高捷婷,等. 桥梁工程施工技术[M]. 上海:上海交通大学出版社,2018.

[21] 王穗平. 桥梁构造与施工[M]. 北京:人民交通出版社,2007.

[22] 栗振锋.路基路面工程[M].北京:人民交通出版社,2019.
[23] 黄晓明.路基路面工程[M].北京:人民交通出版社,2017.
[24] 彭彦彬.桥涵工程[M].大连:大连理工大学出版社,2021.
[25] 彭彦彬,项志盛.道路工程[M].郑州:黄河水利出版社,2012.
[26] 朱永全,宋玉香.隧道工程[M].北京:中国铁道出版社,2005.
[27] 李志军,王秋林,陈旺,等.中国沉管法隧道典型工程实例及技术创新与展望[J].隧道建设(中英文),2018,38(6):879-894.
[28] 王海彦,骆宪龙,付迎春.隧道工程[M].成都:西南交通大学出版社,2016.
[29] 张俊儒.隧道工程[M].成都:西南交通大学出版社,2013.
[30] 关宝树.隧道工程施工要点集[M].北京:人民交通出版社,2003.